드라마 작가는
어떻게 만들어지는가

드라마 작가는 어떻게 만들어지는가

초판 1쇄 발행 · 2018년 6월 5일
초판 2쇄 인쇄 · 2020년 2월 15일

지은이 · 김미숙
펴낸이 · 한봉숙
펴낸곳 · 푸른사상사

주간 · 맹문재 | 편집 · 지순이 | 교정 · 김수란
등록 · 1999년 7월 8일 제2-2876호
주소 · 경기도 파주시 회동길 337-16 푸른사상사
대표전화 · 031) 955-9111(2) | 팩시밀리 · 031) 955-9114
이메일 · prun21c@hanmail.net / prunsasang@naver.com
홈페이지 · http://www.prun21c.com

ⓒ 김미숙, 2018
ISBN 979-11-308-1344-8   93680
값 29,000원

이 도서의 국립중앙도서관 출판예정도서목록(CIP)은 서지정보유통지원시스템 홈페이
지(http://seoji.nl.go.kr)와 국가자료공동목록시스템(http://www.nl.go.kr/kolisnet)에서
이용하실 수 있습니다.(CIP제어번호 : CIP2018015665)

푸른사상 예술총서 ⑰

Looking into the Production Practices
of Television Drama Writer

드라마 작가는
어떻게 만들어지는가

김미숙

푸른사상
PRUNSASANG

이 세상에는 수많은 종류의 글쓰기가 있다. 소설, 시, 영화, 드라마, 희곡, 수필, 논문, 기사…… 그중에서 사람들이 가장 쓰기 쉽다고 생각하는 장르가 바로 드라마다. 일상적인 대사, 어렵지 않은 지문, 중학교 2학년 수준이면 충분히 이해할 수 있는 내용, 그리고 익숙한 배우들의 연기를 상상하며 구성하면 되는 드라마는 얼핏 보면 누구나 한 번쯤 도전할 만한 장르로 보인다.

이러한 특성은 드라마 작가 교육을 하는 각종 교육기관에 작가가 되고 싶은 대학생부터 진로가 확실치 않은 취업준비생, 창작의 세계를 꿈꾸는 직장인, 부업을 생각하는 가정주부까지 다양한 사람들을 불러들이고 있다. 여의도에 드라마 작가 지망생이 1만 명이 돌아다닌다거나 카페마다 드라마 스터디를 하는 사람들로 넘쳐난다는 소문은 그저 소문만은 아닐 것이다.

사람들이 쓰기 쉽게 느껴지는 드라마 대본의 매력에만 빠지는 것은 아니다. A4 용지 35장 내외의 한 회 드라마 원고료가 수천만 원에 이르고 심지어 최근에는 회당 1억 원의 원고료를 받는 작가가 생겼다는 사실은 인생 한 방을 꿈꾸는 드라마 작가 지망생들을 매혹한다. 마흔에 터지든 쉰에 터지든 인기 드라마 작가가 된다면 그동안의 인내와 고생을 한번에 보상받을 것이라는 생각이 가슴 깊이 자리잡고 있는 것이다.

하지만 드라마 작가가 되겠다고 모여든 사람들은 해가 지날수록 드라마를 쓴다는 것이 만만한 일이 아니며, 수년간의 습작기를 거쳐서 운 좋게 방송사 공모에 당선되거나 대본이 감독 눈에 띄어 데뷔를 한다고 해도 그 다음을 아무도 보장하지 않는다는 것을 깨닫게 된다. 안정된 직장을 그만두고 드라마판에 뛰어든 사람들의 경우는 그 고통이 더 심할 수밖에 없다. 회사에만 나가면 달마다 꼬박꼬박 월급을 받던 사람들은 몇 달을 준비하든 몇 년을 준비하든 드라마가 방송으로 나가야 원고료를 받을 수 있는 현실을 받아들이는 데 오랜 시간이 걸린다.

드라마 작가 지망생들의 대부분은 '극본' 크레디트에 이름을 올려 보지 못하고 끊임없이 드라마 습작을 하는 '드라마 작가 지망생 낭인'으로 남거나 다른 직업을 찾아 떠난다. 그중 극히 일부는 데뷔를 하지만 데뷔작이 유작(遺作)이 되거나 데뷔 이후에 '돈이 되고 이름을 날릴 수 있는' 미니시리즈 한 편 할 기회를 얻지 못한다. 더러는 미니시리즈를 집필할 기회를 잡기도 하지만 그렇다고 모두 성공을 해서 이름도 알리고 몸값(원고료)을 올릴 수 있는 것은 아니다.

슬슬 대중들에게 이름을 알리고 프로필에 드라마 몇 편을 올릴 수 있는 작가가 됐다고 해서 드라마 작가로서 앞날이 보장되는 것도 아니다. 히말라야의 K2를 정복했다고 해서 그 고도에서 에베레스트를 바로 올라갈 수 있는 것이 아니라 다시 내려와서 에베레스트를 다시 올라야 하는 것처럼, 드라마 작가들은 다시 새롭게 드라마를 쓰면서 또 다른 고난의 행군을 시작해야 한다. 그래서 온몸에 피가 마르고 피고름을 짜내면서 드라마를 쓴다는 말이 나온다. 드라마 작가들이 링거를 꽂고 드라마를 쓰는 것은 더 이상 놀랄 일도 아니며, 어느 작가가 과로로 쓰러지자 제작자가 양의사와 한의사를 동시에 대동하고 작업실에 나타났다는 이야기도 있을 법한 한 사례에 불과하다.

그렇다면 드라마 작가는 어떻게 만들어지는 것일까. 어떻게 해야 드라마 작가의 세계를 입체적으로 이해하고 드라마 작가로서 앞으로 다가올 시련에 대응하며 준비할 수 있을까. 정말 드라마를 쓰는 것으로만 행복할 수는 없을까. 아니 어떻게 해야 드라마를 쓰는 일이 행복한 일이 될 수 있을까.

이 책은 이러한 질문에 대한 답을 찾아가는 과정이다. 우연히 시작한 대학원 공부에서 문화 연구라는 신비롭고도 마법 같은 학문을 만났을 때, 드라마를 쓰는, 나와 같은 사람을 드라마 생산자라고 명명하고 연구하고 있다는 사실에 놀랐다. 미디어 문화 연구 영역에서 텍스트 연구, 수용자 연구과 함께 생산자 연구가 상당히 주목받고 있었지만 상대적으로 연구하기가 까다로운 분야로 인식되고 있다는 것도 알게 되었다. 동시에 나 자신이 드라마 제작의 내부자로서 생산자 연구에 조금 나은 조건을 갖추고 있다는 것을 이해하게 되었다.

드라마를 쓰느라 휴학과 복학을 반복하며 10년여간 석·박사 과정을 거치면서도 문화 연구에 대한 세밀한 공부를 하려고 했고 미디어 생산 영역에 대한 연구를 더 확장할 수 없을지에 대해 고민하였다. 학계에서는 드라마 작가를 드라마 콘텐츠를 생산하는 미디어 생산자로서 드라마 감독이나 구성작가, 교양이나 예능 PD 등과 함께 같은 선상에서 보고 연구를 진행하고 있었다. 그러나 혼자만의 혹독한 창작의 고통을 겪는다는 점, 미디어 바깥에서 준비되고 성장해서 들어온다는 점에서 조금은 다른 시각으로 드라마 작가 연구에 접근할 필요가 있다고 생각했다.

드라마 현장과 학계를 이어주는 연구를 하고 싶었고 드라마를 쓰고자 하는 사람들과 드라마를 연구하는 사람들에게 실질적으로 도움이 되는 연구를 하고 싶었다. 미디어 생산자들의 가치와 성향 체계, 협업을 하는 생산자들 사이의 권력관계에 주목했던 기존의 미디어 생산자 연구에서 조금 더 나아가 생동감 있고 사람 냄새 나는 연구를 하고 싶었다.

이 책에는 드라마 작가 지망생부터 대작가까지 14명의 드라마 작가군뿐만 아니라 드라마 감독, 드라마 제작사, 기획자, 방송사 편성 담당자, 연예기획사, 배우 등 총 30여 명의 심층 인터뷰가 생생하게 기록되어 있다. 다양한 드라마 생산자들의 목소리를 철학과 인류학, 사회학의 영역에서, 인문과학과 사회과학의 경계를 넘나들면서 현용되고 있는 민속지학적인 방법(ethnography)으로 접근하여 드라마 작가의 좌표를 찾아보았다. 사회과학의 질적 방법론을 채택하고 있지만 비교적 쉬운 문체와 어렵지 않은 구성으로 표현해보고자 노력하였다. 드라마 작가가 되고 싶은 사람, 드라마 작가를 연구하고 싶은 사람들에게 작은 도움이라도 되었으면 좋겠다.

이 책이 세상에 나오기까지 진심을 다해 심층 인터뷰에 응해준 30여 명의 드라마 생산자들에게 머리 숙여 깊은 감사의 말씀을 올린다. 진솔하고도 가슴 아픈 이야기를 하면서 함께 웃고 울었던 그분들에게 조금이나마 위안과 대안이 되는 책이었으면 하는 바람이다.

드라마 작가로서 올곧은 삶을 보여주시며 늘 든든하게 후배를 지켜주시는 김운경 선생님, 이 연구가 더 풍성해지도록 조언을 아끼지 않으셨던 외대 김영찬 교수님, 인천대 이동후 교수님, 경희대 이인희 교수님, 생산자 연구의 모범을 보이셨던 이기형 교수님, 그리고 이 모든 과정을 이끌어주고 용기를 주며 세밀한 지도를 해주었던 홍지아 교수님께 진심으로 감사드린다.

드라마 작가들의 이야기가 세상에 전달될 수 있도록 좋은 책으로 만들어주신 푸른사상사 한봉숙 사장님과 편집팀에게도 감사의 말씀을 전한다.

2018년 봄, 북한산이 바라보이는 파주에서
김미숙

차례

제5장 드라마 작가로 산다는 것

드라마 작가는 어떻게 만들어지는가

제6장 드라마 작가 연구가 가야 할 길

제1장

드라마 작가는 누구인가?

1. 미디어 생산자로서의 드라마 작가

실제로 말 안 하고 하는 팀들도 있잖아요. 작가를 죽이고 싶은 사람도 있어요. 원망이 있죠, 절대 내색하지 않지만요. 같이 애 낳은 사이가 좋지 않으면 문제가 있는 거예요. 잘하려고 노력해야죠.

14년째 지상파에서 드라마를 제작하고 있는 드라마 감독(44세)

PD와 작가라든가 이런 구도를 갖다가 결혼에 비교해서 끝없는 대화니 이렇게 생각하는데 그건 웃기는 소리야. 끝없는 주도권의 쟁탈이야. 권력의 쟁탈이야. 유치한 권력의 쟁탈이야. 거기서 그냥 확 빨리 눌러버려야 돼. 그래야지 내가 내 작품 하기도 편하고, 내가 편해. PD도 편해 그게. 계속 그거 갖고 엎치락뒤치락하는 거보다.

36년째 드라마를 집필해 온 드라마 작가(62세)

드라마의 서사 코드에는 늘 갈등이 있다. 모든 드라마에는 갈등이 존재하며 갈등이 클수록 그 드라마는 훨씬 재미있게 느껴지고 시청자들의 더 뜨거운 호응을 받는다. 드라마 생산자들은 드라마의 갈등을 더욱더 생생하게 그려내기 위해 더욱더 재미있는 대본을 쓰고 더 실감나는 영상을 만들려고 노력한다. 드라마 안에서의 갈등은 주로 권력, 사랑받고자 하는 욕구, 돈을 둘러싸고 일어난다. 흥미롭게도 드라마 생산 과정에서도 작가,

감독, 제작자, 기획자, 배우들이 권력과 돈, 그리고 인정 욕구를 놓고 상당한 갈등을 일으키며 실제 방송되는 드라마보다 더 드라마틱한 상황을 만들어낸다. 36년째 드라마를 쓰고 있는 작가와 14년째 드라마 연출을 하고 있는 감독의 말을 따온 위 인용문은 드라마 내용보다 드라마 만드는 과정이 더 흥미진진하다는, 드라마 제작 현장에서 떠도는 말을 실감나게 해준다. 드라마 생산자들은 '(작가를) 죽이고 싶은 마음'과 '(감독과의) 권력 쟁탈'을 가슴에 품은 채 드라마를 만들고 있다.

드라마는 전통적으로 텔레비전 프로그램 중에서 가장 많은 시청자를 확보하며 국민들에게 사랑받아온 장르이며, 전 국민이 안방에 앉아서 즐기는 대중적인 오락거리이다. 1956년에 첫 TV 드라마 〈사형수〉가 방송된 이후에 드라마는 우리나라 방송 발전과 함께 전 국민에게 가장 사랑받는 방송 콘텐츠가 되었다. 1991년, 방송사가 기획, 제작, 송출 등의 과정을 독점하고 있는 방송의 수직적 통합을 해체하기 위해 도입된 외주 제작 정책으로 드라마 제작은 방송사 자체 제작 시스템에서 외주 제작 시스템으로 변화를 가져오게 되었다. 사기업인 독립 제작사가 드라마 제작에 본격적으로 뛰어들면서 드라마 생산에는 많은 변화가 있었다. 특히 감독, 작가, 배우, 방송사, 제작자 들로 대변되는 생산 주체들은 상업화된 드라마 제작 환경 속에서 더욱더 복잡한 역학 관계를 가지고 움직이게 되었다.

특히 2000년대 초반부터 불기 시작한 한류 열풍으로 드라마는 아시아뿐만 아니라 전 세계적으로 유통되는 문화상품이 되었다. 드라마의 한류 현상은 드라마 제작 시스템의 변화와 드라마 제작에의 해외 자본의 유입을 이끌며 드라마를 단순한 텔레비전의 한 프로그램에서 세계적인 문화상품으로 그 위상을 바꾸어놓았다. 드라마는 지난 10여 년간 투자할 만한 가치 있는 문화상품의 좋은 본보기가 되었다. 최근 일본 수출이 막히고 중국의 동영상 규제로 중국 수출도 주춤하면서 한국 드라마 수출 위기설이 나오고 있지만 드라마는 여전히 대중적인 문화상품으로 그 위력을 발휘하고 있다.

우리나라 드라마는 읽을거리, 볼거리가 없었던 시대에 태동하여 현재는 아시아를 넘어 세계적인 문화상품으로 발전했으며 현재 1주일에 약 30편의 드라마가 15개 채널에서 24시간 방송되고 있다. 문화현상으로서의 드라마는 상당한 변화를 겪으며 위상이 달라지고 제작 시스템의 변화를 이루어냈지만 드라마를 생산하는 생산자들에 대한 연구는 답보 상태에 있는 형편이다.

드라마는 장기간에 걸친 협업을 통해서 생산된다. 드라마 전체를 기획하는 방송사나 제작사의 프로듀서부터 직접 대본을 집필하는 작가, 영상연출을 맡은 감독, 연기를 하는 배우뿐만 아니라 카메라, 조명, 의상, 소품 등을 담당하는 수많은 스태프가 함께 일한다. 통상 미니시리즈 한 편을 제작하기 위해서는 100여 명의 스태프가 필요하다. 거기에 특수촬영, 무술, 컴퓨터그래픽(CG) 등이 추가로 들어갈 때는 더 많은 인원이 드라마 제작에 참여하게 된다.

이 많은 드라마 생산자들 중에서 작가, 감독, 배우, 방송사, 제작사는 드라마 생산 과정에서 주도권을 잡고 드라마를 제작하는 생산 주체라고 할 수 있다. 특히 작가는 드라마에서 매우 중요한 생산자이다. 영화는 긴 제작 기간 동안 단 두 시간 남짓한 분량의 영상에 집중하며 감독 자신이 시나리오를 직접 집필하기도 하면서 감독의 작가주의를 드러낼 수 있다는 측면, 영화 자본이 감독을 중심으로 투자되고 감독에 따라 영화의 결이 달라지고 흥행이 결정된다는 측면에서 '감독의 미디엄(medium)'이라고 한다면, 연극은 좁은 공간에서 배우가 관객들과 호흡하면서 자신만의 연기를 창조할 수 있다는 측면, 감독이 편집할 수 없고 작가가 통제할 수 없는 배우의 생생한 연기가 관객들에게 직접 전달된다는 측면에서 '배우의 미디엄(medium)'이라고 할 수 있다. 반면 드라마는 긴 방영 기간 동안 작가의 대본에 의존해서 촬영을 하고 연기를 한다는 측면, 작가의 역량에 따라 드라마의 성패가 달라진다는 측면에서 '작가의 미디엄(medium)'이라고 할 수 있다. 쉽게 말하면 영화는 감독이 누구인지를 보고 가고, 연극은 배우가 누구인지를 보고 가며, 드라마는 어떤 작가가 쓰는지를 보고 시청할 드라마를 결정한다는 것이다. 서로 겹치는 요소가 있기는 하지만 이 세 가지 장르에서 주도적으로 제작을 이끄는 주체들이 각각 감독과 배우, 작가라는 것은 분명해 보인다.

대본 집필과 촬영 그리고 연기가 거의 동시에 이루어지는 드라마의 특성상, 드라마는 감독이나 배우의 역량보다는 작가의 역량이 훨씬 중요하게 여겨져왔다. 그럼에도 불구하고 TV 드라마 작가에 대한 연구와 드라마 작가와 함께 협업을 하며 갈등을 일으키기도 하고 타협하기도 하는 중요한 생산자들인 감독, 제작사, 배우, 방송사와의 관계를 살펴보는 연구는 거의 이루어지지 않았다.

필자의 이러한 문제의식은 연구자인 동시에 드라마 제작 현장에서 일하는 내부자이기 때문에 더욱더 절실하다고 할 수 있다. 필자가 드라마를 처음 집필할 때는 드라마가 해외에 팔리는 경우도 드물었고 드라마가 문화상품이 되어 방송사 외부의 자본들이 드라마에 몰려들지도 않는 시절이었다. 드라마의 상업화는 생각하지도 못했고 그저 쓰고 싶은 이야기를 만들어 텔레비전을 보는 사람들에게 재미와 감동을 주겠다는 생각밖에는 없었다. 그런데 필자가 몇 년 전에 집필했던 드라마의 저작권료를 수령했을 때는 국내뿐만 아니라 미국, 일본, 중국, 대만은 물론 베트남, 싱가포르, 카자흐스탄, 캄보디아, 루마니아, 홍콩, 미얀마, 호주, 이란까지 가보지도 못한 나라에 드라마가 팔리고 있는 것을 확인할 수 있었다. 전 세계적으로 우리 드라마가 팔리고 있는 상황에서, 드라마를 쓰는 "나는 누구인가?" 하는 자문을 할 수밖에 없었다. 드라마 작가는 누구이며 그들은 어떤 과정을 거쳐서 드라마 작가가 되었으며 어떤 위치에서 어떤 정체성을 가지고 드라마를 집필하고 있는 것인지 알고 싶었고 이해하고 싶었지만 기존의 연

드라마 작가는 어떻게 만들어지는가

구들 안에서 그 해답을 찾을 수는 없었다. 드라마 생산 과정에 대한 접근이 어렵고 이해가 부족한 까닭에 드라마 생산자 연구가 양적으로 매우 부족한 상태에 있었고 그 내용 면에서도 만족할 만한 것이 없었다.

드라마 작가의 연구에는 드라마 작가와 긴밀한 협업을 하는 감독, 제작자, 방송사, 배우들과의 관계에 대한 문제의식이 함께 들어가야 한다. 그래야만 드라마 생산의 가장 작은 단위, 즉 기획 단계와 대본 집필 혹은 촬영 현장 등에서 일어나는 생산자들의 갈등 혹은 타협이 드라마 생산물에 어떠한 영향을 주는 것인지 파악할 수 있고, 외롭고 고독한 창작의 공간에서 방송사의 압박과 제작사의 요구에 저항 또는 순응하면서 드라마를 집필하는 드라마 작가의 모습을 입체적으로 살필 수 있다.

드라마가 단순한 편성표에 있는 한 프로그램이 아니라 세계적인 문화상품이 되면서 드라마 생산자들이 받는 압박감과 노동의 강도는 더욱 심해졌다. 또한 드라마 제작 시스템의 변화는 드라마 작가를 비롯하여 드라마 생산자들의 노동과 생산자로서의 정체성에도 많은 영향을 끼쳤다. 이러한 변화된 환경 속에서 드라마 작가인 필자 자신도 창작의 고통에 신음하며 다른 생산자들과 갈등에 힘겨워하는 생산자로서, 누구보다도 드라마 생산자들에 대한 연구에 관심을 갖게 되었고 내부자로서 갖는 장점을 토대로 연구를 수행하기에 이르렀다.

2. 갈등과 타협을 경험하는 드라마 작가

텔레비전을 둘러싼 대중적인 소비 현상은 메시지의 생산과 유통, 소비로 이어진다. 문화 연구 영역 내에서는 이러한 흐름에 따라 생산자 연구, 텍스트 연구, 텍스트를 해독하고 수용하는 수용자 연구, 그리고 문화와 제도적인 요인들, 즉 자본과 테크놀로지와 정책들을 결합하여 분석하는 제도 분석에 대한 연구가 진행되어왔다.

텔레비전 연구에서 이 중 특히 주목을 받은 부분은 메시지와 이용자의 소비 측면, 혹은 텍스트 분석과 수용자 연구라고 할 수 있고, 행태주의적 · 실증주의적 접근이든 문화 연구나 질적 연구든 이 두 부분에 관해서는 수많은 연구 성과가 축적되었으나 생산 부분은 연구자 사이에서도 상대적으로 덜 조명되었던 것이 사실이다.[1] 텔레비전 연구에서 수용자 연구와 텍스트 연구가 활발했던 반면 생산 과정을 조명하는 생산 연구가 미진했던 것은 많은 연구자들이 지적하듯이, 텔레비전 생산 현장에 대한 접근이 용이하지 않고 생산자들의 배타성으로 인해 연구 수행이 어려웠기 때

---

1   임영호, 「한국 텔레비전 생산 연구의 실태 진단, 한계와 가능성」, 『언론정보연구』 52권 1호, 2015.

문이다.[2]

이러한 경향은 커뮤니케이션에 대한 총체적인 이해를 추구했던 미디어 문화 연구의 원래 지향에서 벗어나게 하였으며,[3] 비판적 패러다임이 가졌던 계급, 권력, 이데올로기를 거시적으로 조명하는 연구를 매우 축소시키는, 특히 연구의 무게중심을 자본과 노동으로부터 완전히 벗어나게 만들었다[4]는 비판이 제기되었다.[5]

이오현에 따르면 미디어 생산자 연구는 "미디어 생산 과정을 둘러싸고 작동하는 문화와 권력의 문제를 생산 현장을 중심으로 탐구하는 연구 경향"[6]이라고 정의할 수 있으며, 생산자 연구를 한다는 것은 다음과 같은 가치를 지니는 것이다. 첫째, 그동안 소홀히 했던 생산 국면을 탐구함으로써 미디어 영역의 총체적인 이해에 기여하고 미디어 및 대중문화 현상에 대해 좀 더 정확히 인식하는 데 도움을 줄 수 있을 것이다.[7] 둘째, 미디어를 정치 경제의 수단과 도구로 한정짓는 우를 범하지 않으면서 생산 영역을 탐구함으로써 자본과 구조에 대한 성찰을 가능하게 할 것이다.[8] 셋째, 생산 영역을 의미에 관한 투쟁의 지점으로 접근함으로써 현실에 실천적

---

2   이기형, 『미디어 문화 연구와 문화정치로의 초대 – 민속지학적 상상력의 가능성과 함의를 중심으로』 서울 : 논형, 2011; 이오현, 「텔레비전 다큐멘터리 프로그램 생산 과정에 대한 민속지학적 연구 : KBS 〈인물현대사〉의 인물 선정 과정을 중심으로」, 『언론과 사회』 13권 2호, 2005 외.

3   이오현, 위의 글.

4   윤태진, 「대중문화의 생산 구조 : 한국 텔레비전 드라마의 제작 시스템과 생산 주체 간 권력관계의 변화」, 『방송문화연구』 17권 2호, 2005.

5   이오현, 「미디어 생산자 연구 행하기」, 한국언론정보학회 편, 『미디어 문화 연구의 질적 방법론』, 서울 : 컬처룩, 2015에서 재인용.

6   위의 글, 304쪽.

7   이오현, 「텔레비전 다큐멘터리 프로그램 생산 과정에 대한 민속지학적 연구 : KBS 〈인물현대사〉의 인물 선정 과정을 중심으로」.

8   윤태진, 앞의 글.

으로 개입하는 미디어 문화 연구의 기본 정신과 공명하게 될 것이다.[9]

그동안 생산 연구가 미진했던 부분을 수용자 연구나 텍스트 연구를 통해서 상쇄하려는 움직임이 있었고 적지 않은 경우 텍스트 분석이나 수용자 연구를 통해서 생산 과정을 짐작할 수 있었다.[10] 텔레비전의 다른 장르, 예를 들어 뉴스나 다큐멘터리, 교양, 예능 등 논픽션을 기반으로 제작되는 프로그램의 경우에는 수용자 연구나 텍스트 연구를 통해서 생산자들의 성향, 특징, 관심사, 가치를 파악하는 데 큰 어려움이 없으나 100% 픽션을 전제로 제작되는 드라마의 경우에는 텍스트 연구나 수용자 연구를 통해서 생산자들의 성향, 특징, 관심사, 가치, 제도적인 압박 등을 파악하기가 상대적으로 어렵다. 다른 텔레비전 장르에 비해 작가의 역할이 월등하게 큰 드라마의 경우에는 편성권을 가진 방송사에 소속되어 상당한 권력을 가지고 있는 감독과 대본 저작권을 소유하며 드라마 대본을 직접 집필하는 작가와 갈등이 끊임없이 일어나지만 드라마 텍스트에 반영되지도 않고 수용자 연구를 통해서도 알 수가 없다. 매끈하게 제작된 드라마 텍스트와 이를 즐기는 수용자들의 반응으로 생산 과정에서의 특징과 다양하게 작용하는 힘들, 그리고 생산자들의 의미와 가치 투쟁 등을 추측하기가 힘들기 때문이다.

뉴스나 다큐멘터리, 교양, 예능 프로그램에서 작가의 존재는 늘 대체 가능하며 작가가 바뀐다고 해서 프로그램 흥망에 영향을 주지 않는다. 이런 프로그램에서의 작가는 100% 창작의 행위를 하는 작가가 아니라 "현실

9   연정모 · 김영찬, 「텔레비전 연예정보 프로그램의 생산자문화에 대한 민속학적 연구」, 『한국방송학보』 22권 2호, 2008.

10   윤석진, 「디지털 시대, TV 드라마 연구 방법 시론(試論)」, 『한국극예술연구』 37, 2012; 이희승, 「최근 TV 가정드라마 텍스트의 젠더 폴리틱과 여성 수용자 연구」, 『언론과학연구』 8권 2호, 2008; 임종수, 「1970년대 텔레비전 드라마 인물과 미디어 비평」, 『언론과 사회』, 2012.

을 찍는 것을 기본"[11])으로 하여 '구성'하는 일이 주된 업무여서 어떤 작가가 오더라도 프로그램에 미치는 영향은 상대적으로 적다. 교양·예능·라디오 등 구성 프로그램에서 작가에게 요구되는 전문성은 작가 개인의 색깔이 분명이 드러나는 창작보다 프로그램 진행을 매끄럽게 하거나 메시지의 전달을 명확하게 하는 구성 능력에 달려 있기 때문이다. 그러나 드라마에서의 작가는 100% 창작자로서 작가가 누구냐에 따라 드라마의 성패가 좌우될 뿐 아니라 드라마의 방향과 결이 결정되어 수용자들의 반응이 현격하게 달라지고 시청률에 커다란 영향을 미치게 된다. 따라서 대개의 경우 드라마의 작가는 대체 불가능으로 여겨진다. 설령 작가를 바꾸고 싶더라도 그 드라마에 대한 대본 저작권을 작가가 가지고 있기 때문에 감독이나 방송사 또는 제작사가 작가를 교체하기 위해서는 상당한 대가를 치러야만 한다. 감독과 제작자 또는 방송사와의 갈등 끝에 드라마 작가가 교체된 후 성공한 드라마가 거의 없다는 것은 드라마 생산 과정에서 작가의 중요성을 어느 정도 유추해볼 수 있는 좋은 단서다.

문화 연구 영역 내에서 드라마 생산자들의 갈등이 중요한 이유는 "미디어 생산자 연구가 특정한 생산물이 만들어지는 과정의 특징, 이 과정에서 적용하는 특정한 제도적인 영향력들, 그리고 종사자들이 생산 과정에 적용하는 특정한 가치에 관한 관심과 탐색"[12])이기 때문이다. 드라마 생산 현장에서 생산자들 사이에 벌어지는 갈등은 단순한 감정 싸움이 아니라 드라마 생산을 둘러싼 과정의 특징에서 기인하기도 하며 제도적인 영향력들 때문이기도 하고, 생산자들의 특정한 가치와 관심이 충돌하는 과정에서 생기기도 한다.

---

11 김옥영, 「작가 저널리즘은 존재하는가?」, 『열린미디어 열린사회』 여름호, 2004, 236쪽.
12 이기형, 「"현장" 혹은 "민속지학적 저널리즘"과 내러티브의 재발견 그리고 미디어 생산자 연구의 함의」, 『언론과 사회』 18권 4호, 2010, 111쪽.

지난 20년간 방송 환경은 급변했고 지금도 그 변혁의 한가운데 있다. 그동안 방송의 핵심인 드라마는 편성표에 적혀 있는 단순한 오락 프로그램에서 세계적인 문화상품으로 새롭게 탈바꿈했다.[13] 그 변화의 중심에는 작가, 감독, 방송사, 제작자, 배우로 대변되는 드라마 생산 주체 혹은 생산자들이 있다. 드라마 생산물의 부가가치가 높아지고 제작에 막대한 비용이 들면서 드라마 생산 주체들은 역동적인 변화를 겪으며 드라마 제작 산업을 주도했다. 방송 드라마 제작 과정에서 작가, 연출가, 배우를 핵심 생산 요소라고 할 때, 방송사는 연출가를, 외주 제작사는 작가를, 연예기획사(매니지먼트사)는 출연자를 각각 보유하고 있는 시스템으로 제작 시장이 형성되었다.[14] 또 다른 축에는 작가, 연출가, 출연자(배우)와 계약을 맺고 자본을 대는 제작사가 있다. 생산자 연구는 언론이나 문화산업이 제공하는 다양한 유형의 텍스트나 혹은 이들 텍스트의 수용 과정에 대한 관심사와는 달리, 실제 미디어 생산의 주체가 되는 특정 대상들로 연구의 초점을 이동시킨다.[15] 미디어 생산자 연구에 관심을 기울이는 이유는 수용자 연구에 비해 간과된 생산자 연구의 함의와 제한점을 발견할 필요가 있다는 점, 그리고 생산자의 의미를 생산물에 대한 평가로 대체하는 연구 경향의 불균형성을 극복하기 위한 대안적 방향이 요구되기 때문이다.[16]

뱅크스와 코너 등은 넓은 분야를 연구할 때보다 한 분야를 깊게 연구할

13 김미숙·이기형, 「심층인터뷰와 질적인 분석으로 조명한 텔레비전 드라마 작가들의 정체성과 노동의 단면들 : 보람과 희열 그리고 불안감이 엮어내는 동학」, 『언론과 사회』 21권 3호, 2013.

14 노동렬, 「방송 드라마 제작 산업의 공진과 과정과 인센티브 딜레마」, 서강대학교 대학원 박사학위 논문, 2013.

15 Hartly, J.(ed.), *Creative Industries*, Oxford: Blackwell, 2005; Miller, T. & Yuddice, G., *Cultural Policy*, London: Sage, 2002.

16 연정모·김영찬, 앞의 글; 이기형, 「"현장" 혹은 "민속지학적 저널리즘"과 내러티브의 재발견 그리고 미디어 생산자 연구의 함의」.

때에 생산 연구의 특징들이 성공적으로 드러난다는 점에 주목한다.[17] 이에 이 책에서는 드라마 제작에 실질적인 구심점 역할을 하고 있는 드라마 작가가 어떤 과정을 거쳐서 드라마 작가로 성장하며 어떠한 직업 정체성을 가지고 드라마 작가로 생존하는지, 또 그들이 관계 맺는 감독, 배우, 방송사, 제작사들과 어떤 권력관계 속에서 어떤 문제로 갈등 혹은 타협하면서 드라마를 만드는지에 대해 세밀하면서도 깊이 있게 살펴보려고 한다.

---

17 Banks, Miranda, Conor, Bridget & Mayer, Vicki(Edt.), *Production Studies, the Sequel!* (Cultural Studies of Global Media Industries), Taylor&Francis, 2015.

3. 이 책의 구성

이 책은 총 6개의 장으로 구성되어 있다. 제1장 제1절은 서론 격으로 먼저 필자가 이 연구를 시작하게 된 계기를 설명하며 문제 제기를 하였다. 제2절에서는 구체적으로 이 연구에서 얻고자 하는 것이 무엇인지를 서술하였으며, 제3절에서는 이 책이 어떻게 구성되어 있는지 전체적인 내용에 대해 설명하였다.

제2장에서는 이 연구과 관련한 문헌 연구와 이론적 배경에 대해 살펴보았다. 제1절에서는 그동안 진행되었던 생산 연구들을 네 가지 범주로 나누어서 그 연구들의 특징과 주제들을 살펴보고 각 연구들의 성취와 한계를 살펴봄으로써 생산 연구 또는 생산자 연구의 지형을 정리해보았다. 제2절에서는 드라마 생산자들의 노동의 특징을 살필 수 있도록 미디어 노동의 정체성에 대해서 고찰하고 드라마 작가와 구성작가의 노동 정체성의 차이는 무엇인지 탐구해보았으며 제3절에서는 드라마 작가의 역사를 살펴보고 변화하는 드라마 제작 시스템에서 작가들의 생산 위치와 노동의 성격이 어떻게 바뀌었는지 살펴보았다.

제3장에서는 필자가 이 책을 집필하면서 관심을 가진 문제와 그 문제를 연구하기 위해 선택한 방법에 대해 구체적으로 서술하였다. 문제가 도출

될 때까지의 논의를 정리하여 구체적인 연구 문제를 제시하였고, 30여 명의 심층 인터뷰 대상자의 인적 사항을 소개하며 연구 대상에 대한 설명을 하였으며 연구가 진행되었던 과정을 서술하였다. 특히 연구 방법에서는 이 연구가 차용하고 있는 민속지학적 연구 방법에 대해 고찰하여 이 책이 지향하는 바가 무엇인지 분명히 밝혔다.

제4장에서는 연구 대상자 30여 명의 인터뷰 내용과 월간『방송작가』, 그리고 언론 기사 등의 질적인 자료를 조합하여 분석한 연구 결과에 대해서 서술하였다. 먼저 드라마 작가들의 성장 과정과 직업 정체성, 그리고 생존 방식의 특성에 대해 분석하였고, 작가들이 드라마 제작 과정에서 겪는 갈등과 타협에 대해 구체적인 사례 연구를 통해서 분석하였다.

제5장은 연구 결과에 대한 논의로 구성되어 있다. 분석을 통해 얻어진 여러 가지 결과에 대해서 더 심도 있는 내용으로 논의하여 좀 더 종합적이고 거시적인 차원에서 연구 문제에 대해 심층적으로 살펴보았다.

제6장은 결론과 제언 부분으로 이루어져 있다. 이 장에서는 이 연구의 요점을 살펴보고 그 함의를 정리하였으며, 연구의 한계와 후속 연구를 위한 제언을 서술하였다.

문화 연구와 드라마 작가의 탄생

1. 미디어 생산 연구의 흐름과 함의

미디어 생산자 연구는 "미디어에 대한 제도와 정책 중심의 거시적인 분석을 수행하는 정치경제학 접근이나 미디어 산업론과 일정하게 차별화되는 생산자군의 활동에 대한 미시적인 차원의 관찰을 수행"[1]한다. 즉 미디어 생산자 연구는 생산 영역 중에서도 미디어 생산의 주체가 되는 특정 대상들에 주목하며 생산자들이 노동 과정에서 적용하고 체화하는 특정 가치들을 조명하며, 노동 과정 및 전문가 집단으로서의 특성을 파악한다. 더 나아가서 어떠한 작업 환경 및 성향 체계 그리고 제도 등의 이해관계 속에서 생산물을 기획, 제작하는지 또한 그 과정에서 어떠한 제도적·조직적 영향력들이 행사되는지 분석한다.[2]

미디어 생산 영역은 의미의 생산이 이루어지는 공간일 뿐만 아니라 각각의 이데올로기가 투쟁하는 곳으로 인식해야 한다고 주장했던 콜드웰은 텍스트 재현에 중심을 두었던 문화의 생산(production of culture)을 넘어

---

1   이기형, 「"현장" 혹은 "민속지학적 저널리즘"과 내러티브의 재발견 그리고 미디어 생산자 연구의 함의」, 『언론과 사회』 18권 4호, 2010, 119쪽.
2   위의 글; 이오현, 「텔레비전 다큐멘터리 프로그램 생산 과정에 대한 민속지학적 연구 : KBS 〈인물현대사〉의 인물 선정 과정을 중심으로」.

생산 문화(culture of production)를 다루어야 한다는 점을 지적했다.[3] 미디어 산업이라는 거대한 용어는 결이 다른 문화적 차이와 경제성을 띤 문화 상품의 다양성을 설명하지 못하기 때문에 산업과는 분리되어 구성된 문화와 하위문화적인 한 부분들로서 복합적이며 공통적인 의미에서 '생산 문화'라는 의미를 사용해야 한다는 것이다. 여기서 생산자들은 생산 영역 내 외부의 다양한 요소들에 의해 물질적인 제약을 받거나 맞서 투쟁하는 '능동적인 행위자로서' 상정된다.[4]

'능동적 행위자'로서 미디어 생산자는 생산 영역에서 자신의 신념과 가치에 대한 투쟁과 조직 내의 압박, 그리고 수용자들의 욕구 사이에서 갈등하며 미디어 상품을 만들어낸다. 그러한 과정 속에서 그동안 미디어 연구 영역에서는 생산자들이 만들어낸 텍스트, 그리고 그 텍스트를 해독하며 수용하는 수용자들에 관한 연구들이 주로 이루어져왔다. 생산자 차원에서 연구는 수용자나 텍스트 차원의 연구보다 상당히 부족한 실정이어서 그동안 문화 연구 영역 내에서 분류되었던 생산자 연구, 텍스트 연구, 수용자 연구 중에 상대적으로 연구가 미진한 부분으로 지적되어왔다. 임영호는 기존 문헌에서 흔히 통용되는 생산자 연구라는 용어는 주로 행위자 측면만 강조하는 경향이 있어서 생산 과정에 작용하는 다양한 측면을 포괄하는 생산 연구(production studies)라는 용어로 대체해서 사용했는데[5] 임영호의 지적은 타당한 것으로 보인다. 생산 조직의 특성이나 생산 시스템

---

3   Caldwell, J.T., *Production culture: industrial reflexity and critical practice in flim and television*. Durham, N.C.: Duke University Press, 2008.

4   연정모 · 김영찬, 「텔레비전 연예정보 프로그램의 생산자문화에 대한 민속학적 연구」, 『한국방송학보』 22권 2호, 2008; D'acci, J., *Defining women: Television and the case of Cagney & Lacey*, Univ of North Carolina Press, 1994; Gitlin, T., *Inside prime time*, Univ of California Press, 1994.

5   임영호, 「한국 텔레비전 생산 연구의 실태 진단, 한계와 가능성」, 『언론정보연구』 52권 1호, 2015.

에 관한 생산 연구가 곧 생산자 연구를 뜻하는 것이 아니므로 '생산 연구'
와 '생산자 연구'는 구별하여야 한다. 다만 아직 생산자 연구의 영역이 넓
지 않으므로 생산자 영역이 확장된 이후에 생산 연구와 생산자 연구의 관
계를 다시 정립해도 무리가 없을 것으로 보인다.

임영호는 "생산자 연구라는 용어 자체는 다분히 개인 단위의 행위자 중
심적인 인상을 풍겼다. (…) '생산자 연구의 단위는' 단순히 개인의 특성뿐
아니라 조직, 산업, 체제 등 다양한 세력이 교차하면서 영향을 마치는 장
으로 파악해야 마땅하다. (…) 생산 연구에서는 분석 단위를 어떤 범위로
설정할 것인가 하는 문제보다는 이 단위에서 교차하는 복합적인 세력 간
의 관계를 어떠한 문제의식과 관점에서, 어느 정도 치밀하게 파악할 수 있
는지가 더 중요"하다고 보았다.[6] 필자 또한 미디어 전체 생산 과정에 대한
연구를 '생산 연구', 분석의 초점이 개인 단위로 내려가는 연구를 '생산자
연구'라고 부를 것이며, 생산자를 복잡한 미디어 생산의 관계 안에서 살펴
볼 것이다.

미국의 경우, 우리보다 먼저 생산 연구에 관심을 기울여 적지 않은 결과
들이 축적되면서, 문화 생산의 특성이나 외연을 확장시켜 더욱 심화된 대
안적인 연구를 지향하는 움직임이 있다. 뱅크스와 코너 등은 생산 연구를
생산의 조직 구조, 전문적인 업무, 힘의 역학관계를 가진 별개의 '해석적
인 공동체'로서 미디어 생산의 특정한 장소들과 조직들에 대한 연구라고
정의한다.[7] 또 이들은 그동안 미디어 생산 연구에서 개인에게 집중되었던
관심을 생산 과정에 개입하는 공동체적 '생산자들'에게로 돌려야 한다고
지적하면서, 미디어 생산에 관여된 다수의 생산자들의 목소리는 각기 다
른 방법으로 다양하고 복잡한 생산 과정을 이해하는 데 새로운 통찰력을

제2장 문화 연구와 드라마 작가의 탄생

---

6   위의 글, 9쪽.
7   Banks, Miranda, Conor, Bridget & Mayer, Vicki(Edt.), op. cit.

준다고 강조한다. 전문적이고 실용적인 지식을 소유한 자아성찰적인 주체로서 생산자들의 전경은 그들의 유사성, 다양성, 그리고 그들의 내적 모순을 분명히 보여주기 때문에, 다른 미디어 연구에서 얻을 수 없는 부분을 채워준다는 것이다. 특히 이들이 주목한 '해석적인 공동체'로서의 미디어 생산 연구는 연구자들이 어떻게 생산 연구의 관점을 정하고 어떻게 생산 연구의 과정을 읽어낼 것인지에 대한 새로운 차원의 관찰점을 제시한다.

　우리나라 미디어 연구자들 사이에서도 생산 과정에서 다양하게 교차하는 여러 가지 요인들을 '두껍게 기술(thick description)'하려는 노력은 오래전부터 시도되었으나 연구자들이 생산 현장에 접근하기 힘들었던 현실적인 어려움 때문에 그 발전이 지체된 면이 있다. 1989년 한국언론학회에서 학회 30년을 회고하면서 발간한 『한국언론학연구 30년 : 성찰과 전망』이라는 기획서에서 토론자들은 저널리즘 연구 영역 중 특히 "거의 완전히 누락"되다시피 한 부분으로 제작 과정에 관한 연구를 지목하면서 대표적인 원인으로 외부 연구자의 시선에 대한 언론사 조직의 배타성을 거론했다.[8] 그 이후 20년 동안 언론학 특히 문화 연구 영역에서는 텔레비전 생산 연구가 상당 수준 발전하여 격세지감을 느끼게 할 정도가 되었다. 임영호는 적어도 외형적인 주제의 다양성이나 양적 편수만으로 판단해볼 때, 대중매체의 순환 과정에 관한 연구에서 생산 연구가 더 이상 공백 상태로 남아 있는 분야라고 단정할 수 없게 되었다고 보았다.[9] 그러나 여전히 심층적으로 기술된 생산 연구가 부족하다는 지적을 했다.

　임영호는 그간의 텔레비전 생산 연구의 성과를 입체적으로 분석하여 생

8　강준만, 「언론사 언론인 연구의 가능성과 한계 : 비판적 입장」, 한국언론학회 편, 『한국 언론학의 쟁점과 진로』, 서울 : 나남, 1991, 242쪽; 박영상, 「우리나라 저널리즘 연구의 성찰」, 한국언론학회 편, 『한국 언론학 연구 30년 : 성찰과 전망』, 서울 : 나남, 1989, 120~121쪽; 임영호, 앞의 글에서 재인용.
9　임영호, 앞의 글.

산 연구의 방향을 제시하며 성찰하는 메타비평 차원의 연구를 수행하였다. "생산 연구의 환경이 크게 개선되지 않은 상황에서 생산 연구가 양적으로 크게 성장했다면 이 연구 분야에 어떤 구조적 한계가 있었으며, 여기서 연구 경향의 기형화나 '왜곡' 현상이 발생하지 않았을까 하는 의문",[10] 즉 연구가 제대로 수행된 것인지에 대한 의문을 품어볼 수 있다며 텔레비전 생산 과정에서 크고 작은 힘들이 작용, 혹은 상호작용하는지를 종합적으로 압축해서 관찰할 필요가 있다는 점을 지적했다. 또한 기존의 생산 연구의 소재나 주제가 매우 다양해진 반면 생산 과정의 특징을 잘 짚어내며 개념화하는 깊이 있는 연구가 희소하다는 점을 지적했다. 특히 분석의 치밀성 혹은 '민속지학적 수준에서의 깊이 있는 분석'이라는 측면에서만 보더라도 국내에서는 아직 수십 년 전에 나온 터크만(Tuchman)의 연구와 같은 심층적인 분석은 매우 드물다는 점을 예로 들었다. 특히 "앞으로 생산 연구에서는 새로운 연구 대상을 발굴하여 영역을 확장하기보다는 오히려 다양한 접근방식이나 방법론으로 기존의 연구 주제를 더 심화하는 데 주력할 필요"[11]가 있다고 지적한 점은 시사하는 바가 크다.

이기형과 임도경은 "예시적으로, 혹은 표피적인 수준에서 주로 스케치하고 서술하는 선"[12]이나 "표피적 차원의 '읽기'나 일회적 관찰의 근거한 '인상주의적' 탐방기"[13]수준의 생산 연구를 지양하여, 연구자가 보고 들은 내용은 현실 그 자체가 아니라 여러 가지 측면에서 비판적인 해독이 필요

10 위의 글, 6쪽.

11 Tuchman, G., *Objectivity as strategic ritual: An examination of newsmen's notions of objectivity*. The American Journal of Sociology. 77(4), 1972, p.27.

12 이기형 · 임도경, 「문화 연구를 위한 제언 : 현장 연구와 민속지학적 상상력을 재점화하기 - 조은과 조옥라의 〈도시빈민의 삶과 공간 : 사당동 재개 발지역 현장 연구〉의 사례를 매개로」, 『대한질적연구학회 학술발표논문집』 6(단일호), 2007, 165쪽.

13 위의 글, 167쪽.

한 대상이라는 점을 강조했다. 즉 생산 연구는 중요한 부분, 일상적인 부분, 간과되는 부분 등 가능한 한 생산 과정에서 벌어지는 다양한 요소들을 관련짓고 맥락화해서 그 속에서 의미를 발견해내는 일이며, 그러한 연구야말로 생산 연구의 취지에 부합한 분석방법이라는 점이다.[14]

임영호는 생산 연구의 특성상 단기적 관찰과 인터뷰에만 의존하는 종래의 방식으로 심층적인 자료를 확보하기 위해서는 첫째, "현장 종사자들의 진술이나 보여주는 모습을 일종의 의도적이고 동기화된 자기 서사 전략으로 간주하고 비판적인 해독"[15]을 해야 한다고 지적한다. 즉 "진술 내용의 진실성이나 신빙성을 문제시하고 확인하여 판단의 근거를 찾는 비생산적인 경로를 선택하기보다는, 진술 방식에서 나타나는 특징 분석을 통해 간접적으로 생산 현장의 특성을 규명 하는 전략이다."[16] 둘째, 생산 과정에 본격적으로 접근하기 어려울 경우, 그 대안으로 해당 부문에 종사하는 특정 개인에 관한 사례 연구나 생애사 연구를 모색해볼 수 있다. 이 경우 "연구 대상의 섭외가 훨씬 수월하며, 일단 라포 형성이 되고 나면 장기적인 심층 인터뷰를 통해 세부적인 자료를 축적할 수 있기 때문"[17]이다. 셋째, "방법론적 측면에서 생산 과정 내부로부터의 접근뿐 아니라 외부로부터의 접근을 동시에 시도해볼 수 있다."[18] 즉 텍스트를 통해 생산 과정에 작용되는 힘과 권력관계 등 다양한 요인들을 살펴보는 것이다. 이렇게 다양한 방면에서 생산 연구를 시도할 때 연구가 더욱 균형 잡힐 수 있으며 심층적인 결과를 도출해낼 수 있다.

윤태진은 한국 텔레비전 드라마의 생산 구조에 초점을 맞춰 질적 자료

---

14 임영호, 앞의 글.
15 위의 글, 22쪽.
16 위의 글, 22쪽.
17 위의 글, 23쪽.
18 위의 글, 23쪽.

와 부가적으로 행위자(제도)를 대표할 수 있는 몇몇 개인과의 인터뷰를 조합한 분석으로 방송사, 독립 제작사, 매니지먼트, 그리고 스타의 특성과 권력관계에 관한 연구를 수행하였다. 대중문화의 생산 관계에 권력의 문제가 개입함에 주목할 필요가 있다며 생산의 주체인 기자나 작가, 혹은 제도로서 방송사 등이 어떤 사회적 권력을 갖는지도 중요하지만 그들 간의 권력관계가 어떻게 구성되며, 또 구성원 간의 갈등과 모순이 내재되어 있는 통합적 생산자는 어떤 모습으로 어떤 위치에 있는지 주목해야 한다고 했다. 특히 권력은 항상 관계적이고 상대적이며 관련 주제들 간에 끊임없이 벌어지는 역동적인 과정이라는 점을 강조한다. 또한 "회화나 문학 같은 예술 분야는 한 명의 작가에 의해 창조되지만 영화나 드라마는 텍스트의 속성상 한 개인을 '작가'로 칭하기 어렵다"[19]면서 방송 콘텐츠의 협업을 강조하고 드라마 콘텐츠의 다양한 생산자들에 주목했다. 10년 전의 연구이지만 생산 주체들 간의 권력관계에 초점을 맞추어 생산자들을 관찰했다는 점은 상당한 의의가 있다고 할 수 있다. 그러나 연구자 자신이 밝혔듯이 기존의 자료와 제도에 대한 담론을 기반으로 "생산자와 생산 과정에 대한 시론적인 모색"[20]일 뿐 본격적인 참여 관찰이나 심층 인터뷰 등을 통한 민속지학적인 방법을 통한 접근이 아니라서 구체적인 생산자들 사이의 권력관계를 입체적이고 심층적으로 기술하지는 않았다.

생산자들의 관계에서 서로 상호작용하는 양상들을 다양한 측면에서 탐색할 수 있는 생산자 중심의 연구는 미디어 생산자들을 다면적으로 접할 수 있는 기회가 적기 때문에 활발하게 이루어지지 못하는 측면이 있었다. 그럼에도 불구하고 미디어 생산자를 중심으로 하는 연구가 간헐적으로 지

19 윤태진, 「대중문화의 생산 구조 : 한국 텔레비전 드라마의 제작 시스템과 생산 주체 간 권력관계의 변화」, 『방송문화연구』 17권 2호, 2005, 34쪽.
20 위의 글, 9쪽.

속되고 있다.

외국에서는 우리나라보다 앞서 질적 연구 방법으로 미디어 생산을 둘러싸고 일어나는 다양한 상호작용과 생산자들의 정체성과 가치를 구체적으로 탐구하려는 노력이 있었다.

1970년대에 수행된 터크만의 연구는 미디어 생산자 연구의 모범 사례로 생산자 연구의 일정한 방향을 제시하면서 그 후 많은 연구자들에게 영향을 주었다. 터크만은 객관성을 기자들이 업무로부터 파생되는 위험요소로부터 자신들을 보호하기 위한 '전략적 의례'로 정의하며 신문기사를 생산하는 기자들에 대해 연구하였다.[21] 여기서 의례란, 소기의 목적과 거의 또는 별로 관계가 없어 보이는 '일상적 과정'으로 특히 과정에 대한 집착이 매우 '강박적/상습적'이라고 할 수 있다. 기자들은 전략적 의례로서 객관성이라는 공식적 속성을 취하며 이를 자신들의 실수나 비판적인 맹공격으로부터 자신과 자신의 전문성을 보호하는 수단으로 사용한다는 것이다.

1990년대에도 생산자 연구의 논의를 확장시키는 연구들이 등장하였는데, 캠벨과 리브스는 텔레비전 제작에 참여하는 다양한 저자들(authors)에 관심을 가지고 프로그램 제작을 둘러싼 제도, 문화, 경제적 환경 속에서 일하는 개별 생산자들의 주체성과 자기성찰, 재현양식에 주목하였다.[22] 루츠와 콜린스는 『내셔널 지오그래픽(National Geographic)』의 생산 과정에 참여하는 25명을 대상으로 심층 인터뷰를 진행하여 편집자, 사진작가, 문자작가, 사진작가들의 생산자들이 각 단계별로 크고 작은 갈등을 일으키면서 타협과 동의를 이끌어내는 과정을 연구하였다.[23] 핸더슨은 미국

21 Tuchman, G., op. cit.

22 Campbell, R. & Reeves, J. L., "Television authors: The case of Hugh Wilson, 1990", In R. J. Thompson & G. Burn(eds.), *Making television : Authorship and the production process*, Greenwood Publishing Group, 1990, pp. 3~18.

23 Lutz, C. & Collins, J.L., *Reading national geographic*, University of Chicago Press,

PBS 라디오 프로그램인 〈Storyline〉의 생산 과정에 대한 현장 연구를 수행하면서, 이 프로그램의 문화적·정치적 담론들이 권력에 대한 토론을 억제하려는 프로듀서의 관행적 의식과 전략에 통제된다는 점을 밝혀냈다.[24]

국내에서도 질적인 방법론에 따라 미디어 생산자의 특징과 성향, 그리고 그들이 추구하는 가치들을 탐색하기 위해 미디어 생산자에 대한 연구가 이루어졌다. 그러나 생산자의 구체적인 생산 현장에 접근하는 것이 용이하지 않아 표피적 관찰에 그친 연구도 있고, 설사 생산 현장 접근에 성공했더라고 하더라도 이론적인 시각에만 초점을 맞추어 미디어 생산자를 이론적인 논리 전개에 꿰어 맞춘 듯한 연구도 있다. 또 미디어 생산자를 바라보는 관점이 너무 단선적이고 획일화되어 다양한 힘들을 고려하여 심층적으로 읽어내지 못하고 생산자들의 역동적인 모습을 간과하거나, 혹은 생산 구조적인 맥락과 생산자들의 특성이 어우러져 만들어내는 상호작용을 치밀하게 파헤치지 못한 작업들도 있다.

질적 연구란 "사건, 행위, 가치 등을 연구 대상자들의 시각에서 관찰하며 사회적 맥락에 관심을 두면서 …(중략)… 복합성, 세부사항, 맥락을 이해하는 데 중점"을 두는 연구 방법으로 연구하려는 현상에 충실해야 하며 본질적인 형태의 분석과 설명을 강조한다.[25] 지금까지의 생산자 연구는 민속지학적 접근을 지향하고 있으나 생산 영역에 대한 현장 연구가 쉽지 않아 실제적으로 민속지학적 방법으로 연구된 경우는 많지 않다. 대부분 질적 연구 방법의 한 갈래로서 심층 인터뷰와 질적 자료들을 조합한 연구들이 주를 이루고 있다. 필자 역시 민속지학적인 접근을 지향하면서 질적

1993.

24 Henderson, L., "Storyline and the multicultural middlebrow: Reading women's culture on national public radio", *Critical Studies in Media Comunication*, 16(3), 1999.

25 나미수, 「미디어 연구를 위한 질적 방법론」, 커뮤니케이션북스, 2012, 6~7쪽.

방법론으로 연구를 수행하기 때문에 그러한 방법으로 지금까지의 연구가 어떤 흐름으로 진행되어왔는지 살펴보겠다.

텔레비전 프로그램의 생산 과정은 다양한 힘들과 요인들이 작용해서 메시지라는 특정한 텍스트가 생성되는 과정이다. 생산 연구에서 관심을 가지는 부분은 이처럼 생산 과정에 개입하는 다양한 힘들이 어떻게 메시지 생산 과정이나 그 결과물인 텍스트에 영향을 주는지에 관한 것이다. 기존의 연구들은 다양한 주제와 여러 층의 분석의 단위에서 진행되어서, 생산 현장에 영향을 미치는 크고 작은 힘들이 어떻게 상호작용 하는지 알아보기 위해서는 편의상 몇 가지 범주로 나누어서 살펴보는 게 유용할 것이다. 생산 연구의 갈래를 나누어 그 부분의 성취와 한계를 점검해보게 되면 생산 연구가 지향해야 할 점이 드러나기 때문이다.

이 책에서는 생산 현장 어느 곳에 초점을 맞추는지, 또는 연구의 관심사에 어디에 있는지에 따라 생산 과정에 영향을 미치는 조직 내외부의 구조적 맥락에 초점을 맞춘 연구, 행위자인 직업적 생산자에 초점을 맞춘 연구, TV 장르나 프로그램의 생산 구조 및 과정이나 관행에 초점을 맞춘 연구, 생산자의 성향 체계나 직업 문화가 생산 과정이나 생산물에 미치는 영향을 다룬 연구 등으로 나누어보았다. 이러한 분류는 생산 과정의 특징이나 생산자들의 성향 등을 파악하면서 생산 연구에 대한 지형을 살피는 데 도움을 줄 것이다.

1) 생산 과정에 영향을 미치는 조직 내외부의 구조적 맥락에 초점을 맞춘 연구

미디어 생산 과정에는 내부적인 요소와 외부적인 압박이 동시에 작용하면서 다양한 요인들이 발생하고 그러한 요인들은 생산자와 생산물에 영향을 주게 된다. 그런 측면에서 생산 과정에 미치는 조직 내외부의 구조적 맥락에 초점을 맞춘 연구는 생산 구조와 생산자, 그리고 생산물 사이의 관계를 잘 파악할 수 있다고 할 수 있을 것이다.

미국의 돈펠트는 민속지학적인 방법을 통해 PBS 텔레비전 다큐멘터리 프로그램인 〈Childhood〉의 생산 과정에서 진보적 프로듀서들이 생산 환경을 구성하는 심미적 · 재정적 · 조직적 힘들에 제한받으면서도 그 속에서 그들 나름의 특정한 입장과 틀을 프로그램 속에 반영한다는 점에 주목했다.[26] 또한 광범위한 압력 속에서도 〈Childhood〉의 지향점이 대중성, 정치적 중립, 그리고 다문화라는 것을 살폈고, 이 프로그램을 생산에 관여하는 개인과 조직들은 서로를 제한하는 방식이 서로 얽혀 있으며 긴장감을 조성한다는 점도 파악했다. 본은 심층 인터뷰를 통해 BBC의 텔레비전 생산자들이 BBC의 문화와 설립의 역사에 대해 어떠한 생각을 가지고 있는 연구를 수행하였는데,[27] 생산자들은 이윤 추구와 국가의 압력으로부터 완전히 자유롭진 않지만 새로운 공간을 점유하면서 상대적으로 독립을 지켜내고 있다는 점을 밝혀냈다.

국내에서도 조직 내외부의 구조적 맥락을 연구가 간헐적이지만 지속적으로 이루어져 왔으며 정리해보면 표 1과 같다. 연구의 출발 지점인 문제의식에서 연구의 핵심 내용과 방법론 그리고 성취와 한계를 정리해보면서 선행 연구들을 검토해보겠다.

---

26 Dornfelt, B., *Producing public television, producing public culture*, Princeton University Press, 1998.

27 Born, G., "Reflexivity and ambivalence: culture, creativity and government in the BBC", *Cultural values*, 6(1–2), 2002.

표 1 생산 과정에 영향을 미치는 조직 내외부의 구조적 맥락에 초점을 맞춘 연구

논문 제목	문제의식과 핵심 내용	연구 방법 및 연구 대상	성취와 한계
김경희 · 정희선, 「인터넷과 TV 시사 다큐멘터리 프로그램 제작과정의 변화」(2003)	방송 저널리즘에 미친 인터넷의 영향에 대해 본격적인 논의를 해 보겠다는 문제의식. 인터넷의 이용으로 시사 다큐 프로그램은 '제작의 효율성 증대', '발굴 소재 및 기획성 소재의 축소', '네티즌 관심 중심의 소재 편중'이라는 경향이 나타났다.	심층 인터뷰 : 이메일 인터뷰 1명, 전화 인터뷰 1명 포함 PD 8명, 작가 9명	새로운 테크롤로지가 프로그램에 영향을 주는 과정을 살피는데 의의가 있으나 인터넷에 부정적인 측면은 간과함.
이오현, 「텔레비전 다큐멘터리 프로그램의 생산 과정에 대한 민속지학적 연구 – KBS 〈인물현대사〉의 인물 선정을 중심으로」(2005)	경험적 연구에 초점을 맞추면서 매체 생산 과정을 둘러싼 문화와 권력의 문제, 그리고 이들 간의 상호작용을 밝히려는 문제의식. 제작진은 사회적 · 조직적 한계들에 의해 제한되면서도 자신들의 비판적 성향 체계를 기반으로 한 의미들을 프로그램에 담고 이를 공중에게 전달하고자 많은 노력을 기울였다.	참여 관찰 +개별 심층 인터뷰 (면접 안내 접근 방식) PD 8명	외부의 다양한 요인들을 생산 과정과 연결시켜 연구한 점은 좋으나 생산자의 다양한 측면의 고려보다는 외부의 권력역학적인 측면에서 생산 과정을 보려는 한계가 있음.
박인규, 「구조적 통제하의 저널리즘 – KBS 시사 프로그램의 변화를 중심으로」(2010)	KBS에서 시사 프로그램이 퇴행하게 된 원인을 밝히려는 문제의식. 방송사 경영진은 인사권, 편성권 등을 동원하여 시사 프로그램을 축소 · 폐지해왔고 제작진에 대한 통제를 통해 정권이 불편해할 내용을 원천적으로 봉쇄하고 있으며 제작의 자율성은 회복하기 힘들 만큼 훼손되었다.	심층 면접 기자 2명, PD 4명, 구성작가 4명	특정 프로그램을 통한 정치적 통제라는 주제를 살펴보는 성취는 있었으나 지나치게 외부의 압박을 강조하다 보니 생산자 내부의 저항이나 역동성을 잘 살리지 못함
김상균 · 한희정, 「천안함 침몰 사건과 미디어 통제 – 탐사 보도 프로그램 생산자 연구」(2014)	천안함 침몰 사건 탐사 보도의 변화 과정과 후속 탐사 보도가 중단된 원인을 알아보려는 문제의식. 천안함에 대한 탐사 보도 프로그램 제작이 중단된 것은 군의 정보 독점, 국가권력에 의한 미디어 통제, PD저널리즘과 제작의 자율성 약화, 자기검열 기제로 인한 것이다.	심층 인터뷰 +질적 자료 분석 탐사 보도 프로그램 담당 PD 7명, 언론 전문지 기자 1명, 방송기자 1명, 영화감독 1명	특정 사건과 프로그램을 통해서 미디어 통제를 구체적으로 살펴보는 장점이 있으나, 그에 대응하는 생산자들에 대한 다각적인 관찰과 분석이 미흡함

드라마 작가는 어떻게 만들어지는가

인터넷이 대중적으로 활발하게 사용되는 시점에서 김경희 · 정희선은 방송 저널리즘에 미친 인터넷의 영향에 대해 본격적인 논의가 필요하다는 문제의식에서 출발, 인터넷 등장 이전과 이후의 제작 과정을 탐구하여 시사 다큐멘터리 제작진이 인터넷을 어떻게 활용하는지에 대한 연구를 수행하였다.[28] 이 연구는 프로그램 제작을 둘러싼 생산자들의 특징을 살피기보다는 텔레비전 생산자들이 '온라인 저널리즘'이라는 인터넷 등장 이후 기술 환경의 변화를 어떻게 받아들이며 어떻게 생산 과정에서 활용하는지에 주목하는 생산 연구라고 할 수 있다. 인터넷 등장을 통해 방송 제작 환경의 변화를 느낄 수는 있었으나 인터넷이 주는 부정적인 영향이나 온라인 저널리즘으로서 인터넷의 문제점을 살피지 못한 점은 한계로 남는다.

이오현은 KBS 〈인물현대사〉의 인물 선정 과정에 대한 민속지학적인 연구를 통해서 〈인물현대사〉의 인물 선정은 프로그램 기획 의도의 느슨한 한계하에 PD가 자신의 성향 체계를 바탕으로 부장, 차장, 구성작가, 자문위원 등과의 상호작용과 프로그램에 비판적인 내 · 외부의 시선, 시청자의 흥미 및 이해, 영상 자료의 확보 가능성, 제작 기간, 방영 시기 등을 고려해 결정하는 과정이었다고 밝혔다. 이 연구의 서두에서는 생산 연구의 중요성을 언급하며 양적 · 질적으로 부족한 생산 연구가 생산 과정의 "다양한 힘들과 참여자들 사이의 갈등과 타협 과정으로의 매체 생산, 그리고 구조적 힘들에 한계 내에서 의미 생산자로서의 매체 생산자의 대한 인식을 갖지 못하게 되었다"[29]며 아쉬움을 드러냈다. 특히 이오현은 경험적 연구의 중요성을 지적하면서 "경험적 연구에 초점을 두는 것은 매체 생산 과정을 둘러싼 문화와 권력의 문제, 특히 매체 생산과에 개입하는 힘들, 그

---

28 김경희 · 정희선, 「인터넷과 TV 시사 다큐멘터리 프로그램 제작과정의 변화」, 『한국언론학보』 47권 4호, 2003.

29 이오현, 「텔레비전 다큐멘터리 프로그램 생산 과정에 대한 민속지학적 연구: KBS 〈인물현대사〉의 인물 선정 과정을 중심으로」, 119쪽.

리고 이들 간의 상호작용을 밝히는 것"[30]이라고 했다. 그러한 문제의식에서 출발하여 이오현은 KBS 〈인물현대사〉 책임 PD, 차장, PD 8명, 구성작가 7명, 영상 자료 전문가, FD, 자료 조사자 각 1명으로 구성된 팀이 제작하는 과정에 일정 기간 참여하여 참여 관찰과 심층 인터뷰의 방식으로 프로그램을 둘러싼 여러 가지 문제에 대한 연구를 하였다. 이오현의 작업은 구체적인 사례 연구 속에서 매체 생산에 참여하는 생산자들 사이에 상호작용하는 힘들이 무엇인지에 천착했다는 점에서 생산 연구로서 의의가 있다. 다만 연구자 자신이 지적했듯이 실제로 프로그램 제작에서 상당한 역할을 하는 구성작가의 행위와 시각이 상대적으로 소홀히 다루어졌다는 점, 생산자를 다양한 시각에서 접근하지 않고 외부의 역학관계를 통해 생산 과정의 특징을 해석하려고 해서 복합적 상호관계를 살피지 못했다는 점은 아쉬움이 남는다.

박인규는 한국 사회의 문제를 정면으로 다루던 KBS 시사 프로그램의 기개가 꺾였다고 판단하고 공적 재원으로 운영되는 공영방송사의 시사 프로그램의 기조가 바뀌게 된 원인을 추적했다.[31] KBS 시사 프로그램의 중요한 생산자인 기자, PD, 작가 10명과의 심층 인터뷰를 통해 경영진은 인사권, 편성권 등을 동원하여 시사 프로그램을 축소 · 폐지해왔고 제작진에 대한 통제를 통해 정권에 불리하거나 정권이 불편해할 내용을 원천적으로 봉쇄하고 있다는 점을 밝혀냈다. 이 연구는 시사 프로그램 생산자들이 정치적 통제라는 구조적 압박 속에서 어떻게 저항하고 순응하며 생산자로서 살아남는지를 구체적인 프로그램을 선택해서 살펴보는 장점이 있었지만, 내부 생산자들의 저항과 암묵적 동의가 어떤 방식으로 이루어지는지, 생

30   위의 글, 119쪽.
31   박인규, 「구조적 통제하의 저널리즘 : KBS 시사 프로그램의 변화를 중심으로」, 『한국방송학보』 24권 6호, 2010.

산자들은 외부 압박에 반응만 하는 수동적이기만 존재인지 하는 점이 의문으로 남는다.

김상균·한희정은 2010년 3월에 발생한 천안함 침몰 사건과 관련하여 수많은 의혹이 있었음에도 2010년 11월 이후 후속 탐사 보도 프로그램 제작이 중단된 점에 주목하여 생산자들에게 가해지는 '미디어 통제'라는 측면에서 탐사 보도 프로그램 생산자 연구를 시도하였다.[32] 그 결과 탐사 보도 프로그램의 구조적 주변화 환경 속에서 PD 저널리즘이 지향하는 합리적인 의심과 검증으로 진실을 밝히기 위해 기록하는 방송 공론장 확립을 위한 제도적 보완이 시급한 것으로 나타났다. 다소 강한 어조의 이 연구는 현 정부에게 특히 민감한 사건을 파헤치는 탐사 보도 프로그램의 후속 취재와 제작이 어떻게 조직적으로 혹은 상황적으로 압박을 받는지에 대해 밝히는 장점이 있으나, 분석에서 단일 사안에 대한 생산자들의 반응이나 그로 인한 사건 전개를 살피는 데 중점을 두고 있어 생산자들의 성향이 제도적 압박에 구체적으로 어떻게 영향을 미치는지, 그러한 압박 속에서 생산자들은 어떻게 반응하는지 다각적으로 살피지를 못했다. 또한 다각적인 관찰과 분석이 부족하며 설득과 입증을 통한 연구가 아니라 주장만 강한 연구의 성향을 드러내고 있다. 특히 인터뷰 대상의 근무 경력이 제시되고 있지 않아서 연구 결과를 맥락적으로 이해하는 데 어려움이 있었다.

위의 연구들을 종합해보면 방법론에서는 생산자 연구의 고전적인 방법 중의 하나인 심층 인터뷰를 주로 사용했으며 부가적으로 다양한 질적 자료를 분석해서 연구를 진행시켰다는 것을 알 수 있다. 장르 면에서는 시사 다큐멘터리와 탐사 보도 프로그램 등에 치중하는 경향을 띠고 있는데, 이는 실제로 생산의 내외부적인 압박이 시사 프로그램이나 탐사 보도 프로

---

32 김상균·한희정, 「천안함 침몰 사건과 미디어 통제 : 탐사 보도 프로그램 생산자 연구」, 『한국언론정보학회』 통권 66호, 2014.

그램에 대해서 많이 나타나기 때문으로 보인다.

성취와 한계에서는 문제의식에서 비롯된 연구 문제 수행은 비교적 잘 이루어지고 있으나, 생산 과정을 둘러싼 복합적이고 다양한 상호관계에 대해 살피지 못한 것이 공통적인 한계로 지적되고 있다. 이는 문제 제기와 연구 목적에서부터 한쪽 면만 치중하여 보려고 했기 때문에 자연스럽게 연구의 방향이 한쪽으로 흘러간 것으로 보이며, 이러한 점들을 극복하기 위해서는 연구 초기부터 생산 연구의 다각적이고 다층적인 모습을 보기 위해 각별한 노력을 기울여야 한다. 연구자들은 설정된 연구 문제 밖으로는 나가지 않으려는 성향이 강하기 때문에 연구 문제부터 생산 연구에 대한 시야를 열어놓고 접근하는 것이 중요하다. '경험적 연구'를 통해 매체 생산 과정을 둘러싼 문화와 권력의 문제, 특히 매체 생산 과정에 개입하는 힘들, 그리고 이들 간의 상호작용을 밝히기 위해서는[33] 먼저 생산 연구에서 무엇을, 어떻게 보려고 하는지 고민해야 한다.

2) 행위자인 직업적 생산자에 초점을 맞춘 연구

미국에서는 1970년대부터 미디어 생산자 연구에 주목하여 생산 과정에서 개인과 조직의 상호작용과 '능동적 행위자'로서 생산자를 조명하였다.

다치는 미국 CBS 텔레비전 수사극 〈Cagney & Lacey〉에 대한 사례 연구를 수행하면서,[34] 이 프로그램의 생산자 자신들이 생각하는 여성성에 대한 규정을 프로그램 안에서 지배적으로 드러내게 하려고 지속적으로 타협

---

33 이오현, 「텔레비전 다큐멘터리 프로그램 생산 과정에 대한 민속지학적 연구 : KBS 〈인물현대사〉의 인물 선정 과정을 중심으로」.

34 D'acci, J., op. cit.

과 재타협을 시도한다는 점에 주목했다. 프로그램의 재현 방식에 초점을 맞추어 제작팀, 여배우, 신문, 이익집단, 방송 네트워크 관리자, 시청자 등 기득권을 가진 다양한 사람들이 참여하면서 각각 어떻게 자신들의 생각을 드러내는지를 밝혔다.

직접적이고 지속적인 생산자들뿐만 아니라 생산자의 범위를 넓혀서 일반 출연자들이 프로그램에 미치는 영향에 대한 연구도 이루어졌다. 그라인드스태프는 토크쇼에 출연하는 일반 출연자들이 제작을 맡고 있는 프로듀서와 상당한 투쟁을 벌이면서 출연하게 된다는 것을 밝혀냈다.[35] 일반 출연자들은 텔레비전에 출연하여 바보같이 굴기도 하는데 이는 이들이 바보이거나 허위의식에 사로잡혀서 그런 것이 아니라 어느 정도 텔레비전을 독차지하여 즐기는 전유(poaching)라고 보았다. 갬손도 성적 소수자로 구성된 일반 출연자들이 프로그램 안에서 일방적으로 희생되는 것이 아니라 생산자들과 상호 착취적인 관계를 맺는다는 것을 밝혀낸다.[36] 즉 성적 소수자인 일반 출연자들이 상당히 의도적이고 계산된 방법으로 방송 시간을 전용하며 자신들의 사생활을 폭로하는 작전을 세우면서 프로그램을 이용한다는 것이다. 그 과정에서 성적 소수자 운동가들이 생산 과정에 대해 어느 정도 통제력을 발휘하는 데 성공한다고 보았다.

국내에서도 미디어 생산 과정에서 주된 행위자인 생산자에 초점을 두고 다양한 직종의 고용 구조나 커리어 패턴, 고용 시장의 특징을 살피는 연구들이 진행되었다. 이러한 부류의 연구는 프로듀서뿐 아니라 방송작가, 스

---

35 Grindstaff, L., "Production trash, class, and the money shot: A behind-the-scenes accout of daytime TV talk shows", In Lull, J., & Hinerman, S.(eds.), *Media scandals : morality and desire in the popular culture marketplace*, Columbia University Press, 1997.

36 Gamson, J., *Freaks talk back: Tabloid talk shows and sexual nonconformity*, University of Chicago Press, 1998.

태프 등 다양한 방송 생산 직종을 아우르고 있어서 미디어 생산자를 특징과 성향을 파악하는 데 일정 부분 도움을 주고 있다.

표 2 행위자인 직업적 생산자에 초점을 맞춘 연구

논문 제목	문제의식과 핵심 내용	연구 방법 및 연구 대상	성취와 한계
김현미, 「문화산업과 성별화된 노동 : TV 방송 프로그램 여성 작가들의 사례를 중심으로」(2005)	젠더라는 요인이 어떻게 문화산업에서 새로운 노동 관리 형태를 만들어내는지 알아보고자 하는 문제의식. 여성 방송작가들은 자율적이고 창조적인 문화생산자라는 긍정적인 이미지를 가지고 있지만 동시에 일상적 고용 불안정과 과도한 노동에 시달리고 있다.	심층 면접+ 질적 자료 분석 구성작가, 드라마 작가, PD, 리포터 11명(여), 프로덕션 PD 1명 (남)	여성 방송작가의 노동의 문제를 조명한 점에서는 의미가 있으나 구성작가와 드라마 작가의 노동의 차이를 분리해서 접근하지 못한 아쉬움이 있음.
김순영, 「노동자성과 노동조건을 통해 본 방송작가의 노동자성 – 지상파 방송국 구성작가를 중심으로」(2007)	구성작가의 노동 과정과 노동 조건을 토대로 구성작가의 노동자성에 대해 분석하겠다는 문제의식. 구성작가는 사용 종속성, 경제 종속성, 조직 종속성을 가진 노동자이며 방송 제작 현장에서 노동자로서 권리가 보장되어야 한다.	심층 면접+질적 자료 분석 구성작가 18명 (여), 여타 방송 산업 종사자 18명(남), 기타 관련자 4명 (남)	구성작가의 노동자성을 규명한 점은 높이 평가될 만하지만 생산자로서 다양한 요인에 의해 영향 받는 생산자로서 구성작가의 모습은 살펴보기 어려움.
연정모 · 김영찬, 「텔레비전 연예정보 프로그램의 생산자 문화에 대한 민속학적 연구 – KBS 2TV 〈연예가 중계〉의 생산 현장을 중심으로」(2008)	생산자들의 문화가 생산단위 내부 물질적 맥락과 어떠한 관계를 맺는지 텍스트의 결이 어떻게 조직되는지에 대한 문제의식. 집단적인 문화연예 프로그램 생산자들은 자신의 존재 조건을 직시하며 능동적인 의미화 실천을 하지만, 동시에 지극히 이해타산적인 성향의 과정을 거쳐 전혀 다른 성격의 생산자 문화를 구축한다.	연구자의 생산 참여(필드 노트) +심층 인터뷰 제작진 15명	텔레비전 생산자들의 상호작용을 통해 권력 관계와 그를 통한 상호작용을 관찰할 수 있어서 생산자 연구의 좋은 예시를 보여주고 있음. 특히 연구자 중 한 명이 생산의 일원이 되어 참여 관찰을 한 것은 큰 성과임.

| 김미숙·이기형, 「심층인터뷰와 질적인 분석으로 조명한 텔레비전 드라마 작가들의 정체성과 노동의 단면들 : 보람과 희열 그리고 불안감에 엮어내는 동학」(2013) | 드라마 작가들이 수행하는 역할과 노동의 특성에 대해 알아보고자하는 문제의식.
드라마 작가들은 자신의 정체성과 역할을 지켜내기 위해서, 또한 살아남기 위한 치열한 경쟁과 조율의 과정 속에서 강한 강도의 노동을 영위하며, 동시에 치밀하게 스토리텔링과 시청률 전략을 짜고 있는 주체들이다. | 심층 인터뷰+질적 자료 분석

중견 드라마 작가 4명 | 아직 시도되지 않았던 드라마 작가들의 노동과 직업 정체성에 대해 연구한 의의는 있으나 아직은 탐색적인 수준이라는 점에서 아쉬움. |
| 이상길·이정현·김지현, 「지상파 방송사 비정규직 노동자의 직무 인식과 노동경험」(2013) | 비정규직 경험을 노동자들의 인식과 실천이라는 측면에서 조명하려는 문제의식.
비정규직 FD들은 자신에게 가해지는 경제적·상징적 차원의 각종 미세한 차별과 불평등 착취에 대해서는 비판 의식을 드러내지만, 일 자체에 몰두함으로써 노동의 원동력을 얻고 방송인으로서 자기 정체성을 강화해나간다. | 심층 인터뷰+질적 자료 분석

지상파 비정규직 FD 남성 3명, 여성 4명 | 프로그램 생산 과정에서 상대적으로 조명받지 못했던 FD를 대상으로 미디어 노동의 정체성을 파헤친 좋은 연구임. |

　　김현미는 문화산업에서의 성별화된 노동에 대한 관심을 가지고 TV 방송 프로그램 여성 작가들의 사례를 통해서 젠더라는 요인이 어떻게 문화산업에서의 새로운 노동 관리 형태를 만들어내며 성차별적인 노동 분업 구조를 유지시키고 있는가를 분석하여 "방송 산업에 고용된 유연화된 노동력은 직장에 머무르는 시간보다 자신이 맡은 임무를 수행하기 위해 일터가 아닌 집과 다양한 현장에서 장시간의 노동을 한다. 고학력의 젊은 여성들은 작가 직종에게 요구하는 섬세한 문화생산자로서의 능력과 낮은 수준의 근로 조건을 동시에 만족시킬 수 있는 노동자로 선택"[37]된다고 보았다. 젠더의 문제에 주목하여 문화적 정서를 기반으로 하는 미디어 노동의 특징과 여성 작가들의 고충과 보람을 구체적으로 이끌어낸 연구이지만,

---

37　김현미, 「문화산업과 성별화된 노동 : TV 방송 프로그램 여성 작가들의 사례 중심으로」, 『한국여성학』 제21권 2호, 2005, 78쪽.

구성작가와 드라마 작가의 위상과 노동의 본질이 다르다는 점이 전제되지 않아 생산 과정에서 생산자들의 특징을 면밀히 살피는 데 어려움이 있었다. 특히 드라마 작가를 구성작가와 함께 "낮은 수준의 근로 조건을 만족시킬 수 있는 노동자"로 보는 것은 옳지 않다. 드라마 작가를 법적으로 노동자[38]로 보기도 어렵고 일괄적으로 모두 낮은 수준의 근로 조건에 해당된다고 단정 지을 수도 없다. 구성작가와 드라마 작가의 노동은 분명한 차이가 있고 텍스트에 반영되는 과정 또한 현격하게 다르기 때문에, 그러한 부분에 대해서 먼저 고찰이 필요한 연구라고 할 수 있다.

구성작가의 노동자성을 통해 구성작가가 방송 제작 현장에서 실천하고 있는 노동 과정을 연구한 김순영의 연구는 구성작가의 구체적인 노동 현장의 면면을 추적해볼 수 있다는 측면에서 의미가 있다.[39] 방송사 정규직 인력이 점차 제작 실무에서 떠나가고 작가가 프로그램을 주도하고 있다고 진단한 이 연구는 '노동자성'이라는 다소 딱딱한 개념으로 방송 제작 현장을 들여다보지만, 노동을 둘러싼 구성작가들의 척박한 현실을 이해하는 데 상당한 통찰을 제공하고 있다. 그러나 구성작가가 노동자라는 데에만 초점을 맞추는 바람에 텔레비전 프로그램의 생산자로서의 구성작가를 살펴보는 데는 일정한 한계를 가지고 있다. 생산자로의 구성작가는 단순한 노동자가 아니며 생산 과정에서 일어나는 다양한 요인들을 수용하기도 하고 저항하기도 하는 역동적인 존재다. 따라서 미디어 생산 안에서 생산자들 관계에서 일어나는 다양한 층위의 상호작용을 해독하는 측면에서 구성작가를 파악하는 데는 미진한 부분이 있다.

연정모 · 김영찬은 생산자들의 의미화 실천이 가진 저항적 역량을 탐색

---

38 황재하, 「임금 받거나 근무 통제 받아야 근로자로 인정」, 『머니투데이』, 2015.10.11.

39 김순영, 「노동과정과 노동조건을 통해 본 방송작가의 노동자성」, 『페미니즘 연구』 7권 2호, 2007.

하기 위해 KBS 예능 프로그램 〈연예가 중계〉의 생산자들을 연구하였다. 이 연구는 연구자 중 한 사람이 제작진으로 직접 참여하여 6개월간의 참여 관찰을 하고 제작진들과 심층 인터뷰를 진행하였다는 측면에서 상당히 의미가 있다. 특히 "생산 영역은 소비 영역과 마찬가지로 '의미에 관한 투쟁의 지점'으로 자리매김하고 접근함으로써 '현실에 실천적으로 개입'하는 문화 연구의 기본 정신과 공명할 수 있게 된다"[40]는 이들의 주장은 생산 연구의 중요성을 다시 한 번 환기시켜주고 있다.

연구자들은 민속학적 연구 방법에서 현장 조사의 다른 국면이나 다른 시간적 주기 또는 같은 환경 내 다른 연구 대상자에게서 나온 자료를 비교함으로써 현실의 전체적 측면을 조명하는 '삼각접근법(triangulation)'[41]이 매우 유용한 기법임을 강조하며 현장 조사 시 관찰이나 인터뷰 자료에만 치중하지 않고 문서 자료를 포함한 다양한 자료 수집을 위해 노력했다고 밝히고 있다.[42] 행위자군을 PD군, 작가군, FD/VJ군으로 나누어 이 세 생산자 집단의 문화의 의미화 실천이 구축되고 작동하는 양상들을 중점적으로 다루었는데, 이는 텔레비전 생산자들의 상호작용을 통해 다양한 권력 관계를 관찰할 수 있어서 생산자 연구의 좋은 예시를 보여주고 있다고 판단된다.

중견 드라마 작가들을 대상으로 심층 인터뷰를 진행하여 드라마 작가들

---

40 연정모 · 김영찬, 앞의 글, 84쪽.

41 삼각접근법은 정보가 수집되는 시간과 공간, 그리고 분석 수준의 측면을 말한다. 이론의 삼각접근법은 다양한 이론이나 연구 분야들로부터 생성된 시각을 적용하는 것을 의미한다. 또 삼각접근법은 연구 주제를 위한 자료 수집 및 분석에 다른 종류의 방법이 활용되는 연구전략이다(Jensen, K.B. & JanKowski, N.W.(Eds.), *A Handbook of Qualitative Methodologies for Mass Communication Research*, London : Routledge, 1991[클라우스 브룬 젠슨 · 니콜라스 잔코스키, 『미디어 연구의 질적 방법론』, 김승현 외 역, 서울 : 일신사, 2005])

42 위의 책.

의 정체성과 노동의 단면들을 살펴본 김미숙·이기형의 작업은 그동안 잘 알려지지 않았던 드라마 작가들의 노동과 역할 수행의 과정을 추적했다는 점에서 의미가 있다.[43] 연구 결과, 방송 드라마 제작 영역의 주요한 행위자인 드라마 작가들은 자신의 정체성과 역할을 지켜내기 위해서, 또한 살아남기 위한 치열한 경쟁과 조율의 과정 속에서 강한 강도의 노동을 영위하며, 다른 한편으로는 치밀하게 스토리텔링과 시청률 전략을 짜는 주체들인 것으로 나타났다. 아직 국내에서는 드라마 작가의 노동과 그들이 겪고 있는 생산자들 간의 내밀한 갈등에 대한 연구가 없다는 측면에서 연구의 의의가 있으나 연구가 아직 탐색적인 수준에 이르고 있는 점에서 아쉬움이 남는다.

지상파 파견직 FD에 대한 심층 인터뷰로 지상파 방송사 비정규직 노동자의 직무 인식과 노동 경험에 대한 연구를 수행한 이상길·이정현·김지현은 미디어 생산자의 정체성과 미디어 노동에 관해 상당 수준의 관찰점을 제시했다.[44] 지상파 파견직 FD들은 기본적으로 자신이 이용 가능한 사회적 자원(학력 자본과 문화 자본)을 가지고 미래의 진로를 모색하는 과정에서 나름대로 이유를 가지고 지상파 방송사의 비정규직 FD직을 선택, 방송계에 입문하며 이들은 비정규직에게 가해지는 경제적·상징적 차원의 각종 미세한 차별과 불평등, 착취에 대한 날카로운 비판 의식을 드러내지만 일 자체에 몰두함으로써 노동의 원동력을 얻고 방송인으로서 자기 정체성을 강화해나간다는 점을 밝혀냈다. 이 연구에서는 상대적으로 불리

---

43 김미숙·이기형, 「심층인터뷰와 질적인 분석으로 조명한 텔레비전 드라마 작가들의 정체성과 노동의 단면들: 보람과 희열 그리고 불안감이 엮어내는 동학」, 『언론과 사회』 21권 3호, 2013,

44 이상길·이정현·김지현, 「지상파 방송사 비정규직 노동자의 직무인식과 노동경험: 파견직 FD에 대한 심층 인터뷰를 중심으로」, 『방송과 커뮤니케이션』 14권 2호, 2013.

한 비정규직 FD라는 신분으로 정규직 직원들과 함께 일하면서 주어진 상황을 '간파'하며 갈등에 '타협'하기도 하며 불평등한 관계에 적응해나가는 과정을 살폈다. 이들은 바우만의 '심미화된 노동'[45]과 헤즈먼달과 베이커의 창의 노동 개념[46]을 차용하여, 미디어 노동은 노동자들에게 자율성과 즐거움을 불러일으키는 동시에 희생과 불안, 고립감 역시 가져오는 양가감정의 원천으로 작용한다고 보았는데, 이에 주목해 비정규직 FD의 노동 특성을 살핀 이 작업은 미디어 영역 내 다른 직종의 직업 정체성을 살피는 데도 유용할 것으로 보인다. 생산 과정 속에서 상대적으로 조명받지 못하고 있는 FD들을 대상으로 미디어 노동의 정체성을 파헤친 면에서도 상당히 좋은 연구라고 생각한다.

위 연구들을 살펴보면 방법론적으로는 역시 심층 인터뷰와 질적인 자료를 조합하는 것이 주류를 이루고 있으며 일부에서 참여 관찰도 시도되고 있다는 것을 알 수 있다. 연구 대상이 되었던 직업적 생산자는 구성작가, 드라마 작가, PD군, FD, VJ 등 텔레비전의 다양한 생산자들이었다. 이는 생산자 연구가 조금씩 확장되고 있다는 점에서는 반가운 일이나 아직 탐색적인 연구들도 많아 앞으로 생산자 연구에 더욱 관심을 가져야 한다는 점을 일깨워주고 있다.

연구의 성취와 한계를 살펴보면, 노동자성과 젠더 중심으로 살펴보았던 연구들을 제외하고는 행위자인 생산자들을 중심으로 연구하는 것이 생산자들의 다양한 상호작용을 파악하는 측면에서 일정한 성취를 보이고 있어 생산자 중심으로 수행하는 연구가 효과적이라는 것을 보여주고 있다. 이

제2장 문화 연구와 드라마 작가의 탄생

---

45 Bauman, Z., Work, *Consumerism and the New Poor*, 2004(지그문트 바우만, 『새로운 빈곤』, 이수영 역, 천지인, 2010).

46 Hesmondhalgh, D. & Baker, S., "A very complicated version of freedom: Conditions and experiences of creative labour in three cultural industries". *Poetics*, 38, 2010.

는 앞으로 생산자 연구가 행위자로서 직업적 생산자에게 집중했을 때 풍성한 결과를 얻을 수 있다는 기대를 갖게 한다.

3) TV 장르나 프로그램의 생산 구조 및 과정, 관행에 초점을 맞춘 연구

텔레비전 프로그램은 각 장르마다 각기 다른 생산 구조와 생산 과정이 있기 때문에 텔레비전의 특정 장르나 프로그램을 중심으로 하는 연구는 각기 다른 특징들을 나타낸다. 그런 면에서 특정한 텔레비전 장르나 프로그램의 생산 구조나 과정, 시스템의 특징이나 관행을 기술하거나, 좀 더 미시적으로 직업 관행에 초점을 맞춘 연구들은 텔레비전 생산 과정의 다양한 면들을 살필 수 있는 장점이 있다.

미국에서도 텔레비전 생산 과정에서 벌어지는 다양한 현상에 대한 관심을 가지고 연구가 수행되었다. 튜로는 생산자와 방송사 경영진이 과감하게 "비관습적(unconventional)"인 것으로 인식한 프로그램을 제안하고 실행하고 방송하는 것에 대한 연구를 수행했다.[47] 뉴욕과 로스엔젤레스에서 방송 생산에 관여하고 있는 20~32명에 이르는 경영진과 생산자들과의 인터뷰를 통해 생산자들이 황금시간대에 비관습적 프로그램, 즉 특이한 프로그램을 방송하는 것을 꺼려한다는 점을 밝혀냈고, 지속적으로 방송 콘텐츠를 생산하지 않은 사람들 혹은 새로 취임한 경영진들에 의해서 비관습적 프로그램이 개발된다는 점을 지적했다. 즉 방송 프로그램 생산자들

47 Turow, J., "Unconventional programs on commercial television: An organizational perspective", *Individuals in mass media organizations : Creativity and constraint*, 1982.

은 새로운 프로그램, 비관습적 프로그램에 관심을 가지면서도 가치 있고
의미 있는 시간대에 편성하여 방송하는 것을 주저한다는 것이다. 튜로는
이 연구에서 방송 생산자들이 아이디어를 발전시켜서 방송 프로그램으로
발전시키는 것은 생산자들이 존재하는 사회적 · 조직적 환경과 직접적으
로 연관되어 있다는 점에 주목했다. 의도적이든 아니든 방송국 안에서 최
소한 어떤 실적을 내야 하는 생산자들의 고충과 선택의 문제에 접근했다
는 면에서 좋은 연구라고 할 수 있으나 보다 심도 있는 인터뷰를 끌어내는
방식이 아니라 연구자가 제시한 여섯 가지 가설을 증명하는 식의, 틀을 이
미 만들어놓은 연구라는 아쉬움이 있다.

컬트(cult)로 평가받던 드라마가 주류 드라마 양식으로 자리 잡는 과정
을 참여 관찰을 통해 연구한 기틀린은 불안정한 성공 여부에 대해 최대한
안전한 방식으로 나아가려는 책임자들과 창조적이고 예술적 행위를 추구
하려는 프로듀서를 사이의 관계를 분석하였다.[48]

국내에서도 다양한 TV장르나 프로그램의 생산 구조와 관행에 초점을
맞춰 미시적인 접근을 시도한 연구들이 지속적으로 이루어졌다.

표 3 TV 장르나 프로그램의 생산 구조 및 과정, 관행에 초점을 맞춘 연구

논문 제목	문제의식과 핵심 내용	연구 방법 및 연구 대상	성취와 한계
김혁조, 「TV 드라마 제작 과정에서의 규율권력의 습관적 침윤 양식과 행사 양식」(2008)	TV 드라마 제작 과정을 푸코의 규율권력 개념으로 해석해보겠다는 문제의식. 드라마 제작 과정에 촘촘히 박혀 있는 감시의 시선, 제작 스태프의 일상사 속에 심어져 있는 작은 처벌들, 개인을 기록 · 분류 · 평가하여 객체화시키는 방식을 통해 규율권력은 자연스럽게 행사된다.	참여 관찰 +심층 인터뷰 드라마 PD 2명, 조연출 1명, 카메라감독 1명, 드라마작가 1명, 배우 1명	드라마 제작 과정에서 규율권력에 문제를 볼 수 있는 성과가 있는 반면, 생산자들 사이에 작동되는 더 큰 권력의 역학관계를 간과한 아쉬움이 있음.

---

48 Gitlin, T., *Inside prime time*, North Carolina, NC: University of North Carolina
    Press, 1994.

논문 제목	문제의식과 핵심 내용	연구 방법 및 연구 대상	성취와 한계
이기형, 「〈돌발영상〉의 풍자정신 그리고 정치현실에 대한 환기효과를 맥락화하기 : 생산자 연구의 단초를 마련하기 위한 하나의 시도」(2009)	독특하고 혁신적인 〈돌발영상〉의 역할과 함의를 심도 있게 논의하려는 문제의식. 〈돌발영상〉의 매우 창의적인 포맷이 정치현실을 재현·환기하며 미디어 수용자들이 언론과 정치의 관계 그리고 정치인의 발언에 대해서 대안적으로 사고하는 데 상당히 유용한 역할을 한다.	제작진 대담 +자기기술지 +텍스트 분석 〈돌발영상〉 제작진 심층 인터뷰	〈돌발영상〉이라는 독특한 프로그램이 제작된 배경, 텍스트의 특징, 생산자들의 시선 등을 종합적으로 살필 수 있는 성취가 있었으며, 이러한 연구 방법이 생산자 연구의 새로운 포맷이 될 가능성을 보여주었다.
노동렬, 「방송 콘텐츠의 창의성 증진을 위한 생산 시스템 연구–KBS 〈개그콘서트〉와 SBS 〈웃음을 찾는 사람들〉을 중심으로」(2009)	방송 콘텐츠 생산 조직의 아이디어 창출 시스템과 생산 요소들의 역할, 창의성 등을 알아보려는 문제의식. 방송 콘텐츠의 창의성은 개인적 차원에서 생산 요소가 지니는 창의적 전문성과 조직적 차원에서 효율적인 지식 창출 시스템의 구축으로 구현된다.	심층 인터뷰 +2차 자료 제작진 12명 (작가, 연출자, 출연자 등)	창의성 시스템 안에서 생산자를 보는 새로운 시각은 좋으나, 미디어 생산자로서 개그 프로그램 생산자들의 명과 암을 살피는 데는 한계가 있음.
이영주·김진혁, 「지식 저널리즘과 텔레비전 문화 : 〈지식채널e〉를 중심으로」(2009)	지식 저널리즘의 정치적, 문화적 가능성을 생각해보자는 문제의식. 텔레비전을 둘러싼 문화적, 미적 실험은 보다 대중적인 미디어 무대와 장소를 파고든다는 점에서 매우 중요하며, 지식 저널리즘으로서 〈지식채널e〉의 사회적 미디움의 역할에 주목한다.	심층 인터뷰 +서면 인터뷰 +내용 분석 중요 제작진 4명 外(제작진 중 한 명이 공동 연구자)	지식 저널리즘이란 새로운 개념으로 프로그램과 생산자를 바라보는 성과가 있었으나, 생산자의 연구가 이론전개에 치우치게 되는 아쉬움이 있음.
박지훈·류경화, 「국제 시사 프로그램의 생산 과정에 미치는 영향력 연구 : MBC 〈W〉의 서구와 제3세계 재현을 중심으로」(2010)	국제 시사 프로그램 〈W〉의 생산 과정에 개입되는 경제적, 관행적, 문화적 요소들을 분석하여 국제 시사 프로그램의 함의를 이야기하고자 하는 문제의식. 국제 시사 프로그램의 제3세계 중심의 보도와 영상 스펙터클의 추구는 강압적 권력에 의한 직접적 규제의 결과라기보다는 매체의 특성과 취재조건에 적응하는 관행에 의한 규율의 결과이다.	심층 인터뷰 +내용 분석 제작진 PD 6명 (책임 PD 포함)	내용 분석과 심층 인터뷰를 조합하여 프로그램에 대한 생산자들의 관행을 살핀 좋은 연구이나 그런 관행과 규율에 저항하는 생산자들의 입장이 부각되지 않은 아쉬움이 있음.

논문 제목	문제의식과 핵심 내용	연구 방법 및 연구 대상	성취와 한계
나미수, 「텔레비전 드라마의 생산자 연구 : 생산 과정에 나타난 젠더의 문제를 중심으로」(2011)	여성의 문제를 살펴보는 데 있어, 드라마가 완성되는 과정인 생산 영역을 논의하고자 하는 문제의식. 드라마 생산영역의 많은 구조적인 요인들과 생산자 성찰의 문제가 드라마의 내용과 캐릭터의 답습을 가져오고 있다.	(반구조화된) 심층 인터뷰 드라마 PD 7명(남6, 여1), 드라마 작가 8명 (남 3, 여 8)	드라마 생산 과정에서 젠더의 문제가 어떻게 나타나는지 밝힌 점은 좋으나 드라마 생산자들의 권력 관계를 너무 획일적으로 이해한 것은 한계가 보임.
육서영 · 윤석민, 「탐사 보도 프로그램 제작에서 구성작가의 역할」(2012)	탐사 보도 프로그램에서 구성작가가 수행하는 역할은 어떤 의의를 지니는가에 대한 문제의식. 구성작가는 PD가 제시하는 의견이나 주장에 대한 내부 비판자 또는 견제자 역할을 함으로써 왜곡의 가능성을 사전에 어느 정도 차단하고 프로그램의 객관성과 균형성을 보완하는 장치로 기능한다.	–참여 관찰 +심층 인터뷰 +질적 분석 전 · 현직 제작진 PD 10명, 구성작가 10명	구성작가의 역할에 대해 매우 촘촘하게 관찰한 점은 매우 훌륭한 점이지만 다양한 측면에서 구성작가의 역동성을 살피는 데는 아쉬움이 있음.
박지훈, 「제3세계에 대한 한국 다큐멘터리의 시선 – 제작자들의 인식을 중심으로」(2013)	제3세계를 다루는 한국 다큐멘터리 제작자들의 인식과 시선을 분석하려는 문제 의식. 제3세계에 관한 다큐멘터리 제작의 증가가 오지와 저개발 국가를 바라보는 다양한 시선이 가능해진 것은 아니며 타자를 이용하고 대상화, 타자화하는 윤리적 딜레마를 의제화하지 못했다.	심층 인터뷰 +질적 자료 분석 지상파 PD 3명, 독립 PD 4명, 작가 2명	프로그램 생산 과정에서 자신의 가치와 반하는 결정을 하는 생산자들의 내적 갈등을 면밀히 살폈다는 점에서 상당한 관찰점을 제시하고 있는 좋은 연구 사례.
한 선 · 이오현, 「지역방송 프로그램 생산의 제한요인에 대한 질적 연구 : 광주 지역 생산(자)를 중심으로」(2013)	지역방송에서 양질의 프로그램 생산이 이루어지지 못하고 있는 원인을 체계적이고 심층적으로 탐구하려는 문제의식. 지역방송은 소통부재, 경쟁 부재 문화, 체념 문화, 위계 및 관료 문화, 인력양성 부재 문화 등의 열악한 환경에 있지만 노력 여하에 따라 개선될 여지 또한 존재한다.	참여 관찰 +심층면접 +질적자료 지역방송 PD 7명, 작가 3명, VJ 2명	지역방송 생산자들의 성향과 제도적 압박을 다룬 점에서 일정한 성과가 있으나, 연구 결과가 현상의 특징들에 치중하여 다소 평면적인 한계를 가지고 있음.

제2장 문화 연구와 드라마 작가의 탄생

김혁조는 미셸 푸코(Michel Foucault)의 규율권력(disciplinary power)을 중심으로 미시적 차원에서 나타나는 권력의 문제를 드라마 제작 과정 속에서 살펴보고, "TV 드라마 제작 과정은 규율권력의 침윤 과정이고 행사 과정이며, 규율권력은 드라마 제작자들의 말과 행위, 단위와 기준, 원칙 속에서 습관적으로 스며들고 습관적으로 행사"[49]된다는 점을 밝혀냈다. 이 연구는 드라마 제작 과정에서 "권력 문제와 관련된 본격적인 연구가는 찾아보기 힘들다"[50]는 문제의식에서 출발해 미셸 푸코의 규율권력 개념으로 TV 드라마의 생산 연구를 새롭게 해석할 수 있는 가능성을 열어주면서 드라마 생산 연구의 외연을 넓히는 몫을 톡톡히 해냈다고 볼 수 있다. 그러나 푸코의 규율권력의 긍정적인 측면만 부각시킴으로써 강압이 수행하는 간접적인 역할과 은폐된 폭력이 차지하는 중요성을 간과한 아쉬움이 있고, 규율권력에 초점을 맞추다 보니 더 광범위한 권력이 작동되는 구조는 보지 못하는 한계가 있다. 이 연구는 드라마 생산의 여러 차원에서 작용되는 다양한 권력에 대한 구체적인 사례 연구가 가능할 것이라는 점에서 새로운 방향성을 제시하고 있다.

이기형은 관성화되고 관습화된 뉴스의 문법을 일정하게 해체한 YTN 〈돌발영상〉의 생산 과정에 관심을 가지고 제작팀의 심층 인터뷰와 제작팀에서 일했던 기자들로부터 받은 자기기술지, 그리고 〈돌발영상〉과 관련한 매체의 기사와 비평들을 중심으로 생산자 연구를 수행하였다. 그 결과, YTN 〈돌발영상〉은 매우 창의적인 포맷을 통해 정치현실을 재현·환기하며, 미디어 수용자들이 언론과 정치의 관계 그리고 정치인의 발언에 대해서 대안적으로 사고하는 데 상당히 유용한 역할을 한다는 점을 밝혀내었다. 특히 이 연구는 고전적인 생산자 연구 방법인 심층 인터뷰에 자기기술지, 그리고 매체의 비평을 곁들여 텍스트를 분석하는 방법으로 생산 과정

49 김혁조, 「TV 드라마 제작 과정에서의 규율권력의 습관적 침윤 양식과 행사 양식」, 『한국방송학보』 22권 4호, 2008, 41쪽.
50 위의 글, 10쪽.

드라마 작가는 어떻게 만들어지는가

을 둘러싼 다양한 상호작용을 추적했다. 연구자 자신이 강조했듯이 "새로운 유형의 '풍자 저널리즘'이 수행하는 역할과 이를 형상화하는 작업을 생산자들과의 교섭을 통해 보다 가까운 거리에서 조명"[51]한 점은 이 연구가 가지는 미덕이라고 할 수 있다.

노동렬은 '방송 콘텐츠의 창의적 증진을 위한 생산 시스템'이라는 개념에 주목하여 KBS 〈개그콘서트〉와 SBS 〈웃음을 찾는 사람들〉의 생산자들을 연구했다. 해당 프로그램의 내용 분석과 제작진의 심층 인터뷰를 병행하여 연구를 진행한 결과, "방송 콘텐츠의 창의성은 개인적 차원의 생산 요소가 지니는 창의적 전문성과 조직적 차원에서 효율적인 지식 창출 시스템으로 구현"되고 있었다는 점을 밝혀냈다.[52] 이 연구는 프로그램 생산자와 '창의성과 시스템'이라는 것을 연결했다는 측면에서 다른 연구들과 차별화된다. 그러나 코미디 프로그램의 생산자를 '아이디어 창출 시스템'을 구축하는 산업적인 측면의 한 요소로서 바라보기 때문에 생산 과정에서 역동적이고 다면적인 생산자들의 모습을 읽어내는 데 일정한 한계를 가지고 있다.

이영주 · 김진혁은 심층 인터뷰와 내용 분석이라는 방법으로 〈지식채널e〉의 생산 맥락들을 드러내 보이려는 연구를 수행했다.[53] 제작진 구성 및 변화, 제작진들의 의식과 사상, 프로그램 제작 과정에서의 노동 과정, 제작진이 직면해 있는 내외부적 환경, 제작진의 자체적인 프로그램 평가 및

51 이기형, 「〈돌발영상〉의 풍자정신 그리고 정치현실에 대한 환기효과를 맥락화하기 : 생산자 연구의 단초를 마련하기 위한 하나의 시도」, 『방송문화연구』 21권 2호, 2009, 109쪽.

52 노동렬, 「방송 콘텐츠의 창의성 증진을 위한 생산 시스템 연구 : KBS 〈개그콘서트〉와 SBS 〈웃음을 찾는 사람들〉을 중심으로」, 『방송문화연구』 21권 3호, 2009, 9쪽.

53 이영주 · 김진혁, 「지식 저널리즘과 텔레비전 문화 : 〈지식채널e〉를 중심으로」, 『방송문화연구』 제21권 2호, 2009.

외부 평가에 대한 반응, 전체 방송 환경에서 느끼는 제작진의 고민 등을 토대로 〈지식채널e〉의 문화적 가능성을 진단했다. 그 과정에서 〈지식채널 e〉이라는 프로그램이 어떤 계기로 만들어졌고 진화해왔는지 생산 과정을 비교적 상세하게 추적하며 '지식 저널리즘'의 개념을 도출해냈다. 이 연구는 〈지식채널e〉라는 프로그램이 수행하는 TV의 정치적 · 교육적 역할을 지식 저널리즘이라는 새로운 이론으로 설명하기는 하였으나, 텍스트의 생산 과정에 집중하면서 텔레비전 현상과 이론을 접목시키려는 노력을 기울이고 있어서 생산자들의 문화를 살피는 데는 다소 아쉬움이 있다.

국제 시사 프로그램의 생산 과정에 미치는 영향력에 주목한 박지훈 · 류경화는 서구 언론의 시각, 자본의 논리와 철저히 분리된 우리만의 국제 시사 프로그램을 표방한 MBC 〈W〉의 생산 과정에 개입되는 경제적, 관행적, 문화적 요소들이 생산물로서의 프로그램, 특히 서구와 제3세계의 재현에 어떻게 개입하고 있는지 제작진들과의 심층 인터뷰와 내용 분석을 통해 논의했다. 그 결과, 아시아의 비중이 꾸준히 유지되고 아프리카의 비중이 시간이 지날수록 증가했을 뿐 아니라 이 두 대륙의 아이템이 북미와 유럽의 것들에 비해 부정적 논조가 강했다는 점, 또한 방문 지역과 아이템에 대한 선택권과 취재의 자율성이 PD에게 부여되더라도 제작비와 관련된 경제적 여건과 짧은 취재 기간, 시청률에서 자유로울 수 없는 방송 환경에서 부여된 자율성은 제한적일 수밖에 없었다는 점이 드러났다. 이 연구는 "국제 시사 프로그램의 제3세계 중심의 보도와 영상 스펙터클의 추구는 강압적인 권력에 의한 직접적 규제의 결과라기보다는 매체의 특성과 취재 조건에 적응하는 관행 등에 의한 규율의 결과"[54] 라는 점을 강조

54 박지훈 · 류경화, 「국제 시사 프로그램의 생산 과정에 미치는 영향력에 관한 연구 : MBC 〈W〉의 서구와 제3세계 재현을 중심으로」, 『언론과 사회』 18권 2호, 2010, 2~39쪽.

드라마 작가는 어떻게 만들어지는가

했다. 프로그램을 대상으로 하는 많은 생산자 연구가 심층 인터뷰 한 가지 방법에 의존하는 반면, 이 연구는 내용 분석과 제작진의 심층 인터뷰를 동시에 진행하면서 프로그램 생산을 둘러싼 내외적인 압박, 프로그램의 아이템 선정의 과정을 살폈다는 점에서 생산자 연구의 좋은 사례라고 판단된다. 다만 취재 조건에 적응하는 관행 등에 의한 규율에 대해서 생산자들이 어떻게 저항하는지, 그 과정 속에서 생산자의 고민은 무엇인지, 생산자들의 다양한 입장이 부각되지 않은 아쉬움이 있다.

나미수는 드라마 생산 과정에 작동하는 생산자들의 여성 인식이나 생산 방식을 살펴봄으로써 우리 사회에 나타나는 드라마와 여성 혹은 드라마와 성의 문제에 주목하였다.[55] 텔레비전 드라마의 핵심적인 생산자인 PD와 작가들을 심층 인터뷰하여 드라마 작가들의 여성관이 드라마 텍스트에 중요한 영향을 미친다는 점과 그 과정에서 방송사 간부와 PD들의 영향력이 크게 작용한다는 것을 밝혀냈다. 이 연구는 드라마 생산자들의 젠더 의식을 살펴본다는 점에서 의의가 있으나 매우 다양하게 나타나는 작가와 PD, 그리고 방송사 간부들의 권력관계를 너무 획일적으로 분석한 부분이 아쉬움으로 남는다. 작가 파워가 얼마나 강한지, 그 작가가 남성인지 여성인지에 따라 드라마 생산에 나타나는 권력관계와 여성 의식의 재현이 달라질 수 있기 때문이다.

육서영과 윤석민은 탐사 보도 프로그램 제작에서 생산자로서 구성작가에게 주목하여 프로그램 안에서 구성작가의 역할을 구체적으로 탐색했다.[56] 이 작업은 교양·예능 프로그램 제작에 구성작가의 역할과 권한이 지속적으로 커지고 있는 시점에서 방송 제작의 핵심 생산자로서 구성작가

---

55 나미수, 「텔레비전 드라마의 생산자 연구: 생산 과정에 나타난 젠더의 문제를 중심으로」, 『사회과학연구』, 2011.

56 육서영·윤석민, 「탐사 보도 프로그램 제작에서 구성작가의 역할」, 『방송통신연구』 통권 81호, 2012, 149쪽.

의 역할을 조명했다는 점에서 의의가 있다. "프로그램 제작의 전 과정에서 구성작가들은 핵심적인 역할을 수행함이 확인"된 것은 이 연구의 큰 성과라고 보이며 특히 제작 과정에서 '싸움'이라고 표현하는 작가와 PD의 의견 대립 속에서 서로 갈등하고 타협하는 방송 생산자들의 제작 과정을 살펴볼 수 있다는 점은 이 연구의 미덕이라고 할 수 있다. 그러나 방송 프로그램 제작 과정에서 구성작가의 역할에만 초점을 맞추고 있어, 구성작가의 정체성을 탐구하거나 생산자들 간의 가치나 성향, 그리고 물질적 조건을 둘러싼 내밀한 상호작용을 살필 수 있는 단계까지 나아가지는 않았다.

박지훈은 한국의 다큐멘터리 제작진들이 오지와 저개발 국가로 대변되는 제3세계를 재현함에 있어서 고민하는 지점, 현실과 이상을 타협하는 과정을 분석했다.[57] 다양한 제작 주체들 중에서도 프로그램의 기획 및 제작에 가장 깊게 관여하고 있는 작가와 PD를 선정하여 심층 인터뷰를 하였고, PD는 지상파 PD와 독립 PD를 모두 포함했다. 연구 대상자들에게 제작 동기, 제작에서 부딪히는 제약과 고민, 시청자들의 평가 등 다양한 주제로 이야기를 나누어 분석하여 생산자들이 제3세계를 '타자화', '대상화'하며 보는 '윤리적 딜레마'를 극복하지 못하고 있다는 점을 밝혀냈다. 이 연구는 비록 제한적이기는 하지만 생산자들이 프로그램을 제작하면서 자신의 신념이나 가치에 반하는 선택이나 사고를 해야 할 때, 어떤 내적 갈등에 직면하는지를 탐색했다는 점에서 상당한 관찰점을 제시하고 있어, 생산자들의 내적 갈등을 살펴보는 좋은 연구 사례라고 할 수 있다.

지역방송의 생산자들의 방송 환경적인 조건에 관심을 가진 한선 · 이오현은 지역방송이 생존을 위한 유력한 활로라고 할 수 있는 '양질의 프로그램 생산'을 실현하고 있지 못한 이유를 분석하였다. 기존 연구에서 주로

57 박지훈, 「제3세계에 대한 한국 다큐멘터리의 시선 : 제작자들의 인식을 중심으로」, 『한국방송학보』 27권 4호, 2013.

제시하였던 열악한 제작 환경뿐만 아니라 조직문화적 요인, 그로 인한 생산자들의 상호작용에 초점을 맞추어 지역방송의 현실을 세밀하게 들여다본 결과, "소통 부재의 문화, 경쟁 부재의 문화, 체념 문화, 위계 및 관료 문화, 인력 양성 부재 문화 등의 생산(자) 문화"가 있다는 것을 밝혀냈다.[58] 프로그램 제작의 참여 관찰과 제작진의 심층 인터뷰를 통해 내밀한 수준에서 다양한 요인들을 밝혔던 이 연구는 질적 연구의 장점을 잘 살려 양적 연구만으로는 알 수 없었던 다양한 상호작용의 힘들을 분석해내었다. 상대적으로 소외되어 있는 지역방송의 생산자들의 성향과 제도적 압박들을 다뤘다는 점에서 고무적이지만, 연구 대상이 광주 지역 교양 프로그램으로 한정된 것과 현상의 특징들을 분석하는 데 치중하여 연구 결과가 다소 평면적으로 나타나는 한계를 가지고 있다.

이 부류의 연구들은 심층 인터뷰 외에도 자기기술지와 내용 분석의 질적 방법을 접목시켜 연구 방법을 조금 더 확장하고 있다. 연구 대상 프로그램도 드라마, 시사 프로그램, 탐사 보도 프로그램, 개그 프로그램, 지역방송 프로그램, 뉴스 프로그램 등 다양해서 TV 생산 연구가 비교적 넓은 범위에서 이루어지고 있는 모습을 보인다. 그러나 성공적인 생산 연구는 넓이에 의해서가 아니라 깊이에 의해서 이루어진다는 점을 환기할 때, 무엇이 부족한지 다시 한 번 생각해봐야 한다.

구체적으로 성취와 한계를 살펴보면, 제기된 문제의식을 풀어나가는 데는 어느 정도 진척이 있으나 문제의식 밖으로는 나가지 않으려는 특징이 농후하여 생산자의 복합적인 상호작용을 살피는 측면에서는 거의 공통적으로 한계를 보이고 있다. 크고 작은 맥락에서 생산자들 사이의 역학관계를 살핀다든가 상호작용을 면밀히 살피거나 프로그램 생산 과정에서 행사

---

58 한선·이오현, 「지역방송 프로그램 생산의 제한 요인에 대한 질적 연구: 광주 지역 생산(자)문화를 중심으로」, 『한국언론학보』 57권 4호, 2013, 243쪽.

되는 생산자들의 성향, 가치 체계 등을 파악할 수 있는 연구가 필요한 것으로 보인다.

4) 생산자의 성향 체계나 직업문화가 생산 과정이나 생산물에 미치는 영향을 다룬 연구

이번에는 생산자의 성향 체계, 가치, 규범이나 직업문화가 생산 과정이나 생산물에 미치는 영향을 다룬 연구들을 살펴보려고 한다. 전문 연구자가 각 분야의 생산자들이 생산 과정에서 어떤 역할을 하며 어떤 가치관과 성향을 가지고 생산물을 만들어내야 하는지 살피는 데는 적지 않은 어려움이 따른다. 또 외부자의 시선에서 내부 생산자들에 대해 심도 있게 파악하고 통찰력 있는 연구 결과를 끌어내는 작업이기에 각 연구마다 질적 완성도에서 많은 차이가 발생하기도 한다. 그럼에도 불구하고 이 연구들은 생산 영역에서 일어나는 미세하고 내밀한 상호작용을 살필 수 있는 장점이 있다.

미국에서는 우리보다 먼저 이 분야에 관심을 가지고 연구가 진행되었다. 뉴콤과 엘리는 에미상을 받은 미국의 유명한 TV 프로그램 생산자인 퀸 마틴(Quinn Martin)과의 심층 인터뷰를 통해 대본을 쓰는 프로듀서를 '자의식이 강한 예술적 생산자들'이라 표현했다. [59] 시청률과 대중성으로 인정받은 마틴의 사례를 통해 'TV는 생산자의 매체'라는 점을 강조하며, ABC방송국의 성장기에 TOP 10 중에 4개를 제작할 정도로 상당한 권력을 가졌던 마틴이 창조적인 감독들과의 싸움에 승리하고 프로그램 내용이

---

59 Newcomb, H.M. & Alley, R.S., "The producer as artist: Commercial television", *Individuals in mass media organizations:Creativity and Constraint*, 1982.

라든가 스태프의 구성 등 생산 요소의 결정을 직접 하게 된 배경을 밝혀냈다. 또한 기본적으로 프로그램 생산자들의 관심과 욕망은 즉각적으로 반응하는 대중에 있다는 점에 주목하여 TV 생산자들은 시청자들의 선택에 의해 프로그램이 대중에게 알려지고 경제적인 성공을 가져다주기를 바란다는 점을 설명해냈다. '시청자들을 읽고, 그들의 관심사와 가치를 이해하는 것은 TV 프로그램을 만드는 생산자가 행하는 예술의 핵심'이라는 것을 해독하여 드라마 생산자로의 작가의 연구에서 중요한 관찰점을 제시했다. 또한 아무리 인기 있는 드라마 생산자라 할지라도 조직의 통제와 규제에서 완전히 자유로울 수 없으며, 결국은 무의식적으로 회사의 지배 이데올로기를 받아들일 수밖에 없다고 보았다.

팀버그와 바커는 드라마 〈Frank's Place〉를 분석하여 TV 코드와 영화 코드를 구분하고 그 안에 담긴 서술 기법과 이데올로기적 복합성을 분석했다.[60] 그들은 〈Frank's Place〉가 영화적이며 기억에 남는 강렬한 시각 구조를 통해 TV의 상업적 성공 요인들을 공격적으로 전달하면서도 할리우드의 상투적 관행을 피해감으로써 생산자의 가치와 이데올로기가 드러나도록 했다는 점에 주목했다. 〈Frank's Place〉의 표현 기법은 단단하게 영화에 뿌리를 두고 있지만, 반대로 표현의 코드를 다양하게 조화하고 응용하여 표현함으로써 TV 드라마로서의 독특한 개성을 담고 있다고 보았고, 그런 표현 기법은 생산자의 가치와 이데올로기를 반영한 것으로 보았다.

국내에서도 생산자의 직업문화가 생산 과정에서 수행하는 역할에 대한 관심이 높아서 다양한 생산자들을 조명하는 연구가 이루어졌다.

---

60 Timberg, B. & Barker, D., "Interpreting Television: A Closer Look at the Cinematic Codes in Frank's Place", *Making Television:Authorship and the Production Process*, Ed. Robert J. Thompson & Gary Burns, New York : Praeger, 1990.

표 4 생산자의 성향 체계나 직업문화가 생산 과정이나
생산물에 미치는 영향을 다룬 연구

논문 제목	문제의식과 핵심 내용	연구 방법 및 연구 대상	성취와 한계
김예란, 「텔레비전 이야기하기 문화에 관한 연구」(2003)	텔레비전인 담론이 이루어지는 커뮤니케이션 흐름을 사회적, 역사적 관점에서 살펴보려는 문제의식. 텔레비전 생산자들의 행위는 사회적 관계 및 복합적인 상호관계 안에서 이해되어야 하며, 제작 과정에서는 협업과 혼성적 미학의 가치가 강조된다.	(반구조화된) 심층 인터뷰+질적 자료 분석 여성 작가 5명, 남성 작가 1명, 여성 프로듀서 7명	텔레비전 생산자를 '화자'로 보고 커뮤니케이션 흐름을 살폈다는 성과가 있으나 생산자들의 생생한 목소리를 담지 못하고 이론적 전개에 머물렀다는 한계가 있음.
김영찬, 「'미드'(미국드라마)의 대중적 확산과 방송 편성 담당자의 '문화생산자' 그리고 '매개자'로서의 역할에 관한 연구」(2007)	미국 드라마 열풍의 원인과 배경을 알아보고 궁극적으로 그 사회·문화적 의미를 탐색하려는 문제 제기. 미드 구매와 편성에 직접적으로 관여하고 있는 방송사 편성 담당자들에게 '문화매개자'의 역할 역할보다는 '문화생산자'로서의 정체성이 더 강하게 나타난다.	면대면 심층 인터뷰+질적 자료 분석 지상파와 케이블 TV의 미드 편성 책임자 6명	미드 편성자를 연구 대상으로 삼았다는 점에서 매우 흥미로우며 그들이 '문화매개자'보다 '문화생산자'로서 정체성을 더 가졌다는 점을 밝힌 점에서 성과가 있음.
임영호·김은진·홍찬이, 「도덕경제와 에로 장르 종사자의 직업 정체성 구성」(2008)	도덕경제 개념을 기반으로 에로물 업계 종사자들의 인식과 태도, 직업 관행을 살펴보려는 문제의식. 에로 장르 종사자들은 자신의 직업 환경에서 작용하는 윤리적, 도덕적 압력에 중립화 전략, 정당성 구축, 양면성 전략으로 대응하며 장르의 생산 양식과 작업 과정, 텍스트에 영향을 미친다.	사전 문헌 조사+심층 인터뷰 전·현직 에로물 제작자 9명	사회적으로 부과되는 도덕 담론의 압력과 투쟁하면서도 도덕적 정당성을 방어하려는 노력을 펼치는 에로 장르 종사자들의 삶을 추적했다는 면에서 의미가 있음.

드라마 작가는 어떻게 만들어지는가

논문 제목	문제의식과 핵심 내용	연구 방법 및 연구 대상	성취와 한계
심홍진 · 김세은, 「PD는 무엇으로 사는가? : 프로그램 제작에 대한 예능 PD의 인식」(2009)	생산 단위의 행위자인 PD가 어떤 자질과 성향을 바탕으로 프로그램을 생산하는지에 대한 문제의식. 예능 PD는 친화력과 휴머니티를 기반으로 하는 자기 리더십, 다재다능함, 엔터테이너적 정체성 등을 중요한 자질과 성향으로 나타났으며, 성취감과 시청률이 중요한 제작 동기로 작용했다.	심층 인터뷰 〈일요일 일요일 밤에〉 PD 5명	많지 않은 PD 연구를 시도했다는 점에서는 성과가 있으나, PD들의 정체성이나 자질과 성향이 매우 단면적으로 분석된 것은 한계로 보임.
임영호 · 홍찬이 · 김은진, 「문화산업 주변부 종사자의 삶과 커리어 – 한국 에로물 감독의 구술 생애사」(2009)	에로물 감독으로서 직업 환경에 어떻게 대응하며 직업적 정체성을 형성해왔는지에 대한 문제의식. 에로물 감독의 생애를 구술사로 조명하여, 구조적 환경이 개인의 삶에 어떤 영향을 주고, 개인은 이러한 환경에 어떻게 대응하면서 자신에게 적합한 삶을 구축해나가는지 그 과정을 보여준다.	구술 채록 한동호 감독	구술사를 이용하여 주변부 문화생산자로 살아가는 생산자들의 삶을 전기적으로 살피는 장점이 있는 반면, 한 명의 에로물 감독으로 에로 감독의 세계를 파악하는 데는 미진한 부분이 있음.
백미숙, 「1970년대 KBS 텔레비전 교양 피디의 직무와 직업 정체성 – 방송 전문성 형성과 신기술, 그리고 '제작 정신'」(2012)	70년대 교양 PD가 만들어지는 과정, 자신들만의 직업 정체성을 형성해가는 과정을 제작 현장의 일상적 경험 층위에서 파악하고자 하는 문제의식. 70년대 압도적 국가의 헤게모니 안에서, KBS 교양 PD들은 공무원으로부터의 구별짓기와 상업방송과의 구별짓기라는 두 가지 전략으로 전문 방송인으로서 직업 정체성을 형성했다.	생애사적 개방형 구술 인터뷰 전직 KBS PD 7명, MBC PD 1명	지금과는 다른 1970년대 교양 PD의 정체성을 살피는 장점이 있으나, 생산자로서의 PD의 역동적인 모습을 살피는 데는 한계가 있음.
안진, 「나는 왜 백인 출연자를 선택하는가? : 어느 TV 제작자의 자기민속지학 연구」(2015)	TV 생산 현장에서 나의 외국인 출연자 선정 과정에 영향을 미친 요인들이 무엇이며, 어떠한 형태로 반복 작용하고 강화되어 왔는지 살펴보려는 문제의식. 백인에게 우호적인 수준을 넘어 백인 지향적인 한국 사회 문화 속에 자라난 과거 경험의 축적과 시청률 경쟁에서 살아남기 위해 백인 출연자를 선택한다.	자기민속지학 +심층 인터뷰 연구자 자신, PD 2명, 작가 2명	생산자인 연구자가 자기민속지학 방법론을 시도하여 PD 연구를 한 점은 큰 성과로 보이며, 자기민속지학에 의한 생산자 연구를 기대하게 하게 함.

김예란은 '텔레비전 이야기하기 문화'에 대한 관심을 가지고, 방송 프로듀서와 작가들을 심층 인터뷰하여 "텔레비전 이야기 문화는 전통적인 이야기꾼이 발휘했던 정서적 기능과 정보사회의 특징인 대규모적 효율성이 공존하는 혼합적 이야기 문화"[61]이며 "텔레비전 이야기 공간의 작가는 사회를 떠도는 다양한 이야기 조각들의 그물을 짜맞추고 들어 올림으로써 새로운 이야기망을 구성한다"[62]는 점을 밝혀냈다. "협업과 생산물의 가지는 혼성의 미학"[63]을 강조한 김예란의 작업은 생산자를 '화자'로 보고 '텔레비전의 이야기'하는 커뮤니케이션 흐름을 살피는 이론적 고찰과 그에 상응하는 제작 현장에서의 현상적인 모습을 통해 분석했다는 점에서 중요하다. 반면 오락성 쇼와 교양 프로그램의 담당자인 생산자(작가/VJ/PD)들을 '텔레비전 이야기 문화의 화자를 대표하는 집단'으로 간주하고 심층 인터뷰가 이루어졌음에도 불구하고 생산자들의 생생한 목소리가 많이 반영되지 않아 이론적 차원의 논의 수준에서 머물렀다는 아쉬움이 있다.

김영찬은 그동안 주목하지 않았던 미드(미국 드라마)의 편성 담당자의 활동에 주목하여 '미드족'이나 일반 미드 수용자들의 수용 환경의 모양새를 특정 방향으로 결정짓거나 굴절시키는 데 이들이 어떤 영향력을 행사하고 있는지를 살펴보았다.[64] 지상파 TV 3사와 케이블 TV 3사에서 미드 구매와 편성에 직접적으로 관여하고 있는 담당자 6명에 대한 심층 인터뷰를 통해서 '문화매개자'의 역할은 상당히 제한적으로 나타난 반면, '문화생산자'로서의 정체성이 더 강하게 드러난 것을 밝혀냈다. 새로운 미디

61 김예란, 「텔레비전 이야기하기 문화에 관한 연구」, 『한국언론학보』 47권 6호, 2003, 52쪽.
62 위의 글, 53쪽.
63 위의 글, 31쪽.
64 김영찬, 「'미드'(미국드라마)의 대중적 확산과 방송사 편성 담당자의 '문화생산자' 그리고 '매개자'로서의 역할에 관한 연구」, 『방송문화연구』 19권 2호, 2007.

어 전경과 소비 환경 속에서 창의적이지만 동시에 혼성적인 '재조합 문화(recombinant culture)'를 배태해내는 이들이 수행하는 제도적이고 문화적인 실천을 통해 '문화 생산의 문화' 내지 '문화 매개의 문화'를 보려고 시도하면서 생산자 연구의 외연을 확장시켰다.[65] 미드의 확산이 지속되고 있는 현재의 미디어 상황에서 미드를 소개하고 편성하는 편성 담당자들이 방송 생산 과정에서 새로운 생산자가 될 수 있다는 점에 주목했다는 점에서도 상당한 의의가 있다고 할 수 있다.

임영호·김은진·홍찬이는 비교적 미디어 생산자 연구에서 비켜나 있던 에로 장르 종사의 직업 정체성을 톰슨[66]의 도덕경제라는 관점에서 분석하고자 했다. 에로 종사자들은 자신이 하는 일이 직업으로서는 상대적으로 만족스런 경제적 여건과 대우, 활동의 자율성을 제공하지만, 해당 부문의 부침이 심하고 미래를 전망하기 어렵다는 점에 대해서 중립화, 정당성 구축, 양면성 전략 등으로 대응하고 있었다. 임영호 등은 "문화산업에서도 특히 에로 장르처럼 철저히 상업적이고 문화, 도덕, 윤리적 가치가 부재하다고 비판받는 부문에서는 이윤 추구와 같은 경제 논리가 지배적일 거라고 예상했지만, 여기서조차 이러한 기대는 들어맞지 않았다"는[67] 점에 주목했는데, 에로 장르 종사자들에게는 치열한 시장 경쟁 속에서 물질적 생존과 성공을 이룩하려는 노력과 더불어, 사회적으로 부과되는 도덕 담론의 압력과 투쟁하면서 자신의 도덕적 정당성을 방어하려는 노력, 이 양자가 모두 중요한 관심사가 되고 있다는 점이 흥미로운 연구이다. 또 연

제2장 문화 연구와 드라마 작가의 탄생

---

65 김예란, 앞의 글, 31~87쪽; Du Gay, P., *Production of Culture/Culture of production*, Sage, 1997; Hartly, J(ed.), op. cit.

66 Thompson, E.P., "The moral economy of the English crowd in the eighteenth century", 1993, In E.P. Thompson, *Customs in common*, New York: New Press(Original work published, 1970), pp.185~258.

67 임영호·김은진·홍찬이, 「도덕경제와 에로 장르 종사자의 직업 정체성 구성」, 『언론과 사회』 16권 2호, 2008, 143쪽.

구자들이 쉽게 접근하기 힘들어 연구 대상으로 생각하지 않았던 에로 장르 종사자 9명에 대한 심층 인터뷰를 수행하여 미디어 생산자 연구의 폭을 넓혔다. 임영호는 "도덕과 경제의 상호 침투성은 여러 층위에서 나타나고 있는데, 문화산업에서 발견되는 이러한 특성들을 좀 더 정교화된 개념들로 발전시킨 연구는 아직 거의 나오지 않고 있다"며[68] 이 분야에 대한 연구가 절실하다는 점을 피력했다.

심홍진 · 김세은은 예능 프로그램을 생산하는 연출자과 조연출을 대상으로 심층 인터뷰를 하여 프로그램에 대한 예능 PD의 인식에 대한 연구를 수행하여, 예능 프로그램 PD로서의 정체성, 제작 동기, 시청률에 대한 인식을 밝혔다.[69] 텔레비전 PD에 대한 연구가 거의 없는 상태에서 예능 PD를 탐구했다는 점은 매우 긍정적인 일이나, 예능 프로그램은 작가와 연기자의 긴밀한 협업 속에서 만들어진다는 점을 감안하면 PD들의 정체성이나 자질과 성향이 매우 단면적으로 분석된 부분이 있었다. PD를 대상으로 하는 연구에서 연구 대상이 5명이면 적은 숫자라고만 볼 수 없는데, 좀 더 다양한 차원의 탐색도 가능하지 않았을까 하는 아쉬움이 남는다.

임영호 · 홍찬이 · 김은진의 또 다른 연구는 문화산업의 주변부 종사자인 한 에로물 감독의 구술사를 통해 구조적 환경이 개인의 삶에 어떤 영향을 주고, 개인은 이러한 환경에 어떻게 대응하면서 자신에게 적합한 삶을 구축해나가는지 구체적이고 역동적인 과정을 보여주었다.[70] 이 연구는 구술사라는 방법으로, 문화산업에 진입하여 성공과 실패를 경험하며 소외된 주변부 문화생산자로 살아가는 생산자들의 삶을 전기적으로 살피며 그들

68 위의 글, 144쪽.

69 심홍진 · 김세은, 「PD는 무엇으로 사는가?: 프로그램 제작에 대한 예능PD의 인식」, 『한국방송학보』 23권 6호, 2009.

70 임영호 · 김은진 · 홍찬이, 「문화산업 주변부 종사자의 삶과 커리어: 한국 에로물 감독의 구술 생애사」, 『언론과 사회』 17권 3호, 2009.

둘러싼 다양한 생산 과정과 가치의 형성 등을 살펴볼 수 있다는 점에서 좋은 사례다. "개인의 삶은 바로 그 개인이 위치하고 있는 특수한 역사적 상황 속에서 이루어지기 때문에 '특정한 역사적 상황과 과정이 개의 삶에 녹아 있다'는 점에서 사회적, 역사적 성격을 띠기도 한다"고 하였다.[71] 미디어 생산자 영역에서 구술사 방법이 항상 좋은 대안이 될 수는 없지만, 에로 장르처럼 독특한 특성을 가진 분야에서는 유용한 방법론으로 활용될 수 있는 가능성을 제시했다. 흥미롭기는 하지만 한 명의 구술사 기록으로 에로물 감독의 세계를 파악하는 데는 일정 부분 한계가 있다고 보인다.

백미숙은 구술 생애사 인터뷰를 통해 1970년대 KBS 텔레비전 교양 PD의 직무와 직업 정체성을 탐색했다. 1970년대 KBS PD들은 압도적인 국가의 헤게모니 안에서 "척박한 제작 환경을 극복하며 '잔뼈가 굵어가며' (…) '프로그램을 만드는 DNA와 정신'은 교양 피디들이 직무 전문성을 키우고 자기 정체성을 확인할 수 있었던 가장 큰 힘"이었다는 점을 밝혀냈다.[72] 현재의 정체성은 과거와 연결되어 있으므로 현재 방송 프로그램의 핵심 생산자인 교양 PD들의 정체성과 1970년대의 정체성은 일정한 연결고리를 가진다. 그런 점에서 지금과는 다른 환경 속에 처해 있던 1970년대 KBS 교양 PD의 정체성 연구는 현재의 교양 PD들을 탐구하는 데 적지 않은 의미를 가진다고 할 수 있다. 또한 이 연구를 통해서 PD들의 정체성뿐만 아니라 텔레비전 제작 기술의 발달을 따라가볼 수 있다는 점도 흥미로우며, 역사 연구 맥락에서 생산자들의 정체성을 파악할 수 있는 모범적인 연구 사례라고 판단된다.

지상파 교양 부문의 현업 PD이면서 연구자인 안진은 "나는 왜 백인 출

---

71 윤택림 · 함한희, 『새로운 역사 쓰기를 위한 구술사 연구 방법론』, 서울 : 아르케, 2006.
72 백미숙, 「1970년대 KBS 텔레비전 교양 피디의 직무와 직업 정체성 : 방송 전문성 형성과 신기술, 그리고 '제작 정신'」, 『한국언론정보학회』 통권 60호, 2012.

연자를 선택하는가?"라는 제목으로 TV 제작자의 인종적 상상력이 외국인 출연자 재현에 미치는 영향에 주목하여 TV 제작자의 선별적 외국인 출연자 선정이 TV 속 외국인 이미지의 왜곡과 편견의 고착화와 어떤 연관이 있는지 고찰했다. 이 연구는 제목에서도 알 수 있듯이 자기민속지학적 방법론에 동료 제작자에 대한 심층 인터뷰를 부가적으로 수행하여 생산자 연구에 새로운 도전을 시도했다. 주형일의 "나는 왜 스파이더맨을 좋아하는가?"[73]의 생산자 버전을 본 것 같은 시도에서, 생산자이면서 연구자인 사람들에게는 더욱더 확장시킬 만한 방법론이라는 가능성을 품게 되었다. 안진[74]은 자기민속지학의 과정을 "낯설게 들여다보고자 하는 시도"이며 "연구 주체이자 대상인 나에 대한 반성과 깊이 있는 성찰"이라고 규정짓고 "특별한 렌즈를 통해 들여다봄으로써, 사회에 대한 이해를 얻는 방법"이라고 소개하고 있다.[75] 생산자 연구가 부족하고 현장에 접근하여 세밀하게 들여다보는 일이 쉽지 않은 상태에서 내부자에 의한 이러한 통찰은 앞으로 생산 현장에서 생산자 연구가 활성화될 것이라는 기대를 갖게 한다.

미시적인 수준에서 생산자의 직업 문화나 직업집단 내부의 가치 등을 탐색하는 이들 연구는 방법론적으로 좀 더 다양해진 것을 알 수 있다. 기존의 심층 인터뷰 외에도 자기민속지학과 구술사 등의 방법론을 다각적으로 생산자 연구에 적용시키고 있어 방법론의 확장이라는 측면에서는 고무적인 일로 보인다. 주제 면에서는 구성작가, PD, 에로영화 감독, 미드 편성자 등의 직업문화를 살피고 있었으며 각 분야 생산자의 직업문화를 살

73 주형일, 「왜 나는 스파이더맨을 좋아하는가－자기민속지학 방법의 모색」, 『언론과 사회』 15권 3호, 2007.

74 안 진, 「나는 왜 백인 출연자를 선택하는가? : 어느 TV 제작자의 자기민속지학적 연구」, 『미디어, 젠더 & 문화』 30권 3호, 2015, 88쪽.

75 Chang, H., Ngunjini, F. & Hemandez, K., *Collaborative Autoethnography*, CA: Left Coast Press, 2013, p.18.

피는 데 일정한 성과를 내고 있었다. 그러나 연구의 문제의식 자체가 한정 되어 있었기 때문에 생산자들이 생산 과정에서 마주치는 다양한 힘들과 상호작용 관계는 상대적으로 잘 드러나지 않았다. 이러한 점은 생산자들의 영역을 해석적 공동체로 읽어내기 위해서는 같은 주제에 접근하더라도 어떤 방향에서 접근하느냐가 매우 중요하다는 것을 보여준다. 임영호는 "생산 연구의 관점에서 볼 때 직업관에 관한 연구는 이러한 특성이 생산 과정이나 산물에 어떻게 작용하면서 영향을 미치는지 규명할 수 있을 때 특히 의미가 있다"[76]고 하였다. 단순히 직업관이나 직업문화를 넘어서 생산자 내외부적으로 복합적으로 작용하는 다양한 힘들에 대한 연구가 필요하다고 본 것이다.

4개의 범주를 다시 정리해보면, 각 범주별로 장단점이 있었지만 행위자인 생산자에 초점을 두고 연구를 진행했을 때, 생산자들의 다양한 상호작용을 파악하는 측면에서 일정한 성취를 보이고 있어 생산자 중심으로 수행하는 연구가 효과적이라는 것을 보여주고 있었다. 즉 생산자가 발휘하는 내적·외적 영향력에 집중할수록 개별적인 생산자를 넘어 생산자 그룹 사이에 형성되는 관계, 그리고 생산자와 그를 둘러싼 사회문화적 구조까지 이해할 수 있는 가능성이 많아지는 것이다. 이는 앞으로 생산자 연구가 행위자로서 직업적 생산자에게 집중했을 때 풍성한 결과를 얻을 수 있다는 기대를 갖게 한다.

방송사가 전적으로 권력을 가지고 있었던 과거와는 달리, 텔레비전 드라마를 생산하는 데 있어서 많은 주체들이 복잡하게 얽혀 결과물을 만들

---

76 임영호, 「한국 텔레비전 생산 연구의 실태 진단, 한계와 가능성」, 『언론정보연구』 52권 1호, 2015, 15쪽.

어내고 있고,[77] 어떤 시각에서 어떻게 볼 것인지에 따라 그 시선의 틀이 규정되기 때문에 직접 들여다본다는 사실만으로도 현상의 의미가 자명해지지는 않는다.[78] 이는 생산 연구 혹은 생산자 연구를 수행할 때 연구자가 어떠한 입장을 취하느냐가 얼마나 중요한지 다시 한 번 생각하게 한다. 따라서 이 책에서는 이러한 점을 깊게 인지하여 드라마 생산자를 통하여 전체적인 맥락 속에서 생산 과정을 이해하고 생산 구조를 파악하며, 궁극적으로는 생산 연구의 확장을 시도한다. 궁극적으로 드라마 생산자는 그 자체로 생산 과정과 생산물, 그리고 생산 구조까지 품고 있기 때문이다.

77 윤태진, 앞의 글, 39쪽.
78 임영호, 앞의 글, 21쪽.

2. 드라마 작가 연구의 이론적 배경

1) 미디어 노동의 정체성

인간은 삶을 영위하면서 필연적으로 직업을 선택하게 된다. 직업은 단지 먹고사는 것 그 이상을 의미하며, 어떤 목적을 위한 수단으로서 가치를 지닌다. 사람들은 직업 안에서 무언가 얻어지는 것이 있을 때 스스로에게 일할 동기를 부여하며, 동시에 그 일 속에서 기쁨을 얻으려는 욕구를 가지고 있다. 어떤 가치가 있을 때 그 일을 하고 싶어 한다는 것은 경제활동과 문화적 가치 사이를 연결하는 무언가가 존재한다는 것을 의미한다.[79] 인간에게는 경제활동을 하면서도 문화적인 욕구를 해결하려는 욕구가 존재하기 때문에, 성장하고, 배우고, 더 효율적인 사람이 되기 위해 자기 스스로에게 노동 기회를 제공해서 직업을 선택하게 한다.[80] 즉, 직업을 선택하는 동기에는 필수적으로 개인의 발전이 전제되어야 하며, 직업 자체가 인

---

79 Heelas, P., "Work ethics, soft capitalism and the "turn to life"", *Cultural economy*, 2002.

80 Du Gay, P., op. cit.

간 내면의 심리적인 정체성 탐색과 구축을 제공함으로 직업은 매우 중요성을 가진다.

그러나 근대성은 이러한 직업을 효율과 경제적 보상만으로 묶어놓은 결과를 초래했고, 사회가 발전할수록 사람들은 일과 문화적 욕구를 채우는 자기만족에서 유리되었다. 다니엘 벨은 경제적 영역에서 요구하는 조직과 규범의 종류, 그리고 지금 문화에서 중심인 자아실현 규범들 사이에는 괴리가 있으며, 역사적으로 결합되어 인간의 삶을 이끌었던 두 개의 영역들은 이제 결합되지 않고 경제적 영역과 문화의 영역이 분리되었다는 점을 지적했다.[81] 즉 근대성의 등장과 함께 직업은 가치를 찾는 일과 경제적인 보상을 얻는 일이 분리되어 일 속에서 문화적인 만족감을 얻기 어렵게 되었다.

그 후, 일과 문화의 결합은 중요한 문제로 등장했다. 맥로비에 따르면, 여기서 문화란 미디어, 예술, 의사소통의 관습들 내의 창의적, 표현적, 상징적 활동을 지칭한다. 일과 문화의 결합이 중요해지면서 많은 젊은이들이 창의적인 일을 찾아 나서 소규모 문화생산자들이 되었다. 이들은 소설을 쓰거나 패션 디자이너가 되거나 혹은 영화감독이 되거나 TV에 출연하는 요리사가 되어 한번에 많은 돈을 벌기를 기대하면서 자신에게 보수도 없이 주어지는 혹독한 노동을 기꺼이 이겨낸다. 즉 창의적인 일을 찾아 나선 젊은이들은 자신들의 문화적 성취가 경제적인 부로 창출되기를 바라면서 스스로를 착취할 정도로 일에 매달린다는 것이다.[82]

신자유주의 가치에 충실한 리드비터는 인재 주도형 경제를 주창하며 민주주의, 결속, 관료제 등 노동에 적용되어 오던 용어들을 대신하여 신용,

81   Bell, D., *The Cultural Contradictions of Capitalism*, London: Heinemann, 1976.
82   McRobbie, A., "From Holloway to Hollywood: Happiness at work in the new cultural economy", *Cultural economy*, 2002.

자기 신뢰, 혁신, 창의성, 위험 감수라는 용어를 소개하고 개인만 열심히 하면 누구나 성공할 수 있다는 점을 주지시켰다.[83] 그는 한 예로, 유명한 TV 요리사인 델리아 스미스(Delia Smith)가 TV 프로그램 출연뿐만 아니라 그녀가 출간한 책들과 그 밖에 브랜드화된 주방기구를 통해서 백만장자가 되었다는 점을 들었다. 델리아 스미스는 어머니에게 요리를 배우지 못한 사람들에게 요리를 가르쳐주면서 지식의 틈을 메꿔줬으며, 그녀 자신은 그러한 활동을 통해 '지식사업가'가 되었다는 점을 강조했다. 인재 주도형 경제의 중요성을 설파하는 리드비터의 관점[84]에서 보면 미국의 할리우드는 창의 노동을 통해 부를 창출할 수 있는 매우 훌륭한 '고밀도 사회적 연결망'이며, 실패를 성공으로 바꾸는 무한한 역량을 가졌다는 점에서 가장 바람직한 모델이다. 그러나 리드비터는 실제로 할리우드에서는 수천 편의 대본 중에 단 몇 편만이 영화로 만들어진다는 점은 간과하고 있다.

신자유주의가 몰고 온 인재 주도형 경제는 직업을 개별화시키고 개인의 능력으로 살아남는 것이 미덕인 것처럼 포장한다. 이런 환경 속에서 미디어 분야는 가장 영향력이 있고 성공할 가능성이 많은 곳이 되었다. 어셀은 텔레비전 노동자들이 자신들의 일에 대한 열정에 어떻게 지배당하는지에 주목한다.[85] 어셀은 텔레비전 제작 과정에 종사하는 사람들에게 자신이 원하는 감각적 만족 혹은 문화적 향유를 추구할 수 있다고 말하는 것은 개인이 직업에서 삶의 의미를 찾고, 일과 자아실현을 동일시하도록 독려하고 있는 것과 똑같다고 지적했다. 맥로비는 이런 종류의 노동을 '사랑의

83 Leadbeater, C., *Living on Thin Air: The New Economy*, Harmondsworth : Viking, 1999.

84 ibid.

85 Ursell, G., "Working in the media", In D. Hesmondhalgh(Ed.), *Media production*, 2006(데이비드 헤즈먼댈치, 『미디어 생산』, 김영한 역, 서울 : 커뮤니케이션북스, 2010, 141~181쪽).

노동(labour of love)'이라고 묘사하며 자기만족을 찾기 위해 미디어 노동에 헌신하며 자신을 착취하는 것에 대한 우려를 나타냈다.[86] 문화산업에 종사하는 프리랜서나 비정규직들이 일을 하면서 자기착취적인 노동이 익숙해진다는 것이다.

바우만은 소비 문화가 득세하면서 소비 미학이 노동 윤리마저 잠식하는 현상이 나타난다고 주장한다. 그리하여 직업에 대한 사회적 인식에서도 심미적 관점이 중요해진다는 것이다. 그 결과 어떤 직업들은 미적이고 예술적인 체험을 할 수 있는 대상으로 높이 평가받는 반면, 또 다른 직업들은 단지 보수만을 위한 생계형 노동으로 전락한다. 바우만은 미디어와 문화산업의 직종들은 심미화된 노동의 대표적인 사례라고 꼽았다. 그것들은 한마디로 '재미있고, 만족스러운 경험을 많이 할 수 있으며 자기를 실현하는 일'처럼 나타난다. 바우만이 말하는 소비자 사회에서는 이러한 노동의 미적 가치가 계층 구분의 강력한 요소로 작용한다. 이제 성공한 엘리트는 더 많은 여가시간을 확보한 사람들이 아니라 노동/여가의 경계 없이 즐겁고 유연하게 오락 같은 일에 몰두할 수 있는 사람들이다. 변화된 노동 세계에서 심미화된 노동은 유연성과 불안정성을 자유로, 착취는 자기희생의 윤리로, 다기능성과 창의성에 대한 요구는 자기계발의 즐거움으로 치장된다.[87]

문화산업 노동의 성격과 경험을 탐색한 헤즈먼달과 베이커의 논의는 '심미화된 노동'이 실제로는 양가적인 경험을 가져온다는 사실을 밝혀낸다.[88] 이들은 '창의 노동'의 개념을 가져온다. 그것은 기존 문화산업과 서

86 McRobbie, A., op. cit.

87 Bauman, Z., op. cit.

88 Hesmondhalgh, D. & Baker, S., "A very complicated version of freedom : Conditions and experiences of creative labour in three cultural industries", *Poetics*, 38, 2010; Hesmondhalgh, D. & Baker, S., *Creative Labour : Media Work in Three Cul-*

비스업, 지식경제 영역을 아우르는 이른바 창의산업 부문 내의 노동을 지칭하는 용어다. 이들에 따르면 특히 문화산업 내의 창의 노동은 사회적 이슈와 문화적 차별화의 원천이 되는 상징 재화를 생산한다는 점에서 중요하다. 헤즈먼달과 베이커는 텔레비전, 음악, 잡지 등 세 부류의 문화산업에 종사하는 일군의 노동자에 대한 반구조화된 인터뷰를 통해 창의 노동의 조건과 경험을 '급여, 노동 시간과 노동조합', '불안정성과 불확실성', '사회화, 네트워킹 그리고 고립'이라는 세 가지 차원에서 분석하였다. 이들의 주장에 따르면 창의 노동은 노동자들에게 자율성과 즐거움을 불러일으키는 동시에 희생과 불안, 고립감 역시 가져오는 양가감정의 원천으로 작용한다.[89]

헤즈먼달과 베이커가 2006년에서 2007년에 걸쳐 TV, 잡지, 음악 등 3개의 산업에 종사하는 63명의 관리자와 노동자를 심층 인터뷰와 참여 관찰로 연구한 내용에는 창의 노동에 대한 다양한 통찰이 담겨 있다.[90] 이들에 따르면 영국의 대학생들은 위의 3개의 문화산업 분야에서 경험이라도 쌓고자 무보수로 몇 주간 재능 기부와 같은 수준의 일을 하면서 매우 낮은 임금을 받아 가고, 이런 점은 이쪽 분야에 입문하는 시점의 임금을 극도로 낮은 수준으로 만들어버린다. 이런 점에 대해서 어셀은 TV산업은 큰 수영장에서 저렴한 가격으로 젊은이를 섭취하는 뱀파이어와 같다며 이렇게 대량생산된 노동자들은 점차 비인간적으로 변하고 인간성이 말살되어가

tural Industries, London and New York : Routledge, 2011.

89 이상길·이정현·김지현, 「지상파 방송사 비정규직 노동자의 직무인식과 노동 경험 : 파견직 FD에 대한 심층 인터뷰를 중심으로」, 『방송과 커뮤니케이션』 14권 2호, 2013에서 재인용.

90 Hesmondhalgh, D. & Baker, "A very complicated version of freedom : Conditions and experiences of creative labour in three cultural industries"; _Creative Labour : Media Work in Three Cultural Industries_.

는 양상을 보인다고 지적했다.[91]

또 헤즈먼달과 베이커는 이들이 문화산업 내에서 전문가로서 성장한다고 하더라도 꾸준히 성장하여 안정된 모습을 보이기 힘들다고 진단하였다. 생산자와 소비자의 취향은 시시각각으로 바뀌어 어떤 것이 재미있고 바람직하며 흥미진진한지의 개념이 계속 달라지기 때문에 문화산업에 종사하는 사람들은 안정적인 지점에 오르지 못한다고 보았다.

이렇게 문화산업 안에서의 일은 불안정하며 자기착취적인 현상이 강한데도 이러한 직업을 선택하는 이유를, 멩거는 정치적 의미를 부여하며 세 가지로 정리했다.[92] 첫째, 노동 자체를 사랑하는 사람들이 선택하는 경우다. 이들은 잠재적인 성취와 천직이라는 소명 의식을 가지고 있으며 실패의 위험을 감수할 준비가 되어 있다. 둘째, 성공과 실패가 복권처럼 매우 불확실한데도 불구하고 어떻게든 실패할 것이라고 생각하지 않고 일과 위험한 사랑에 빠지는 경우다. 다시 말해 실패가 예견되어도 실패할 것이라는 것을 받아들이지 않고 일을 계속 해나간다는 것이다. 셋째, 예술작품이 자율성, 자아실현의 가능성, 잠재적으로 높아진 인지도 및 유명인사와 연관된 비금전적, 심리적 보상을 제공하기 때문이다. 즉 예술작품을 통해 자아실현을 하며 사회적인 평판과 명성을 얻게 된다는 생각으로 불안정하고 자기착취적인 노동을 견디어낸다는 것이다.

이런 점 때문에 문화산업 분야의 종사자들은 항시적인 고용 불안이나 빈곤 상태에 머물러 있다. 그러나 다른 한편으로 문화산업 종사자들은 개인의 창조성이 상품화되면 단시간에 사회적 평판과 고소득을 얻을 수 있다는 가능성 때문에 "능력주의 이데올로기"를 강하게 내재하고 있는 편이다.[93]

91 Ursell, G., op. cit.
92 Menger, P.M., "Artistic labor markets and careers", *Annual Review of Sociology* 25, 1999.
93 김현미, 앞의 글, 71쪽.

미디어 산업의 노동은 이러한 문화산업의 노동의 특징을 극명하게 보여주고 있다. 이 땅에서 미디어 노동을 하고 있는 수많은 사람들은 '개인의 창조성이 상품화'되기를 기다리며 단시간에 사회적 평판과 고소득을 올릴 수 있다는 가능성을 품고 산다.

2) 드라마 작가와 구성작가의 노동 정체성의 차이

어셀은 특히 미디어 생산 분야에 있어서 문화생산자를 자처하는 인력들이 모여들고 있고 텔레비전 작업은 다수의 프리랜서로 구성된다는 점을 지적했다(영국의 경우 1996년에 60%).[94] 우리나라의 경우, 미디어 문화생산자은 크게 세 가지 유형으로 나눌 수 있다. 첫째, 작가와 같은 프리랜서 또는 프리랜서로 활동하는 감독 등 여타 프리랜서 직군. 둘째, 감독 · 카메라맨 · 조연출 등 조직 안에 있는 정규직. 셋째, 감독 · 조연출 · FD 등 정규직과 비슷한 일을 하면서 파견직이나 비정규직 신분인 외부 인력. 이들은 협업을 통해 같은 프로그램을 제작하며 같은 미디어 노동을 하고 있지만 세밀하게는 조금씩 다른 형태의 노동의 양상을 보인다.

정규직이든 비정규직이든 파견직이든 프리랜서든, 드라마 감독이든 교양이나 예능 감독이든, 이들이 프로그램을 생산하는 미디어 노동의 양태는 크게 다르지 않다. 단지 안정된 조직 속에서 보장된 임금을 지속적으로 받느냐 그렇지 않느냐만 구별된다. 그러나 방송작가의 경우에는 구성작가(교양 · 라디오 · 예능)인지 드라마 작가인지에 따라 노동자성도 달라지고

94 Ursell, G., "Televion Production: issues of exploitation, commodification and subjectivity in UK television labour markets", *Media, Culture & Society*, 22(6) : 805－27, 2000.

제2장 문화 연구와 드라마 작가의 탄생

미디어 노동의 본질 자체가 달라진다. 구성작가들은 주로 방송사나 제작사에 출근하다시피 하면서 프로그램을 구성하고 PD나 조연출이 하는 업무를 분담하지만[95] 드라마 작가는 방송사에 나가 일하는 일이 거의 없으며 개인적인 공간에 머물러 창작에 몰두한다. 같은 방송 프로그램을 제작한다는 측면에서는 '같은 방송작가'지만 세밀하게는 노동의 양태가 매우 상이하게 나타난다는 측면에서는 '다른 방송작가'이다.

김순영은 구성작가의 노동자성을 연구하면서 구성작가를 사용 종속성, 경제 종속성, 조직 종속성 등 3가지 측면에서 모두 사용자에 대한 종속성이 강한 노동자임을 밝혔다.[96] 구체적으로는 구성작가는 방송사에서 프로그램을 제작하는 과정에 임의적으로 빠질 수 없기 때문에 사용 종속성이 강하다고 보았다. 그리고 노동력을 판매하는 이외의 방식으로는 생활 자원을 구할 수 없고 제3자의 노동력을 이용할 수 없으며 여러 가지 일을 병행할 수 없다는 점에서 경제 종속성이 있다고 보았다. 또 계약 내용의 대등성이 전혀 없다는 점에서 해당 방송사에 경제적으로 완전히 종속되어 있는 조직 종속성이 존재한다고 주장했다. 또한 김순영은 구성작가에게는 계약 자체가 거의 존재하지 않는 점을 지적하였는데, 이종구 등의 연구에 따르면 구성작가 중 서면 계약을 체결했다는 사람은 5.9%에 지나지 않는 것으로 나타났다.[97] 또한 교양국과 보도제작국의 경우, 구성작가는 프로그램을 제작하는 전체 과정이 밀접한 팀 작업을 통해 진행되고 있기 때문에 방송사에 대해 최고도로 높은 조직적 종속성을 가지고 있다고 보았다. 따라서 김순영은 구성작가는 프리랜서가 아닌 특수 고용 노동자로 규정해야 하며 노동하는 자로서 받아야 하는 최소한의 보호와 권리를 확보해야 한

95 육서영 · 윤석민, 앞의 글.
96 김순영, 앞의 글.
97 이종구 · 김영 · 강익희 · 박승옥, 『방송산업 비정규직 노동시장 조사연구』, 서울 : 방송위원회, 2006.

다고 밝혔다.

육서영·윤석민은 탐사 프로그램에서의 구성작가의 영향력을 ① 정보·자료 찾기와 주장 보완, ② 간과할 수 있는 사실의 포착, ③ 비판·견제자로서의 역할, ④ 왜곡 가능성 차단이라는 측면에서 살펴보고, 프로그램 전 과정에서 구성작가들이 핵심적인 역할을 수행한다고 보았다.[98] 김순영의 연구에서 알 수 있듯이 구성작가는 PD 등 프로그램 제작진과 한 공간에 상주하다시피 하며 프로그램을 만들어나간다. 그러나 드라마 작가는 독립된 공간에 자유롭게 일하며 정해진 때에 대본만 주거나 특정한 날을 잡아서 회의를 할 뿐이다. 드라마가 방송되고 있는 시기에는 회의도 없이 대본만 넘겨주어도 된다. 또 작가 파워가 강한 경우에도 회의 없이 대본만 전달되기도 한다. 드라마 작가는 대부분 계약서를 작성하고 그 계약서에 의해 일을 하게 되며 일하는 장소와 시간에 구애받지 않는다.

구성작가의 일이 논픽션에 근거한 사실을 가지고 제작진들과 함께 기획하고 구성하고 취재하고 의논하는 일의 연속이라면 드라마 작가의 일은 픽션의 세계, 가상의 세계에서 시청자들에게 어필할 수 있는 스토리를 만들어내는 일이다. 구성작가는 기획, 취재, 구성, 편집, 대본 등 프로그램 전 과정에 참여하며 프로그램을 조율하고 진행하지만 드라마 작가들은 대본을 집필을 하는 행위 하나로 드라마 전체를 주도한다.[99] 과정적인 측면에서는 구성작가는 협업을 하는 다른 생산자들의 업무인 촬영, 취재, 편집에도 지속적으로 개입되어 있다면,[100] 드라마 작가는 원칙적으로 대본 집필 이후의 과정에 참여할 필요가 없어진다. 대신 드라마 작가에게는 완성도 높은 스토리를 만들어내야 하는 창작의 고통이 주어진다.

98   육서영·윤석민, 앞의 글.

99   김미숙·이기형, 앞의 글, 5~63쪽; 육서영·윤석민, 앞의 글.

100 김옥영, 「작가 저널리즘은 존재하는가?」『열린미디어 열린사회』 2004년 여름호.

구성작가와 드라마 작가의 노동에 대한 차이는 그들 스스로 자신들의 노동의 특성을 인식하는 과정에서도 나타난다. 구성작가로서 상당한 위상에 오른 김옥영은 시사 프로그램을 맡고 있는 구성작가 30명과 지상파 방송 3사 CP 15명을 대상으로 설문조사를 수행한 후 "넓게 보아 피디와 작가는 프로그램 전 과정을 함께 수행하고 있는 것으로 보아야 할 것"[101]이라며 "피디의 작업 영역과 작가의 작업 영역은 배타적으로 구분되는 것이 아니고 거의 완전히 겹쳐 있다는 사실"을 지적했다. 또한 김옥영은 이러한 작업 과정 속에서 구성작가는 "방송가에서 숨어 있는 존재"[102]가 되었다며 "오랫동안 구성작가는 방송가의 '유령'이며 '투명인간'에 지나지 않았다"[103]는 점을 강조했다. 즉 구성작가는 방송사 안에서 PD와 비슷한 업무를 수행하면서도 프로그램 밖으로 잘 알려지지 않는 존재로 인식하고 있었다.

그러나 드라마 작가는 드라마라는 텍스트를 생산하는 핵심적인 주체로 늘 드라마 전면에 나서서 드라마의 성패를 좌우하는 사람이며, 자신들이 수행하는 노동을 '창작'이라고 인식하고 있었다. 김미숙·이기형은 드라마 작가들의 노동과 정체성에 대한 연구에서 드라마 작가들이 직면하는 방송구조적인 문제로 "드라마를 일주일에 2회 제작하는 매우 노동 강도가 높은 현실, 무리한 제작 일정 속에서 발생하는 '쪽대본' 문제, 절대 갑으로 현존하는 방송사의 압박과 요구"를 들었다.[104] 드라마 작가에게 가장 중요한 문제는 대중성을 확보하여 시청률을 높이는 대본의 질(質)이며, 노동의 핵심은 수준 높은 대본을 만들어내는 데 있다. 또한 드라마 작가들은 "자신들의 직업을 '창작'하는 것은 맞지만 '예술가'라고만 정의하고 싶지 않다. (…) 대중적인 성공을 중요하게 평가하기 때문에 '서비스업' 종사자 또

101 위의 글, 237쪽.
102 위의 글, 229쪽.
103 위의 글, 231쪽.
104 김미숙·이기형, 앞의 글, 47쪽.

는 '엔터테이너'라고 판단"했다.[105]

　다시 말하면, 드라마 작가는 미디어 산업 내에서 창작을 기반으로 하는 예술가적 노동을 하고 있으며 대중화와 상품화에 초점을 맞추어 드라마 대본을 쓰는 사람들이다. 김순영의 기준[106]으로 보자면 이들은 사용 종속성이 없기 때문에 법적인 노동자(근로자)도 아니며[107] 다른 미디어 노동자들처럼 임금을 받는 사람들도 아니다. 드라마 작가는 드라마라는 하나의 텔레비전 장르 안에서 대본 집필을 맡은 창작자이며, 동시에 창작의 고통과 방송 구조적인 압박을 견디어내며 문화상품으로서 드라마를 만들어내는 드라마 생산자이다.

3) 드라마 작가의 역사와 드라마 제작 시스템의 변화

(1) 드라마 작가의 역사

　드라마 작가는 방송 드라마의 대본을 집필하는 사람을 말한다.[108] 방송 드라마에는 라디오 드라마가 있고 텔레비전 드라마가 있다. 한국방송작가협회에서 2000년에 발간한 『한국방송작가협회 50년사』에서는 한국 방송작가의 기원을 다음과 같이 서술하고 있다.

　1927년 JODK(경성방송국)이 개국하면서 우리나라의 방송 역사가 시작된 후, 1956년 HLKZ-TV에 의해 최초의 TV 드라마 '사형수'가 방송되기까지는 라디오 드라마가 주를 이루었다. 경성방송(JODK)이 개국하던 해

105　위의 글, 28쪽.
106　김순영, 앞의 글..
107　황재하, 「배달 대행업체 알선으로 일했어도 '근로자' 아니다」, 『머니투데이』, 2015.10.11.
108　한국고용정보원, 『2013 직종별직업사전』, 2013.

에 첫 방송을 탄 라디오 드라마는 〈인형의 집〉으로 당시에는 아직 우리나라에 방송극에 대한 인식이 부족했고 극을 쓸 만한 사람이 없어서 주로 외국의 명작을 방송했다. 고리키의 〈밤주막〉이나 〈나그네〉, 톨스토이의 〈부활〉, 셰익스피어의 〈베니스의 상인〉 등 이미 무대에 올려진 희곡을 번역한 극이었다.

1933년 척박한 방송 환경에서 우리 나름대로 순수한 방송극을 만들어 보자는 뜻에서 토월회의 일원이었던 김희창, 윤성무 등이 발의하여 '라디오 플레이 미팅'이라는 모임을 결성한다. 그해 김희창은 〈노차부(老車夫)〉라는 드라마를 써서 박진 연출로 방송을 하게 되는데 이것이 바로 우리나라 최초의 드라마라고 할 수 있다. 그 후 〈며느리〉 〈그 여자의 비밀〉 〈어느 가정 풍경〉 등 순수 창작 방송극이 만들어지면서 '드라마 작가'라는 직업이 생긴다. 당시에는 '드라마'보다 '극(劇)'이라는 말을 주로 써서 당시 방송 신인극회가 만들어졌으며 그곳에서 많은 순수 창작 방송극이 만들어졌다.

1956년에 HLKZ-TV에서 첫 TV 드라마 〈사형수〉를 방송한 이후에 라디오 드라마를 쓰던 작가들이 텔레비전으로 자연스럽게 이동하여 TV 드라마를 집필하기 시작했다. 원로 작가인 유호뿐만 아니라 지금도 왕성하게 활동하고 있는 김수현, 정하연 등도 라디오 출신 TV 드라마 작가이다. 1962년 2월 15일에 이서구·한운사·주태익·조남사·최요한 등이 발의하여 창립총회를 열고 만들어진 한국방송작가협회는 TV 드라마 작가들이 구심점이 되어 활동하기 시작했다.[109]

당시엔 방송 글을 써본 작가가 없었어요. 작가라야 순수문학이나 악극을 쓰던 작가들을 불러서 원고를 쓰는 것인데, 해방 뒤 어수선한 때라 전화가 있는 것도 아니고, 연락하기가 보통 힘든 게 아니에요. 작가 구하

109 『한국방송작가협회 50년사』, 한국방송작가협회, 2000, 35~38쪽.

기가 힘들어 함께 편성부에 근무했던 김영수 선생과 돌아가며 정신없이 원고를 썼지.[110]

1945년 10월에 KBS의 전신인 서울중앙방송에서 PD로서 프로그램을 만들게 되면서 드라마를 쓰기 시작한 유호 작가는 드라마 작가가 없어서 PD면서도 드라마를 직접 썼던 시절을 증언했다. 1947년경, 프로그램은 느는데 작가가 부족해 결국 작가 공모를 했고 그때 당선된 사람이 한운사, 김희창, 이익 작가였다. 본격적으로 방송작가 1세대가 형성되었다.

그때는 왜 해장국집 있잖아. 연중무휴 24시간 장사하는 집, 해장국집처럼 그렇게 썼어요. 정신없이 써댔지. 이걸 해야 생계도 유지되는 거니까. 그래도 꽤 그럴듯했으니까 그렇게 청탁이 왔을 거 아니야? 방송사에서 청탁을 안 하면 못 쓰는 거지. 그때도 어떻게 했는지, 방송사에서 시청률 조사를 했어요. 그런데 잘 나온다는 거야.[111]

1957년부터 종일 방송이 시작되고 주간연속극, 일일연속극이 전성기를 맞게 되면서 방송작가, 특히 드라마 작가의 수가 점차 늘어나기 시작하였다. 당시에는 프로듀서와 작가의 경계도 모호했을 뿐더러 드라마 작가와 비드라마 작가의 구분이 없었다. 드라마와 비드라마 작가 사이에 경계가 좀 더 명확해지고 방송작가의 수가 대폭 늘어난 것은 70년대 이후부터이다. 1961년 12월 KBS 남산 연주소[112]가 문을 열었고, 같은 해 우리나라 최초의 상업방송인 MBC 라디오 방송국이 개국, 1964년 동양방송(TBC)이

110 김주영, 「아흔 살의 전설, 대한민국 방송작가 제1호, 유호」, 『방송작가』 2010년 7월호, 6쪽.
111 위의 글, 7~8쪽.
112 무선전화(無線電話)에 의하여 강연·음악·시사 등을 방송하게 된 곳. 방송국 안에 설치되어 있음.

라디오와 TV 방송국을 개국하면서 채널 경쟁이 본격화되기 시작하였다. 이러한 상황에서 방송작가가 절대적으로 부족해지면서 시, 소설, 희곡 등 순수문학 분야에서 활동하던 작가와 시나리오 작가들이 대거 방송계에 영입되었고, 드라마가 아닌 음악 프로그램이나 시사 만평 프로그램 등 비드라마 분야에서도 전문성을 요구하는 작가들이 등장하기 시작하였다.[113]

작가와 프로듀서 간의 경계가 명확해지고 작가 내부에서 전문성에 따라 역할 분담이 명확해지기 시작한 것도 1970년대에 접어들면서부터이다. 1969년 MBC TV가 개국하여 KBS, TBC, MBC 3개 TV 방송 체제가 갖추어지고, TV 수상기가 널리 보급되면서 많은 작가들이 라디오에서 TV로 이전했으며, 방송작가의 수도 기하급수적으로 늘어나기 시작했다.[114]

그 후, 우리나라는 70년대와 80년대를 거치며 무서운 속도로 경제성장을 이루어냈다. 1990년대에는 제조업 중심에서 문화 콘텐츠 산업 중심으로 변화 발전했는데, 1998년에 제작되어 1999년에 개봉된 영화 〈쉬리〉의 대흥행은 문화 콘텐츠 시대를 알리는 신호탄이 되었다. 영상 콘텐츠에 대한 열광은 TV 드라마로도 이어져 단막극도 아니고 연속극도 아닌 16부작에서 24부작의 미니시리즈 형식이 탄생했다. 미니시리즈로 시청률 경쟁이 붙자 젊은 층의 이야기를 감각적으로 이끌어낼 수 있는 젊은 드라마 작가들이 많이 필요했고, 인생 경험을 많이 해야 드라마를 잘 쓸 수 있다는 통념이 깨지기 시작했다.

그래도 드라마 작가가 되는 일은 쉽지 않아서 1990년 한국방송작가협회 회원 현황을 보면, 모든 장르를 통틀어 전체 회원이 233명이었고 그중

---

113 최현주·이강형, 「방송작가 고용 안정화를 위한 정책 방안에 대한 연구 : 방송작가의 고용 및 계약 형태에 대한 실태조사를 중심으로」, 『언론과학연구』 11권 2호, 2011.

114 이진관, 『방송국 구성작가의 노동자성에 관한 연구-KBS의 사례를 중심으로』, 고려대학교 노동대학원 석사학위 논문, 2004.

에 드라마 작가는 79명에 불과했다(표 6 참조). 한국방송작가협회는 문화부에 등록된 사단법인으로 방송작가들의 권익 보호와 저작권료 분배를 맡고 있어서 방송작가라면 누구나 회원이 되어 다양한 혜택을 받고 싶어 한다. 국가적으로 콘텐츠 사업에 상당한 투자를 하고 있기 때문에 협회에 가입해서 회원이 되면 정부로부터 작가 재교육 등 각종 교육과 국내외 연수 등의 지원을 받을 수 있다. 현재 한국방송작가협회에 입회하려면 드라마 작가의 경우 60분물 기준으로 단막극이나 특집극을 2편 이상 집필하거나 공동 집필을 포함하여 미니시리즈 또는 연속극을 1편 이상 집필해야 한다. 단 지상파를 제외한 케이블 등에 방송된 것은 2분의 1로 인정하고 있다.[115]

2014년 말 기준으로 한국방송작가협회의 소속 회원 2,800명 가운데 드라마 작가가 531명이다(표 6 참조). 방송작가는 크게 드라마 작가와 비드라마 작가로 나눌 수 있고 비드라마 작가로는 예능 작가, 구성작가(교양·다큐멘터리), 번역작가, 라디오 작가가 있다(표 5 참조).[116] 1990년에 233명이었던 한국방송작가협회 회원은 25년 동안 무려 10배가 넘게 늘었지만 드라마 작가는 79명에서 531명으로 6.7배 정도 증가했다. 다른 장르에 비해 드라마 작가가 되는 일이 상대적으로 어렵다고 이해할 수 있다(표 6 참조).[117] 2013년과 2014년만 보더라도 전체 방송작가의 수는 각각 150명, 125명씩 증가했지만, 그중 드라마 작가는 각각 21명, 20명이 늘어나는 데 그쳤다.

---

115 한국방송작가협회 홈페이지 참조.
116 보통은 드라마 작가를 제외한 비드라마 작가를 구성작가라고 한다. 예능 작가라고 하는 것도 결국 구성작가로서 예능 프로그램을 집필한다는 의미이다.
117 한국방송작가협회 회원들 사이에서도 장르 간의 변동이 일어난다.

표 5 방송작가 장르별 구성 비율(2014년 말 기준)

장르별(분야별)	명칭	명수	비율
드라마	드라마 작가	531명	18.9%
교양, 다큐멘터리	구성작가	1135명	40.5%
쇼, 개그, 예능 프로그램	예능 작가	552명	19.9%
라디오	라디오 작가	480명	17.4%
외화 번역	번역 작가	102명	3.7%

자료 제공 : 한국방송작가협회

표 6 한국방송작가협회 회원 변화(1990.1~2014.12)

연도	신입 회원(드라마)	전체 회원(드라마)	탈퇴 회원	제명 회원	작고 작가
1990	40(8)	233(79)			
1991	30(6)	263(85)			
1992	38(7)	301(92)			37
1993	48(14)	349(106)			
1994	42(7)	391(113)			
1995	55(18)	446(131)			
1996	58(12)	504(143)	1		2
1997	73(20)	577(163)		47	3
1998	101(27)	678(190)			
1999	86(11)	764(201)	1	1	1
2000	160(27)	924(228)			1
2001	165(29)	1089(257)			2
2002	135(25)	1224(282)	1	2	2
2003	199(25)	1423(307)			4
2004	163(23)	1586(330)		60	3
2005	80(20)	1666(350)		8	6
2006	167(23)	1833(373)		13	4
2007	114(13)	1947(386)		9	1
2008	118(8)	2065(394)		9	4

드라마 작가는 어떻게 만들어지는가

연도	신입 회원(드라마)	전체 회원(드라마)	탈퇴 회원	제명 회원	작고 작가
2009	109(28)	2174(422)	1	12	4
2010	94(20)	2268(442)			5
2011	121(19)	2389(461)		14	1
2012	134(24)	2524(485)	1		5
2013	150(21)	2675(506)		1	1
2014	125(20)	2800(531)			2

· 자료 제공 : 한국방송작가협회

1990년 이후 25년간 우리나라 드라마는 비약적인 발전을 이루었다. 드라마는 국민들이 즐겨 보는 단순한 텔레비전 프로그램에서 일본, 중국 등 아시아권은 물론 미국, 유럽까지 진출하여 한국 드라마의 위상을 알리며 문화상품으로 탈바꿈했고 그에 따른 상당한 수준의 경제적인 수익을 창출해내고 있다. 한 예로 드라마 〈대장금〉(MBC, 2003~2004)은 수출 및 광고만으로도 약 380억 원의 수익을 올렸으며, 〈대장금〉의 생산 유발 효과는 1,119억 원에 달하는 것으로 집계되었다.[118] 이제 드라마는 단순한 편성표에 올라 있는 프로그램 중 하나가 아니고 전 세계를 겨냥하며 제작하는 고부가가치 산업이 된 것이다.

〈별에서 온 그대〉를 쓴 박지은 작가에게 진심으로 감사합니다. 또 최고의 드라마를 만들어준 감독님 이하 모든 스태프에게도 감사의 인사를 전하고 싶습니다." 드라마 〈별에서 온 그대〉의 여주인공 전지현이 5월 27일 백상예술대상 TV부문 대상을 수상한 자리에서 가장 먼저 감사의 뜻을 입에 올린 것은 연출자도 동료 연기자도 아닌 작가다. 작가의 얼굴은 시청자들에게 잘 알려지지 않지만 그들의 이름과 작품을 기억하는 대중이 늘어간다.[119]

118 박은경, 「[클릭TV] 〈대장금2〉 한류 자존심 지킬까」, 『주간경향』, 2014.4.29.
119 월간중앙 편집부, 「직업연구 드라마 작가로 산다는 것 - "작가도 드라마처럼 치

한 언론 매체의 위와 같은 보도는 드라마 제작에서 작가의 위상이 어떠한지 단적으로 보여주는 예라고 할 수 있다. 드라마 제작의 한가운데에는 대본을 집필하는 드라마 작가가 있다. 작가는 변화하는 드라마 제작 시스템 속에서 다양한 역할을 해왔다. 드라마 제작 환경이 변화면서 드라마 생산의 중심에 있는 작가들의 역할 또한 그에 따라 변화해왔다.

(2) 드라마 제작 시스템의 변화와 드라마 작가

앞에서 살펴본 바와 같이, 1960년대 이전에는 드라마 연출을 맡은 감독과 드라마 작가의 구분이 모호하여 연출자가 대본을 직접 쓰고 연출을 하기도 했다. 그러다가 1960년대와 70년대를 거치면서 시나 소설 등 순수문학을 했던 작가나 영화 시나리오를 쓰던 작가들이 대거 드라마 쪽으로 넘어오면서 드라마 작가가 전담하여 대본을 쓰는 형태가 정착되었다. 이때의 드라마 작가의 노동은 순수문학을 창작하는 일과 별반 다르지 않았을 것으로 파악된다. 일본 유학에서 돌아와 문화계 인사들과 어울리면서, 동양극장에서 간판도 그리고 포스터도 그리다가 극본을 쓰게 된 유호 작가는 당시 처음 극본을 쓰게 배경을 다음과 같이 증언했다.

> 연구생이라 월급도 없었어. 배우들은 받았던 것 같은데, 그래도 매일 어울려 다니면 술 마시고 그래서 좋았어. 그러다가 극본도 2개 쓰게 됐지. 극본 쓰는 법을 한 번도 정식으로 배워본 적은 없는데, 극장에서 일하면서 연극을 계속 보니까, 어 저거 나도 쓸 수 있겠다, 생각이 드는 거야. 말하자면 체험적으로 쓴 거지요.[120]

열한 현실에 울고 웃어요"」, 『월간중앙』 2014년 7월호.
120 김주영, 「아흔 살의 전설, 대한민국 방송작가 제1호, 유호」, 『방송작가』 2010년 7월호.

방송 시간에 맞춰 대본을 넘기는 것과 좀 더 대중적인 내용으로 써야 한다는 점 외에, 드라마는 창작을 주로 하는 순수문학과 특별히 차별화되지 않았기 때문에 드라마 제작 초기부터 문화계에 있었던 사람들이 비교적 쉽게 드라마 대본을 쓰기 시작했다. 박노현은 드라마에 대한 지금까지의 학술적 호명에는 본질적인 것이 결여되어 있다며 드라마를 다음과 같이 정의했다.

> 텔레비전 드라마는 치밀한 구상과 구성에 의해 창조된 허구적 문자 텍스트를 전제로 한다는 점에서 문학과 닮아 있고, 배우의 말과 몸을 통해 이야기를 전달하는 것은 연극과 흡사하며, 입력(카메라)과 출력(텔레비전)을 담당하는 매체를 필요로 하는 것은 영화와 비슷하다. 다시 말해 텔레비전 드라마는 문학, 연극, 영화의 혼종적 산물인 셈이다.[121]

이러한 드라마의 특성을 고려할 때, 드라마 제작 초기에는 배우 발굴의 여력이 많지 않았고 방송 기술의 발전 속도가 느렸기 때문에 드라마의 문학성에 많이 의존했을 것으로 보인다. 따라서 순수문학을 했던 사람들 중에 일부가 드라마로 넘어와 드라마 집필을 맡는 것이 자연스러운 현상이었다. 이런 분위기 속에『현해탄은 말이 없다』『승자와 패자』등의 소설로 알려진 한운사가 드라마로 유명세를 떨쳤고, 희곡〈집놀이〉〈방군〉등을 쓰며 희곡작가로 자리를 잡았던 김희창도 드라마로 전향하는 등 순수문학을 하던 많은 작가들이 드라마를 집필하게 되었다.

1960년대 이후, KBS와 MBC, TBC(동양방송)가 개국하여 방송 3사 시대가 시작되면서 방송사에 소속된 프로듀서가 드라마 연출을 하고 드라마 작가가 대본을 쓰는 전통적인 드라마 제작 시스템이 정착되어 1980년대 말까지 지속되었다. 김진웅은 방송 제작 시장의 역학 구조가 다단계적 과

---

121 박노현,『드라마, 시학을 만나다』, 서울 : 휴머니스트, 2009.

정을 거쳐 변화되었다고 보며 크게 다섯 단계로 정리하였다.[122]

첫 단계는 방송사에 의한 자체 제작의 독점적 지배 단계인데, 이는 적어도 1980년대 말까지 우리나라 방송의 전통적인 제작 시스템을 대변하고 있다.

둘째 과정은 제작 주체가 방송사에서 외주 제작사로 점진적으로 확대되어가는 단계이다. 이는 우리나라의 경우 자연적인 방송 환경 변화에 따른 결과라기보다는 외주 정책에 의한 인위적인 확장 과정이었다.

세 번째는 방송사, 외주 제작사 그리고 연예기획사의 3대 주체에 의한 제작 시장의 분할 지배 과정을 들 수 있다.

이어서 이들 3대 제작 주체 외에 통신기업, 대기업의 투자 및 주식상장 등 국내 자본의 유입 단계를 네 번째 과정으로 분류할 수 있다.

마지막으로 방송사, 외주 제작사, 연예기획사, 국내 자본에 이어 해외 자본까지 제작 시장에 투자하는 단계를 들 수 있다. 김진웅은 이 중에서 상업 자본에 의한 본격적인 시장 지배는 적어도 두 번째 과정까지는 그다지 나타나지 않았다고 보았다. 상업 자본의 시장 지배는 드라마 작가에게도 상당한 영향을 끼치기 때문에 상당히 중요한 전환점으로 봐야 한다. 드라마 시장에 자본이 들어오게 되면 드라마 작가들은 단순히 드라마를 창작하는 작가가 아니라 문화상품인 드라마를 통해 수익을 창출해내야 하는 문화산업의 콘텐츠 생산자로서의 역할도 해야만 한다. 쉽게 말해서 시청률을 높여서 흥행에 성공해야 하는 부담을 안게 되는 것이다.

122 김진웅, 「외주제작의 상업화 현상에 관한 연구」, 『방송과 커뮤니케이션』 9-1호, 2008, 6~34쪽.

표 7 드라마 제작 산업 진화 시기별 경쟁 상황의 변화[123]

구분		제1기 (1991~1994)	제2기 (1995~1997)	제3기 (1998~2002)	제4기 (2003~2007)	제5기 (2008~2011)	제6기 (2012~2014)
방송사	인센티브 전략	위험 전가	위험 전가	제작비 절감	한류 진출 투자 유치	광고 극대화 제작비 절감	광고 극대화 이기적 경쟁
	경쟁 전략	특수 관계자 적극 활용	특수 관계자 적극 활용	시혜적 외주	전략적 외주	협력적 경쟁 체제	자체제작
외주사	인센티브 전략	제작 역량 구축	드라마 제작	고부가가치 드라마 제작	코스닥 등록 한류 진출 투자 유치	내수시장 수익 극대화	광고 극대화 이기화 경쟁
	경쟁 전략	A-list 결합	A-list 결합	A-list 결합	A-list 연기자 결합	A-list 작가 결합	A-list 작가 결합
종편사	인센티브 전략	–	–	–	–	A-list 외주 결합	광고 극대화 이기화 경쟁
	경쟁 전략	–	–	–	–	A-list 외주 결합	제작비 절감
제작 중심		PD 중심	PD 중심	PD 제작사 PBO 시스템	연기자 결합 중심	작가 중심	작가 중심
요소 시장		폐쇄 시장 체계 유지	제한적 요소 시장 형성	생산 요소 자유화	A-list 쏠림	자기 조직적 요소시장	생태계 간 경쟁 시장
인센티브 체계		인센티브 체계시작	이중 가격	이중 쏠림	이중 쏠림 심화	A-list 쏠림 양극화 심화	극단적 A-list 쏠림

노동렬은 외주 제작 정책이 시작된 1991년 이후 2014년까지 드라마 제
작 산업 진화 시기별 경쟁 상황의 변화를 분석하면서 좀 더 구체적으로 드
라마 제작 시스템의 변화를 살펴보았다(표 7 참조). 특히 생산의 각 플레
이어들이 드라마 제작에서 어떤 역할을 하며 경쟁하는지에 주목하였는데,
제1기와 제2기인 1991년에서 1997년까지는 PD 중심으로 제작이 이루어
졌고, 제3기인 1998년에서 2002년까지는 스타 PD들이 설립한 PD 제작

---

123 노동렬, 「방송 드라마 제작 산업의 공진과 과정과 인센티브 딜레마」, 205쪽.

사들이 PBO[124] 시스템을 기반으로 해서 제작을 하였으며, 제4기인 2003년에서 2007년까지는 한류 영향으로 제작 중심이 연기자 쪽으로 쏠리며 연기자들을 주축으로 제작이 이루어졌다고 보았다. 제5기와 제6기인 2008년부터 2014년까지는 작가 중심으로 제작이 이루어진 것으로 파악했는데, 이는 드라마 생산에서 작가의 비중이 점점 커지고 있다는 것을 뜻한다(표 7 아래에서 세 번째 칸, 제작 중심 참조).

1991년 외주 제작 정책이 실시된 후, 1994년에 SBS가 삼화프로덕션과 〈작별〉을 50부작으로 방송하고, MBC도 같은 해 7월 장길수 감독의 제일기획 60분물 3부작 〈생의 한가운데〉를, KBS는 10월 제일영상의 50부작 드라마 〈인간의 땅〉을 제작, 방송하기 시작하면서 본격적인 드라마 외주 제작이 시작되었다. 드라마 외주 제작의 확장은 한편으로 역량 있는 PD들이 방송사를 떠나 제작자로 이동하는 결과를 가져왔고, 다른 한편으로는 방송사 내부 제작의 기회를 감소시키는 필연적인 결과를 가져왔다.[125]

또한 외주 비율 중심의 외주 정책으로 제작 시장의 제작 요소, 제작 시스템 등에 일련의 변화가 나타났는데, 이는 무엇보다도 상업화라는 공통적인 속성을 지니면서 스타 연예인 및 작가의 위상이 크게 높아졌다. 특히 그동안 방송사 간의 상호 합의 등에 의해 결정되어왔던 이들의 몸값이 철저하게 자본주의 시장 수급 원리에 따라 가격이 형성되는 시스템으로 일대 전환되었다는 사실은 중요한 의미를 지닌다.[126] 그런 환경 속에서 제작사와 집필 계약을 맺은 작가들은 필연적으로 시청률 경쟁에 뛰어들 수밖에 없었다.

---

124 PBO : project-based organization, 프로젝트 기반 조직. 생산 과정이 복잡하고 단계마다 다른 투입요소를 결합시키는 특징이 있음.
125 이정훈·박은희, 「외주제작정책 도입 이후 지상파 드라마 제작 시스템의 변화」, 『방송문화연구』 제20권 3호, 2008.
126 김진웅, 앞의 글.

1990년대 중반 이후 외주 제작 비율은 점점 높아져서 2006년에 KBS에서 편성된 월화 미니시리즈, 수목드라마, 주말연속극은 91.5%가 외주 제작된 것으로 나타났다.[127] 그 후에도 지속적으로 외주 제작이 늘고 있으며 1991년 외주 정책에 의해 비자발적으로 이루어졌던 드라마 외주 제작은 현재 자발적인 외주 제작 시스템이 되어 점점 늘어가는 추세다.

2007년경에는 초록뱀, 올리브나인, 김종학프로덕션, JS픽쳐스, 팬엔터테인먼트 등 5대 메이저 제작사의 시장 지배력은 70~80%에 달했으며,[128] 그 이후에도 대형 제작사들의 순위에 약간의 변동이 있었지만 메이저 제작사들의 영향력은 줄어들지 않고 있다. 이러한 독립 제작 시장의 집중화 현상은 자유 시장 경쟁 원리상 소수의 거대 독립 제작사는 고비용을 투자하여 고수익을 올리는 반면, 대다수 제작사는 저비용·저수익을 기반으로 영세성을 면치 못하는 양극화 현상과 연관되어 있다.[129]

이런 환경 속에서 드라마 감독과 드라마 작가는 외주 제작 이전과는 다른 형태의 노동을 하게 되었다. 외주 제작 이전, 모든 프로그램이 자체 제작으로 만들어졌을 때는 방송사의 감독은 숙련된 선배 밑에서 도제식으로 드라마 연출을 배우며 성장할 수 있는 기회가 있었다. 그러나 1996년 이후부터 독립 제작사로 옮기기 시작한 소위 스타 감독들이 2007년까지도 계속해서 방송사를 떠나자 후배 감독들은 드라마 연출의 노하우를 전수받을 기회가 감소되었다. 뿐만 아니라 드라마 기획의 상당 부분이 제작사에서 이루어져서 거꾸로 방송사로 들어오게 되면서, 감독의 '연출 행위'는 신

127 정성효, 「기형적 제작 시스템 전체 콘텐츠 산업 위협」, 『방송문화』 3월호, 2007.
128 김경환, 「방송 환경 변화와 외주정책의 재정립 방안」, 문화연대 주최 '지상파 방송 3사 외주 제작 프로그램 편성 실태 보고 및 개선 방안을 위한 토론회' 발표문, 2007.
129 임정수·김재영, 『방송물 제작 시장의 효율성 제고 방안 연구』, 서울 : 한국방송공사광고진흥국, 2006.

속하게 효율적으로 찍는 것을 요구받는, 좀 더 기계적인 것으로 변모하게 된다.[130]

제작사는 제작비 절감을 위해 스타 감독이라고 불리는 연출자 대신 방송사 소속 연출자를 기용하게 되었는데, 이는 드라마 제작 주체가 기존의 연출자 중심의 제작에서 흥행성이 입증된 배우와 작가 중심으로 옮겨간 것에도 원인이 있다. 이는 작가의 역할이 드라마 제작에서 핵심적으로 변한 것 대신, 상대적으로 연출 기능이 약화된 것을 의미하기도 한다. 이전에는 감독이 신인 작가를 발굴하거나 혹은 함께 작업하면서 키워가는 구조였다면 이제는 작가 중심 체제로 전환된 양상을 보이고 있기 때문에 굳이 유명한 스타 감독이 아니라도 방송사 내부 연출자와 함께 결합하게 되는 상황이 가능해진 것이라 해석할 수 있다.[131]

이러한 환경은 드라마 작가들이 방송사 안에서 성장하고 발전할 수 있는 기회도 줄어들게 했다. 예전에는 신인 작가가 방송사 드라마 공모 등을 통해 방송사에 들어오면 여러 감독과 함께 드라마를 기획하면서 대본을 쓰는 R&D[132] 과정이 있었지만, 현재는 단막극과 주간단막극이 폐지되거나 현격하게 줄어들어 그러한 기회를 가지지 못한 채 드라마 시장으로 나가게 된다. 대부분의 드라마를 제작하는 독립 제작사들은 사기업이고 이윤 추구를 1차적인 목표로 삼고 있기 때문에, 신인 작가들은 제작사들이 갖고 있는 자본 권력에 휘둘릴 수밖에 없게 된다. 어느 정도 작가로서 성

130 김경희, 「드라마 제작환경 변화에 대한 연출자들의 인식 연구 : 미니시리즈 제작 과정을 중심으로」, 고려대학교 언론대학원 석사학위 논문, 2012.
131 이정훈 · 박은희, 앞의 글.
132 여기서 R&D는 방송사에서 작가를 훈련시키고 성장할 수 있도록 도와주는 시스템을 말한다. R&D의 대상이 고도의 창의력을 발휘하는 작가라는 점, 기간이 정해지지 않는 점, 작가마다 그 내용과 방법이 달라질 수 있다는 점에서 일반 회사의 R&D와는 차이가 있다.

과를 내고 자리를 잡은 후에는 제작사를 상대로 협상도 가능하지만, 별다른 준비를 할 기회도 없이 드라마 제작 시장에 내몰리게 된 작가들은 드라마 작가로서 험난한 길을 시작하게 된다.

단순히 창작을 통해 드라마의 대본을 써주기만 하면 됐던 드라마 작가는 드라마 제작 시스템이 변화함에 따라 다양한 환경에 적응해야 하는 상황에 직면하게 되었다. 케이블 드라마의 성장과 웹드라마의 등장은 드라마 제작 환경을 바꾸어놓고 있으며, 2016년에는 세계 50여 개 국가에서 6,500만 명의 가입자를 거느린 세계 최대 인터넷 기반 TV 서비스 사업자 넷플릭스(Netflix)가 한국에 진출했다. 넷플릭스는 한국에서 오리지널 한국 드라마를 만들 계획도 세우고 있어 드라마 제작 환경이 다시 한 번 바뀔 것으로 전망되며 드라마 작가에게도 적지 않은 변화를 가져올 것으로 보인다.[133]

2011년 12월 종합편성채널이 출범하면서 드라마 시장이 상당히 커질 것으로 예상한 제작사들은 많은 작가들과 계약을 하고 많은 드라마 기획안을 개발했지만, 사실상 상당수의 종편이 드라마 제작을 포기하거나 연기함으로써 준비되었던 많은 드라마 기획안들이 지상파에 몰리게 되었고, 결과적으로는 지상파에서 드라마를 편성받는 일이 더욱 치열해졌다. 그 여파는 고스란히 드라마 작가들이 감내해야만 했다. 1년 넘게 준비했던 종편 드라마 제작은 무산되고 지상파 편성만을 바라보면서 편성 전쟁을 겪는 과정에서 준비되었던 많은 드라마가 도태되기도 하고 아예 사라지기도 했다.

새로운 드라마 제작 환경이 드라마 작가들에게 구체적으로 어떤 영향을

---

133 박민정, 「뉴미디어 시대의 넷플릭스와 이를 통한 미국 콘텐츠업계의 변화」, 『한국전파진흥협회 연수보고서』(방송 콘텐츠 글로벌 집필능력 강화를 위한 국외 심화교육), 2015.

끼칠지는 아직 예단하기 힘들지만, 더욱더 상업화된 드라마가 탄생할 것이며 작가들은 흥행을 책임져야 하는 문화 콘텐츠 생산자로서 더 많은 압박을 받을 것이라는 점은 분명해 보인다.

케이블 드라마의 성장은 분명 환영할 만한 일이나 시청률이 담보되지 않는 프로그램은 언제든지 편성에서 제외시키는 케이블 편성 관행으로 볼 때 작가들은 더욱더 흥행에 매달려야 하는 부담감을 안게 되었다. 미국의 넷플릭스 역시 철저하게 이윤 창출을 위해 한국 시장에 진출하는 것이기 때문에 흥행을 목적으로 하는 드라마를 제작하려 할 것이다. 드라마 흥행 경쟁이 더 치열해지는 환경에서는 드라마 작가 지망생이 드라마 작가로 진입하는 기회가 많아지기보다는 이미 지상파에서 자리를 잡은 기존의 작가들이 몸값을 올리고 활동 영역을 넓히는 양상으로 전개될 가능성이 더 많아 보인다.

드라마 작가를 연구한다는 것

1. 드라마 제작 시스템 안에서의 드라마 작가

드라마는 가장 대중적인 문화 콘텐츠이며 국민 생활에 강력한 영향을 끼치는 텔레비전 장르이자 동시에 상당한 경제적인 이윤을 창출할 수 있는 세계적인 문화상품이기도 하다. 그러나 그동안 드라마를 생산하는 생산자들에 대한 연구가 거의 없었다.

지금까지 미디어 생산 연구는 주로 텔레비전 콘텐츠 생산 혹은 생산자 연구를 중심으로 이루어졌으며 PD, 아나운서, 구성작가, FD, 등 행위자 중심의 연구이거나[1] 시사·뉴스, 혹은 교양·예능 프로그램을 중심으로 텍스트와 생산자 관계를 조명하거나[2] 또는 특정 분야의 생산자들이 생산

---

1   김순영, 「노동과정과 노동조건을 통해 본 방송작가의 노동자성」, 『페미니즘 연구』 7권 2호, 2007; 김예란, 「텔레비전 이야기하기 문화에 관한 연구」, 『한국언론학보』 47권 6호, 2003, 31~87쪽; 백미숙, 「1970년대 KBS 텔레비전 교양 피디의 직무와 직업 정체성 : 방송 전문성 형성과 신기술, 그리고 '제작 정신'」, 『한국언론정보학회』 통권 60호, 2012; 육서영·윤석민, 앞의 글. 외.
2   박지훈·류경화, 「국제 시사 프로그램의 생산 과정에 미치는 영향력에 관한 연구 : MBC 〈W〉의 서구와 제3세계 재현을 중심으로」, 『언론과 사회』 18권 2호, 2010; 이기형, 「〈돌발영상〉의 풍자정신 그리고 정치현실에 대한 환기효과를 맥락화하기 : 생산자 연구의 단초를 마련하기 위한 하나의 시도」, 『방송문화연

과정에서 조직과 어떤 영향을 주고받는지 특정 조직과 생산자들의 관계에 초점을 맞추는 데 집중했다.[3] 그렇다 보니 생산 현장에서 다양한 힘들이 어떻게 작용하며 그 힘들은 생산자들의 가치와 성향에 어떤 영향을 미치고, 거꾸로 생산자들의 특성은 생산 과정에 어떤 영향을 주는지 종합적이면서도 세밀한 생산자들의 관계를 파악하는 데는 한계가 있었다.

더구나 드라마 생산 연구나 생산자 연구는 양적으로 적어서 드라마 생산 과정이라든가, 그 과정에서 드라마 생산자들 관계 속에서 상호작용하는 힘, 드라마 생산자들의 성향과 특징을 살펴볼 수 있는 기회가 거의 없었다. 복잡한 드라마 생산자들 간의 관계를 이해하기 위해서는 먼저 각 생산 현장의 상황을 구체적으로 살핌으로써 생산자 문화를 깊게 이해할 수 있는 구체적 사례 연구가 적극적으로 활용되어야 함에도 불구하고 이런 연구는 매우 미진하여 활성화되지 못했다. 또한 드라마 생산자들은 드라마 제작 시스템과 많은 영향을 주고받아왔지만 드라마 제작 시스템과 드라마 생산자들의 상호작용에 대해서 구체적으로 밝혀진 바가 없다. 따라서 필자는 변화하는 드라마 제작 시스템 속에서 드라마 생산자로서 TV 드라마 작가를 연구하고 그들과 협업하는 생산자들과의 관계를 살펴보기 위해 다음과 같은 연구 문제를 설정하였다.

구』21권 2호, 2009; 이영주 · 김진혁, 「지식 저널리즘과 텔레비전 문화: 〈지식채널e〉를 중심으로」, 『방송문화연구』 제21권 2호, 2009; 이오현, 「텔레비전 다큐멘터리 프로그램 생산 과정에 대한 민속지학적 연구: KBS 〈인물현대사〉의 인물 선정 과정을 중심으로」, 『언론과 사회』 13권 2호, 2005 외.

3   김상균 · 한희정, 「천안함 침몰 사건과 미디어 통제: 탐사 보도 프로그램 생산자 연구」, 『한국언론정보학회』 통권 66호, 2014; 박인규, 「구조적 통제하의 저널리즘: KBS 시사 프로그램의 변화를 중심으로」, 『한국방송학보』 24권 6호, 2010; 정재철, 「남한 방송의 북한 보도 생산자 연구: KBS와 MBC 북한 문제 담당기자의 심층 인터뷰를 중심으로」, 『한국언론정보학회』 통권 48호, 2009; 한선 · 이오현, 「지역방송 프로그램 생산의 제한 요인에 대한 질적 연구: 광주 지역 생산(자)문화를 중심으로」, 『한국언론학보』 57권 4호, 2013 외.

■ 연구 문제 1

드라마 작가들은 어떠한 동기와 과정을 통해서 드라마 생산에 참여하게
되며, 어떠한 궤적을 거쳐서 드라마 작가로 성장하는가?

  드라마 작가들은 드라마 제작 과정에서 매우 중요한 생산자이자 문화산
업 내 중요한 콘텐츠 생산자이지만, 그동안 드라마 작가를 조명하는 연구
가 거의 이루어지지 않았다. 그동안 방송작가라는 큰 틀로 구성작가와 드
라마 작가를 묶어서 젠더나 노동의 측면에서 풀어내려는 연구는 간혹 있
었지만 드라마 작가와 구성작가가 본질적으로 다른 노동을 하고 있다는
점에서 제대로 접근했다고 할 수 없다.

  구성작가는 초기부터 교양 프로그램 PD들의 과도한 업무를 분담하는
것으로 시작됐기 때문에 프로그램의 대본을 집필하는 것 외에는 PD들과
거의 동일한 업무를 하고 있다. 기획, 취재, 구성, 편집 등 전 과정에 함께
참여하기 때문에 창조하는 작가라기보다는 프로그램을 기획하고 일정을
조율하며 내용을 구성하는 프로듀서에 가깝다. 교양 프로그램에서 대본을
집필하는 것은 사전에 PD와 상의하여 편집해놓은 화면에 글을 입히는 작
업이다. 이렇듯 구성작가는 프로그램 전 과정에 전 방위적으로 참여한다.

  좋은 영상 없이 좋은 내레이션(대본)을 쓸 수 없으므로 구성작가의 대본
은 방송 콘텐츠 구성 과정의 일부이며, 있는 것이나 존재하는 현상들을 재
구성하는 것이고, 따라서 구성작가는 미디어 노동을 하고 있는 것으로 보
는 게 타당하다. 반면, 드라마 작가들의 노동은 철저하게 창작의 세계에서
시작되며, 있는 것들의 재조합이나 새로운 구성으로 대본을 만들어낼 수
가 없다. 구성작가와는 전혀 다른 노동의 과정을 거치며 전혀 다른 시각으
로 프로그램을 본다.

  드라마 작가의 노동을 미디어 생산자의 노동이란 관점에서만 볼 수 없
는 이유는 다른 생산자와는 달리 드라마 작가의 노동이 미디어 생산 밖,

즉 텔레비전 콘텐츠 생산의 외부에서 먼저 시작되어 생산 내부로 들어오는 특징을 가졌기 때문이다. 드라마 PD들은 조연출 시절부터 드라마 생산 과정 내에서 역할을 하며 드라마 연출을 배워나가고, 구성작가들 역시 구체적인 프로그램 생산 안으로 들어와서 취재, 구성 등의 업무를 하지만, 드라마 작가들은 철저하게 고립된 공간에서 드라마를 구상하고 대본을 써 나간다.

따라서 드라마 작가가 되기 위해서는 습작기라는 부르는 긴 기간 동안 혼자서 드라마를 배우고 익히는 과정을 거쳐야 한다. 이 과정에서 많은 드라마 작가 지망생들이 고군분투하며 드라마 작가의 세계로 들어오려고 노력하지만 그러한 과정에 대한 연구는 이루어지지 않았다. 이러한 문제의식을 가지고 이 책에서는 드라마 작가 지망생들이 드라마 생산자로서 TV 드라마 작가가 되는 과정을 추적하고, 어떤 궤적을 거쳐서 드라마 작가로 성장하는지 살펴보려고 한다.

■ 연구 문제 2

드라마 작가들은 변화하는 드라마 제작 시스템 안에서 어떠한 과정을 통해 드라마 작가로서의 정체성을 형성하며, 제도적인 압박과 시청률의 부담감 속에서 어떤 생존 전략을 구사하는가?

드라마 작가라는 직업이 생긴 이래, 드라마 제작 시스템은 많은 변화를 겪어왔다. 특히 1991년 외주 제작 정책이 실시되고, 2000년 초반에 한류 열풍이 불기 시작하고 드라마 제작에 상업적인 자본이 들어오면서 작가의 위상과 역할은 많은 변화를 겪었다. 작가 중심으로 제작 시스템이 바뀌면서 작가들은 시청률을 높여서 드라마를 흥행시켜야 하는 부담에 시달리게 되었고, 상업적인 측면에서도 일정한 성과를 내야만 하는 문화산업 내 콘텐츠 생산자로서의 압박감도 가지게 되었다.

한편, 시청률 경쟁으로 드라마 방영 시간이 길어졌지만, 미니시리즈의 경우 주 2회, 일일연속극의 경우 주 4~5회의 대본을 집필해야 하는 등 집필 환경은 더욱더 열악해지고 있다. 외주 제작사에 협찬과 PPL 등이 허용되면서 방송사에서는 제작사가 제작비 일부를 협찬과 간접광고에서 충당하기를 바라게 되는 등 드라마 작가들은 드라마 집필에 미치는 제도적인 문제에도 대처해야만 한다.

또한 드라마 작가로 데뷔했다고 해서 안정된 생활이 보장되는 것이 아니며, 작품성과 흥행성 면에서 성공을 거둔 작가들도 전작의 성과를 이어 간다는 보장이 없기 때문에 드라마 작가들은 늘 대중의 취향에 관심을 기울이며 새로운 드라마를 집필해야 하는 부담감을 가지고 있다. 드라마 제작을 둘러싼 다양한 변수 안에서 제작사에서 대본을 개발하여 방송사의 편성을 받아내는 과정을 거쳐야 하는 등 다양한 생산 주체들의 상호작용 속에 있는 드라마 작가들은 나름대로의 방식으로 자신을 지켜내야 한다.

이에 이 책에서는 변화하는 드라마 제작 시스템 안에서 드라마 작가들은 어떤 정체성을 형성하게 되는지, 또 그러한 환경을 극복하기 위해 어떤 생존 전략을 구사하는지 분석해보려고 한다.

■ 연구 문제 3

드라마 작가들은 드라마 기획, 편성 및 제작 과정 전반에 걸쳐 감독,
기획자, 배우, 제작사 등과 어떤 상호작용을 경험하며, 이들의 관계에서
형성되는 힘의 역학이 드라마 생산 과정에 어떤 영향을 미치는가?

드라마 생산은 상당히 긴 시간의 협업을 요구한다. 드라마 생산 과정 속에서는 각 생산자들의 매우 개인적인 창의성이 발휘되면서도 동시에 그 창의성이 완전히 하나의 공동 창작물로 재창조된다. 당연히 생산자들 사이에 원활한 의사소통과 상호 이해를 필요로 하지만 각기 다른 입장에서

드라마 생산을 바라보기 때문에 항상 의견의 일치를 보기는 힘들다.

드라마가 방송사 자체적으로 제작되었을 때는 각 생산자들 관계가 그다지 복잡하지 않았다. 편성권을 가진 방송사가 감독을 보유하고 있었고 작가와 연기자들과 직접 계약을 맺어[4] 드라마를 제작하고 송출하는 방식이었기 때문에 드라마를 둘러싼 이해관계가 크게 다르지 않았다. 그러나 1991년 외주 제작 정책 이후로 2000년대 중반부터 드라마의 외주 제작이 활성화되고 한류 열풍으로 드라마에 상업화된 자본이 들어오면서, 드라마 생산의 각 생산자들은 각기 다른 이해관계를 가지게 되었다.

드라마 생산자들을 결합하는 방식도 크게 달라져서 작가가 먼저 제작사에서 드라마를 개발한 후 방송사에 제출하면 방송사 기획자나 관리자가 검토를 거쳐 그에 맞는 감독을 투입시키는 쪽으로 바뀌다 보니 작가, 감독, 제작사, 기획자, 배우 등의 역학관계가 매우 복잡해졌다. 이러한 생산자들의 상호작용은 생산 과정에서만 일어나는 것이 아니라 드라마 생산물에도 지대한 영향을 미치게 된다.

이에 이 책에서는 사례 연구를 중심으로 각 생산자들이 변화하는 드라마 제작 시스템 안에서 어떠한 관계를 맺는지 생산자들의 상호작용을 세밀하게 추적해보고, 그 과정 속에서 드러나는 생산자들의 역학관계를 통해서 드라마 생산의 고유한 특징들을 살펴보려고 한다.

---

4   방송사 자체에서 드라마를 제작할 때는 연기자들도 방송사와 전속 출연 계약을 맺는 게 일반적이었다. 이를 위해 각 방송사에서는 자체적으로 탤런트를 공개 모집했다.

2. 현장에서 만난 드라마 작가

1) 드라마 작가 지망생에서 대작가까지

드라마 작가 지망생들이 어떤 동기로 드라마 작가를 지망하고 어떤 과정을 거쳐 드라마 작가로 성장하는지, 그 과정에서 형성되는 정체성은 어떤 것이며, 어떤 생존 방식의 특성을 갖는지 알아보기 위해, 드라마 작가 지망생, 보조작가, 방송사 공모에 당선되었으나 드라마 데뷔를 못 한 작가, 제작사와 계약은 했으나 성과 없이 계약이 종료된 작가, 제작사와 방송사에 동시에 계약되어 있는 작가, 미니시리즈를 한 편 한 작가, 15년 만에 늦깎이로 데뷔한 작가, 공모 당선 작가로 두 번째 드라마 집필 도중 부당 해지를 당한 작가, 당선 작가 출신으로 연속극 하나와 미니시리즈를 집필한 작가, 미니시리즈 두 편을 하면서 기대주로 떠오르는 작가, 케이블 TV에서 인정받은 작가, 대중성과 작품성을 모두 인정받은 인기 작가, 편성 시간과 감독을 마음대로 정할 수 있는 인기 작가, 36년간 활동하면서 드라마사(史)에 남을 만한 드라마를 써 온 대작가 등 다양한 경력을 가진 여러 층위의 작가들을 연구 대상으로 삼았다. 또 드라마 작가들이 변화하는 방송 시스템 안에서 방송 제작 전반에서 걸쳐 다른 생산자들과 어떤 관계를 맺는지 살펴보기 위해 드라마 생산의 주요 생산자인 작가, 감독, 기획자(지상파 방송사/케이블 방송사), 제작사, 연예기획사 대표, 중견 배우 등을 연구 대상으로 삼았다.

정리하면, 연구 대상은 크게 드라마 작가군 14명, 드라마 감독군 5명, 제작자와 제작사 소속 프로듀서 4명, 연예기획사 및 배우 3명, 방송사 기획자 및 편성 담당자(CP/EP/BM) 4명으로 총 30명이다(자세한 인적사항은 표 8 참조). 드라마 감독 5명 중 3명은 지상파 방송사 소속 감독이고 2명은 프리랜서 감독으로 케이블 드라마를 연출한 경험이 있는 사람을 선정하였다. 방송사 기획자 및 편성 담당자 4명 중 2명은 지상파 방송사 기획자이며 1명은 케이블 방송사 소속이고, 1명은 방송사 내에서 드라마 제작의 경제성을 검토하는 업무를 담당하며 경우에 따라서는 직접 SPC[5]를 설립하여 드라마 제작을 하기도 하는 지상파 드라마국 BM[6]이다.

이 책에서는 드라마 생산 과정 전반에 이르기까지 드라마 생산자들의 사이에 일어나는 다양한 힘들과 상호작용을 심층적으로 분석하고 맥락적으로 기술하기 위해서 지상파 미니시리즈 드라마 한 편과 케이블 일일드라마 한 편을 선정하고 그 드라마의 작가, 감독, 기획자, 보조작가, 제작사 대표와 프로듀서, 연예기획사 대표 등을 연구 대상으로 삼았다.

사례 연구를 포함한 총 30여 명의 드라마 생산자들은 세 가지 연구 문제에 교차적으로 활용할 수 있는 연구 대상들이다.

연구 대상의 구체적인 인적사항은 다음과 같다.

---

5 특수목적법인, 문화산업전문유한회사라고도 한다. 개별 드라마 제작을 위해 한시적으로 운영되는 회사이다.

6 드라마의 business manager는 드라마 제작 결정 과정에서 경제성을 검토하여 드라마를 추진 여부를 결정하는 업무를 관장한다.

표 8 연구 대상자 목록과 상세 프로필

직군	생산 위치	상세 정보	성별/나이	인터뷰 방식	기호
드라마 작가군	작가 지망생	전산 전공자로 4년제 대학 졸업 후, 15년 동안 직장 생활 하다가 2011년부터 드라마 작가 지망생이 됨. 작가협회 교육원 연수반 과정.	여/42	심층 인터뷰 +전화 인터뷰 (2시간) 상암동 세미나실	A
	보조작가	1997년 KBS 공채 구성작가 출신. 4년제 대학 문창과 졸업. 2002년부터 교육원에 다니며 드라마 습작 시작. 구성작가 일과 드라마 습작을 하면서 2007년 케이블 미니시리즈와 2015년 케이블 일일 연속극의 보조작가를 함.	여/43	심층 인터뷰 (2시간) 여의도 카페 아티제	B
	공모 당선 작가이나 데뷔 못 한 작가	전문대에서 전기공학을 전공한 후, 작가가 되기로 결심. 2001년경 KBS아카데미에서 6개월 과정으로 드라마 습작 시작. 2003~2004년경 지상파 단막극 공모 당선. 방송사의 단막극 폐지로 방송 안 되고 데뷔 못 함. 2010년에 사극에 보조작가로 들어갈 기회 있었으나 중간에 부당 해지됨. 소설 집필과 시나리오 등 간헐적인 일로 생계 유지하며 버티고 있으나 매우 생활이 힘든 상황.	남/42	심층 인터뷰 (1시간40분) 서초동 카페	C
	제작사와 계약했으나 성과 없어 계약 종료된 작가	4년제 대학 국문과 출신. 대학 졸업 후 지상파 공채 구성작가로 들어와 일하다가 2008년도에 정부기관 주최의 드라마 공모에 당선되어 드라마 작가로 전업. 드라마 제작사와 계약하고 3년간 드라마 기획을 했으나, 편성에 실패하고 제작사 계약이 자동 종료된 상태.	여/47	심층 인터뷰 (3시간) 작가 자택 근처 카페	D
	제작사 계약 & 방송사 계약 모두 하고 있는 작가	4년제 대학 생물학과 졸업 후 계약직 교원 경험. 교육원 출신. 2006년 지상파 단막극을 시작으로 세 편의 단막극 방송. 2006년 제작사와 계약해서 대본 개발을 했으나 편성 불발. 그 대본으로 2012년 지상파 미니시리즈 공모에서 대상을 받아 현재 방송사와 계약. 미니시리즈 대본 개발 중.	여/46	심층 인터뷰 (3시간) 작가 작업실	E
	미니시리즈 한 편 집필한 작가	4년제 대학 졸업 후, 일본에서 만화 공부. 그 후 시나리오 교육원에서 영화 시나리오 습작. 영화 한 편 집필한 후, 2010년에 케이블 미니시리즈를 공동 집필. 각종 스토리 공모에서 수상. 현재 드라마나 시나리오 등 일이 들어오는 대로 집필 중.	남/48	심층 인터뷰+ 전화 인터뷰 (1시간 30분) 상암동 작가 작업실	F

직군	생산 위치	상세 정보	성별/나이	인터뷰 방식	기호
	15년 만에 일일극으로 데뷔한 늦깎이 데뷔 작가	4년제 대학 국문과 졸업 후, 지상파에서 구성작가로 활동. 1998년부터 교육원 다니면서 습작 시작, 지상파 미니시리즈 공모에서 두 번이나 당선 됐지만, 데뷔를 못 하다가, 2014년에 케이블 일일 드라마로 데뷔.	여/50	심층 인터뷰 (2시간 30분) 작가 자택 근처 카페	G
	두 번째 드라마에서 부당 해지 경험한 작가	4년제 대학에서 문헌정보학 전공 후 구성작가로 활동하다 2011~2013년에 지상파 방송사 두 곳에 서 연달아 극본 당선된 후, 2014년 지상파에서 미 니시리즈를 집필, 성공적으로 마침. 2015년 두 번 째 드라마 집필 중 부당 해지당함.	여/41	심층 인터뷰 (1시간 30분) 여의도 카페	H
	당선 작가 출신으로 드라마 2편 집필한 작가	2년제 대학 광고창작과 졸업. 카피라이터로 활동 하다가 2001년부터 교육원 다니며 드라마 습작, 2004년 지상파 공모 당선. 2005년에 미니시리즈 1편(공동), 2007년에 아침드 라마 1편 집필. 그 후 8년간 편성 못 받은 상태.	여/46	심층 인터뷰 (2시간 30분) 작가 자택 근처 카페	I
	기대주로 떠오르는 작가	지방 소재 4년제 대학에서 영어교육을 전공한 후, 2003년경 지방 시나리오 교육원에서 습작 시 작. 지상파 미니시리즈 공모 당선 후, 2013년과 2015년에 연달아 미니시리즈 집필. 10여 년의 습 작기를 끝내고 기대주로 성장. 긴 습작 기간을 학 원 강사와 공모전 상금으로 버팀.	남/38	전화 인터뷰 (1시간 20분) 현재 지방 거주	J
	케이블에서 인정받은 인기 작가	4년제 대학 신문방송학과 졸업 후, 방송사 아카 데미에서 작가 수업을 받던 중 지상파 예능 프로 그램에 특채되어 시트콤 작가로 활동하다 자연스 럽게 전업, 케이블에서 작품성과 대성을 인정받 으며 인기 드라마 작가 대열에 오름.	여/43	심층 인터뷰 (2시간) 여의도 카페 아티제	K
	작품성과 대중성 모두 인정받은 인기 작가	소설 습작을 하다가 1999년에 지상파 극본 공모 에 당선되어 드라마 작가 시작. 2009년에 집필한 지상파 드라마의 시청률이 47%를 넘기며 믿고 보는 작가로 인정받음. 탑클래스 인기 작가.	여/51	심층 인터뷰 자택 근처	L
	편성 시간과 감독을 마음대로 정할 수 있는 인기 작가	지방 소재 4년제 대학 국문과에서 시를 전공한 후, 지상파 두 곳의 극본 공모에서 연달아 당선 됐으나, 10여 년간 무명 작가로 생활하다가, 인기 작가로 성장. 사극과 현대극을 넘나들며 집필. 시청률이 잘 안 나온다는 2014년에도 30%에 육 박하는 시청률을 기록한 드라마 집필.	남/48	심층 인터뷰 (2시간) 작가 작업실 근처 카페	M

직군	생산 위치	상세 정보	성별/나이	인터뷰 방식	기호
드라마 감독군	드라마사에 남을 만한 드라마를 써온 35년 대작가	2년제 대학 문예창작과를 졸업. 1981년 단막극으로 데뷔한 후, 36년째 30여 편이 넘는 드라마를 써온 대작가. 1990년대 중반에 시청률 50%에 육박하는 드라마를 써서 작품성과 흥행성을 갖춘 작가라는 것을 보여주었고 지금까지 꾸준히 작품 집필을 해옴.	남/62	심층 인터뷰 (2시간) 작가 작업실 근처 카페	N
	지상파에서 일일드라마 연출하는 감독	지상파 방송사 직원. 주로 일일드라마 연출. 안정된 시청률을 확보하는 감독.	남/52	심층 인터뷰 (2시간) 방송사 근처 카페	O
	지상파에서 미니시리즈 연출하는 감독	지상파 방송사 직원. 주로 미니시리즈 연출. 영화아카데미 출신으로 영상미에 대한 감각이 뛰어나다는 평가를 받음.	남/43	심층 인터뷰 (4시간 30분) 자택 근처 카페	P
	지상파에서 미니시리즈 준비하는 B팀 감독	지상파 방송사 직원. B팀 연출로 선배들을 도와주면서 자신이 메인으로 연출할 미니시리즈를 준비하는 감독.	남/38	심층 인터뷰 (2시간 30분) 방송사 내부 카페	Q
	케이블에서 인정받는 프리랜서 감독	지상파 계약직 프리랜서 연출자 출신으로 제작사와 계약 중. 케이블 방송사에서 방송된 드라마가 상당한 성과를 이루어 주목받고 있는 프리랜서 감독.	남/43	심층 인터뷰 (2시간) 제작사 근처 카페	R
	제작사에서 성장한 프리랜서 감독	대형 드라마 제작사에서 조연출, B팀 감독, 프로듀서, 제작 총괄 등을 거쳐 프리랜서 감독으로 성장. 현재 케이블 일일드라마 감독을 끝내고 차기작 물색 중.	남/40	심층 인터뷰 3회(6시간) 감독 자택 근처 카페	S
제작자와 프로듀서	프로듀서 출신 제작사 대표	제작사 대표. 메이저 드라마 제작사에서 프로듀서로 활동하다, 독립하여 제작사 설립. 미니시리즈 등을 제작해옴.	여/48	심층 인터뷰 2회 (4시간) 제작사 사무실& 카페	T
	매니저 출신 제작사 대표	제작사 대표. 연예기획사에서 매니저로 일하다가 드라마 제작을 하게 됨. 최근 의미 있는 드라마를 제작해서 주목받고 있음.	남/38	심층 인터뷰 (1시간 30분) 제작사 사무실	U
	제작사 프로듀서	제작사의 프로듀서, 기획팀장. 제작사에서 기획 프로듀서를 이끌고 드라마 개발.	남/38	심층 인터뷰 (1시간 40분) 제작사 근처 카페	V

직군	생산 위치	상세 정보	성별/나이	인터뷰 방식	기호
	케이블 방송사 프로듀서	제작사에서 프로듀서로 성장한 후, 종편으로 옮겨 드라마의 프로듀서를 맡고 있음.	여/49	심층 인터뷰 (2시간) 방송사 근처 카페	W
배우 매니지먼트 or 배우	연예기획사 대표	수많은 스타를 길러냄. 우리나라 연예기획사를 이끌고 있는 대표적인 연예기획사 대표.	남/49	심층 인터뷰 (1시간 30분) 신사동 사무실	가
	영향력 있는 연예기획사 대표	톱스타가 소속되어 있는 연예기획사 대표. 이 계통의 상당한 실력자로 알려져 있으며, 드라마 제작도 겸하고 있음.	남/51	심층 인터뷰 (1시간 30분) 기획사 사무실	나
	실력 있는 중견 배우	대학 연극반 출신의 중견 배우. 드라마와 영화, 연극을 오가며 활발한 활동을 하고 있음.	남/52	심층 인터뷰 (1시간 30분) 파주 촬영장 근처 식당	다
방송사 편성 담당자 or CP	지상파 기획자	지상파 기획자. 연출과 기획을 번갈아가며 하고 있고, 기획력이 탁월하다는 평가를 받음. 본인은 기획보다는 연출을 하고 싶어 함.	남/47	심층 인터뷰 (1시간 30분) 방송사 내부 카페	라
	지상파 기획자	지상파 기획자(CP) 방송사 안에서 드라마를 직접 개발하고 작가들을 발굴.	남/50	심층 인터뷰 (1시간 30분) 방송사 회의실	마
	케이블 기획자	케이블 방송사의 기획자. 케이블 방송의 기획·편성 방향과 전략에 대한 인터뷰.	남/43	이메일 인터뷰	바
	우리나라 BM 제1호	지상파 BM(BUSINESS MANAGER). 전략기획실장을 맡으면서 콘텐츠와 인연을 맺기 시작. 비즈니스적인 측면에서 드라마에 대한 편성을 결정하며 프로듀서와 문전사(SPC)의 대표를 맡음.	남/48	심층 인터뷰 (1시간 30분) 방송사 근처 카페	사

2) 드라마 생산자들과의 심층 인터뷰

(1) 민속지학적 접근 방법

이 장에서는 구체적인 연구 방법에 앞서 필자가 지향하는 '두껍게 기술하기'와 관련하여 민속지학의 특징과 내부자인 연구자의 위치에 대해 살펴보고 보다 해석적, 성찰적 연구로 나아가기 위한 방법론적 측면의 이론적인 배경과 실천의 과정을 살펴보고자 한다.

민속지학은 철학과 인류학 그리고 사회학 등의 영역에서 수십여 년 동안 축적되어온 광의의 해석학적인 전통에 기반을 두고 있다. 인문과학과 사회과학의 경계를 넘나들며 현용되는 민속지학의 방식은 철학에 있어서 현상학과 '시카고학파'의 작업과 상징적 상호작용론(social interactionism)으로 대표되는 사회학, 그리고 클리포드 기어츠 등이 시도한 인류학적인 접근(reflexive anthropology), 윌리엄스의 문화유물론, 여성학에서 발원한 실험적인 몸으로 글쓰기와 '자기민속지학(auto-ethnography)' 등을 포함한다.[7]

미디어 연구 영역에서는 민속지학의 이러한 연구 전통을 받아들여 질적 방법론의 중요한 방법론으로 활용하고 있다. 특히 미디어 생산 연구를 위해서는 참여 관찰이 상당히 효과적이고 필수적인 방법이라는 점에서 많은 연구자들이 공감해왔다.[8] 그라인드스태프는 학생 인턴과 현장 연구자로서 두 개의 텔레비전 토크쇼들에 대한 연구를 1년 이상 수행하는 과정에

7   윤택림,『문화와 역사 연구를 위한 질적 연구 방법론』, 서울 : 아르케, 2004; 이기형, 앞의 글에서 재인용; Jensen, K.B. & Jankowski, N.W.,(Eds.), *A handbook of qualitative methodologies for mass communication research*, London : Routledge, 1991; Siverman, D.(Eds.), *Qualitative Research*, London: Sage, 2004.

8   이기형, 앞의 글; 이오현,「텔레비전 다큐멘터리 프로그램 생산 과정에 대한 민속지학적 연구 : KBS 〈인물현대사〉의 인물 선정 과정을 중심으로」.

서 참여 관찰을 통하여 토크쇼의 주제 선정 과정과 일반 출연자들의 선택 과정, 토크쇼의 생산 과정과 프로듀서와 일반 출연자 사이의 관계 등을 살필 수가 있었고,[9] 돈펠트 또한 참여자와 관찰자로서 연구를 수행하면서 생산 과정에 대한 접근이 용이하고 생산 현장을 이해하는 데 큰 도움을 받았다는 점을 강조했다.[10] 연예정보 프로그램의 생산자 문화를 연구했던 연정모와 김영찬도 연구자가 직접 생산자로 참여해서 관찰하는 방법으로 생산자들의 의미화 실천 과정을 살펴볼 수 있는 좋은 연구를 내놓았다.[11]

현장 연구로서 심층 인터뷰는 생산 현장의 생생한 목소리를 통해 생산 과정이나 생산자들의 성향이나 주관성, 가치 체계 등을 비교적 짧은 시간에 파악할 수 있다는 장점이 있다. 이 또한 생산자들에 대한 일종의 관찰이라고 할 수 있는데 여기서 중요한 것은 관찰의 시선을 어디에다 고정시키느냐 하는 문제일 것이다. 임영호는 "어떤 시각에서 어떻게 볼 것인지에 따라 그 시선의 틀이 규정되기 때문에, 직접 들여다본다는 사실만으로 현상의 의미가 자명해지지 않는다[12]"고 하였다. 민속지학적 방법에서는 연구자가 아는 만큼 볼 수 있으며 자신의 주관성을 통해 새롭게 분석하고 해석하는 과정을 거쳐야 하기 때문에 어떤 시각에서 어떻게 관찰하고 어떻게 분석하여 해석할 것인지가 매우 중요한 요인이라고 할 수 있다.

9 Grindstaff, L., "Production trash, class, and the money shot: A behind-the-scenes accout of daytime TV talk shows", In Lull, J., & Hinerman, S.(eds.), *Media scandals : morality and desire in the popular culture marketplace*, Columbia University Press, 1997.

10 Dornfelt, B., *Producing public television, producing public culture*, Princeton University Press, 1998.

11 연정모·김영찬, 「텔레비전 연예정보 프로그램의 생산자 문화에 대한 민속학적 연구」, 『한국방송학보』 22권 2호, 2008,

12 임영호, 「한국 텔레비전 생산 연구의 실태 진단, 한계와 가능성」, 『언론정보연구』 52권 1호, 2015, 21쪽.

해머슬리와 아킨슨은 민속지학이란 연구자가 장기간 사람들의 일상생활 속에 들어가 무엇이 일어나는지를 관찰하고, 말하는 것을 듣고 질문함으로써 연구 관심을 설명하는 데 이용 가능한 광범위한 자료를 수집하는 하나의 사회연구 방법이라고 밝히고 있다.[13] 몰리와 실버스톤 역시 민속지학은 현장에 들어가 표면적으로든 암묵적으로든 일상적인 행위에 대한 직접적인 관찰과 인터뷰를 통해서 문화적 맥락 속에서 주체의 실천을 해석하려는 시도라고 설명하고 있다.[14]

그런데 이 연구에서는 연구자가 드라마 생산 현장에서 활동하고 있는 내부자이기 때문에 해머슬리와 아킨슨이 주장하는 '관찰하고, 말하는 것을 듣고, 질문하는 행위'와 몰리와 실버스톤이 말하는 '일상적인 행위에 대한 직접적인 관찰과 인터뷰를 통해서 문화적 맥락 속에서 주체의 실천을 해석하려는 시도'에 얼마나 거리두기를 하며 맥락적으로 심도 있게 기술할 수 있을지를 먼저 살펴봐야 한다. 그러기 위해서는 연구자가 어떤 노력을 해 왔는지 성찰할 필요가 있을 것이다.

먼저 내부자가 연구자인 점이 이러한 거리두기의 어려움이 있었음에도 불구하고 어떠한 장점이 있는지 살펴보겠다. 오트너는 할리우드에서 민속지학적인 방법으로 영화 생산 현장에 대한 연구를 수행하면서 가장 큰 어려움으로 "외부자의 진입에 대한 할리우드 내부의 철저한 차단[15]"을 지적

13 Hammersely, M & Atkinson, P., *Ethonography:principle in practice*(2nd ed), London : Routledge, 1995.

14 Morley, D. & Silverstone, R., "Domestic communication : Technologies and meanings", In Jensen, K.B. & Jankowski, N.W.(Eds), *A handbook of qualitative methodologies for mass communication research*, London : Routledge, 1991. 나미수, 「민속지학적 수용자 연구에 대한 비판적 성찰 : 국내 연구 사례에 대한 분석과 평가」, 『커뮤니케이션 이론』 1권 2호, 2005에서 재인용.

15 Ortner, S.B., "Studying Sideways: Enthnographic Access in Hollywood", In Mayer, V., Banks, M.J. & Caldwell, J.T.(Eds.), *Production studies:Cultural studies*

제3장 드라마 작가를 연구한다는 것

하였다. 할리우드 미디어 생산 현장에서는 치열한 경쟁이 이루어지고 있어 불필요한 인력이나 평판이 좋지 않은 구성원이 살아남을 수 없다. 따라서 외부자가 할리우드가 구축한 조직 안으로 들어오는 일이 쉽게 용인되지 않는다. 또 램은 "결국 연구자가 한 번에 한 곳을 관찰하는 동안 다른 곳에서 또 다른 생산 과정이 진행되기 때문에 제작 과정을 자세히 탐구한 것이 아니라 프로그램 제작의 특정한 측면만을 조사[16]"할 수밖에 없었다며 외부 연구자로서 참여 관찰의 어려움을 토로했다. 이러한 미디어 생산 현장의 폐쇄성, 접근의 어려움 때문에 오트너[17]는 미디어 생산 연구의 한계를 극복하는 사례로 '내부자 자신들'에 의한 미디어 생산 연구를 들고 있다.

연구자가 내부자인 경우, 미디어 생산 현장에 대한 이해가 높고 미디어 생산 현장에 대한 접근성이 용이하다는 점, 민속지학에서 요구하는 참여 관찰을 자연스럽게 경험할 수 있다는 점, 연구 대상자들과의 유대감(rapport) 형성이 비교적 잘 되어 심층 인터뷰가 풍부해질 수 있다는 점은 장점으로 작용할 수 있다. 그러나 반면에 연구자가 생산자 내부에 들어가 있음으로써 연구자가 간과하거나 보지 못하는 것이 존재할 수 있다는 점은 단점이 될 수도 있다. 더 나아가서는 해석의 문제에 있어서 얼마나 거리두기를 하며 두껍게 읽어낼 수 있는지에 대해서도 고민을 해봐야 한다.

이 연구를 진행함에 앞서 연구자는 내부자가 연구를 할 때 생길 수 있는 이러한 문제들에 대해 사전에 충분히 인지하여 크게 두 가지 부분에 노력을 기울였다. 첫 번째는 연구 대상을 선정할 때, 연구자의 근접거리에 있는 사람들을 우선적으로 정하지 않고 전체 연구에서 필요한 연구 대상을

of media industries, New York: Routledge, 2009.

16 Lam, A., *Making Crime Television* : *Producing Entertaining Representations of Crime for Television Broadcast*, Routledge, 2013, p.5.

17 Ortner, S.B., op. cit.

먼저 정하고 새롭게 섭외해나가는 방식을 택했다. 내부자이자 연구자로서 갖는 유리함을 어느 정도 버리고 거리두기를 시도한 것이다. 이 과정에서 실제적으로 내부자가 연구자임에도 불구하고 섭외를 거절당하기도 하는 등 상당한 진통이 있었지만, 그런 과정을 통해서 균형 잡힌 연구 대상들을 연구에 참여시킬 수 있었다. 두 번째는 해석적 차원의 노력인데, 다양한 측면을 고려하여 심층적으로 기술하기에 대한 고찰을 면밀하게 함으로써 내부자로서 연구 대상과 거리를 유지하고 연구 결과를 해석적, 성찰적 차원으로 끌어올리려는 노력을 하였다.

눈에 보이는 현상적인 기술이 아니라 맥락적 심층적인 기술에 대해서는 일찍이 인류학자인 클리포드 기어츠가 섬세하게 기술하여[18] 인류학과 사회과학에서 넓게 수용되어 발전되었다. 기어츠는 해석학적 측면에서 상당한 통찰을 제시하는 '두껍게 기술하기'를 통해서 인간의 삶을 중층적으로 해석하며 본질적인 것을 밝혀내려고 했다. 기어츠의 '두껍게 기술하기'에 대해 자세하게 살펴보겠다.

기어츠는 인간을 자신이 뿜어낸 의미의 그물 가운데 고정되어 있는 거미와 같은 존재로 파악했던 막스 베버를 인용하며 문화를 그 그물로 보고자 하였으며, 문화의 분석은 법칙을 추구하는 실험적 과학이 되어서는 안 되며 의미를 추구하는 해석적 과학이 되어야 한다고 주장했다.[19] 또한 길버트 라일의 개념을 빌려서 '두껍게 기술하기(thick description)'와 '얇게 기술하기(thin description)' 혹은 현상적인 기술과의 분명한 차이를 밝혔다. 라일은 오른쪽 눈의 눈꺼풀을 황급히 수축시키는 세 명의 소년을 예로 들었다. 첫 번째 소년은 본인의 뜻과 전혀 상관없이 눈에 경련이 일어난 것

---

18 Geertz, C., "Thick description : Toward an interpretive theory of culture." In C. Geertz, *The interpretation of culture : Selected essays(3-30)*, New York : Basic Books, 1973.

19 ibid.

이고, 두 번째 소년은 친구에게 보내는 음모의 신호였으며, 세 번째 소년은 그저 본 대로 다른 소년의 동작을 흉내 내었을 뿐이다. 카메라식의 또는 보이는 것에 대한 '현상적' 관찰에만 의한다면, 이 세 경우가 어떤 의미를 가지는지 구분할 수 없다. 기어츠는 라일의 용어를 빌려 눈꺼풀을 황급히 수축시키는 이런 행위에 대해서 그 의미를 파악하지 않고 기술하는 것이 현상적인 기술이며, 경련을 일으키는 자, 윙크하는 자, 거짓 윙크하는 자 모두 그 행위는 '얇게 기술하기'와 '두껍게 기술하기' 사이에 위치한다고 보았다. 여기서 말하는 얇게 기술하기와 두껍게 기술하기 사이에는 위계적으로 연결된 여러 층위의 구조가 존재하며, 그들이 자신의 눈꺼풀로 무엇을 하든 간에 그것을 받아들이고 해석하게 해주는 의미 구조 없이는 그들의 행위가 하나의 문화적 범주로 존재한다고 볼 수 없다. 따라서 분석이란 의미 구조를 분류하는 것이며 거기에 사회적 근거와 중요성을 부여하는 작업이 된다.

또한 기어츠는 문화인류학의 연구로 얻어진 민족지는 하나의 지적 작업이며 '두꺼운 기술'이라는 점을 강조했다.[20] 인류학자들이 아주 기계적인 자료 수집을 하고 있을 때를 제외하고는 대부분의 경우에 그가 당면하게 되는 상황이란 여러 겹의 복합적인 의미 구조이며, 이 개개의 의미 구조들은 서로 중복되면서 복잡하게 얽혀 있다는 것이다. 즉 해석 가능한 부호들(상징일 수도 있는)의 상호 연결된 체계로서의 문화는 어떤 사회적 사건이나 행위, 제도 내지 과정 등을 인과적으로 설명해주는 하나의 원동력은 아니다. 오히려 그것은 하나의 맥락이며 그러한 맥락 안에서 우리는 앞의 사회적 사건이나 행위, 제도, 과정 등을 이해할 수 있도록, '두껍게 기술하면서' 설명할 수 있는 것이다.

이러한 점을 미디어 생산 연구에서 민속지학적인 방법, 즉 참여 관찰이

20 ibid.

나 심층 인터뷰 등으로 얻어진 자료들을 해석하는 데 대입해보면 유용하다. 얻어진 자료들을 표피적이고 현상적인 기술로 해석하게 되면 그 자료들이 존재하는 맥락을 이해할 수 없게 되기 때문에, 맥락 안에서 사회적 사건이나 행위, 제도, 과정 등을 이해할 수 있도록 두껍게 기술해야 하는 것이다.

기어츠는 해석적 과학이라는 측면에서 두 가지를 강조했는데 첫째로 우리의 연구 대상이 사람들의 행위, 즉 사회적 담화의 '말해진 부분'을 지시하는 개념 구조를 밝히는 것이며, 둘째는 이 구조에 특이한 것은 무엇인가, 이 구조의 속성은 무엇인가를 밝히기 위한 분석 체계를 구성하는 것이다.[21] 그것은 이 개념 구조가 인간 행동의 다른 결정 요인을 능가할 것이 때문이다. 미디어 생산 연구에서 얻어진 민속지학적인 자료들도 역시 말해진 부분의 개념 구조를 밝히며, 그 구조의 속성이 무엇인지 알아내어 분석 체계를 구성하면서 해석적 분석으로 가야만 한다. 그래야만 민속지학에서 얻어진 자료들 속에서 연구 대상의 행위가 두껍게 읽히며 현상적인 기술을 넘어선, 의미 있는 문화 현상을 발견할 수 있다.

이기형은 지금까지 미디어 연구 내에서 두껍게 기술하기의 실천은 주로 "구체적으로 특정한 사회 · 젠더적인 배경을 지닌 소수의 수용자들이 일상적인 상황에서 조우하고 소비하는 미디어 텍스트들과의 만남과 수용의 양상을 맥락화하는 사례들"[22]에서 나타났다고 진단했다.[23] 또한 "두껍게 기술하고 맥락화하는 이러한 연구들은 한국의 미디어 문화 연구자들의 작

---

21 ibid.

22 이기형, 「갈등의 시대, '민속지학적 상상력'과 (미디어) 문화 연구의 함의를 되묻기」, 『커뮤니케이션 이론』 5(2), 한국언론학회, 2009, 18쪽.

23 김창남, 『대중문화와 문화실천』, 서울 : 한울, 1995; 이동연, 『대중문화 연구와 문화비평』, 서울 : 문화과학사, 2002.

업에도 매우 큰 영향력을 행사하게 되었다"[24]고 보았다. 교양 프로그램의 PD로서 생산자이자 연구자인 안진은 자기민속지학의 방법을 선택하면서 "성찰성을 바탕으로 두껍게 기술함으로써, TV 생산 과정에 대한 '단순하고도 평범한 개념화'를 벗어나고자"[25] 했고 김영찬 역시 초기 한국 텔레비전의 외화 시리즈 시청 경험에 대한 연구를 수행하면서 "전혀 다른 세상을 바라보고, 느끼고, 살았던 사람의 생애사를 채집해 두껍게 기술하고 통찰력 있는 해석을 하는 방식을 택할 것"[26]을 분명히 밝혔다.

이 연구를 수행하는 필자 역시 드라마 생산자들의 이야기를 일정한 거리를 유지하면서도 내부자로서 갖는 다양한 정보를 활용하여 두껍게 기술하기의 실천을 표방한다. 연구자이자 내부자인 안진이 밝혔듯이 "너무나 익숙하고 민첩하게 해왔던 그간의 선택에 낯설게 들여다보고",[27] "개인의 인생의 단면을 (…) '드라마 제작 시스템의 변화라는' 큰 흐름과 교직시켜, 그 속에 내재한 의미들을 고찰"해보려고 한다.

앞서 밝혔듯이 연구 대상의 선정뿐만 아니라 심층 인터뷰 진행에서도 연구 대상과의 유대감은 형성하되 일정 부분 거리를 지키면서 연구를 수행하였다. 연구 결과에 대한 분석을 함에 있어서도 표피적이고 즉흥적인 해석이 아니라 사회문화적인 관계 안에서의 맥락, 변화하는 방송 시스템 안에서의 맥락에서 두껍게 읽어내며 생산자들이 어떤 의미 투쟁과 인정 투쟁을 벌이며 대중문화적인 현상을 만들어내고 있는지 살펴볼 것이다.

24 이기형, 앞의 책, 18쪽.
25 안 진, 「나는 왜 백인 출연자를 선택하는가? : 어느 TV 제작자의 자기민속지학적 연구」, 『미디어, 젠더 & 문화』 30권 3호, 2015, 90쪽.
26 김영찬, 『한국 방송의 사회문화사』, 서울 : 한울, 2011, 345쪽.
27 안 진, 앞의 글, 88쪽.

(2) 연구 방법

TV 드라마 생산자들 사이의 갈등과 타협의 과정을 추적하고 드라마 작가들의 성장과 정체성과 생존 방식의 특성을 알아보기 위해 필자가 택한 방법은 심층 인터뷰와 질적 자료 분석, 그리고 소극적인 차원의 참여 관찰이다.

갈등이나 타협의 구체적인 상황이나 드라마 작가들의 정체성 등을 파악하기 위해서는 연구 대상자들에게 구체적이고 솔직한 이야기를 직접 들을 수 있는 심층 인터뷰가 유용하다. 심층 인터뷰는 질적 방법론의 고전적인 방법 중 하나로 인터뷰를 통해 인터뷰 대상자의 태도, 느낌, 행동, 감정을 알아낼 수 있다는 장점이 있다.[28] 그러나 심층 인터뷰만으로 수행한 질적 연구는 '심층적'이기 힘든데, 그것은 성공적인 인터뷰를 수행하기 위해서는 정보 제공자의 삶의 맥락에 대한 이해와 정보 제공자와의 유대를 형성하는 것이 중요하다는 점에서 어느 정도의 참여 관찰이 전제되어야 하기 때문이다.[29] 이런 점에서 심층 인터뷰와 참여 관찰의 조합은 연구를 더욱 풍성하게 만들 수 있는 좋은 기반이 된다.

먼저 심층 인터뷰와 소극적 참여 관찰이 진행된 과정을 살펴보겠다. 심층 인터뷰는 2015년 3월 4일부터 2015년 10월 15일까지 약 8개월에 걸쳐 섭외되고 진행되었다. 연구 대상자들이 대부분 드라마 생산 현장에서 촬영을 하거나 대본을 쓰거나 프로젝트를 진행하고 있는 바쁜 상황이어서 섭외를 하고 인터뷰 날짜를 잡는 과정이 다소 복잡하고 어려웠다. 연구 대상자들을 선정한 후, 바로 구체적인 날짜를 정하지 못하고 큰 범위로 인터뷰가 가능한 기간을 받았다. 예를 들면 4월 중순에서 5월 초까지 가능하다

28 Haralamos, M. & Holborn, M., *Sociology : Themes and perspectives*, London: Collins Educational, 1995.

29 윤택림, 앞의 책.

거나 특정 요일이 가능한데 때에 따라 다르다거나 하는 식이었다. 필자는 목록을 작성하여 연구 대상자들이 가능한 날짜를 기록하고 그 날짜가 가까워지면 재차 전화를 해서 인터뷰 날짜는 정하는 식으로 진행되었다.

이번 연구에서는 특히 드라마 생산자들의 사례 연구가 포함되어 있어서 각 연구 대상자들에게 어떻게 접근할 것인지에 대한 문제를 여러 가지 차원에서 숙고하였다. 사례 연구 드라마로는 20부작 지상파 미니시리즈 한 편과 103부작 케이블 일일연속극 한 편을 선정하였는데, 이는 지상파와 케이블의 제작 환경이 다르고 미니시리즈와 일일연속극의 드라마 제작 과정은 다소 차이가 나기 때문이다. 미니시리즈는 일일연속극에 비해 짧기 때문에 감독이 드라마 대본 개발에 참여할 수 있는 여지가 다소 있는 편이고, 일일연속극의 경우에는 감독이 대본 과정에 참여할 수 있는 여지가 적으며 작가 의존도가 조금 더 높다고 할 수 있다. 또 지상파 드라마는 대부분 방송사 소속 감독이 연출을 하고 케이블 드라마는 프리랜서 감독들이 연출을 하는 등 드라마 생산자의 특성도 조금씩 차이가 난다.

표 9 사례 연구 드라마의 특징

드라마 명칭	형식, 방송사, 시간대	시청률	연구 대상
알파(α)	· 지상파 TV · 미니시리즈 20부작 (시간대 : 월화/수목 밤 10~11시)	· 1회 : 8% · 20회 : 14.2% · 평균 : 11.4% · 동시간대 1위 (AGB 닐슨)	· 작가, 메인 감독, B팀 감독 · 방송사 기획자(CP/EP) · 제작사 대표 · 연예기획사 대표(주연배우 소속)
베타(β)	· 케이블 TV · 일일연속극 103부작 (시간대 : 오전 9~10시)	· 1회 : 0.795% · 103회 : 2.127% · 평균 1.783% (AGB 닐슨)	· 작가, 감독 · 제작사 기획자(프로듀서) · 방송사 기획자(CP/EP) · 보조작가

사례 연구 드라마 중 케이블 일일드라마인 〈베타〉 드라마(표 9 참조)는 드라마가 제작되어 방송 중인 과정에서 드라마 연출을 맡고 있는 S감독을

주기적으로 만나 드라마 제작 과정과 다른 생산자의 관계에 대해 인터뷰하였다. 일종의 소극적 참여 관찰이라고 할 수 있을 것이다. 그 과정에서 처음에는 서로 호의적이었던 G작가와의 관계가 극심한 갈등 관계로 변화하는 것을 관찰할 수 있었다. 갈등이 심하다 보니 G작가에게 어떻게 접근할 것인지 많은 고민을 하게 되었고, 필자가 S감독을 만나 인터뷰한 사실을 G작가에게 알리지 않고 인터뷰하기로 결정하였다. 감독과 작가 사이의 갈등을 가까이에서 보았던 보조작가 B에게도 S감독과 G작가와 인터뷰한 사실을 알리지 않고 연구를 수행하였다. 그 외에 〈베타〉 드라마의 다른 생산자인 기획자 '바'와 제작사 프로듀서 'V'에게도 S감독과 G작가의 인터뷰 사실을 적극적으로 인지시키지 않았다. 다만 〈베타〉 드라마의 생산 과정에 관한 연구를 수행한다는 점은 분명히 밝혔다. 이렇게 섭외하는 방법에 각별히 주의를 기울인 것은 필자의 연구 주제가 드라마 생산자들에게는 상당히 민감한 부분이어서 진솔한 대답이 나오지 않을 수도 있다는 우려에서였다. 이런 과정에서 비교적 솔직하고 구체적인 내용의 심층 인터뷰를 진행할 수 있었다.

〈알파〉 드라마는 감독과 작가의 관계가 비교적 우호적이었고 시청률도 상당히 잘 나온 편이어서 방송사 기획자에게 사례 연구를 한다는 점을 밝혀 동의받은 후에 연구를 시작하였다. 연구가 진행되는 중간에 드라마가 방송되었기 때문에, 감독과 작가는 드라마가 종영된 이후에 심층 인터뷰를 하였다. 〈알파〉 드라마 기획자 '마'와 제작자 'U'는 방송 중에 심층 인터뷰를 하였고, 그 과정에서 드라마 진행상황 등을 살필 수 있는 소극적 참여 관찰이 있었다. 이 과정에서 사례 연구의 어려움을 실감하기도 했는데, 〈알파〉 드라마를 집필한 J작가가 연구가 마무리되어가는 지점까지도 연락이 닿지 않아 가슴을 졸여야만 했다. 드라마 생산자들 사이에 관계에 대해 밀도 있게 연구하는 사례 연구에서 한쪽이 연구에 참여하지 않게 되면 연구의 중립성이 상당히 타격받을 수 있다. 〈알파〉 드라마에는 6명, 〈베타〉

드라마에는 5명의 연구 대상자가 있었는데 이 모든 사람들이 빠짐없이 연구에 참여할 수 있도록 자주 연락을 취하며 인터뷰 날짜를 정하고 확인하는 과정을 거쳤다.

이런 방법으로 28명의 연구 대상자를 '불규칙하게' 만나 심층 인터뷰를 실시하였다. 장소는 여의도와 일산 등에 있는 방송사 회의실, 일산, 여의도, 홍대 앞 등의 작가 작업실 또는 근처 카페, 강남 쪽의 사무실, 연구 대상 자택 근처 등 연구 대상자들의 접근이 용이한 곳으로 정했으며 인터뷰 시간은 최소 1시간에서 4시간 30분까지 걸려 평균 2시간이 넘게 소요되었고, 총 600시간이 넘었다. 어떤 경우에는 2시간씩 세 차례를 만난 적도 있었다. 먼저 연구 대상자들에 대한 자료를 수집하여 질문지를 작성하였고, 현장에서는 질문지를 활용하되 그때그때 주제에 따라 연구 대상자들이 자유롭게 이야기를 하고 추가적으로 필자가 질문하는 반구조화된 인터뷰 방식으로 이루어졌다. 필자가 드라마 생산자인 내부자라는 점이 긍정적으로 작용하여 유대감(rapport) 형성에 큰 도움이 되었으나, 동시에 그러한 점이 연구에 지장을 주지 않도록 인터뷰를 진행하면서 연구 대상자와 거리를 유지하기 위해 노력하였다. 연구 대상자들에게 편한 분위기를 유도하기 위해 면접 노트를 자연스럽게 사용하였으며 인터뷰 내용은 연구 대상자의 양해를 얻어 디지털 녹음기에 녹음하였다. 연구 대상자 중 1명의 작가는 지방에서 거주하는 관계로 1시간 30분에 걸친 전화 인터뷰로 대체하였으며, 케이블 기획자는 서면 인터뷰만 허용하였기에 이메일을 통해 질문지를 보낸 후 답변지를 받는 방식으로 진행되었다. 녹음된 심층 인터뷰 내용은 글로 풀어 분석 자료로 만든 후 활용하였다.

심층 인터뷰, 참여 관찰과 함께 드라마 생산자들과 관련된 질적 자료도 연구 대상으로 삼았다. 첫 번째, 작가들의 인터뷰와 방송가 소식이 들어 있는 월간 『방송작가』를 중요한 자료로 활용하였다. 『방송작가』는 2009년 1월부터 한국방송작가협회에서 한 달에 3,800부(2015년 1월 기준) 발행하고 있는 월간지로 2,800여 명의 회원과 900곳의 방송 유관단체(방송사 및 제작사, 대학교, 도서관, 정부기관) 및 그 외 관련 분야 학자, 평론가에게 배포되고 있다. 월간『방송작가』는 방송작가에 대한 다양한 정보를 공유하고 당대의 사회사, 생활사, 대중 의식 등을 연구하려는 사람들에게 중요한 자료가 되는 방송 사료를 제공하려는 목적으로 발간하고 있어서 연구 자료로서 가치가 있다고 판단하였다.[30] 두 번째, 신문, 인터넷 기사 등 필자의 연구 문제에 도움이 되는 언론 자료를 질적 연구 대상으로 삼았다. 언론을 통해 보도된 내용들은 심층 인터뷰의 내용을 맥락적으로 분석하고 총체적인 이해를 하는 데 도움이 될 것이라고 판단하였기 때문이다. 기사 검색은 주로 분석하고자 하는 사건 중심으로 이루어졌다. 예를 들어 드라마 제작 현장에서 감독과 톱 배우의 관계를 알아보기 위해서 '한예슬 미국 도피 사건'을 검색하거나 대본 수정을 둘러싼 갈등을 알아보기 위해서 '드라마 대본 수정' 등의 키워드를 사용해서 검색하는 식이었다.

취합된 자료들은 범주(category)를 만들고 각 유형(pattern)으로 나누면서 조합하여 분석하였다. 그 과정에서 초기의 자료로 돌아가서 다시 생각해 보기도 하고, 새로운 방법으로 분석을 시도하는 등 다양한 방법으로 자료들을 점검하며 조합 분석하는 과정을 통해 분석 결과를 도출해내었다.

---

30 2015년 한국방송작가협회 정기총회 자료집, 9쪽.

드라마 작가로 만들어진다는 것

1. 드라마 작가의 진화/정체 과정

필자는 드라마 작가가 되는 동기와 과정 그리고 드라마 작가들의 정체성과 특성을 살피기 위해 작가 지망생에서부터 보조작가, 공모 당선 작가, 신인 작가, 중견 작가, 인기 작가에 이르기까지 총 14명의 드라마 작가 지망생과 드라마 작가에 대한 심층 인터뷰를 실시했다. 사람마다 걸어온 인생의 굴곡과 결이 다르듯이 세밀하게는 모두 다른 이유와 다른 경로로 드라마 작가가 되었거나 드라마 작가가 되기를 희망하고 있지만, '창작에 대한 열망'과 '운명적인 선택' 그리고 '보다 나은 경제적·사회적 처우'라는 공통분모가 있다.

1) 보다 나은 세상을 위한 도전 : 동기와 습작 과정

여의도 강변 난간에서,

내가 글을 쓸 수 있을까,
내가 정말 세상에 할 말이 있을까
내가 정말 인간을 아는가,

내가 정말 내 밥을 내가 벌어먹을 수 있을까

되묻고 되물으며 목 놓아 울었던 나를
12년 만에 코앞에서 다시 재회하는 이 심경을,
뭐라 할 수 없어 소리칠 뿐이다.

여의도가 마포보다 더 자주 안개에 젖는다면,
모두 교육원생들의 눈물 탓이다.[1]

여의도는 우리나라 방송 1번지이자 드라마 작가의 산실이라는 한국방송작가협회 부설 교육원이 있는 곳이다. 그 교육원 출신이자 지금은 그곳에서 제자들을 가르치기도 하는 노희경 작가는 "여의도가 마포보다 더 자주 안개에 젖는다면 모두 교육원생들의 눈물 탓"이라며 드라마 작가가 되는 길이 얼마나 고되고 험난한지를 은유적으로 표현하고 있다.

5년째 드라마 작가 지망생 생활을 하고 있는 A(42세)는 4년제 대학 자연계열에서 공부한 이과 출신으로 졸업 후 전산 전문가로 15년간 직장 생활을 했다. MBC에서 2002년도에 방송된 인정옥 작가의 드라마 〈네 멋대로 해라〉를 보고 드라마 작가의 꿈을 키웠으며, 그 후 2011년에 스티븐 킹의 『유혹하는 글쓰기』라는 책을 읽고 작가의 삶에 유혹을 받아 작가가 되기로 결심하고, 직장을 그만둔 후 드라마 작가 지망생의 길로 접어들었다. A는 당시 전산 전문가로서 더 좋은 직장으로 이직할 기회를 마다하고 한국방송작가협회 교육원에서 드라마를 배우기 시작했다. 기초반, 연수반, 전문반, 창작반으로 구성되어 있는 드라마 교육과정에서 기초반부터 시작하여 착실히 드라마를 배워나갔지만 이과 출신으로 글 쓰는 일과 전혀 상관없는 일을 했던 A는 스스로 부족한 점을 많이 느꼈다고 말했다.

드라마 작가는 어떻게 만들어지는가

---

1   '노희경 에세이 지금 사랑하지 않는 자 모두 유죄' 블로그. 2015년 9월 3일. 기부연재 11, 「힘내라 그대들−작가 지망생 여러분에게」 중.

저의 가장 큰 문제가 뭐냐면 남들과 너무 다른 출발점에서 동기가 시작됐던 거예요. 대개 작가들은 열 명 중에 아홉 명은 글을 써서 먹고살겠다는 애들이 대개는 작가가 되는데, 저는 사실 드라마가 재밌어서 드라마 작가가 되겠다는 사람이라서 그게 포인트가 너무 다른 거예요. 대개는 잡지사를 다니거나, 결국에는 나는 글로 먹고살겠다는 내면의 의식이 있는 애들이 거기로 모이는 거더라고요. 그 친구들이 겪었던 경험치를 저는 하나도 가져가질 못한 상태에서 1부터(처음부터) 시작해야 되는 불리함이 있는 거죠.　　　　　　　　　　　　　드라마 작가 지망생 A

교육원에서는 보통 35명이 한 반이 되어 수업을 듣게 되는데 처음에 교육원생들의 커리어가 다 소개된다고 했다. A는 그래서 이미 첫 수업 때 이미 작가 지망생들의 레벨이 정해져 있는 거라고 생각했다. 웬만큼 글을 잘쓰지 않는 이상, 자신처럼 이과 쪽에서 컴퓨터 일을 했던 사람들은 관심을 받을 수가 없는 것도 알게 되었다. 가르치는 선생님들도 잡지사를 다녔다거나 글을 쓰는 일을 했던 동료들에게 관심을 보이고 자신처럼 글과 무관한 일을 했던 사람에게는 관심이 없는 것처럼 느껴진다고 했다. 처음에는 자신이 못해서 관심을 못 받는 줄 알았는데, 교육원이라는 사회에조차 벌써 등급이 있는 것 같아서 조금은 씁쓸한 생각도 들었다고 생각했다.

저는 계속 잘 안 써지고 애들이 계속 여기저기 팔려 가는데 저만 안 팔려가고 있는 상황이잖아요. 쉽게 말하면 동물 가게에서 다 팔려 가는데, "얘는 크니까 사람들이 더 이상 사가지 않는" 그런 강아지가 된 느낌…… 그런 게 슬퍼요. …(중략)… 보조작가도 해보고 싶은데 나이가 많아서 그런지 안 뽑아줘요.　　　　　　　　　드라마 작가 지망생 A

현재 연수반에 다니고 있는 A는 보조작가를 하려고 해도 나이가 너무 많은 데다가 전문반까지는 올라가지 못해서 자격이 안 된다고 생각하고 있다. 드라마 작가 지망생들이 가장 많이 다니고 있는 한국방송작가협회 부설 교육원에는 기초반, 연수반, 전문반, 창작반이 있는데, 이 과정이 피라미드처럼 되어 있어 올라갈수록 교육생 수가 적어진다. 교육원은 지원자 수에 따라 선발하는 인원이 달라지기 때문에 기초반은 5~10개 반, 연수반은 5~7개 반, 전문반은 3~5개 반으로 융통성 있게 운영하며, 전액 장학금으로 교육을 시키는 창작반만 늘 1개 반을 두고 있다. 한국방송작가협회 교육원의 유원영 과장은 "기본적인 소양, 방송작가에 대한 이해, 배우려는 열의와 마음가짐을 기준으로 기초반 합격생들을 뽑고, 연수반, 전문반, 창작반은 그 전 단계에서 낸 과제물(드라마) 등을 기본으로 담임 선생님이 낸 성적으로 진급하게 된다"고 밝혔다. 교육원 강의는 현직 드라마 작가와 드라마 감독 또는 방송사 기획자 등이 맡고 있어서 교육원생들에게는 드라마 제작 현장을 간접적으로 경험하는 좋은 기회가 되기도 한다.

그림 1 한국방송작가협회 부설 교육원 피라미드형 교육과정

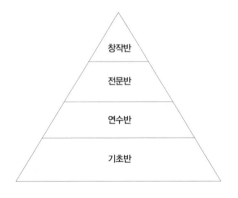

기초반에서 전문반까지는 35명 중에 12~13명밖에 상급반으로 못 올라가기 때문에 유급생은 몇 번씩 같은 과정을 다녀야만 한다. 특히 전액 장학금이 주어지는 창작반에는 한 반 35명 중에 2~3명밖에 올라갈 수 없어서, 교육원에 다니는 동료 중에는 창작반에 올라가는 게 꿈인 친구도 있다

고 했다. 창작반에 올라가면 졸업작품으로 낸 단막극 대본을 모아 책을 만들어주기 때문에 자신의 대본이 책으로 나오는 영광을 누린다. 또 그 책은 방송사 관계자들에게 배포되기 때문에 단막극으로 데뷔할 기회를 얻을 수 있다. 작가 지망생이 처음으로 자신의 작품을 세상에 내놓은 기회이기 때문에 지망생들은 창작반까지 올라가는 것을 목표로 습작을 한다. 방송작가협회 교육원 유원영 과장은 "해마다 조금씩 다르지만 매년 2,400여 명의 지원자들이 교육을 받기 위해 지원하고 있으며, 현재 활동하고 있는 드라마 작가의 80% 정도가 교육원 출신으로 파악"하고 있다고 했다.[2]

드라마 습작을 하려면 기본적으로 습작기를 감당할 수 있는 돈이 필요하다. 돈은 교육비와 생활비로 나눌 수 있다. 한국방송작가협회 부설 교육원의 예를 들면, 한 학기당 교육비가 70만 원에서 85만 원가량 든다(기초반 70만 원, 연수반 80만 원, 전문반 85만 원). 앞서 기술한 바와 같이 교육과정이 피라미드식이라 원한다고 상급반에 올라가는 것이 아니어서 몇 번씩 유급하는 게 일반적이다. 몇 년씩 교육원에 다니면서 내는 교육비도 수 백만 원에 달하고 그동안 생활비도 대야 하기 때문에 습작기에는 적지 않은 돈이 필요하다.

드라마 습작은 단순히 대본을 쓰는 기술을 배우는 것이 아니라, 드라마 내에 깊숙이 몰두해서 등장인물의 내면이 행동으로 발산되도록 글을 쓰는 연습 과정이다. 다른 공부처럼 하루에 몇 시간 투자한다고 해서 곧바로 성과로 나타나는 것도 아니다. 긴 시간 드라마 작가로서 실력을 쌓아야 하기 때문에 다른 일과 병행해서 드라마 습작을 하는 일은 쉽지 않다. 원고지 매수는 쉽게 채울 수 있을지 모르겠지만, 깊이 있고 발전적인 대본을 만들어내기는 어렵다. 드라마 지망생들은 드라마 쓰는 흉내를 내서 대본을 70, 80%의 완성도까지는 올려놓을 수 있지만, 나머지 20, 30%를 채우기 위해

---

2   한국방송작가협회 내부 문건.

서는 삶을 바꿔놓을 만큼의 간절함과 치열함이 있어야 한다는 말을 많이 듣는다고 한다. 많은 드라마 작가 지망생들이 이런 드라마 습작의 본질을 모르고 뛰어들기 때문에 중간에 지쳐서 포기하는 경우가 많다고 한다.

> 연수반인가? 그때 사람들과 스터디 모임을 했는데요, 이 사람들이 드라마 습작한 지가 되게 오래된 사람들이에요. 처음에는 다들 열심히 글을 쓰죠. 근데 어느 순간에 '먹자계'가 되더라고요. 모여서 같이 영화 보고, 연극 보고 이런 모임이 되더라고요. 글 쓰는 일에 너무 지치니까.
>
> 드라마 작가 지망생 겸 보조작가 B

교육원을 다니면서 습작을 계속하더라도 성과가 없으면 지치게 되고 나중에는 돈도 떨어져서, 처음에는 의욕적으로 시작했던 일이 흐지부지되는 경우가 많다고 한다. A는 직장 생활을 해서 모아둔 돈이 있기 때문에 한 달에 30만 원씩 부모님께 생활비도 드리면서 생활하고 있지만, 그 돈이 모두 소진되면 아르바이트라도 해서 드라마 작가가 될 때까지 습작을 포기하지 않을 생각이라고 했다. 아직 미혼인 A씨가 함께 사는 부모님께 30만 원의 생활비 명목으로 드리는 것은 멀쩡한 직장을 그만두고 새로운 일에 도전하는 최소한의 자존심이라고 했다. 그 자존심마저 무너지면 드라마 습작을 더 할 수 없을 것 같아서 꼭 지키고 싶다고 했다. 기약도 없이 힘들지 않느냐는 질문에 A는 단호하게 대답했다.

> 후회는 없죠. 후회는 없는데…… 솔직히 말했을 때, 미래가 어떻게 될지에 대해서는 불안하고, 이런 걸 떠나서 "내가 엄한 데서 헤엄치는 게 아닌가"라는 생각은 좀 들었어요.
>
> 드라마 작가 지망생 A

A는 그나마 꾸준한 직장 생활로 지망생 시기를 견딜 만한 돈을 모아두어서 다행이지만, 그렇지 않은 경우에는 습작을 하면서 생활비를 충당하거나, 돈을 모으기 위해 일정 시간 습작을 포기하고 일을 하게 된다. F작가

경우에는 지망생 시절에 막노동을 하면서 돈을 벌어 버렸다고 털어놨다.

> 너무 힘들어서 막노동을 하는 기간 동안은 글은 못 써요. 글을 못 쓰는
> 게 정상이에요. 그게 정규직이 아니라 일용직으로 그날그날 새벽 4시에
> 인력시장 같은 데 나가야 되는 그런 거라서. 저녁 때 일 끝나고 오면 벌
> 써 6시인 데다가 씻고 밥 먹으면 아무것도 못해요. 거기다 온몸이 다 쑤
> 셔가지고 일당 받은 거 절반 정도 약값으로 들어가요. 거의 죽기 살기로
> 하루하루 버티는 거죠. 노가다해서 육체적으로 힘든 것뿐만 아니라, 일
> 용직들은 같은 노가다하는 사람들을 굉장히 멸시하기 때문에 우리같이
> 배운 사람들은 못 참아요. "왜냐면 ○○씨 이것 좀 해주세요." 이렇게 말
> 하는 게 아니라, "야야, 이 개새끼들아! 두 개씩 들어!" 이런 식으로 얘기
> 를 해요. 처음 보는 사람한테. 거기선 한 바닥만 더 떨어지면 노숙자가
> 되는 거예요. 진짜 험한 삶이에요. 　　　　　　　　　　　드라마 작가 F

당장 돈을 벌 수 있다는 이점 때문에 막노동을 했던 F작가는 거친 막노
동판을 견디지 못하고 결국 다른 쪽으로 방향을 틀었다. 야설(야한 소설의
줄임말)을 쓰는 일이었다.

> (막노동이) 힘이 드니까 못하겠더라고요. 그게 몸에 밴 사람들은 하는
> 데 생전 그거 안 해본 사람들은 하기 어려워요. 그래서 '야설'이라는 걸
> 썼죠. 그 당시에 무슨 핸드폰 같은 데서 한 건데, 요즘도 그런 걸 웹툰으
> 로 서비스해요. 야설을 하루에, 한 8장에서 10장 정도를 빡빡하게 써요.
> 문장 줄바꿈은 없고 행간 130, 빡빡하게. 그러면 10만 원 정도 줬어요.
> 그게 노가다하는 거보다 쉽잖아요. 왜냐하면 일 안 나가도 되고, 잘 만큼
> 자서 오후까지 책상에 앉아서 쓰면 되는 거잖아요. 게다가 핸드폰에서
> 10만 다운로드가 넘어가면 보너스로 10만 원 더 주고. 8페이지를 보내
> 면 한 절반, 4분의 1씩 끊어가지고 500원씩 유료 서비스를 하던 게 있었
> 어요. 철퇴 맞아서 없어졌다가 다시 나타났다고 그러는데 옛날에는 그
> 런 게 있었죠. 　　　　　　　　　　　　　　　　　　드라마 작가 F

F작가는 막노동에 비해 야설을 쓰는 일이 편한 점이 있었지만, 여자친구와 헤어진 뒤에도 야설에 몰입해서 써야 하는 자신이 너무 한심하다는 생각에 그만두었다고 했다. 그렇게 막노동 6개월, 야설 쓰는 일을 6개월 정도 하고 있을 때 지상파 공모에 냈던 드라마를 영화로 만들겠다는 제의가 와서 뜻하지 않게 영화로 먼저 데뷔를 하면서 지망생 생활을 접었다고 한다.

이렇게 극본 공모에 당선되지 않더라도 제출했던 드라마가 심사를 했던 PD 눈에 뜨여 드라마나 영화로 제작되는 경우가 많기 때문에 드라마 작가 지망생들에게는 극본 공모에 드라마를 내는 일이 가장 중요한 일이 된다고 한다. 최완규, 정형수, 소현경, 노희경, 임성한, 정현민 작가 등 많은 작가들이 방송사 공모전 출신이고 최근에서 에이스토리, JS픽쳐스 등 제작사에서도 극본 공모를 하고 있다.[3]

B는 대학 문예창작과를 졸업하고 KBS 공채 구성작가[4]로 일하다가 드라마 작가가 되기 위해 지망생 생활을 시작한 지 올해로 14년째 되는 43세 여성이다. 주로 예능 프로그램에서 방송 일을 했지만, 글 쓰는 일보다는 사람을 만나고 섭외를 주로 하는 예능 작가 생활이 만족스럽지는 않았다고 한다. 연예인을 상대해야 하는 스트레스가 엄청나게 컸고 집에 와서도 밤늦게까지 전화를 해야 하는 생활이 너무도 힘들었다고 했다.

구성작가의 한계가 딱 보이더라고요. 경력을 쌓아도 언니 소리밖에 안 듣고 작가님 소리도 전혀 못 듣고. 나이 들어도 한 10년 정도밖에 활

3   오예린, 「[방송작가의 세계] 노희경·임성한·정현민… "공모전으로 데뷔했어요"」, 『이투데이』 2015.6.19.

4   교양·다큐멘터리, 예능, 라디오 등 비드라마 프로그램을 집필하는 작가를 보통 구성작가라고 하는데, 예능이나 라디오를 집필하는 작가는 예능 작가, 라디오 작가라고도 부른다.

동 못 하더라고요. 요즘은 좀 많이 달라졌지만…… 쇼, 오락 작가들은 무슨 군단, 무슨 군단 해가지고. (그 안에 못 들어가니까) 그래가지고 좀 한계도 느껴지고…… 글은 계속 쓰고 싶고, 방송 일도 하고 싶고 하니까 드라마에 좀 관심을 갖고 방송작가 교육원에 들어가게 됐어요.

드라마 작가 지망생 겸 보조작가 B

처음 몇 년은 어느 정도 버틸 만했는데 드라마 작가 데뷔는 요원해지고 돈도 떨어져서 다시 구성작가 일을 하면서 드라마 습작을 했다고 한다. 자연히 드라마에 대한 집중도도 떨어지고 상황이 달라지는 게 없었다.

이렇게 일을 하다 드라마를 습작하다를 반복했는데, 어느 순간 '이렇게 간헐적으로 막 해가지곤 진짜 안 되겠다, 이렇게 하다간 드라마 작가 안 되겠다' 싶어서 (구성작가 일을) 때려치고 한 2007, 8년도부터 본격적으로 드라마를 쓰려고 마음먹었지요.　　드라마 작가 지망생 겸 보조작가 B

그때쯤 드라마 보조작가로 들어가는 첫 번째 기회가 생겼다. 2007년도 케이블에서 방송된 미니시리즈였는데, 공동 집필을 맡은 두 메인작가와 함께 아이디어도 짜고 드라마를 위해 자료 조사도 하는 일이었다. 작업실은 따로 마련되어 있지 않았고 제작사 사무실을 작업실로 쓰면서 열악한 상황에서 일을 했다고 한다. 2007년 당시 월급은 80만 원 정도로 적었지만 그래도 작가 지망생이었을 때는 잘 몰랐던 현장 감각을 익힐 수 있어 좋았다고 술회했다.

드라마적인 테크닉 중에서 방송이 되는 것과 방송용이 안 되는 대본이 있잖아요. 감독님이 계속 요구하는 거에서 뭔가 배우게 되죠. 그때는 메인작가 두 명이 초짜 작가였잖아요. 그러니까 감독님이 좌지우지하게 되고, 초짜 작가들은 멘붕이 돼가지고 "어떻게 하라는 거지? 뭐지?" 이렇게 되죠. 근데 계속 대화를 하고, 감독이 요구하는 어떤 포인트가 뭔지 파고 계속 생각하고, "이 아이디어는 어때? 저 아이디어는 어때? 이렇게

뒤집는 건 어때?" 하다 보니까 '아, 그 포인트가 있구나' 하고 알게 된
거죠.   드라마 작가 지망생 겸 보조작가 B

날마다 합숙을 하지는 않았지만 한 2~3일 정도 사무실에서 숙식을 함
께하며 일하다가 집에 가서 잠깐 쉬고 또다시 회의하러 사무실에 와서
2~3일 숙식을 함께하면서 일하는 방식이었다. 처음에는 아이디어를 미리
써와서 메인작가들에게 내고 이런 식으로 진행했다가 나중에는 시간이 없
어서 바로 함께 회의를 하는 식으로 일을 했다.

> 보조작가 하면서 방송의 메커니즘이라든가 방송 현장에 있는 장점은
> 있지만, 자기 작품을 못 써 감도 잃고 진이 쫙 빠져요. 또 혼자 습작을 하
> 는 거는 혼자 할 수 있는 건 좋은데 굉장히 힘들어요. 그래서 방송되는
> 대본이랑 내 대본의 괴리 때문에 '뭔가 내가 좀 더 배워야 되지 않을까'
> 하는 이런 생각을 가지게 돼요.   드라마 작가 지망생 겸 보조작가 B

보조작가를 하게 되면 뭔가 분명 드라마에 대해 배울 수 있는 장점이 있
지만, 자신이 쓰는 드라마에 몰입할 수 있는 시간이 없어서 보조작가를 계
속할 수는 없다고 했다. 교양·예능 프로그램에서는 보조작가를 하다 보
면 자연스럽게 메인작가로 올라가는 기회가 주어지지만 드라마는 아무리
보조작가를 오래 해도 자신의 드라마를 써내지 못하면 메인작가가 될 수
없다. 드라마에서는 보조작가는 보조작가로 끝나는 경우가 많기 때문에
드라마 작가 지망생들은 끊임없이 새로운 돌파구를 찾아야만 한다.

2007년에 보조작가를 한 차례 했던 B는 그동안 교육원에서 교육생에게
주는 신인상도 탔고, 작은 영화제 시나리오 공모에서 당선도 되고 했지만
드라마 작가로 데뷔하기가 힘들었다. 계속 방송사 극본 공모에도 도전했
지만 그것도 쉽지 않아 습작을 계속하고 있던 차에, 2014년 다시 보조작
가 제의가 들어왔다. B가 보조작가를 했던 드라마는 필자가 사례 연구를

했던 〈베타〉 드라마였다. 같이 드라마 습작기를 보내며 스터디를 했던 G 작가가 보조작가를 해달라고 해서 다시 한 번 보조작가를 하기로 결심했다. B는 오피스텔에서 숙식을 함하면서 메인작가의 드라마 집필을 도왔는데, 그중에는 빨래를 하는 일도 포함되었다.

> 저는 작가님이 아는 언니니까, 오랫동안 봐왔던 언니니까 "언니, 뭐야? 빨래도 해야 돼?" 이 얘기도 하지만 만약 모르는 작가가 빨래를 시켰다면 그거는 좀 그렇더라고요. 워낙 그 언니네 집에도 많이 가고 워낙 친한 사이라서 그랬지, 친하지 않았다면 빨래까지 하는 건 좀 그런 거 같아요. 　　　　　　　　　　　　　　드라마 작가 지망생 겸 보조작가 B

밥은 주로 시켜서 먹었지만 설거지라든가 간식을 할 때도 있어서 어쨌든 음식 준비와 설거지는 도맡아 했고, 청소는 당연히 보조작가 몫이었다. '보조'라는 게 메인작가가 드라마를 집필할 수 있는 환경을 만드는 모든 것을 보조하는 일이라 청소, 빨래, 밥 이런 것을 맡아주어야 했다. 메인작가가 엄청난 분량의 대본을 소화하기 때문에 불만을 가지고 어쩌고 할 상황은 아니었다. 실제로 B작가 이전에 다른 보조작가가 있었는데 이 문제로 일을 그만두게 됐다고 한다.

> 제가 가기 전에 기존의 보조작가가 있었는데, 그 작가가 처음에 왔을 때 당연히 본인은 청소하고 빨래하고 안 하고 아줌마를 쓰는 줄 알고 온 거죠. 그 점에 대해서 "우리가 지금 몇 푼 번다고 일하는 아줌마를 쓰느냐. 지금 밥값도 수백만 원 나갈 텐데 그거는 좀 아니다. 그리고 우리가 하는 게 되게 조그만 원룸, 방 하나 딸린 조그만 원룸인데 아줌마를 불러서 청소하고 자시고가 어딨냐. 너도 니 빨래 니가 하면 되는 건데" 하면서 트러블이 있어가지고 나갔어요. 　　　　　　드라마 작가 지망생 겸 보조작가 B

한 언론 기사에서는 메인작가의 작업실에 들어가 온갖 허드렛일을 다해야 하는 드라마 보조작가의 생활을 사뭇 비판적으로 보도하고 있다.

자신이 오랫동안 바라던 영화가, 드라마가 '내 일'이 되는 순간, 꿈이 현실이 되는 그때 그들이 가장 먼저 마주하는 것은 생계난이다. 적어도, 한국 사회에서는 그렇다. '처음엔 다 바닥부터 배우는 것'이라는 업계의 관행으로, '데뷔만 하면, 감독만 되면 나도 제대로 된 보수를 받을 수 있을 것'이라는 희망으로 그들의 노동과 창작은 헐값에 팔린다. 사람들은 그들의 생계난을 일종의 기회비용으로 당연하게 여긴다. 그러나 기약할 수 없는 미래에 대한 불안감을 견디지 못해, 불안정한 오늘의 고통을 감당하기 벅차 또 많은 이들은 꿈을 다시 포기한다.[5]

드라마 작가가 되는 길은 멀고 험한 것으로 보인다. 보조작가가 되는 것도 쉬운 일이 아니며 일정 급여를 받고 드라마 집필 과정에 참여하는 보조작가가 되어도 월급이 많지 않다. 그나마 방송이 끝나면 그만두어야 하기 때문에 고정된 수입이라고 볼 수 없으며, 보조작가를 한다고 드라마 작가로 바로 데뷔할 수 있는 길이 열리는 것도 아니다. 그런데도 드라마 작가가 되는 일이 쉬운 것처럼 소개되는 경우가 많다. 한 기사에서는 방송작가에 대한 교육을 담당하는 관계자를 통해 "방송작가가 되는 과정은 인맥과 공모전을 통해 작가로 입문하는 과정이 주를 이루고 있지만 이 외에 방법이 전혀 없다고 할 수는 없다"며 "누구나 글을 잘 쓴다면 기회는 있다. 실력을 갖추는 것이 가장 중요하다"[6]고 보도하고 있다. 그러나 누구나 글을 잘 쓴다면 온다던 기회는 좀처럼 오지 않는다. 오히려 모았던 돈을 다 쓰고도 드라마 작가가 되지 못해 다시 제자리로 돌아오는 사람이 많다. 11년 동안 돈을 모아 드라마 작가가 지망생의 길로 들어섰다가 보조작가 3년 만에 모은 돈을 모두 쓰고 다시 일을 찾아 나선 41세의 남성의 이야기도 한 언

5   여정민, 「꿈같은 드라마 뒤 '막장 착취 시스템'? [한국의 워킹푸어] 꿈과 생계를 맞바꾼 드라마 보조작가」, 『프레시안』, 2010.3.19.
6   오예린, 「[방송작가의 세계] "협회 아카데미서 배우고 '새끼작가' 출발"」, 『머니투데이』, 2015.6.19.

론에 소개되었다.

> 2006년에 한국드라마작가협회 교육원을 수료하면서 독립했거든요.
> 그때는 제가 회사 다니면서 모아둔 돈으로 데뷔할 때까지 버틸 수 있을
> 거라 생각했어요. 이렇게 오래 끌 줄은 정말 몰랐죠. 이렇게 험난하고 어
> 려운 길인지도 몰랐지만. 4월쯤에는 (집으로) 다시 들어가려고 해요. 생
> 계가 너무 어려워서 그렇죠. 드라마 작가 하겠다고 할 때 집에서 반대가
> 워낙 심했는데 좀 민망해요.[7]

드라마를 써서 개인의 창조성이 상품화되면 단시간에 사회적 평판과 고
소득을 얻을 수 있다는 가능성 때문에 "능력주의 이데올로기"를 강하게 내
재[8]하고 있던 드라마 작가 지망생들도 생계난이라는 현실의 벽 앞에서 주
저앉게 되는 경우가 많은 것으로 보인다.

현재 B는 방송사 극본 공모 준비에 매진하고 있다. 다른 방법도 있을지
도 모르겠지만 방송사 공모를 통해서 작가가 되고 싶다고 했다. 그래야 보
다 더 당당하게 드라마 제작 환경 속에서 인정받을 거라는 생각을 가지고
있었다. 그러나 공모는 하면 할수록 어렵다는 생각이 든다고 했다. 보조작
가로서 방송 현장에서 감을 키웠지만 일반적으로 방송하는 대본과 공모에
서 원하는 대본과는 좀 다르다고 말했다. 공모에 당선되어서 작품을 계속
쓰고 싶고 꼭 대박 작가가 아니더라도 소소하게 드라마를 계속 쓰는 작가
가 되고 싶다고 했다. B에게 드라마가 뭐라고 생각하느냐는 질문을 던졌
더니 매우 구체적인 상황으로 대답했다.

---

7   여정민, 앞의 글.
8   김현미, 「문화산업과 성별화된 노동 : TV 방송 프로그램 여성 작가들의 사례
    중심으로」, 『한국여성학』 제21권 2호, 2005, 71쪽.

어느 날 길을 가는데…… 되게 오래전 얘기에요. 길을 가는데 되게 추운 날이었어요. 지하철역에서 사람들이 추운데 벌벌 떨면서 어떤 TV를 딱 보는데 드라마였어요. 그때 국민드라마라고 불리던 걸 보는데 '아, 왜 저렇게 봐? 집에 가서 따뜻하게 보지' 이해가 안 되는 거예요, 저는. 그게 되게 충격적이었던 거예요. 그 추운 날에 지하철의 조그만 TV로 사람들의 발목을 잡는 드라마가요. 그래서 '야, 멋지다. 드라마라는 게 저런 건가?'

드라마 작가 지망생 겸 보조작가 B

B도 예능 구성작가 출신이지만, 연구 대상 14명의 작가 지망생 또는 작가들 중 4명이 예능이나 교양 파트 구성작가 출신이고, 1명이 시트콤 작가, 다른 1명은 카피라이터 출신, 4명은 각각 전산 관련 직업, 회사생활과 작은 사업, 교사, 학원 강사들의 직업을 가지고 있었다. 4명만 다른 직업 없이 처음부터 드라마를 썼던 사람들이었다. 원래 드라마 쓰는 것을 직업으로 선택했던 사람들이 4명이고, 나머지는 다른 직업을 가졌던 사람들인 셈이다. 구성작가 출신이 많은 것은 1991년 외주 제작 정책이 시작되고, 1990년대 중반에 케이블 TV가 등장하면서 구성작가를 필요로 하는 수많은 프로그램이 생산된 것과 관련 있어 보인다. 구성작가라는 직업으로 많은 사람들이 유입되어 방송 생활을 경험하면서 같은 작가지만 위상과 처우가 매우 차이 나는 드라마 작가에 대한 꿈을 가지게 되고, 방송이란 매체를 잘 이해하는 입장에서 드라마 작가에 도전하는 과정을 거치게 된다.

우리는 어디 경험이 없이 방송사에 들어간 거잖아요. 그래서 더 그랬을 수도 있어요. (막 대학 졸업하고) 모르는 애들한테 그냥 막 죽도록 일 시키고, 돈은 조금 주고. 착취야 진짜. 어느 순간 이게 착취라는 걸 알게 됐고…… '이게 뭘까?' 도통 돌아오는 게 없다는 생각이 드니까 드라마 작가들은 예나 지금이나 지위도 더 높고 금전적인 보상도 크고 하니까 드라마를 더 해야겠다는 생각을 했죠.

드라마 작가 D

구성작가는 정말 말 그대로 작가라기보단 '구성' 작가인 거고, 드라마
는 대접도 선생님이잖아요. 거기는 그냥 작가인 거고. 구성작가는 내가
아무리 나이가 많아도 MC와 PD 아래인 거지. 그 사람들한테 속해져 있
는. 지금은(드라마 작가가 된 후에는) 완전히 다르죠. 그리고 또 이게 드
라마 완성체를 낼 때의 자체가 다르니까. 비교할 수 없죠. 그러니까 그렇
게 드라마 작가가 되기가 너무 힘들잖아. 되기만 한다면 20년도 견뎌야
지. 그리고 자기가 그 과정을 즐길 줄 안다면.   드라마 작가 G

구성작가가 방송 산업에 등장한 시기는 대략 1970년쯤으로 추정하지
만,[9] 본격적으로 활동하는 시대는 1980년대로 보는 것이 타당하다. 1980
대 초 이동이 용이했던 ENG 카메라의 등장으로 야외 촬영이 쉬워진 이
후, 많은 업무에 시달리던 PD들의 일을 나누어 하기 시작했는데 그 당시
구성작가의 고유의 업무는 프로그램 구성과 내레이션 집필에 국한되어 있
었다.[10] 구성작가들은 방송사가 KBS와 MBC밖에 없었던 1990년대 초반
까지만 해도 전문성을 인정받았다. 방송사 안에서 사회의 엘리트라고 불
리는 PD들과 함께 일하며 거대한 방송 시스템을 익혀 프로그램에 상당
한 영향력을 끼치는 소수의 사람들이었다. 방송사가 기회의 땅이라는 것
을 증명하듯이 방송사 안에서 여러 프로그램을 제작한 구성작가들에게는
더 나은 프로그램을 할 수 있는 기회가 생겼고, 방송사 안에서 특별 고료
를 받아 계약하는 계약 작가도 생겼다. 그러나 1991년 12월 SBS가 개국하
고 1990년 중반 케이블 텔레비전이 생기면서 구성작가라는 직업이 대학
생들 사이에 알려지고 선망의 직업이 되면서 수많은 구성작가들이 생겨났
다. 또한 1991년 외주 제작 정책이 시작되고 방송사가 아닌 소규모 외부
제작사에서 일하는 구성작가들이 생겨나면서 방송국이라곤 1주일에 한

제4장 드라마 작가로 만들어진다는 것

---

9   육서영 · 윤석민, 「탐사 보도 프로그램 제작에서 구성작가의 역할」, 『방송통신
     연구』 통권 81호, 2012.
10   김주영, 「'PD와 일 떠넘기기' 논쟁 없어야」, 『신문과 방송』, 2002년 7월호.

번 스튜디오나 부조정실 등을 구경하는 게 고작일 정도로 방송 시스템 외곽에서 일하게 되고, 작은 제작사에서 하던 프로그램이 납품 중단되면 실업자가 되어버리는 상황이 속속 발생했다. 구성작가 숫자는 기하급수적으로 늘어났고 PD들이 하던 일까지 하면서 업무 영역은 대폭 늘어나 제작의 전 과정을 프로듀서와 함께 전 방위적으로 담당하게 됐지만[11] 미래에 대한 전망은 어두워졌다. 이런 현실에 대해 한국방송작가협회가 출간하는 『방송작가』의 편집을 맡고 있는 구성작가 출신 편집자는 각자도생(各自圖生)의 시대가 왔다고 진단했다.

> 일정 기간 자료 조사 기간을 거치면 자연스레 작가가 되고, 작가는 그들의 선배이자 멘토가 되었던 시대는 지나가버렸습니다. 적어도 구성 다큐 부분에선 말입니다. 선배 작가가 보조작가의 미래를 책임져줄 수 없고, 그들이 원하는 프로그램의 작가가 되기 힘들어진 지금, 선후배의 개념은 희미해졌습니다. 작가로서 사명감은 사라지고, 이렇게 해야 훌륭한 작가로 성장할 수 있다고 섣불리 말하지 못합니다. 각자 알아서 살 길을 모색하는 시대입니다.[12]

예전에 비해 앞일이 불투명해지고 처우도 낮아진 구성작가들에게 최고의 각자도생의 길은 드라마 작가가 되는 길이다. 많은 구성작가들이 드라마를 쓰고 싶어 하지만 드라마 작가가 되는 길이 쉽지는 않다.

> 구성작가 중에 드라마 작가 되고 싶은 친구들이 정말 많죠. 구성 쪽 일은 나이 들면 출구가 없어요. 하지만 드라마 작가가 되는 건 쉽지 않죠. 이미 나이도 든 상태라 드라마 쪽으로 넘어오고 싶어도 못 넘어오는 친구들 많죠. 하지만 많은 구성작가가 드라마 작가를 꿈꾸는 현상은 계속될 거예요.
>
> 드라마 작가 D

---

11 위의 글.
12 「편집자의 말」, 『방송작가』, 2015년 10월호, 82쪽.

많은 구성작가들 드라마 작가를 꿈꾸게 된 배경에는 드라마 영역의 확장이라는 변수가 있다. 케이블과 종편이 생기면서 예전에는 드라마라고 볼 수 없었던 새로운 형태의 드라마가 생겨나게 되어 구성작가들에게 드라마에 도전할 수 있다는 자신감을 불어넣어준 것으로 보인다. "드라마와 예능의 경계가 나뉘어졌던 예능 · 다큐멘터리 같은 영역들이 드라마와 퓨전되는 경향이나(〈응답하라〉 시리즈, 〈막돼먹은 영애씨〉), 60분 전후의 분량이라고 여겨졌던 드라마가 이제는 10분짜리로 잘려 나오는 웹드라마와 같은 형태"[13]로 드라마의 영역이 넓어지면서 이미 방송을 경험하고 한 장르에서 활동하고 있는 구성작가들에게 드라마는 '해볼 만한 장르'가 되었다.

일반 드라마 안에서도 '드라마의 예능화'의 경향이 확산되고 있어서 예능 쪽 구성작가들의 드라마 진출이 더 용이해진 측면이 있다. 윤석진은 최근 드라마 경향을 예능과 드라마의 결합이라고 진단하며 예능에서 활동하다가 드라마 집필로 선회한 작가들을 주목했다.[14]

국내 최초 드라마타이즈 코미디 프로그램인 〈테마게임〉(MBC, 1995)의 극본 집필로 능력을 인정받은 뒤 〈애드버킷〉(MBC, 1998)과 〈신화〉(SBS, 2002)라는 드라마로 주목받고, 마침내 〈대장금〉(MBC, 2005)으로 팩션 드라마의 새로운 영역을 개척한 김영현 작가가 대표적이다. 〈쾌걸 춘향〉(KBS2, 2005)과 〈환상의 커플〉(MBC, 2006)등을 집필한 홍정은 · 홍미란 작가, 〈내조의 여왕〉(MBC, 2009)과 〈넝쿨째 굴러온 당신〉(KBS2, 2012)에 이어 〈별에서 온 그대〉(SBS, 2013)로 스타덤에 오른 박지은 작가, 〈너의 목소리가 들려〉(SBS, 2013)와 〈피노키오〉(SBS,

13 정덕현, 「막장부터 혼합장르까지, 혼돈에서 다양성으로」, 『방송작가』 2015년 10월호, 25쪽.
14 윤석진, 「예능과 드라마의 결합, 급변하는 방송 환경에서의 생존 전략」, 『방송작가』 2015년 10월호, 27~28쪽.

2014)로 주목받은 박혜련 작가 등도 예능에서 드라마로 활동 영역을 옮겨 성공한 경우이다. 비교적 최근까지 예능 영역에서 활동하던 〈인현왕후의 남자〉(tvN, 2012)의 송재정 작가와 〈응답하라 1997〉(tvN, 2012)의 이우정 작가는 예능과 드라마의 영역 구분이 이제 더 이상 별다른 의미가 없음을 상징적으로 보여주었다.[15]

특히 최근 예능 작가는 미국 드라마와 한국 드라마의 혼종을 생산하며 드라마 내 새로운 지형을 만들어내고 있다는 점에서도 주목할 만하다.

예능 작가 강세는 집단창작이 정착된 시트콤에서 이미 확인된 것이지만 최근에는 드라마 일반으로 확대되고 있다. 상상력만이 아닌 고증과 취재에 의한 강한 리얼리티, 회당 마무리되는 재미있는 에피소드 구성력 등이 강점이다. 〈주군의 태양〉의 홍자매, 〈나인〉의 송재정 작가는 〈서프라이즈〉 출신이다. 김영현 작가 역시 〈테마게임〉으로 출발했다. 〈우리가 결혼할 수 있을까〉의 하명희 작가도 〈사랑과 전쟁〉을 썼다. 고선희 서울예대 교수는 "스타 작가 잡기에 집중하는 지상파와 달리 케이블 드라마들의 차별화 전략이 눈에 띈다"고 평했다.[16]

예능 작가가 되기가 드라마 작가가 되기보다는 훨씬 용이하다는 측면에서 실제로 나이 어린 드라마 작가 지망생들이 예능 작가를 드라마 작가가 되는 길로 이해하기도 한다. 〈응답하라〉 시리즈로 예능의 '드라마화'를 이끌었던 이우정 작가도 비교적 쉽게 예능 작가로 입성했고, 〈연애시대〉의 박연선 작가도 예능 작가로 9년을 활동하다가 드라마 작가로 데뷔했다.

핫(hot)하기 그지없는 예능계에서 확고한 작가 브랜드화를 이룬 이우정 작가의 전공은 무역학, IMF 직격탄 세대로 졸업하고 보니 마땅히 취

15 위의 글.
16 양성희, 「드라마 썰전(舌戰) ⑫ 드라마 집단창작」, 『중앙일보』 2013.10.30.

직할 만한 데가 없었다. 아주 작은 광고회사에 들어가 카피라이터 생활을 짧게 하다가 MBC 〈21세기 위원회〉 막내 작가로 예능계에 들어섰다. 2년 후, KBS로 옮기면서 〈산장 미팅 장미의 전쟁〉의 메인작가 타이틀을 달게 됐는데, 그때 만난 인연이 바로 이명한 PD와 조연출 나영석 PD였다. 이우정 작가가 리얼 버라이어티에 최적화된 작가로 성장할 수 있는 씨앗은 그 시절부터 움트기 시작했다.[17]

박연선 작가는 대학 때 광고 카피를 공부하다가 예능 프로그램 작가로 방송계에 입문했다. 9년 동안 방송사에서 활약하다가 한 문화센터에서 영화 시나리오 작법을 공부하고, 2002년 베스트극장 〈얼음마녀의 장례식에 오세요〉라는 단막극으로 드라마 작가로 데뷔했다. 그리고 거의 같은 시기에 영화 〈동갑내기 과외하기〉로 영화 시나리오 작가로까지 이름을 알렸다. 이후 드라마 〈지고는 못 살아〉 〈사랑한다 말하기〉 등의 단막극과 〈파란만장 미스김의 10억 만들기〉 〈연애시대〉 〈얼렁뚱땅 흥신소〉 〈화이트 크리스마스〉 〈난폭한 로맨스〉 등의 드라마를 썼다.[18]

표 10 연구 대상 작가들의 주요 경력과 인적사항

이름	성별	나이	활동 기간	주요 경력	이전 직업
A	여	42	드라마 작가 지망생 5년차	· 한국방송작가협회 부설 교육원 연수반 과정 · 직장 생활하면서 모아두었던 자금으로 작가 지망생 생활	· 전산 프로그래머 · 4년제 대학 자연계열
B	여	43	드라마 작가 지망생 14년차	· KBS 구성작가 공채 : 예능 구성작가로 활동 · 한국방송작가협회 부설 교육원 전문반 과정(창작반으로 올라가지 못하고 전문반 과정을 4번 다님) · 교육원 신인상 수상 · 2007년 16부작 미니시리즈 보조작가 · 2013~2014년 103부작 일일연속극 보조작가 · 홍보 영상, 작은 영화제 시나리오 당선 상금 등으로 작가 지망생 생활	· 예능 구성작가 · 4년제 대학 문예창작과

17 『방송작가』 2012년 4월호, 6쪽.
18 위의 책, 12쪽.

이름	성별	나이	활동 기간	주요 경력	이전 직업
C	남	42	드라마 습작 3년 공모 당선 후 11년 동안 데뷔 못 함	· SBS 아카데미에서 드라마 배움(6개월 과정) · 2004년 지상파 방송사 단막극 공모 당선 · 드라마로는 데뷔하지 못하고, 간간이 책을 출간(소설, 동화 등 5권 정도 출간) · 보조작가를 한 번 했으나 제작사의 부당 해지로 중간에 그만둠(2010) · 창작 활동을 하는 작가들에게 국가에서 생활비 지원 등의 대책을 세워줘다 한다고 생각	· 2년제 전기공학과
D	여	47	드라마 습작 10년 데뷔 못 함	· 따로 드라마 습작을 배운 적이 없음, 대학 때 희곡 실습 · 2008년 정부 기관에서 주최한 극본 공모당선 됐으나 TV 드라마에는 데뷔 못 함 · 드라마 제작사와 계약했으나 성과 없이 계약이 종료됨	· 교양구성작가 · 4년제 국문과
E	여	46	드라마 습작 6년차 데뷔 14년차	· 한국방송작가협회 교육원 전문반 과정 · KBS 드라마 기획팀 기획 작가 1년 남짓 · 미니시리즈 및 주말연속극 등 보조작가 생활 4년 · 2001년경 지상파 단막극으로 데뷔 · 지상파에서 단막극 3편 한 후 제작사 계약 · 2012년 지상파 미니시리즈 공모 대상 수상 · 현재 지상파 계약 작가로 대본 개발 중	· 중학교 계약직 교사 4년 · 4년제 생물학과
F	남	48	영화 · 드라마 습작 3년 영화 데뷔 9년차 드라마 데뷔 3년차	· 충무로 영화 시나리오 교육원 · 영화 시나리오 개봉 · 2010년 5명의 공동 집필로 케이블 미니시리즈 집필 · 영화 각색 일도 가끔 함 · 5년간 각종 스토리 공모에서 계속 당선	· 4년제 이공대 · 회사원 생활 · 사업
G	여	50	드라마 습작 15년 데뷔 2년차	· 한국방송작가협회 부설 교육원 창작반 졸업 · 교양 구성작가 · 2011년 지상파 연속극 공모 당선 · 2012년 지상파 연속극 공모 당선(2번 연속 당선) · 집필하는 보조작가 생활 · 2014년 케이블 일일연속극으로 데뷔	· 교양 구성작가 · 4년제 국문과

이름	성별	나이	활동 기간	주요 경력	이전 직업
H	여	41	드라마 습작 4년 데뷔 2년차	· 예능 · 라디오 구성작가로 활동 · 2011년 지상파 자회사 미니시리즈 공모 당선 · 2012년 지상파 미니시리즈 공모 당선 · 2013년 지상파 단막극 공모 단막극 당선 · 2014년 지상파 미니시리즈 데뷔 · 2015년 지상파 미리시리즈 방송 중 부당 해지(5회까지 집필)	· 예능 · 라디오 구성 작가 · 4년제 문헌정보학과
I	여	46	드라마 습작 3년 데뷔 11년차	· 한국방송작가협회 부설 교육원 창작반 졸업 · 2004년 지상파 방송사 단막극 공모 당선 · 2005년 지상파 미니시리즈 공동 집필 · 2007년 지상파 아침드라마 집필 · 그 후로 여러 제작사와 대본 개발을 했으나 편성 과정의 갈등을 겪고 8년간 방송을 못 함	· 카피라이터 · 2년제 광고창작과
J	남	38	드라마 습작 10년 데뷔 3년차	· 부산 시나리오 교육원 · 2003년 지상파 TV 문학상 공모전 당선 · 2005년 부산영상위원회 시나리오 공모전 당선 · 2008년 영화진흥위원회 주최 극영화 시나리오 부문 우수작품 입선 · 2008년 영화 콘텐츠 공모전 대상 당선 · 2010년 드라마 페스티벌 창작 극본 공모전 당선 · 2012년 지상파 미니시리즈 공모 당선 · 2013년 지상파 미니시리즈 공동 집필 · 2014년 지상파 미니시리즈 집필	· 학원 강사 · 4년제 영어교육과
K	여	43	시트콤 작가에서 드라마 작가로 데뷔 6년차	· KBS 아카데미 방송작가 과정 중 SBS 예능 작가로 특채 · 유명 시트콤에서 메인작가로 활동 · 2010년 지상파 미니시리즈 데뷔 · 2012년 케이블 미니시리즈 집필 · 2013년 케이블 미니시리즈 집필 · 2014년 케이블 미니시리즈 집필 · 케이블 방송사 쪽에서 미리 편성을 줄 정도로 작품성을 인정받은 인기 작가	· 예능 · 시트콤 작가 · 신문방송학과

이름	성별	나이	활동 기간	주요 경력	이전 직업
L	여	51	드라마 습작 3년 데뷔 16년차	· 문화센터에서 드라마 습작 공부 · 1999년 지상파 단막극 공모 당선 · 1999년 지상파 단막극 데뷔 · 2000년 이후 지상파 단막극 6편 · 미니시리즈 · 일일연속극 · 주말연속극 12편 집필 · 2009년 주말연속극은 시청률 40%를 돌파하며 작품성과 대중성을 동시에 인정받음 · 2012~2013년에 방송된 주말연속극은 40% 넘어 50%에 육박하는 시청률 기록 · 하는 작품마다 화제성과 흥행성을 몰고 옴	· 4년제 중문과
M	남	48	드라마 습작 2년 데뷔 20년차	· 한국방송작가협회 부설 교육원 창작반 졸업 · 1994년 지상파 단막극 극본 공모 당선 · 1996년 타 지상파 단막극 극본 공모 당선 · 그 후 7년간 단막극 집필 · 2002년 지상파 미니시리즈 집필 · 2006~2007년 지상파 대하사극으로 주목받기 시작 · 2010년 지상파 60부작 연속극 집필 · 2012년 지상파 미니시리즈 집필 · 2013년 지상파 미니시리즈 집필 · 2013~2014년 지상파 51부작 연속극 집필 · 2006년 이후 하는 작품마다 시청률 30% 전후로 끌어올리며 인기 작가로 자리 잡음 · 지상파 방송사 편성을 원하는 대로 잡을 수 있는 인기 작가	· 시로 신춘문예 당선 · 4년제 국문과
N	남	62	드라마 습작 1년 데뷔 36년차	· KBS 방송작가 여름학교에서 드라마 교육 받음(당시는 방송사 극본 공모가 없었던 시절) · 1981년 지상파 단막극으로 데뷔한 후 수많은 단막극을 집필 · 1981년 연속극을 시작해 2014년 현재까지 20여 편의 연속극 집필 · 1994년에 방송된 주말연속극은 48.7%의 최고 시청률과 평균 40%대의 시청률로 방영 내내 1위를 기록하며 큰 인기 · 90년대에 히트작이 많고 현재까지도 독특한 드라마 세계를 펼치며 드라마 작가로 활동	· 2년제 문예창작과

표 10은 드라마 작가 지망생 A에서부터 드라마를 36년간 써온 인기 작가 N까지 그들의 습작기와 활동 기간, 주요 경력 등을 정리해놓은 것이다. 최근으로 올수록 점점 습작기가 길어지고, 드라마 작가 데뷔가 늦어지는 것을 파악할 수 있다. 이는 지상파 방송사의 단막극 폐지와 관련이 있다. 현재 KBS만 〈KBS 드라마 스페셜〉이란 제목으로 다시 단막극을 부활시켜 방영하고 있을 뿐, 다른 지상파 방송사와 케이블에서 단막극을 방영하지 않고 있다. 방송 3사 단막극이 폐지되기 전에는 신인들이 단막극을 통해 데뷔하고 성장했지만, 지금은 단막극이 많지 않아 그럴 수 있는 기회가 한정되어 있다.

단막극은 2008년 이후 폐지와 부활을 반복해왔다.[19] 그 후 KBS만 단막극의 명맥을 겨우 이어오고 있다. 단막극이 폐지된 배경에는 방송사 간 치열한 시청률 싸움이 있다. 후발주자로서 부진했던 SBS는 1995년 초 〈모래시계〉라는 드라마 한 편을 통해 일개 지역 민방이 아닌 전국적인 스테이션 이미지(Station Image)를 확립할 수 있었고, 이후 급속한 성장을 이룩한다. 지상파 3사의 드라마 경쟁에도 본격적인 불이 붙기 시작한 것이다. 이후 3사 간 드라마 시청률 경쟁은 미니시리즈 맞대응 편성, 드라마 편수 증가, 드라마 연속 편성, 회당 방영 시간 늘리기 등 많은 변화를 불러왔다. 또한 단막극이나 주간단막극 등 시청률 약세 장르의 축소와 폐지를 불러왔다. 소재 면에서도 농촌드라마나 청소년드라마가 사라졌다. MBC의 경우 2002년 〈전원일기〉, 2005년 일요아침드라마, 2007년 〈베스트극장〉이 폐지되었다. 이후 '시즌드라마' 혹은 '토요드라마', '일요드라마'라는 이름으로 단막극 혹은 주간단막극이 간헐적으로 방송되었으나 상시 편성은 사라졌다. 현재 KBS의 〈산 너머 남촌에는 2〉가 유일한 농촌드라마다. 청소

19 남지은, 「걸핏하면 단막극 폐지 내모는 공영방송 KBS」, 『한겨레신문』, 2014.11.25.

년드라마는 KBS에서 〈학교〉〈반올림〉〈정글피쉬〉 등 간헐적으로나마 그 명맥을 유지하고 있으나 MBC와 SBS에서는 사라졌다.[20]

신인 작가들의 등용문인 단막극의 폐지와 신인 작가들이 집필하기 용이한 주간단막극, 그리고 젊은 작가들이 상대적으로 강점을 가지고 집필할 수 있는 청소년드라마가 사라지거나 대폭 축소된 것은 작가 지망생들이 드라마 작가로 데뷔할 수 있는 많은 기회를 빼앗겼다는 뜻이다. 즉 단막극의 축소 혹은 폐지는 신인 연출 및 작가와 연기자의 시장 진입을 가로막아 드라마 장르 및 인력 시장에서 R&D 기능이 사라지는 부작용을 낳았다.[21]

결국 1990년 민영방송 SBS의 창사는 지상파 3사 간의 무한 경쟁 체제를 만들어 지상파 드라마들은 시청률 위주로 재편되고, 내부적으로는 인력 양성과 교육에 있어서 열악한 구조로 변모했다고 볼 수 있다. 이에 더해 드라마 외주 제작 활성화와 아시아를 중심으로 한 한류 열풍은 드라마 산업 전반에 더 큰 지각 변동을 일으켰다.[22] 이러한 드라마 제작 환경의 변화 속에서 드라마 작가 지망생들은 더 많아졌지만 실제로 드라마로 데뷔할 수 있는 기회는 더욱더 적어졌고, 방송사 내부에서 신인 작가들을 양성하는 분위기도 많이 사라졌다.

1990년에 데뷔해서 〈아줌마〉(MBC, 2000), 〈아내의 자격〉(JTBC, 2012), 〈밀회〉(JTBC, 2014) 등을 집필하며 인기를 얻고 있는 정성주 작가

20 김경희, 「드라마 제작환경 변화에 대한 연출자들의 인식 연구 : 미니시리즈 제작 과정을 중심으로」, 고려대학교 언론대학원 석사학위 논문, 2012(이 논문에서는 〈산 너머 남촌에는 2〉가 유일한 농촌드라마라고 하였으나, 이 드라마 역시 2014년 12월에 종영되었다).

21 김동준, 「외주제작의 증가로 인한 방송사 드라마 제작실태 변화 연구」, 『디지털 시대 방송의 쟁점과 전망』, 서울 : 한국방송프로듀서연합회, 2006; 이종님, 「방송한류의 현황과 문제점 : 국내 방송 시장환경 변화와 드라마 제작 환경을 중심으로」, 한국언론학회 심포지엄 및 세미나, 2007, 2~33쪽.

22 김경희, 앞의 글.

는 비교적 데뷔가 쉬웠던 시절에 드라마를 시작한 것이, 드라마 데뷔 자체가 어려워진 척박한 드라마 제작 환경에 처해 있는 드라마 작가 지망생들에게 미안한 마음이 든다고 술회했다.

> 호락호락한 시절에 글을 써 데뷔를 했어요. 그래서 여러분에게 미안한 생각도 들어요. 하지만 쉽게 데뷔한 만큼 그에 상응하는 고통이 뒤따랐지요.[23]

정성주 작가는 1990년 MBC 드라마 〈우리들의 천국〉을 집필함으로써 드라마 작가로 데뷔한 것으로 알려져 있다. 1990년은 드라마의 외주 제작 시스템이 도입되기 전으로 방송사에서 모든 드라마를 자체 제작하고 있을 때였다. 정성주 작가가 "호락호락한 시절"이라고 표현한 그때는, 방송사 주도의 제작 시스템에서 신인 작가들이 드라마를 쓸 수 있는 기회가 비교적 많았던 시절이라고 볼 수 있다. 오히려 드라마 데뷔를 쉽게 했기 때문에 그에 상응하는 고통이 뒤따랐다는 것은 데뷔 이후 방송사 안에서 작가로서 성장하는 고통을 겪었다는 의미로 해석할 수 있다. 즉 방송사 자체 제작으로만 드라마를 생산했을 때는 신인 작가들에게 기회가 많이 주어졌고 방송사 안에서 실패와 도전을 경험하며 드라마 작가로 성장할 수 있었다.

1970년대와 1980년대 그리고 1990년대에는 드라마 데뷔를 비교적 쉽게 했다. 단막극이 많았고, 기본적인 설정이 같으면서도 매주 이야기가 달라지는 시추에이션 드라마가 많아서 신인들이 쉽게 접근할 수 있기도 했지만, 무엇보다 드라마 작가라는 직업이 그리 많이 알려지지도 않았고 지금같이 선망의 직업도 아니었다. 정하연 작가는 오히려 1970년대는 연극

---

23 「교육원, TV 드라마 공개특강 개최 – 〈풍문으로 들었소〉 정성주, 〈미생〉 정윤정 작가 강의」, 『방송작가』, 2015년 10월호, 72쪽.

희곡이나 소설을 쓰다가 드라마 쓴다고 하면 우습게 생각하는 그런 시절
이었다고 술회했다.

> 원래 희곡을 쓰고 연극을 했으니까 드라마는 내가 원하던 모습하고
> 거리가 멀었죠. 그런데 어떤 선배님이 "(드라마는) 시청률 10%만 돼도
> 몇백만이 보는 건데, 왜 안 하느냐" 그래서 "이거(TV 드라마) 하기 싫은
> 데 내가 왜 해" 이런 대답을 했는데 "너 이러고 쓸 수는 없다. (뭐든 쓰는
> 일에) 최선을 다해야 한다"고 야단을 치셨어요. 그때부터 내 직업은 드
> 라마 작가라고 마음먹은 게 한 20년 된 거 같아요. 그때부터 열심히 써
> 요. 요즘은 방송작가 된 것도 괜찮은 인생 같아요.[24]

> 장학금 받으려고 대학 때 방송반 아나운서를 했어요. 그러다 우연히
> 대본으로 된 책을 보고 그 형식에 맞춰 대본을 써서 방송반 선배였던 원
> 종배 아나운서에게 보여줬는데, 자기 동기 PD를 소개해주셨죠. 대본을
> 보신 그 PD 분이 와서 수정해라, 그래서 얼떨결에 데뷔했어요.[25]

1988년에 단막극으로 데뷔해 〈가문의 영광〉(SBS, 2008~2009), 〈못난이
주의보〉(SBS, 2013) 등 20여 편이 넘는 드라마를 집필한 정지우 작가도 어
렸을 때 드라마를 워낙 좋아하고 할머니, 할아버지를 따라 일찌감치 영화
를 보러 간 것을 토양으로 "얼떨결에 드라마 작가가 됐다"고 했다. 그러나
2000년대에 드라마 작가가 되는 풍경은 낭만적이지도 순탄하지도 않다.

C작가는 2004년 방송사 단막극 공모에 공동 집필을 하여 당선되었으
나, 해당 방송사의 단막극이 폐지됐던 시절이라 바로 데뷔를 못 하고 현재
에 이르렀다. 단막극을 해보지 않은 상태에서 미니시리즈나 사극 연속극

---

24 강명석, 「정하연 작가 '작가 지망생에게, 진짜로 니가 꼭 쓰고 싶은 걸 써라'」,
　　『텐아시아』, 2011.3.28/ 수정 2013.6.11.
25 김명호, 「못난이를 키운 8%의 바람, 그 바람에 닻을 올리고 떠나는 항해 이야
　　기-SBS 〈못난이 주의〉 정지우 작가」, 『방송작가』 2014년 3월호.

을 기획하고 준비하는 기회가 여러 번 있었지만 잘 되지 않았다. 일이 들어오는 대로 하다 보니 시나리오 작업을 해서 생활하기도 하고, 소설을 쓰기도 하면서 어려운 생활을 이어나갔다. 동화나 소설로 출간된 책이 있어서 분명 작가라는 정체성을 가지고 있지만, 드라마는 공모에 당선됐다고 해도 데뷔를 못 해서 드라마 작가 지망생인지 드라마 작가인지 정체성이 애매모호한 상태다. 드라마가 공모에 당선된 지 10년이 넘도록 데뷔를 못 하면서 준비하던 드라마도 번번이 무산되는 고통을 겪어왔다. 드라마, 영화, 소설 등 여러 장르에 기웃거리지 말고 한 장르에만 몰두하는 게 어떻겠냐는 질문에 C작가는 경제적인 이유를 들어 대답했다.

> 드라마, 소설 다 쓰고 싶지만, 드라마는 돈을 많이 벌 수 있어 좋아요. 그래서 기웃거리고 있는 거 같고요. 사실 쓰는 맛이라든가 책이 되어 나온다든가 하는 점에서는 소설이 좋지만, 요즘 웬만한 사람은 소설 써서 먹고살 수가 없어요. 1,000부 팔기도 힘들거든요. 반면에 드라마는 돈을 많이 벌 수 있는 메리트가 있죠. 솔직히 말하면 드라마는 다 경제적인 면 때문에 기웃거리고 있는 거죠.   드라마 작가 C

40대 후반의 여성인 D작가 역시 작가로서 정체성이 모호한 경우다. 교양 구성작가 출신으로 15년 넘게 방송 일을 하다가 드라마 습작을 시작하여 드라마 작가를 꿈꾸게 되었다. 정부기관에서 주최한 공모전에 단막극이 당선되어 구성작가에서 드라마 작가로 넘어왔지만, 당선되어 제작된 것이 TV 드라마가 아니어서 데뷔를 했다고 하기에 아주 애매한 상태였다. 그 후 제작사와 3년 동안 집필 계약을 맺고 미니시리즈를 개발했지만 모두 무산되고, 현재는 또다시 습작을 하며 다른 제작사를 찾고 있는 상태이다. D작가의 정체성은 아들에게도 혼란을 줘서 마음이 아팠던 기억을 토로했다.

담임 선생님은 우리 아들 기 살려주려고 ㅇㅇㅇ는 엄마가 작가라서 일기 잘 쓴다고 한 거죠. 그런데 애들이 "느네 엄마 뭐(어떤 드라마) 썼냐"고 물어보는데, 아들이 무슨 말을 못했던 거 같아요. 집에 와서 지나가는 소리로 아들이 "뭘 해야지(드라마 쓴 게 있어야) 말을 하지." 이렇게 얼버무리면서 말을 하는 거야. 제 맘이 상할까 봐 똑바로는 얘기 안 하더라고요. '아아, 진짜, 내가 깨끗이 드라마를 접어야 되나?' 그리고 그 이후부터 여러 가지 생각을 했죠. 그냥 깨끗이 접고 논술학원이나 할까.
드라마 작가 D

초등학교 3학년인 D작가의 아들은 엄마가 드라마 작가라고 생각하면서 엄마가 쓰고 있던 드라마에 나오는 캐릭터에 관심이 많아 자랑을 하고 다녔다고 한다. 그런데 3년이 지나도록 엄마가 아무런 성과를 내지 못하게 되자, 친구들 앞에서 엄마가 썼던 드라마 작품을 하나도 말하지 못하게 됐고, 그것이 D작가에게는 큰 상처가 됐다고 한다. 가끔씩 다른 일을 해볼까 싶기도 하지만 지금까지 버텨온 시간이 너무 아깝고, 드라마 작가라는 직업이 늦게 성공하더라도 성공만 한다면 다 보상을 받을 수 있는 직업이기 때문에 쉽게 놓을 수가 없다고 했다. 무엇보다도 주변 사람들이 "작가로서는 늦은 나이가 아니다"라고 얘기할 때, 다시 뭔가 준비해서 드라마를 해야겠다는 생각이 들지만 현실적으로 막막하다고 했다.

D작가는 실제로 40대 후반이었는데 주변에서 '늦은 나이가 아니다'라고 했다는 것과 D작가 자신이 그 말을 받아들인 것은 맥로비가 문화적 작업은 매몰되지 않고 개성이 뚜렷한 인력에 의존하기도 하는데 나이라는 요소가 경력의 궤적을 그리는 데 결정적 역할을 하지 않는다고 지적했던[26] 지점과 맞닿아 있다. 40, 50대부터 퇴직을 하고 50, 60대에도 퇴직을 안 하면 도둑놈이라는 뜻의 "사오정, 오륙도"라는 단어가 낯설지 않은 요즘,

26 McRobbie, A., "From Holloway to Hollywood: Happiness at work in the new cultural economy", *Cultural economy*, 2002, pp.97~114.

40대 후반에 드라마 작가로 도전한다는 것이 늦지 않았다는 것은 문화적 작업 혹은 문화산업 내에서의 일에는 나이가 크게 문제가 되지 않는다는 것을 의미한다.

드라마 작가 지망생들은 드라마를 좋아하거나 드라마 작가가 되어 좀 더 나은 처우, 즉 작가다운 작가 대접을 받고 싶어서 습작을 시작하지만 극본 공모에 당선되기도 어렵고, 극본 공모에 당선되어도 데뷔하기가 어려운 드라마 제작 환경에 놓여 있다. 또한 방송사들의 시청률 경쟁으로 인해 단막극과 주간단막극, 청소년드라마가 사라지고 있기 때문에 긴 습작 시간을 버틴다고 해도 드라마 작가로서 길이 열리지 않는 경우가 많은 것으로 나타났다.

2) 늦어지는 데뷔, 길어지는 무명 시절
: 드라마 작가의 성장 과정

어려운 진입 장벽을 뚫고 드라마 작가의 세계로 들어온 작가들이 신인 시절과 무명 시절에 겪는 고통은 이루 말할 수 없다. 무엇인가 끊임없이 쓰지만 그것이 제작으로 연결되지 않으면 그동안의 일이 모두 허사가 된다. 방송 콘텐츠의 생명은 타이밍이기 때문에 타이밍을 놓친 드라마는 나중에 활용하기가 힘들다. 돈을 못 벌면 쉬거나 놀기라도 해야 하는데, 많은 신인 작가들이 끊임없이 일을 하지만 전혀 수입을 올릴 수 없는 한심한 처지에 놓여 있다고 답답한 심정을 토로했다.

드라마 작가들이 신인 시절에 겪는 고통에 대해서 방송사 감독들은 어쩔 수 없는 통과의례로 여기거나 전체 방송 시스템 안에서 그렇게 될 수밖에 없다는 의견을 피력했다.

어쨌든 작가라는 게 잘되면 그에 합당함을 넘어서는 부와 명성을 얻게 되는 거잖아요. 그러면 잘 안 되는 거에 대한 기회비용은 어쩔 수 없는 거잖아요. 드라마 작가는 작품이 잘됐을 경우에는, 모든 권력을 다 갖게 되는 거잖아요. 물론, 몇 작품 잘돼야 되지만. 그런 경우를 생각해보면 신인 때 고통스러운 거는 견뎌야 하는 것 같아요. 그게 이 시스템인 거 같아요. 　　　　　　　　　　　　　　　　　　　　드라마 감독 Q

작가는 언제 터질지 모르니까(좋은 작품을 쓸지) 월급을 주면서 같이 갈 수는 없는 거죠. 어떤 작가는 죽을 때쯤 터져서 좋은 작품을 쓸 수 있는 거잖아요. 그때까지 방송사에서 작가에게 평생 비용을 지불할 수는 없잖아요. 작가는 감독이나 제작자와는 다른 존재잖아요. 　드라마 감독 P

　작가는 드라마 생산 과정에서 매우 중요한 생산자이지만 방송사에서는 작가에게 월급을 주며 드라마를 쓰게 하지는 않는다. 방송사는 작가가 드라마 작가로서 어느 정도 성장해서 드라마를 능숙하게 써내고 경쟁력이 있다고 판단했을 때 작가를 선택하고 기회를 준다. 작가를 대하는 방송사, 제작사, 감독의 시선은 상품화할 수 있는 역량을 보는 것이기 때문에, 신인 작가들은 상품성을 인정받을 때까지 부단히 노력해야 하는데 그 기간이라는 게 실제로 한도 끝도 없다는 데 문제가 있다.

　G작가의 경우에는 데뷔하는 데만 무려 15년이란 긴 세월이 걸렸다. 구성작가로서 한 달에 300~400만 원씩 안정된 수입을 올렸던 아내가 15년씩 드라마에 매달려 성과를 내지 못하니 남편과도 사이가 벌어져 별거까지 가는 큰 고통을 겪었다고 했다. 3년만 드라마 습작을 하겠다고 했으나, 무려 5배가 되는 15년 동안 데뷔를 못 하고 드라마를 잡고 있었으니 남편이 참 한심하게 생각했겠다고 G작가는 말했다. 드라마 습작을 하다가 실력을 인정받아 제작사와 계약하는 소위 계약 작가가 되었지만 신인이라 번번이 기획안이 거부당하는 아픔을 겪었다.

드라마 작가로서 너무 미천하니까, 두 번 정도 물을 먹게 되니까 내가 열이 받아가지고 그 작품을 지상파 방송사 공모에 낸 거예요. 그게 2011년도 연속극으로, 우수상으로 당선이 된 거예요. 당선이 또 되면 뭐 해. (웃음) 되면 뭐 해, 편성이 안 되는걸. 그 후에도 방송국에서 시키는 대로 삥삥이치고 있었죠.　　　　　　　　　　　　　　　　　　 드라마 작가 G

G작가는 드라마 데뷔는 못 했지만 나름대로 실력을 인정받아 계약했다. 그러나 그 후에도 계속 드라마 대본이 거절당하게 되자 방송사 공모에 도전했다. 그러나 당선이 됐어도, 방송사에서는 "이것 써봐라, 저것 써봐라" 시키기만 했지 작가로서 데뷔할 기회를 주지 않았다고 한다. 답답한 마음이 들어 그 다음 해에 이름을 바꿔서 같은 방송사 연속극 공모에 또 대본을 출품하고 당선이 되었다. 같은 작가가 같은 방송사에 연이어 공모에 당선됐던 적은 없었다고 하면서 G작가는 스스로를 "오뚝이"라고 표현했다. 그러나 이번에도 데뷔의 기회는 주어지지 않았다. 그나마 그런 과정을 거치며 실력을 인정받아 다른 작가가 쓰는 드라마에 '섀도(shadow) 작가'로 불리며 '대본 집필에 적극 참여하는 보조작가'로 들어가게 되었다. '섀도 작가'는 일반 보조작가가 한 달에 100만 원에서 200만 원 정도의 월급을 받는 것에 비해 몇 배나 되는 돈을 받는다고 했다. 말 그대로 그림자처럼 숨어서 대본을 쓰기 때문에 자신의 이름으로 드라마가 나가지는 않았지만, 그렇게 또 습작을 하며 지낼 몇천만 원을 벌었다고 했다. 이런 식으로 G작가는 15년이란 긴 습작기를 버텼고, 마침내 자신의 이름으로 드라마를 쓸 수 있는 기회를 만났다.

G작가는 자신이 케이블 방송사에서 103회 분량의 일일연속극을 성공적으로 끝냈을 때 주변 사람들이 자신에게 했던 말이 잊히지 않는다고 했다. 제작사와 재계약을 하면서 상당한 액수의 계약금을 받는 자리였다고 했다.

그들의 나에 대한 태도도 처음과 많이 달라졌죠. 그러니까 우리 제
작사 부사장이 나한테 그러더라고. "이제 판검사 됐지 뭐." 그런 뉘앙
스……. 그래도 아직은 내가 선택해서 할 수 있는 상황이 아니고, 그대로
그들이 여전히 슈퍼 갑이지만.　　　　　　　　　　　　　드라마 작가 G

　　"판검사 된 것"으로 상징되는 드라마 지망생의 일일연속극 데뷔는 다른
드라마 작가 지망생에게 큰 교훈이 되기도 한다. 보조작가이자 작가 지망
생인 B는 15년간의 긴 습작기를 거치고 드라마 데뷔에 성공한 G작가의
사례를 보면서, 앞으로 주어질 명예와 금전적인 보상에 대한 기대로 힘들
고 긴 습작기를 견딘다고 했다.
　　TV 드라마에 '극본 ○○○'라는 크레디트를 올리고 드라마 작가가 된다
고 해도 길고 긴 무명 시절이 기다리고 있다. 더러는 단막극에서 기량을
인정받고 바로 미니시리즈로 옮겨 빨리 자리를 잡는 작가도 있어 보이지
만, 속내를 보면 모두 나름대로의 고통스러운 무명 시절이 있다. 다만 그
기간이 1년이냐 10년이냐 20년이냐 하는 차이가 있을 뿐이다.
　　드라마는 기본적으로 방송이 되어야 작가가 원고료를 받는다. 6개월을
준비하든 2년을 준비하든 진행했던 드라마가 무산되면 작가는 아무런 보
상을 받지 못한다. 계약 시 받았던 돈은 이미 사라진 지 오래고, 계약을 못
하고 일을 했던 작가들은 그나마도 아무것도 남지 않게 된다.

　　보통 작가들이 타격을 받는 게 뭐냐면, "미니 한번 해보자" 하고 감독
들이 손이 딱 와요. 그럼 바라던 바니까 모든 걸 다 접고 그 감독하고 작
업을 해요. 6개월을 하든 8개월을 하든, 그때가 사실은 보릿고갠데……
근데 그 감독들이 자기 나름대로 뭘 해줄 수 있는, 방송에서 파워가 있는
감독들이 아니라 다 자기도 어떻게 해보고 싶은 감독들이라…… 나중에
갑자기 느닷없이 "아, 미안해서 어떡하죠. 위에서 다른 작가를 붙여줬
어요"라든가 "다른 데를 가게 됐어요"라든가 이런 게 딱 오면 정말 난감
하죠. 그렇다고 해서 반 년 내지는 1년 동안 내가 일했던 그 시간에 대해

드라마 작가는 어떻게 만들어지는가

보상을 해주는 사람이 아무도 없고.　　　　　　　　　　드라마 작가 M

　지금은 방송사와 편성 시간대를 스스로 정할 수가 있고, 감독도 선택할
만한 권한이 주어진 M작가는 무명 시절의 고통을 아직도 잊을 수 없다고
했다. 드라마 데뷔 이후 7년 동안 단막극을 했는데, 단막극이라는 게 1년
에 한 번 나갈 수도 있고, 2년에 한 번 나갈 수도 있기 때문에 연봉 300만
원 정도로 1년을 버티며 살았다고 했다.

> 　잘 곳이 없어서 2년을 소파에서 잔 적이 있었죠. 아는 제작사 소파에
> 서 자고, 대방동 반지하방 이런 데서 자고. 또 그때 당시에 여기저기 집
> 있는 선배들한테 가서 많이 잤어요. 그러다가 이제 2002년도에 △△이란
> 드라마를 하게 됐는데, 하나 했다고 해서 크게 살림살이가 나아지지 않
> 더라고요. 받은 돈이 큰돈인데, 그때 신인이고 그런 돈이 생기면 일단 집
> 에 갖다 줘야 된다는 의무감도 많고……. 출세작인 드라마 ○○○ 하기
> 전까지는 홍대 앞 옥탑방에 살았어요. 제가 94년도 데뷔를 했는데 만약
> 되게 용한 점쟁이가 "당신이 이 일을 계속하면 10년 동안 마흔이 다 되도
> 록 집도 절도 없고, 결혼도 못 할 거다"라고 얘기했으면 나중에는 잘되
> 겠지만, 그렇게 딱 예언을 했으면 이걸 안 했을 거 같아요. 너무 힘들어
> 서…….　　　　　　　　　　　　　　　　　　　　　　드라마 작가 M

　M작가는 무명 시절 10년여를 집도 절도 없이 버텼다. 그러는 사이 M작
가와 함께 방송사 극본 공모에 당선됐던 동료들은 모두 방송계를 떠났다.
M작가는 2년 간격으로 두 군데 지상파 방송사의 공모에 당선되어 양쪽
방송사에 모두 동료들이 꽤 많이 있었지만, 지금 남아서 드라마 작가로 활
동하고 있는 사람은 M작가 한 사람뿐이라고 했다.
　2012년 드라마 〈추적자〉로 오랜 무명 시절을 겪고 인기 작가의 반열에
오른 박경수 작가의 경우를 봐도, 드라마 작가로 데뷔하는 것이 능사가 아
니라는 것을 보여준다. 1998년에 단막극으로 데뷔한 박경수 작가는 2012

년 〈추적자〉로 세상에 이름을 알리기까지 15년 동안 긴 무명 시절을 겪으며 생활고에 시달려온 것으로 알려져 있다.[27] 수많은 드라마 작가 지망생들은 데뷔의 문턱에서 좌절하여 포기하고, 많은 신인 작가들은 무명 시절을 겪는 동안 생활고에 시달리다가 포기한다.

드라마 작가로 데뷔했다고 해도 누구나 하루아침에 드라마를 잘 쓰게 되지 않는다. 36년간 드라마를 써오며 한국 드라마사(史)에 상당히 의미 있는 작품들을 남긴 인기 작가 N은 무명 작가 시절, 선배들의 드라마를 보고 절망감을 느꼈던 경험을 토로했다.

> 나보다 바로 직전에 들어왔던 김정수 선생님이 쓴 〈전원일기〉를 보면서 엄청난 절망을 느꼈어. "난 저렇게 못 쓰겠구나……." 그리고 임충 선생님 〈전설의 고향〉 대본 보면서 지하철에서 막 울었어. 너무 재밌는 것도 재밌지만, "어떻게 사람이 이렇게 쓸 수가 있을까, 나는 죽었다 깨어나도 안 되겠다" 이런 절망감에 사로잡혔다고. 그러니까 나는 내가 모자란 거를 방송국에 와서 많이 배운 거야. 나이가 젊으니까 가능했던 거야. 그때가 스물일곱이었지.
>
> 드라마 작가 N

창작의 열망에 대한 내적인 갈등 뿐만 아니라 외적인 상처도 N작가를 성장하게 했다. 한 기자가 N작가가 쓴 사극을 보며 『조선일보』에 평을 썼는데 "○○○ 드라마, 이럴 바에는 차라리 없애는 편이"라는 제목이었다고 한다. 기사 내용에서는 N작가가 쓴 유치한 대사들을 인용하면서 "홍콩 만화영화도 아니고 어떻게 이렇게 쓸 수가 있는가, 작가. 그리고 적어도 작가라면 우리나라 전통 무술에 대한 거라든가 뭔가 우리나라 형사제도나 관청에 대한 공부가 되어 있어야 되지 않겠나. 어떻게 이럴 수가 있는가"라고 신랄한 비판을 했다고 했다.

---

27 윤고은, 「〈추적자〉 박경수 작가 '배우, 스태프에 감사·죄송'」, 『연합뉴스』, 2012.7.18.

내가 딱 보는 순간 쥐구멍이 있었으면 들어가고 싶더라고. 그래서 아침에 방송국에 왔다가 창피해서 얼른 나왔어. 대방동에서 지하철 타고 집에 왔어. 집에 와서 소주 한 잔 먹고 잤어. '아, 죽고 싶다'는 생각밖에 없었어. '아, 미치겠다. 이제 창피해서 어떻게 얼굴을 들고 다니지?' 진짜 반성했어······.

드라마 작가 N

그 다음 날부터 N작가는 당시 다니던 유명한 헌책방에서 조선시대 형사제도, 『추관지』, 『경국대전』, 『속대전』 등 사극 관련 책을 모두 구해서 공부하기 시작했다고 한다. 기자의 충고가 너무도 정확하고 아팠기 때문에 그 비평을 겸허히 받아들이고 정말 열심히 공부했고, 그 덕분에 당시 집필하던 사극을 훨씬 잘 쓰게 되었다고 한다. 그것이 자산이 되어 몇 년 전에 집필한 사극도 남들이 모르는 역사적인 실례를 가지고 잘 활용했다고 술회했다.

M작가는 신인 시절에 함께 일하는 감독의 의견을 잘 들으려고 노력했다. 대부분의 드라마 감독이 남자이기 때문에 남자 작가는 감독과 일하다가 쓸데없는 기싸움으로 허비하는 경우가 있다고 한다. 그래서 처음에는 감독이 자신의 생각이 옳다고 주장하면 일단 먼저 실랑이를 벌였다고 한다. 또 감독들이 여자 작가들한테는 막 대하는 거 같아서 더욱 그런 생각이 들었지만 차차 다르게 인식하기 시작했다고 술회했다.

제가 조금조금 지나면서 'PD가 무슨 말을 하는지는 들어야겠구나' 하는 생각이 들더라고요. 그 사람도 자기 나름대로 거기서 이 일로 밥을 먹고 사는 사람들인데, 나하고 생각이 다르다고 무조건 그러는 건 아닌 거 같다. 들어보니까 도움 되는 말을 하는 PD도 많고, 어느 정도 이상 넘어가면 쓸데없는 얘기긴 한데, 거기까지를 걸러 들어야 되는 게 있더라고요. 대중을 상대로 하는 대중문화에서 '작가가 귀를 막고, 눈을 감고 오직 내 거만 쓰겠다고 하면 안 되겠구나.'

드라마 작가 M

M작가는 7년 동안 단막극을 하면서 생활고에 시달렸지만 많은 감독들과 일하면서 자신이 부족한 점을 배워나갔고, 좋은 의견을 듣는 태도를 길렀다. 그런 과정을 겪으며 드라마 작가는 끊임없이 성장해야 한다고 했다.

N작가가 데뷔한 때는 1981년이고 M작가가 데뷔한 것은 1994년이다. 이 두 사람은 방송사에서 작가에 대한 R&D[28]를 활발하게 했던 시절에 데뷔를 했기 때문에 단막극이나 주간단막극을 통해 드라마를 쓸 기회를 얻었고, 드라마를 써나가면서 배우며 성장했다. 그러나 2000년대 중반 이후, 드라마의 외주 제작이 활성화되면서 드라마 작가들을 키워서 활용하는 시스템이 아니라 스스로 알아서 생존하는 신인 작가들을 선택하는 시스템으로 바뀌어갔다. 사기업으로 이윤 추구라는 확실한 목표가 있는 드라마 제작사 입장에서는 드라마 작가를 양성하는 일보다 당장 활용할 작가를 찾는 데 관심을 둘 수밖에 없다. 방송사에서 직접 신인 작가들을 육성하는 시스템이 상당 부분 없어지면서 신인 작가들의 고통은 점점 늘어나고 무명 시절은 점점 길어지고 있다.

경쟁력 있는 신인 작가를 양성하는 일은 방송사에게나 제작사에게나 중요한 일이지만, 어느 쪽도 적극적이지 않다. 방송사에서는 자체 제작 드라마가 많지 않아 당장 작가 수급에 문제가 없다고 생각하며, 이윤 추구가 목적인 제작사에서는 자체적으로 작가를 키울 만한 여력이나 의지가 부족해 보인다. 현재 우리나라의 드라마 작가 지망생이나 신인 작가들은 어떤 시스템 속에서 성장하는 게 아니라 스스로 편성을 받을 수 있는 환경을 만들어야 하기 때문에 G작가처럼 습작기만 15년이 되는 경우가 생긴다. 그나마 G작가는 데뷔라는 목적을 이루었으니 다행이지만, 많은 드라마 작

28　방송사에서 신인 작가들에게 일정 기간에 하나씩 드라마를 쓰게 하고 그중에 좋은 드라마를 방송하면서 작가들을 교육시키는 일종의 작가 양성 시스템을 말한다.

가 지망생과 무명의 신인 작가들이 제대로 드라마를 쓸 기회를 잡아보지도 못하고 사라지고 만다.

　미국은 작가 지망생 시절부터 공동 집필 시스템이 정착되어 있는 작가실에 들어가 수련기를 보낼 수 있다. 기본적인 급여를 받으면서 체계적으로 작가 수업을 받을 수 있는 구조로 되어 있다.[29] 우리나라에서는 누구나 글을 잘 쓰면 드라마 작가가 될 수 있다고 지망생들에게 속삭이고 있지만, 글을 잘 써서 보여줄 기회조차도 갖지 못하는 게 현실이다. 이런 현상은 외주 제작 중심으로 철저하게 상업화된 드라마 제작 시스템에서 기인한다.

29　김미숙, 「미국 작가협회 역할과 미국 작가 시스템」, 『한국전파진흥협회 연수보고서』(방송 콘텐츠 글로벌 집필능력 강화를 위한 국외 심화교육), 2015.

2. 드라마 작가의 정체성과 생존 방식의 특성

1) 드라마 작가들의 정체성 인식

드라마 작가들의 정체성은 다섯 가지 유형으로 나타났다. 고독한 창작자로서의 정체성, 미디어 노동을 수행하는 생산자로서의 정체성, 불안정한 고소득 수입자로서의 정체성, 대중에게 기쁨과 위로를 주는 사회 공헌자로서의 정체성, 문화산업 내 콘텐츠 생산자로서의 정체성, 이 다섯 가지의 교집합이 드라마 작가의 정체성이라고 할 수 있다. 다시 말해, 각각의 정체성은 다른 직종과도 겹칠 수 있으나 이 다섯 가지 정체성의 교차되는 지점이 드라마 작가가 갖는 공통의 정체성이라고 할 수 있다.

(1) 고독한 창작자로서의 정체성

인터뷰 대상 드라마 작가들에게서 공통적으로 나타는 현상 중에 하나는 드라마를 꼭 "작품"이라고 부른다는 것이다. 예를 들면 "내가 그 작품 했을 때", "그 작품은……" 이런 식으로 드라마를 명명한다. 드라마 작가들에게는 드라마가 단순한 프로그램이 아니라 자신이 빚고 창조하여 만든 작품인 셈이다. 또한 드라마 작가들은 작업실이나 집에 틀어박혀서 혼자서 해

야 하는 고독한 작업 방식과 재미있거나 감동적인 이야기를 끊임없이 써
내야 하는 고통을 천형(天形)이라고 표현했다. I작가는 2007년 방송 후 준
비하는 드라마마다 끝까지 가지 못하고 기획 단계나 편성 단계에서 무산
되는 아픔을 겪었지만 드라마를 쓰는 일을 천형으로 받아들이며 "어쩔 수
없이 작두에 올라가서 뛰고 있는 무당"에 비유했다.

> 그게 신내림을 받아서 어쩔 수 없이 작두에 올라가서 뛰는 무당 같은
> 거 같아요. 그러니까 작두 밑에 내려와도 불행하고…… 안 써도 불행하
> 고, 써도 불행하기 때문에 어쩔 수 없는 운명인 거 같아요. 형벌로 짊어
> 졌고, 정말 이게 하늘이 내린 천형(天刑) 같아요. '이건 뭐 안 할 수가 없
> 는 거라서 하는데…… 아, 이게 뭐 내가 선택한 그건 아니지 않나?' 그런
> 생각도 들어요.
>   드라마 작가 I

드라마 작가 지망생이 되고 작가가 되는 과정에서 대부분의 작가들이
운명적인 이끌림이나 운명적인 계기를 경험한다. 대학 이공계를 졸업한
후 회사 생활을 하기도 했고, 일본에서 만화를 공부했던 F작가 역시 운명
적인 이끌림에 의해 작가의 길로 들어섰다. 어렸을 때부터 글짓기를 잘했
고 상도 곧잘 탔지만, 영화나 드라마를 만든다든지 글을 쓴다든지 하는 일
은 자신보다 훨씬 뛰어난 사람들이 하는 거라고 생각했다. 만화 그리는 것
을 좋아했고 1990년대에는 출판 시장이 커서 그쪽으로 나가려고 했지만
몇 번이나 좌절되는 바람에 회사도 다니고 작은 사업도 했다. 하지만 언젠
가는 글을 쓰게 되지 않을까 이런 생각이 늘 가슴속에 있었다고 한다. 그
러던 중 2002년 월드컵이 한창이었을 때 하던 사업이 망하면서 "사는 방
식"을 바꿔야겠다는 생각이 강하게 들었고, 해가 바뀌자마자 2003년 1월
에 충무로에 있는 영화 시나리오 교육원을 찾아가게 됐는데, 그게 자신의
운명이라는 생각이 들었다고 했다.

양재동에서 회사에 다니고 있었는데 3호선을 타고 충무로를 가면서 심장 박동이 점점 빨라지는 거를 내가 느꼈어요. 그러다가 충무로에서 딱 내려가지고, 교육원까지 걸어서 10분이 채 안 걸리는데 거길 막 뛰어 갔어요. 막 빨리 가고 싶어서. 막 심장이 쿵쿵쿵쿵 뛰면서…… 그때 가니 까 ○○○ 선생님이 강의를 하시는데 진짜 작법서 후진 거 읽고 그대로 얘기하시는 건데도 저는 그게 막 '신의 계시'처럼 느껴져, 무릎을 치면 서 맨 앞에서, 딱 맨 앞줄에서 들었죠. 그런데 그때 2003년이었고. 2003 년도에 쓴 작품으로 데뷔를 했어요. 신 내림을 당한 것 같았어요.

드라마 작가 F

그 후 F작가는 13년 동안 원고료로 먹고산 적도 있고, 그렇지 않고 다른 일을 좀 더 해서 먹고산 적도 있다. 최근 3년 동안은 계속 원고료로 살고 있기 때문에 더욱더 이 길이 자신의 길이라고 생각하고 있었다. 원고료로 생활비를 충당할 수 있는 요즘을 "그나마 나은 시절"이라고 말했다. F작가 는 자신은 결국 작가가 될 운명이었는데 너무 많이 돌아서 늦게야 자신의 길을 찾은 것 같다고 했다.

저는 작가가 된다는 게 직업으로 선택하는 건 아니고 직업 이전에 '삶 의 태도'를 바꾸는 일 같아요. 작가가 되는 건 '삶의 방식'을 바꾸는 거 죠. 직업인 동시에, 아니 직업 이전에 '저의 삶의 방식'이라고 하는 게 맞아요.

드라마 작가 F

작가는 직업 이전에 "저의 삶의 방식"이라고 말하는 F작가의 말 속에는 창작자로의 정체성이 짙게 배어 있었다. 드라마 작가로 살기를 선택한다 는 것은 단순히 직업을 갖는다는 의미와는 사뭇 다른, 창작자로서 다른 방 식의 삶을 요구하기 때문으로 이해된다.

창작자로서의 정체성은 가난에 굴복하지 않는 특성을 나타내기도 한다. 전문대 전기공학과를 졸업한 C작가는 극본 공모에 당선되고 11년이나 지

드라마 작가는 어떻게 만들어지는가

나고도 데뷔를 하지 못하고 심각한 생활고를 겪고 있지만, 드라마 쓰는 일을 포기할 수가 없다고 했다. 드라마든 소설이든 자신의 것을 써서 결과물을 낸다는 일에 매력을 느끼고 있기 때문에 그런 "프라이드"를 포기할 수 없다고 했다. 격심한 생활고에 시달리면서도 쓴다는 일을 포기할 수 없어서 중독이라고도 생각한 적도 있다.

> 뭔가 써야겠다는 무의식이 있어서 잠을 잘 때도 꿈을 꿔요. 가끔 가다 제가 비참하게 느껴지는 건…… 글 쓰는 일은 내가 선택한 문제니까 감수한다고 쳐도, 그 이면에는 (생활비 같은 거) 감수해야 하는 게 너무 많아. '내가 정신병자 아닌가. 왜 남은 심각하다고 생각한 것을 감수하면서 살까? 보통 사람이라면 글 쓰는 일을 차단시켜버리고 그럴 텐데…….' 컴퓨터를 불에 태워버리고, 메모도 불에 태워버리고……. 그런데 난 이러지 못한다는 거죠. 다시 쓰고 싶어서 다 복구해놓는 거지. 모든 메모를 다 기억하려고 병이 나는 거지. 난리가 나는 거지.
>
> 드라마 작가 C

C작가에게서는 문화산업에 종사하는 프리랜서나 비정규직들이 일을 하면서 자기착취적인 노동에 익숙해진다는 맥로비의 주장[30]이 그대로 나타났다. C작가는 당장 생활비가 없는데도 돈이 안 되는 글을 쓰면서 글 쓰는 일을 포기할 수 없는 자신의 상황이 너무 힘들다고 했다. 맥로비가 이런 종류의 노동을 '사랑의 노동(labour of love)'이라고 묘사하며 자기만족을 찾기 위해 미디어 노동에 헌신하며 자신을 착취하는 것에 대한 우려를 나타냈던 점도 그대로 드러났다. 작가들은 이러한 창작의 노동에 빠져들게 되는 것을 어떤 운명으로 설명해내려고 했다.

> 대학교 졸업하고 나서 하는 일마다 안 됐어요. 뭐든지 해도 안 되는 거

30 McRobbie, A., op. cit.

예요. 정말 안 돼요. 그런데 어느 날부터 내가 작가가 될 것 같은 이상한 느낌이 들었어요. 작가협회 교육원 2년 과정 끝나고 나서 KBS 공모에 낸 첫 작품이 바로 돼버린 거예요.[31]

KBS 주말드라마 〈며느리 전성시대〉〈솔약국집 아들들〉〈사랑을 믿어요〉 등으로 인기 작가의 반열에 오른 조정선 작가는 배우가 되기 위해 연극영화과에 진학했다가 뜻하지 않게 작가가 되었다고 고백했다.[32] "이상한 느낌"이라고 표현한 것은 어쩔 수 없는 이끌림으로 작가가 되었다는 표현으로 해석된다. 한편, 드라마 작가가 되는 계기나 글을 쓰지 않고는 견디지 못하는 것이 운명이라면, 드라마 작가가 되어서 끝까지 살아남아 성공하는 것도 운명이라고 인식하고 있고 있었다.

> 저는 어느 정도 운명론적인 걸 믿는 사람이에요. 작가 운명이 아닌 분들은 어떠한 계기든 아주 사소한 계기가 되더라도 그만두는 경우가 있고, 지금 작가 활동 하시는 분들은 그냥 그걸로 밥 먹고 살라고 타고난 어떤 여러 가지 뭐가 있어요. 작가가 되려면 최소한 몇 가지는 있어야 될거 아니에요? 재능도 있어야 되고, 기회도 주어져야 되고, 좋은 사람도 만나야 되고, 작가가 될 수 있는 집안 환경도 되어야 되고. 그런 것들이 뭔가 맞아주니까 지금까지 한 거고. 힘든 무명 시절을 견디는 그 인내심조차도 이 사람이 타고난 천부적인 게 맞고. 그만둔 분들도 또 어떤 필드에서 되게 잘 살고 있을 거란 생각이 들어요. 　　　　　드라마 작가 M

드라마 작가가 되어야겠다는 생각은 해본 적도 없이 회사에 들어갔다. 그러나 영상작가 전문교육원과 방송작가교육원을 기웃거렸던 것을 보면 계속 끈을 놓지는 않고 있었나 보다. 큰 욕심이 없이 낸 습작품 〈마지막 후래쉬맨〉이 눈에 띄면서 생각지도 못하게 찾아온 데뷔에, 이후 단

31　최미혜, 「'베토벤 현악 4중주 14번'을 연주하듯 – SBS 〈결혼의 여신〉 조정선 작가」, 『방송작가』 2013년 12월호, 7쪽.
32　위의 글.

막극 KBS 〈달팽이 고시원〉 〈위대한 계춘빈〉과 tvN〈꽃미남 라면가게〉로 주목을 한 몸에 받으면서도 작가가 자신의 업이 될 거란 것은 영 실감하지 못했다. 오히려 늘 마지막이라는 생각으로 대본을 썼다. 첫 미니시리즈 〈직장의 신〉을 집필하면서 그제야 자신이 작가라는 것이 어렴풋하게 느껴지기 시작했다.[33]

윤난중 작가의 말처럼 드라마는 창작이기 때문에 단막극 몇 편 하고 했다고 해서 앞으로 계속 창작을 하는 드라마 작가로 살아갈 수 있을 것이라는 "실감"하기란 쉽지 않다. 다른 방송 장르는 기본적인 재료(material)가 존재하지만 드라마는 가상의 공간에서 가상의 이야기를 만들어내는 작업이기 때문에 눈에 보이는 재료가 없다. 교양 프로그램은 논픽션이기 때문에 실제 인물들이 나오고, 예능 프로그램에도 프로그램의 재료가 되는 연예인들이 있다. 그러나 드라마는 백지에서 시작해서 세트가 생기고 캐릭터가 생기고 스토리가 생긴다. 흥행 공식이라는 말이 있지만 이 말이 스토리가 정해져 있거나 같은 캐릭터가 있다는 뜻이 아니다. 굳이 이해하자면 흥행을 이끌 수 있는 전체적인 공통된 구도가 있다는 뜻이다. 이 전체적인 구도는 수많은 새로운 이야기로 다시 채워져야 한다. 그런 점에서 드라마 작가는 이 흥행 공식을 끊임없이 부수고 새롭게 써야 하는 존재이기도 하다. 시대에 따라 트렌드가 바뀔 때마다 흥행 공식이 변하는 이유가 여기에 있다. 그래서 드라마 작가들은 늘 창작의 고통과 싸우며 드라마를 집필한다. 드라마 작가를 두고서는 협업하는 감독들조차도 드라마 생산자의 한 사람이면서도 차원이 다른 세계의 존재하는 "다른 무엇"이라고 생각하고 있었다.

33   김선미, 「세상 모든 호구들을 위한 이야기 - tvN 〈호구의 사랑〉 윤난중 작가」, 『방송작가』 2015년 6월호.

작가는 하느님이죠. 저는 그렇게 생각해요. 작가는 생명을 만들어내는 사람이에요. 작가는 생명을 만들어내는 사람이고, 우리는 의사고. 작가가 잘 만들어내면 그냥 가요.　　　　　　　　　　　지상파 기획자 '라'

작가는 제사장이죠. 작가는 어쨌든 형이상학의 세계에 있고, 그것을 현실로 만드는 사람이고…… 작가는 형이상학의 세계에서 내려오면 안 되는 것 같아요.　　　　　　　　　　　　　　　드라마 감독 P

나는 절대 용납을 못 하지. 내 작품을 왜 지들이 맘대로 하려고 그러는 거에 대해서 절대 못 고치지. 절대 못 고치고, 절대로 내가 용납을 안 하지.　　　　　　　　　　　　　　　　　드라마 작가 N

생명을 만드는 사람인 작가와 제사장인 작가 그리고 절대 고칠 수 없는 대본을 쓰는 작가는 극도의 고독감과 절망감 속에 시간과 싸우며 창작의 고통을 다 짊어질 수밖에 없는 존재라는 것을 스스로 인식하고 있었다.

운명에 이끌려 작가가 됐다고 해서 그 운명에 의해 모두 성공하는 것도 아니고, 쓸 때마다 다 잘 써지는 것도 아니라고 말했다. 1981년에 드라마를 쓰기 시작해 36년 동안 수십 편의 드라마를 집필해온 N작가는 수많은 히트작을 내기도 했지만, 때로는 마음대로 써지지 않을 때가 있었다며 인간의 힘으로는 어쩔 수 없었던 상황에 대해 이야기를 했다.

운명이 인간을 만들지. 운성(運性)의 빛이 나를 잘 비쳐주면 잘되는 거고, 운성이 빛을 잃으면 잘 안 되는 거지 뭐. 아무리 내가 잘 쓰려고 노력을 해도 운성이 빛을 내줘야지. 그렇잖아, 인스피레이션이 자꾸 활발하게 와야지. 그래야지 내가 잘되는 거지. 아니 이왕 쓰는 거 잘 쓰고 싶지 않은 게 누가 있겠어? 그렇지만 일단은 기본이 독서라든가 이런 것들이 많이 되어야 되는 게 물론이고 운성이 빛을 내줘야지. 재능이 암만 있어도 노력해야지. 뭐 수많은 작가들이 명멸하잖아. 근데 어떻게 노력 없이 오랫동안 그걸 할 수 있겠어.　　　　　　　　　　　　드라마 작가 N

쓸 때는 너무 고통스럽고 쓰는 거 자체가 너무 고통스러워서 괴롭고. 어휴, 안 쓰는 거는 또 우리가 글 쓰고 싶은 그런 욕망을 타고 태어난 거 잖아요. 그 욕구가 해결이 안 되니까 불행한 거고. 그래서 이래도 불행하고, 저래도 불행하고. 그러니까 어쩔 수 없는 그거를 그냥 짊어지고 가야 되는 거 같아요. 제가 좋아하는 선배님은 항상 그런 말씀 하세요. "작가는 자기 십자가 짊어지고 가는 사람이다." 그 말에 완전 동감이 돼요.

드라마 작가 I

작가가 될 운명, 이상한 느낌, 운성의 빛, 글을 쓰고 싶은 타고난 욕망 때문에 고통스러운 창작의 세계에 사는 드라마 작가들은 기실 '심미화된 노동'의 매력에 빠져 있는 자신들을 그렇게 표현하고 있는 것으로 보인다. 헤즈먼달과 베이커는 심미화된 노동인 창의 노동은 노동자들에게 자율성과 즐거움을 불러일으키는 동시에 희생과 불안, 고립감 역시 가져오는 양가감정의 원천으로 작용한다고 지적했는데,[34] 드라마 작가들은 심미화된 노동 속에서 고독한 창작자로서 쓰는 즐거움과 동시에 창작의 고통을 겪고 있는 것으로 보인다.

또 멩거는 문화산업의 일은 불안정하고 저임금에 고강도의 일을 하는 자기착취적인 현상이 강한데도 사람들이 몰려드는 이유를 사람들이 이런 노동 자체를 사랑하기 때문이라고 보았다.[35] 드라마 작가들이 드라마 쓰는 일을 운명적으로 받아들이고 있으며 거부할 수 없는 "천형"이라고 생각하고 있는 것을 보면, 멩거가 이러한 노동을 하는 사람들에 대해 잠재적인 성취와 소명 의식을 가지고 있으며 실패의 위험을 감수할 준비가 되어 있다고 주장한 부분이 설득력이 있어 보인다.

---

34 Hesmondhalgh, D. & Baker, S., "A very complicated version of freedom: Conditions and experiences of creative labour in three cultural industries", *Poetics*, 38, 2010; Hesmondhalgh, D. & Baker, S., *Creative Labour: Media Work in Three Cultural Industries*, London and New York: Routledge, 2011.

35 Menger, P.M., *Artistic labor markets and careers*, 1999.

제4장 드라마 작가로 만들어진다는 것

드라마 작가들은 자신들이 고독한 창작자라고 생각하고 있었으며 그 과정에서 실패를 겪는다거나 일이 뜻대로 되지 않는 것조차 운명으로 받아들이고 있었다.

(2) 미디어 노동을 수행하는 생산자로서의 정체성

드라마 작가들의 노동은 작가가 처한 어떠한 상황에 대해서도 변명하지 않고 써내야 한다는 측면에서 또 다른 고통을 내포하고 있다. 무(無)에서 유(有)를 만들어내야 하는 창작의 고통에 무슨 일이 닥쳐도 시간에 맞춰 대본을 써내야 하는 고통까지 이중으로 겪지만, 그래도 위안이 되는 것은 드라마를 봐주고 반응하는 시청자들의 존재라고 한다. 그게 드라마를 창작하는 매력이라고 했다.

> 사실 그때 저는 다리가 부러져서 입원한 상태였어요. 수술을 해야 했지만, 그날 원고가 나오지 않으면 펑크가 날 상황이어서 다리를 붙들어 매고 원고를 썼죠. 그때 시청자 게시판의 글들을 보면서 제 글을 들어주려는 사람이 있고, 제가 하는 말을 믿어주는 사람이 있다는 게 정말 힘이 됐어요. 그래서 (드라마가) 병상에서 시청자들에게 쓴 연서였죠.[36]

L작가는 드라마 방송 중에 부친상을 당했는데, 드라마 촬영이 급박하여 장례식장에서 조문객을 만나고 돌아서서 바로 대본을 집필한 경험을 털어놓았다. 드라마 창작은 소설이나 시 창작처럼 여유 있게 할 수 있는 게 아니어서, 창작의 고통이 가중된다고 한다. 드라마 창작이라는 게 누군가 대신 할 수 없고, 시간을 꼭 맞춰서 해야 하는 노동이라 방송이 시작되면 꼼짝없이 모든 것이 드라마에 매이게 된다고 했다. 방송 시간을 엄수해야 한

36 김명호, 「못난이를 키운 8%의 바람, 그 바람에 닻을 올리고 떠나는 항해 이야기 – SBS 〈못난이 주의〉 정지우 작가」, 『방송작가』 2014년 3월호, 7쪽.

다는 압박감은 심리적으로 절망적인 상태에까지 끌고 간다고 했다.

　　나는 머리에 총 쏴버리고 싶은 때가 한두 번이 아니다. 원고 넘길 시간
은 다가오는데, 생각이 안 나서……. 　　　　　　　　　　　드라마 작가 N

　　정말 자살에 대한 생각을 했던 게 그 드라마 쓸 때였어요. 자살이라
는 단어조차도 생각을 안했을 때, 그때 정말 난생 처음 '죽어야 끝나나?'
'이 고통이 죽어야 끝나나?' 이런 생각했어요. 정말 △△△ 쓸 때는 '죽
어버리고 싶다……' 정말 그 거실 바닥, 작업실 거실 바닥을 데굴데굴
굴러다니면서 울고불고 난리를 쳤던 거 같아요. 엄마가 가끔씩 와서 먹
을 것도 해주시고 그랬는데 엄마가 있거나 말거나, 울고불고 했어요.
　　　　　　　　　　　　　　　　　　　　　　　　　　　드라마 작가 I

　　대본을 아침에 주기로 했는데 여섯시까지 한 줄도 못 썼어요. 저는 그
대로 밤을 새고 담배만 엄청 피우고. 머리가 너무 아파서 밖에 나갔더니
사람들이 출근을 하더라고요. 너무 부러운 거예요, 그게. '내가 이 일을
왜 한다고 해서… 이렇게 너무 인간적으로 정신적으로 육체적으로 고통
이 심하다' 이런 생각이 확 들었어요. 방에 딱 들어갔는데 '확 죽어버릴
까?' 싶은 거예요. 대본을 못 쓰겠으니까. '확 죽어버려서 모든 책임과
이런 것들에서 도망을 쳐버릴까?'
　　　　　　　　　　　　　　　　　　　　　　　　　　　드라마 작가 M

　원하는 대로 창작이 안 되는 것도 창작자로서 큰 고통이지만, 시간을 맞
춰서 무엇이든 써내야 하는 것은 상상할 수 없는 엄청난 고통을 가져다준
다고 했다. 작가들은 어느 한 순간의 고통이 아니라 드라마 작가로 살면서
드라마를 쓰는 동안은 끝나지 않을 고통이라고 표현했다. KBS 주말극으
로 시청률 40%를 넘겼던 조정선 작가는 집필 당시 고통을 실감나게 토로
했다.

〈사랑을 믿어요〉할 때는 내 위에서 100톤이 누르는 것 같은 느낌에 시달렸고, 〈며느리 전성시대〉할 때는 맨날 울고 다녔고, 〈솔약국집 아들들〉할 때는 얼굴이 퉁퉁 부었어요. 그래서 내 사진을 본 사람들이 마치 소프라노 가수 같다고 놀릴 정도였어요. 그 스트레스나 중압감이 엄청나기 때문에 그 반대급부로 부작용이 심해요. 그래서 이상한 못된 습관이나 나를 치유해주거나 위로해주는 취미, 갑자기 비싼 가방을 지른다든지…… 이런 것도 했어요.[37]

서브작가들이 레드불이라는 걸 줘서 먹었어요. 되게 독해서 카페인이 박카스의 몇십 배라고 하더라고요. 딱 먹었는데 눈이 환해지더라고요. 낮에는 너무 정신을 못 차리니까 그거 먹고 낮에 쓰고 그랬어요. 냉장고에 레드불을 꽉 채워놨어요. 매일 몇 개씩 먹고. 나중에 그거 먹고 자요, 그냥. 하도 먹어서 약발이 안 통하니까 그거 먹고도 자는 거예요. 근데 그게 심장에 그렇게 무리가 간대요. 그러니까 좋을 순 없어요, 건강이. 기본적으로 일찍 죽는 직업 1, 2위가 기자하고 작가, 마감 있는 글을 쓰는 사람들은 다 일찍 죽더라고요. 그거는 뭐 진짜 마감 있는 글을 쓰는 그 고통은요, 적절한 비유는 아니지만 날짜 받아놓은 사형 선고자들 같은 느낌이 약간 있어요. 예전에는 심장이 두근거려가지고 청심환을 먹은 적이 있었는데, 그게 약간 공황장애의 일종이었던 거 같아요. 왜냐하면 내일 모레까지 대본을 줘야 하는데 오늘 엎어버렸거든, 대본을. 써야 되는데 체력은 이미 바닥나버렸고요.　　　　　　　　　　　　　드라마 작가 M

M작가는 남자 작가로 체력이 상당히 좋은 편에 속했는데 드라마를 쓰면서 체력이 바닥나는 느낌을 많이 받는다고 했다. 대본 시간에 맞춰 하루하루 버티기 위해 응급 처방약을 쓰는 경우는 비단 M작가의 경우에 해당되는 게 아니다. L작가는 한 알에 10여만 원 하는 '공진단'이라는 한약을 날마다 먹으며 대본을 집필했고, G작가는 중간에 쓰러지는 바람에 링

37　최미혜, 「'베토벤 현악 4중주 14번'을 연주하듯—SBS 〈결혼의 여신〉 조정선 작가」, 『방송작가』 2013년 12월호, 6쪽.

거를 꽂고 집필했다고 한다. 집필 중에 작가가 쓰러지거나 한 손에 링거를 꽂고 대본을 쓰는 풍경은 드라마 작가들 사이에서 더 이상 낯선 풍경이 아니라고 한다.

> 사전 제작 같은 거를 활성화하지 않는 한 이런 시스템에서는 벗어날 수 없는 것 같아요. 이거는 정말 대한민국에서 몇 손가락 안에 꼽히는 굉장히 힘든 직업이죠.　　　　　　　　　　　　　　　　　　드라마 작가 M

오랫동안 MBC에서 근무하다가 얼마 전 제작사로 자리를 옮긴 이은규 감독은 현재의 드라마 제작 상황을 적나라하게 표현했다.

> 경쟁력 있는 작품을 기다리는 늦은 편성 확정, 주당 두 개를 70분씩 쏘는 과도한 물량 편성, 누이 죽고 매부 죽는 임박 제작. (우리나라 드라마 제작 현장에는) 이 세 가지 악습이 있습니다.[38]

방송사들이 시청률 경쟁에서 승리하기 위해 드라마를 고르느라고 편성이 늦어지고, 광고료 수입 때문에 드라마를 70분씩 제작하다 보니 드라마가 "누이 죽고 매부 죽는 임박 제작"으로 간다는 것이다. 이런 부작용을 피하기 위해 드라마 사전 제작제에 관심을 두기는 했지만, 그동안 우리나라에서는 촬영 일수가 늘어져서 제작비가 상승되고 PPL 마케팅이 제한적이라는 이유로 드라마 사전 제작이 거의 이루어지지 않았다.

> 한 제작사 관계자는 "제작사들이 '사전 제작 드라마'를 꺼려하는 이유는 'PPL 마케팅'이 제한적이기 때문이다. 규모가 큰 제작사이면 모르지만 상대적으로 영세한 제작사면 특정 기업의 브랜드나 제품을 노출시키는 PPL 마케팅에 기댈 수밖에 없다. 그런데 '사전 제작 드라마'는 제작

38　이은규 감독 인터뷰, 『방송작가』 2015년 10월호.

기간이 길고 방영 시점이 확실치 않아 어렵사리 PPL을 따내도 그 브랜드나 제품은 이미 판매 종료되거나 상품 가치가 없어진 시점이 된다. 이로 인해 기업들이 '사전 제작 드라마'를 꺼린다. 또 '사전 제작 드라마'가 실패하면 그 책임은 고스란히 제작사에게 돌아오는 점도 크다"라고 설명했다.[39]

경제적인 이유로 사전 제작을 하지 않았던 우리나라 드라마들은 최근 경제적인 이유로 사전 제작을 하기 시작했다. 중국의 동영상 규제로 드라마 수출이 타격을 입은 가운데 드라마에 중국 자본이 투자되면서 한국과 중국 동시 방영이 추진되었는데, 이를 위해서는 사전 제작이 필수적으로 이뤄져야 하기 때문이다. 중국과 한국이 동시 방영을 하려면 중국 정부의 방송 정책 담당 부서인 국가신문출판광전총국에 완성본을 제출해서 방송 전에 심의를 받아야 한다.[40] 심의를 받는 데는 통상 2, 3개월이 걸리기 때문에 방송 시점으로부터 2, 3개월 이전에 드라마 제작이 끝나야만 한다.[41] 이런 현상에 대해 연예기획사와 드라마 제작사를 함께 경영하는 제작자 '나'는 남다른 소감을 전했다.

상당히 기이한 현상이죠. 우리 내부적으로 하지 못했던 드라마 사전 제작을 외부의 압력에 의해서 강압적으로 하게 된 거예요. 그렇게 사전 제작을 하려고 해도 잘 안 됐는데, 중국에서 돈이 들어오고 중국 방영 날

39 최준용, 「첫방 앞둔 '그 겨울', '半사전 제작' 성공사례 이을까?」, 『아시아경제』, 2013.2.13.

40 중국 국가신문출판광전총국은 2015년 4월부터 시행할 예정이었던 해외 온라인 동영상에 대한 사전 심의를 2015년 1월 1일부터 앞당겨 시행했다. 방송 6개월 전에 사전 심의를 하되 해외 수입 콘텐츠가 전체 콘텐츠 총량의 25%를 넘지 못하도록 하는 게 핵심이다.

41 염희진, 「줄 잇는 '드라마 100% 사전 제작' 기대半 우려半」, 『동아일보』, 2015.12.9.

짜에 맞춰서 모든 것을 해야 하니까 억지로 사전 제작이 되는 거예요.

연예기획사 대표 겸 제작사 대표 '나'

김은숙 작가가 집필한 〈태양의 후예〉(KBS), 이영애가 출연하는 〈사임당 빛의 일기〉(SBS)가 중국과 동시 방영을 염두에 두고 사전 제작되었으며, 이경희 작가가 집필하고 김우빈과 수지가 출연하는 〈함부로 애틋하게〉(KBS)도 중국 진출을 위해 사전 제작되었다. "해외 수입 드라마에 대한 중국 정부의 규제 강화 이후 국내 드라마가 중국에 진출하려면 사전 심의를 통과해야 하고 이를 위해 100% 사전 제작이 불가피"해진 것이다.[42]

이러한 환경의 변화는 작가들에게도 적지 않은 영향을 끼칠 것으로 예상되지만, 인기 작가와 인기 배우 중심으로 많은 제작비가 투입되는 블록버스터급 드라마들이 주로 사전 제작되어 중국에 진출하는 상황이라 모든 작가에게 사전 제작 시스템이 적용되지는 않을 것으로 보인다. 중국과 동시 방송을 하지 않는 많은 드라마들에는 투자자와 광고주에게 그때그때 만족할 만한 시청률과 PPL 효과를 줄 수 있는 현재의 시스템이 유지될 가능성이 많다. 그럼에도 불구하고 일부에서나마 사전 제작 드라마가 생기고 점차 확대되고 있다는 점은 분명 환영할 만한 일이라고 볼 수 있다.

〈신의 선물〉(SBS, 2014)이 할리우드에서 리메이크 제작이 확정되어 미국 드라마의 크리에이터로도 참여하고 있는 최란 작가는 대본을 다 써놓았는데도 촬영이 따라가주지 못했던 국내 드라마 제작 현장에 대해 안타까워했다.[43]

---

42   위의 글; 이은주, 「뚫어야 산다! 한드, 중국 재상륙 작전 中, 韓드라마 규제에 방송계 '활로 찾기'」, 『서울신문』, 2015.12.22.

43   동아닷컴 디지털 뉴스팀, 「[공식입장] 최란 작가 '신의 선물' 美 리메이크…조승우-이보영 역할 누가 맡나?」, 『동아일보』, 2015.3.9.

제4장　드라마가 작가로 만들어진다는 것

〈신의 선물〉은 8부까지 이미 완고가 나와 있었는데, 1, 2부만 찍고 방송에 들어갔어요. 그런데 보신 분들은 알겠지만 이 드라마 장르 특성상 매주 두 편씩 찍을 수 있는 드라마가 아니에요. 방송사 자체적으로도 이런 장르물 제작은 처음 시도하는 거라 매뉴얼이 없어 발생하게 되는 시스템적인 문제를 겪을 수밖에 없었어요. 조금만 더 시간적인 여유가 있었다면 훨씬 좋은 퀄리티가 나오지 않았을까. …(중략)… 그런 얘기도 있었어요. "왜 미드처럼 못 쓰냐"……. 저, 그런 미드 시스템 속에 넣어놓으면 더 잘 쓸 수 있어요.(웃음) 소위 말하는 이런 '생방 시스템'에서 사실 우리 연출팀과 스태프들, 이 정도 뽑아낸 것도 전 정말 대단하다고 생각해요.[44]

이미 8부까지 완고가 나와 있었는데 1, 2부만 촬영하고 방송에 들어갔다는 것은 편성이 늦어졌다는 것을 의미한다. 이미 제작사에서 개발이 끝난 드라마를 방송사에서 편성하는 과정에서 감독이 결정되기 때문에, 대본이 8회까지 나와 있어도 미리 촬영되지 않고 "생방 시스템"으로 제작된 것이다. 노동렬의 분류[45]에 따르면 2008년부터 2014년까지 드라마 제작이 작가 중심이 되면서 작가가 먼저 드라마를 개발하고 감독이 후발로 참여하여 촬영하는 시스템이 정착되었기 때문에, 미리 나와 있는 대본도 촬영하지 못하는 상황이 발생한 것이다. 이런 과정 속에서 드라마의 품질은 떨어질 수밖에 없는데, 결국 드라마는 영상으로 전달되는 것이라 외부적으로는 드라마 시스템의 문제로 일어나는 드라마 품질 저하에 대한 책임도 작가가 질 수밖에 없다.

중국발 드라마 사전 제작 시스템이 우리나라의 드라마 제작 시스템을 바꾸어놓을지는 아직 알 수 없다. 그러나 이미 드라마 제작비가 상승할 만

44 김명호, 「내일을 바꿀 수 있는 오늘, 신의 선물-SBS 〈신의 선물-14일〉 최란 작가」, 『방송작가』 2014년 6월호.
45 노동렬, 「방송 드라마 제작 산업의 공진과 과정과 인센티브 딜레마」, 서강대학교 대학원 박사학위 논문, 2013.

큼 상승한 상태에서 중국의 투자를 외면할 수 없기 때문에 일정 부분 사전 제작이 확대될 것으로 보인다. 이러한 현상이 자생적으로 만들어진 상황이 아니어서 작가들의 집필 환경을 근본적으로 바꿀 만큼 큰 영향을 줄 것 같지는 않아 보인다.

(3) 불안정한 고소득 수입자로서의 정체성

구성작가로서 방송 경험이 있던 보조작가 B와 D작가, H작가는 구성작가의 한계를 느끼고 좀 더 좋은 대우, 좀 더 많은 경제적 보상 그리고 창의적인 글쓰기를 하고 싶어서 드라마를 시작한 경우다.

> 솔직히 말하면요, 드라마 작가의 만족도는 일단 원고료에 있는 거 같아요. 전 라디오를 해서 그런지 모르겠는데, 예능 작가들은 재방이나 저작권료를 엄청 받는다고 하는데 라디오는 재방이나 저작권료가 없기 때문에 한 달에 350만 원이 전체예요. 원고를 하루에 18매에서 20매씩 쓰는데, 18매, 20매를 꽉꽉 채워서 써도 30일을 일했을 때 받는 돈이 350만 원이에요. 10년 전에도 그랬고 지금도 그래요. 근데 드라마는 하루에 18장을 쓰면 아마 35분짜리 일일극 분량일 텐데 그러면 몇 백 만 원을 주잖아요. 그런 원고료의 차이가 되게 크게 느껴졌었죠.   드라마 작가 H

라디오나 TV 쪽에서 구성작가를 했던 경험이 있는 사람들은 무엇보다 드라마 원고료에 매력을 느꼈다. 구성작가를 생활 작가라고 부르기도 하는데, 생활이라는 말은 큰돈은 벌지 못하고 생활할 정도로 번다는 의미라고 했다. 반면에 드라마는 원고료 자체가 비교도 안 될 정도로 많기 때문에 같은 방송작가라고 하더라도 "다른 작가"로 살아가게 된다. 드라마 작가의 또 다른 매력은 온전히 대본이 그대로 영상으로 완결된다는 것이다.

> 드라마 작가가 가장 재밌는 이유는 내가 쓴 대사나 이런 게 그대로 나가잖아요. 라디오 작가는 음악에 묻혀요. 음악을 위한 글을 쓰거든요. 예

능 작가는 원고라는 게 사실 없잖아요. 자막이 원고일 수 있겠죠. 현장 상황에 맞게 다 바뀌는 거니까 원고라고 볼 수 없는 거 같아요. 아이디어를 내는 거죠. 글다운 글은 제 생각에는 다큐멘터리 글이나 드라마 글인 거 같아요. 그래서 그 작가들은 만족도가 클 거 같아요, 돈에 관계없이. 돈은 뭐 부차적인 거고. 다큐멘터리 작가도 저와 비슷한 글을 쓰지 않을까 그렇게 생각해요.   드라마 작가 H

H작가는 작가가 쓴 글이 그대로 방송이 된다는 면에서 드라마와 다큐멘터리 작가가 비슷한 만족도를 보일 거라고 생각하지만, 다큐멘터리 작가와 드라마 작가는 원고료에서는 많은 차이가 난다. 표 11에서 주간드라마는 10분당 323,630원이고 TV 다큐멘터리는 10분당 307,090원으로 기본 원고료에서는 차이가 별로 없지만 실제로 큰 차이가 난다.

표 11 2013년 방송 원고료 기준표

구분		조항	적용기준		기본 극본료	자료비	합계
극본료	TV	일일연속극(아침)	10분당	가급	212,400	51,690	264,090
		일일연속극(저녁)	10분당	가급	220,370	53,630	274,000
		주간연속극	10분당	가급	260,230	63,400	323,630
		단막극	10분당	가급	360,740	87,810	448,550
		코미디극	10분당	가급	412,880	100,010	512,890
		스파트극	1분당	가급	68,670	87,810	156,480
		촌극 · 콩트	편당	가급	130,490	–	130,490
	라디오	일일연속극	10분당	가급	170,650	25,120	195,770
		주간연속극	10분당	가급	187,160	27,390	214,550
		단막극	10분당	가급	242,640	36,100	278,740
		코미디극	10분당	가급	267,850	39,570	307,420
		스파트극	1분당	가급	45,280	36,100	81,380
		촌극 · 콩트	편당	가급	87,230	–	87,230

구분		조항	적용기준		기본 극본료	자료비	합계
구성료	TV	다큐멘터리	10분당	가급	245,850	61,240	307,090
		종합구성	10분당	가급	107,920	26,940	134,860
		일반구성	10분당	가급	81,560	–	81,560
	라디오	다큐멘터리	10분당	가급	106,690	26,710	13,400
		종합구성	10분당	가급	53,770	13,340	67,110
		일반구성	10분당	가급	40,630	–	40,630
번역료		외화 번역	10분당	가급	159,940	–	159,940
일반 원고 (TV & 라디오)		200자 원고지	1매당	특급	12,190	1,850	14,040
			1매당	가급	9,520	1,450	10,970

자료 제공: 한국방송작가협회

드라마에서는 특별 고료라고 하여 작가 등급별로 책정되는 '특고'가 회당 몇백에서 몇천만 원이기 때문이다. 인기 드라마 작가의 원고료가 1회당 3,000만 원이니 4,000만 원 하는 것은 특고를 기준으로 말하는 것이다. 원래는 작가가 방송사와 직접 계약을 할 때, 작가 등급에 따라 기본 고료에다 특고를 더 주는 것에서 시작되었는데 최근에는 일명 '통계약'이라고 해서 특고 없이 1회당 원고료를 계약하는 추세로 바뀌고 있다. 기본 고료에 비해 특고가 너무 많아지면서 기본 고료가 의미가 없어져 기본 고료와 특고의 구분이 불필요하게 되자 통계약을 많이 하는 것으로 보인다.

드라마 작가들은 일이 없을 때는 수입이 없지만 일단 방송을 하게 되거나 계약을 하게 되면 보통 사람들이 몇 년씩 모아야 하는 돈을 한꺼번에 받는다. 이 돈의 함정은 한꺼번에 받지만 꾸준히 받는 돈이 아니어서 잘 관리해야 하는데 그게 쉽지 않다는 데 있다. 씀씀이는 커지고 돈을 보는 시각도 달라지게 된다고 한다.

씀씀이가 틀려지고…… 단위가 틀려지니까. 문제는 나보다 우리 신랑하고 애가 씀씀이가 달라져버린 거야. 그러니까 여행갈 때 얼마 몇 배 더

들어가고 그러는 거……. 일단 계약금 자체가 단위가 억 단위로 들어오
니까 사고방식이 달라져요. 나도 이제 옷 살 때 이제는 제대로 된 거 사
야지, 주얼리도 제대로 된 거 사야지……. 그럼 일단 옷 사러 가면 단위
가 틀려지는 거지. '아휴, 이제는 이런 거 사도 돼' 이러는데…… 어디
파주나 여주(명품 아울렛) 이런 데 가면 진짜 3, 400만 원은 뚝딱 쓰죠.

드라마 작가 G

15년의 힘들고 고통스러운 습작기를 거치고 일일드라마를 써서 드라마
작가로 데뷔한 G작가가 그전과는 다른 수준의 생활을 하는 건 자연스러
운 일로 보인다. 계약금 자체가 "억 단위"로 들어오고 그에 따른 집필료와
저작권료가 발생하기 때문에 습작기와는 비교도 안 되는 수입이 생기는
것은 분명하다. 문제는 이런 수준의 생활을 계속하려면 지속적으로 드라
마를 쓸 수 있는 기회를 가져야 한다는 것이다. 실제로 집도 절도 없이 떠
돌았던 M작가의 경우는 최근에 주상복합아파트 두 채를 구입해서 한 채
는 작업실로 다른 한 채는 살림집으로 쓰며 집필을 하고 있었다. M작가는
인기 작가가 되면서 상당한 원고료를 받게 되었고 그래서 비싸다는 주상
복합아파트 두 채를 한꺼번에 마련할 수 있었다고 했다. 실제로 드라마 작
가로 성공한다는 것은 불규칙하지만 상당한 부를 가져다준다. 이런 생각
은 아직 성공의 단계에는 이르지 않았지만 그 길을 향해 가고 있는 작가들
에게도 나타났다. 아직 미니시리즈는 하지 않았지만 현재 46세의 E작가는
앞으로 50억 정도 벌고 싶다고 말을 했다.

필자　　보통 직장 생활을 하는 사람은 46세에서 은퇴할 때까지 50억
　　　　을 번다는 생각을 쉽게 하기 힘들죠. 하지만 드라마 작가는
　　　　지금 이 나이에도 그게 가능하다는 거죠?

E작가　　드라마 작가에게는 한 방의 묘미가 있죠. 굉장히 큰 매력인
　　　　것 같아요. 그 한 방이 있기 때문에 버티지 않았을까요? 50
　　　　억이요! (웃음)

E작가는 아직 미니시리즈는 못했지만 지속적으로 제작사와 방송사에 계약 작가로 있으면서 대본 개발을 하며 수많은 작가들의 부침을 지켜봤다. E작가는 나중에라도 큰돈을 벌 수 있다고 생각하는 것은 "아마도 대부분의 드라마 작가의 정서"일 것이라면서 조심스럽게 말했다.

드라마 작가들의 부와 고소득에 대한 갈망은 창의적인 일을 찾아 나선 젊은이들은 자신들의 문화적 성취가 경제적인 부로 창출되기를 바라면서 스스로를 착취할 정도로 일에 매달리게 된다는 맥로비의 관찰점[46]과 맞닿아 있다. 16년 정도 습작기와 무명 시절을 보내고 있는 E작가가 준비했던 드라마가 무산되는 좌절을 겪으면서도 버틸 수 있었던 힘은 자신의 문화적인 성취, 즉 드라마 작가로서의 성공이 부로 연결될 것이라는 확신이 있기 때문으로 보인다. 드라마 작가들 사이에서는 드라마가 성공만 하게 되면 단시간에 사회적 평판과 고소득을 얻을 수 있다는 "능력주의 이데올로기"가 자연스럽게 내재되어 있었다.[47]

실제로 사례 연구를 했던 〈알파〉 드라마를 집필한 J작가도 달라진 경제적 입지를 실감했다고 한다. 10년간의 습작기 동안 학원 강사를 하거나 공모전 상금으로 생활비를 충당했고 가끔씩 영화 시나리오를 쓰면 제법 큰돈이 들어온다고 생각했는데, 막상 드라마 작가가 되고 보니 드라마 작가의 수입과는 비교가 안 된다고 했다.

> 전에 비해서 고료가 많이 올라갔죠. 몇 배로 올라간 상태죠. 그리고 드라마가 1등도 했으니까 제작사에서도 좋아하고 여러 군데서 콜도 들어오고(여러 제작사에서 계약하자고) 그랬던 거 같아요. 저도 나이가 있으니까 먹고 살아야 되는데 그런 걱정은 이제 안 하게 되죠. 지금은 재정적으로 안정이 된 거죠. 영화 쪽에선 시나리오 한 편 해봤자 몇천만 원이

46 McRobbie, op. cit.
47 김현미, 앞의 글, 71쪽.

끝이잖아요. 저작권도 다 넘어가버리고요. 근데 드라마는 저작권도 작가 협회에서 챙겨주고 그러니까 수입 면에서 따지면 비교가 안 될 정도죠.

드라마 작가 J

드라마의 성공은 현재의 수입만 보장하는 것이 아니라 미래의 수입도 보장한다. 당장 휴식기를 가지며 차기작을 준비하는 J작가는 앞으로 집필할 미래의 원고료 일부를 제작사와 새롭게 계약함으로써 받았다. 이는 제작사에서 J작가의 차기작을 제작하겠다는 의지를 가지고 있다는 것을 뜻했다.

다른 작품을 할 수 있는 기회가 생겼다? 입봉하기 전엔 막막하잖아요. 지금은 여기저기 콜도 들어오니까 당분간은 여러 가지로 편해진 거죠. 〈알파〉 드라마가 그때 상황에선 1등해서 본부장님도 되게 좋아하셨거든요. 대본 가져오면 편성 또 주겠다는 이런 분위기고. 그래서 지금 여유가 생긴 거 같아요.

드라마 작가 J

그런데 이러한 계획이 상당한 불확실하다는 데 문제가 있다. J작가 입장에서는 바로 직전에 집필했던 드라마를 비교적 좋은 성과를 내고 끝냈고 제작에 참여했던 제작사나 방송사의 반응이 좋아서 앞으로의 일이 순탄할 것이라고 충분히 예상할 수는 있다. 그러나 36년간 드라마를 꾸준히 집필해오면서 누구보다도 드라마 작가 사회를 잘 아는 N작가는 드라마 작가로 안정된 수입을 얻는다는 것이 그렇게 쉬운 일이 아니라고 말했다.

내가 보기엔 드라마 작가 중에 상위 20명 정도는 안정적으로 먹고 살수가 있어. 그런데 그 밑으로는 상당히 어렵지. 드라마 한 편만 삐끗해도 위태위태할 수 있고, 두 개를 연달아 망했다, 이러면 쉽지 않은 거지. 먹고사는 데 지장이 많아요.

드라마 작가 N

한 기사에서는 "대중 속으로 들어온 노희경, 무슨 일 있었나"라는 제목으로 노희경 작가의 변신을 다뤘다. 드라마 안에서 자신만의 독특한 작가주의를 견지해왔던 노희경 작가가 최근 시청률을 의식하는 작가로 바뀌었다는 것이다.

데뷔 20년을 넘어선 지금 "대중 속으로!"를 외치며 대중 안으로 파고들고 있다. 각종 인터뷰에서는 시청률에 대한 목마름을 토로하고, 인기 있는 드라마를 쓰고 싶다는 말조차 서슴지 않는다. 과거 '마니아 드라마 작가' 노희경을 신봉했던 팬들에게 이 같은 그의 발언은 변신을 넘어서 배신으로까지 받아들여질 수도 있다. 그럼에도 불구하고 그의 변신은 계속되고 있다.[48]

10년 전만 해도 "인기 있는 드라마"에 대한 미련을 내보이지 않았던 노희경 작가가 시청률을 의식할 수밖에 없는 작가로 변신하게 된 것은 드라마 작가의 부침이 그만큼 크다는 것에 대한 반증이기도 하다. 노희경 작가는 실제로 2004년 방송된 〈꽃보다 아름다워〉(KBS) 이후 2013년 〈그 겨울, 바람이 분다〉(SBS)가 방송되기까지 10년여 동안 시청률 면에서 성과를 올린 드라마를 거의 쓰지 않았다. 대중의 관심과 사랑 속에서 성장하는 드라마 작가는 시청률에 의연할 수 없고 시청률에 따라 작가 수입에도 많은 차이가 나는 불안정한 고소득자인 셈이다.

2007년 드라마 〈경성스캔들〉(KBS) 이후 공백기를 가지다가 5년 만에 〈해를 품은 달〉을 집필하여, 시청률 40%를 넘기며 국민드라마라는 평가를 받았던 진수완 작가는 드라마 성공 이후에 자신에게 주어진 것이 "다시 타석에 설 수 있는 기회"라고 했다.

48 김성규, 「대중 속으로 들어온 노희경, 무슨 일 있었나 [분석] SBS '괜찮아, 사랑이야'로 변신 꾀한 드라마 작가 노희경의 '도전'」, 『오마이뉴스』, 2014.8.6.

(〈해를 품은 달〉로 작가는 무엇을 품게 되었나요?) 기회를 품게 되지 않았을까요? 다시 타석에 설 수 있는 기회. 그리고 약간의 희망을 품게 되지 않았을까 하는 생각. 그동안 시청률 면에서 불운해서 '내가 너무 마이너적인가? 대중과 소통이 잘 안 되나? 작가로서 재능이 없는 게 아닌가?' 하는 고민이 많았어요. 나 혼자 한계의 벽에 부딪치고 있을 때였거든요. 〈해품달〉 덕분에 '기회와 약간의 희망'을 갖게 된 것 같아요. '내가 아주 마이너적이지 않구나' 하는 희망? 그런 것도요.[49]

다시 타석에 선다고 해도 드라마 작가는 노후가 보장되지 않는다는 점에서 경제적으로 매우 취약하다. 많이 버는 작가도 잘 버는 작가도 노후가 안정된 사람은 별로 없다고 했다. 다만 전성기 때 많이 버는 사람이 있고 그렇지 못한 사람이 있을 뿐이다.

내가 그때까지 걸어온 시간, 돈을 못 번 시간 다 생각해보면 절대로 많은 돈이 아니에요. 작가에게는 노후 보장이 없잖아요. 작가한테는 지금이 순간밖에 없어요. 얼마 쥐고 있느냐? 계약금은 미래에 대한 채무예요. 현재로서 축적된 부가 아니라, 미래에 갚아야 할 채무, 빚이죠. 계약 관계에서 해제돼야 내 돈인 것이지, 그전에는 토해낼 수 있는 돈이죠. 오히려 과거에 우리나라 작가들이 제대로 평가를 못 받았던 거죠. 그래서 작가가 가난한 빈민층으로 전락하는 경우가 많잖아요. TV가 모든 국민이 보는 거고, 그런데다 글을 쓰는 그런 작가인데 존중받아야 할 부분이 있지요. 러시아는 작가가 국부라고 하잖아요…….   드라마 작가 C

드라마 작가들은 우리나라에서는 작가들이 한때 돈을 많이 번다고 해도 일부 작가 또는 일부 전성기 때에 해당되는 이야기일 뿐, 평생을 보장해주지 않는다고 한결같이 입을 모았다. 한 기사에서 임동호 한국방송작가협

49   최미혜, 「어느 날, 심장이 말했다―MBC 〈해를 품은 달〉 진수완 작가」, 『방송작가』 2012년 5월호, 6쪽.

회 사무국장은 "작가는 기본적으로 프리랜서다. 일반인들이 고액 수입자로만 생각하는 드라마 작가의 현실은 전혀 그렇지 못하며 매우 힘든 삶을 살고 있다. 회당 수천만 원을 받는 김수현 같은 스타 작가는 손에 꼽힐 정도로 적다"고 지적했고, 이금림 한국방송작가협회 이사장은 "드라마를 집필하면 피 색깔이 바뀔 만큼 고통스럽다. 하지만 사람들은 그 창작의 고통을 보지 않고 몇몇 유명 작가의 엄청난 원고료로 작가의 모든 것을 판단하려 한다"고 드라마 작가로서의 어려운 삶을 토로했다.[50]

A4용지 35매 내외의 70분 분량 드라마에 수백만 원에서 수천만 원의 원고료를 받는 드라마 작가는 그 자체로는 분명 고소득자가 맞지만 그 수입이 항구하지 않고 작가의 인기가 부침이 심하다는 면에서는 상당히 불안정하며, 작가마다 큰 편차를 나타내고 있는 것으로 보인다.

(4) 기쁨과 보람을 주는 사회공헌자로의 정체성

드라마 작가들이 죽음과 싸우며 극심한 고통을 이겨낼 수 있는 것은 드라마 쓰는 일만이 갖는 가치가 있기 때문이라고 했다. 드라마 작가들은 자신이 하는 일의 가치에 대해서 보람, 인정, 위로, 기쁨, 훌륭한 일이라는 긍정적인 단어로 표현하면서 '기쁨과 보람을 주는' 사회공헌자로서의 정체성을 드러냈다.

사회공헌자로서의 정체성은 가족으로부터 인정을 받았을 때부터 드러난다. 시트콤 출신인 K작가는 예능 프로그램을 할 때와 달라진 부모님들의 반응에서 자신이 드라마를 쓰는 행복감을 느끼기도 했다. 특히 부모님이 자신의 드라마를 보고 "자랑스럽다"고 했을 때는 깜짝 놀랄 정도였다고 했다. 시트콤을 하면서도 열심히 했고 항상 비슷한 정도의 노동과 열정을

50　김민정, 「방송작가 수입은 얼마일까…천차만별 드라마 원고료 시청률 따라… 유명세 따라… 회당 70만 원에서 1억까지」, 『이투데이』, 2013.3.19.

쏟았는데, 드라마에 대해서는 반응이 전혀 달랐던 것을 아직도 생상하게 기억하고 있었다.

> 저는 사실 그 나이에 시트콤에서 잘 나갔고, 잘된 편이거든요. 그리고 히트작도 많았는데도 불구하고 그렇게 대단하게 생각 안 하셨다는 걸 깨달았어요. 왜냐면 회사 일이라는 거지. 삼성전자에서 갤럭시가 나왔다고 해서 그 부서에 있는 나를 엄청나게 대단하게 생각 안 하듯이. 그렇게 생각하셨던 거 같아요. 근데 드라마 〈ㅇㅇ〉가 끝났을 때 아버지가 문자를 보냈는데 "네가 너무 자랑스럽다"는 거예요. 그때 좀 놀란 거죠. 나는 항상 비슷한 정도의 노동과 열정을 쏟았는데, 완전 다르게 보는구나, 부모님조차. 그때 깜짝 놀랐어요. 처음으로 부모님이 저를 작가로 생각하시더라고요. 그냥 시트콤 할 때는 회사원, 약간 비정규직 회사원이라고 생각하신 거 같아요.
>
> 드라마 작가 K

드라마 작가로서 가족들에게 인정받고 싶은 욕망은 기성 작가뿐만 아니라 드라마 지망생이나 드라마를 본격적으로 쓰고 싶은 위치에 있는 연구 대상들에게도 강하게 나타났다.

> 자기 가족들에게 보여주고 싶은 욕망이 있잖아요. 가족들이 뿌듯해할 때의 기쁨이 제일 크죠. 누구나 결과물로 인정받고 싶은 욕구가 다 있지만 가족들에게 그런 인정을 받으면 제일 좋을 것 같아요. 이 드라마를 봤을 때 누가 봤다면 더 기분 좋아지고, 그러면 결과가 나오면 뭔가 된 것 같은 기분……. 사실 본인의 실체는 그대로 있는 거지만, 더 환상이 들어가게 되죠.
>
> 드라마 작가 C

구성작가 출신 드라마 작가 지망생 B 역시 자신을 키워준 할머니에게 자신의 드라마를 보여주는 게 꿈이라고 했다. 대부분의 시청자들은 드라마 이외에 방송 대본이 있다는 것을 이해하지 못하기 때문에, 교양이나 예능 프로그램의 작가가 무슨 일을 하는 잘 이해하지 못한다. 반면 드라마는 아무리 나이 많은 할머니라도 드라마를 쓰는 사람이 있다는 것을 알게 된다.

> 할머니가 TV를 너무 좋아하시는데 "너는 뭘 하니?" 이렇게 물었는데, 그때는 애들 프로그램 할 때라 할머니가 이해를 못 하시는 거예요. '이게 뭐지? 손녀가 뭐 작가라는데 뭐지?' 할머니들은 드라마를 주로 보시잖아요. 저런 거 쓰라고……. 약간 짠한 마음이 생기더라고요. 할머니한테 내 드라마를 보여주는 게 제일 기쁠 것 같아요.
>
> 드라마 작가 지망생 겸 보조작가

중환자실에 누워 계시던 아버지의 임종도 보지 못하고 대본을 써야 했던 L작가는 자신의 드라마로 위로받는 사람이 있다면 그래도 보람이 있다고 했다.

> 드라마 하는 내내 신발도 신어보지 못하고, 시청률이 아무리 좋아도 밖에 나가보지 않으니 실감할 수도 없어요. 늘 머릿속에 드라마의 이야기가 떠돌아 휴일도 없고 잠을 편히 자기도 힘들어요. 아버지 돌아가실 때도 중환자실에 누워 계신 아버지한테 "아빠, 드라마 끝날 때까지 죽지 마" 그렇게 말하고 돌아서서 대본 짜고 있었는데 돌아가셨죠. 그게 아버지와 마지막이었죠. 가상의 세계 때문에 현실의 세계가 엉망이 되기도 하는 그런 직업이죠. 그래도 보람이 있다면 내 드라마를 보고 위안이 되고 즐거움을 느끼고 현실의 고단함을 잊는 사람이 있다는 거 아닐까요?
>
> 드라마 작가 L

> 지금까지는 딱 그거였던 것 같아요. "그 작품 참 따뜻했어", "참 좋았어", "보고 났는데 웬만한 영화 보는 것보다도 더 재밌었고 위로가 됐어", "볼 만해" 이런 얘기 들었을 때. 그거만한 보람은 없는 것 같아요.
>
> 드라마 작가 E

> 전 되게 훌륭한 일을 한다고 봐요. 좋은 거 재밌는 거 쓰는 드라마 작가님은. 우리나라에 많은 장르가 있지만, 재밌는 드라마가 단막이든 3개

월이든 6개월이든 시청자들한테 주는 즐거움은 엄청난 거고, 저는 그런 일을 한다는 거 자체가 되게 훌륭하다고 봐요. 〈○○○〉 드라마 쓸 때 게시판 댓글 중에 남자들 특히, 월, 화요일은 일찍 오징어하고 맥주 사들고 와서 본다……. 그런 사람들이 느끼는 기쁨이 저를 행복하게 하는 거죠. 한 사람 기쁘게 하는 게 얼마나 힘들겠어요. 그런 면에서 되게 보람을 느끼고, 자부심 가져도 된다고 봐요. 어쨌든 드라마를 쓰는 모든 작가들은 그런 부분에 대해서는 자부심을 가져도 좋다고 봐요.　　　드라마 작가 M

드라마 작가들은 드라마 쓰는 일이 많은 사람들에게 위로가 되고 기쁨이 된다는 점에서 상당한 만족감을 표현했다. 드라마를 쓴다는 것은 단순한 이야기를 만드는 것이 아니라 결과물이 안방까지 고스란히 전달된다는 매력을 가지고 있다. 가만히 앉아 있어도 안방에 영상으로 구현된 "나의 이야기"가 펼쳐진다는 것은 텔레비전 생산물의 가장 중요한 특징이기도 하다. 어셀은 미디어 노동은 텔레비전 노동자들에게 개인이 직업에서 삶의 의미를 찾는 일과 자아실현을 동일시하도록 독려하고 있다고 지적했는데,[51] 드라마 작가들은 남에게 위로와 기쁨이 된다는 측면에서 자신의 직업에서 삶의 의미를 찾아내며 일과 자아실현을 동일시하고 있는 것으로 나타났다.

1990년에 데뷔해서 〈사랑과 결혼〉(MBC, 1996), 〈의가형제〉(MBC, 1997) 등 화제작을 비롯해 지금까지 스무 편 넘게 드라마를 써온 김지수 작가는 드라마 작가로 사는 것에 대한 소감을 강렬하게 표현했다.

한번은 제주도에 가서 아침밥을 먹으러 갔는데, 식당 아줌마들이 드라마를 보느라 물도 안 주고 서비스를 제대로 안 하는 거예요. 그래서 보

51　Ursell, G., "Televion Production: issues of exploitation, commodification and subjectivity in UK television labour markets", *Media, Culture & Society*, 22(6) : 805-27, 2000.

니까 제 드라마더라고요. 그럴 때 참 기분이 좋아요. '아, 이 맛에 드라마를 쓰는구나!' 싶고. 목욕탕 가서 아줌마들이 다 벗고 앉아서 제 드라마를 보고 있을 때 뿌듯하죠. 제가 너무 단세포죠. 하하하. 드라마를 통해서 대단한 의미를 부여하고 메시지를 전달하겠다, 그런 생각은 없어요. 그냥 생계 수단으로 드라마를 쓰긴 하지만 단 한 사람이라도 더 제 드라마를 보며 그 시간 동안만이라도 삶의 시름을 잊을 수 있다면, 그걸로 만족해요. [52]

〈전원일기〉를 썼을 때 좌석버스 37번을 타고 다녔는데요, 방송을 보고 사람들이 앞, 뒤에서 얘기를 해요. 그러면 '사실은 제가 썼거든요!' (웃음) 이렇게 말은 못하지만 뿌듯함······. 아, 내가 자랑스러운 데서 일을 하고 있구나, 그런 느낌이 있었습니다. ···(중략)··· (작가는) 위로해주는 사람이죠. TV를 보는 사람은 잘나거나 바쁘거나 화려한 사람보다 고단한 일상을 마치고, 또는 할 일이 없어서, 혹은 그런 쓸쓸하고 외로운 사람, 고독한 사람이 많기 때문에 누군가가 할머니 약손처럼 아픈 이들을 보듬어주는 거라고 생각해요. 웃고, 통곡이 나오는 드라마보다는 목이 콱 메는 드라마가 있었으면 좋겠어요. [53]

〈전원일기〉(MBC, 1981~1993), 〈엄마의 바다〉(MBC, 1993), 〈자반고등어〉(MBC, 1996), 〈그대 그리고 나〉(MBC, 1997~1998) 그리고 최근 〈맏이〉(JTBC, 2013~2014)까지 38년째 쉼 없이 드라마를 써온 김정수 작가도 남들에게 위로가 되는 뿌듯함을 느끼는 것이 똑같았고 덧붙여 TV라는 매체를 통해서 글을 쓰는 엄중함도 잊지 않았다.

저는 TV라는 매체에 대한 경외심 그런 게 있어요. 어린아이에게 〈뽀로로〉를 틀어주고, 요양병원에 계신 할머니도 다 TV를 보시거든요. 그

52 김명호, 「팥쥐가 콩쥐가 되던 날, 하늘의 맑아서 더 서럽더라 — KBS 〈그래도 푸르른 날에〉 김지수 작가」, 『방송작가』 2015년 6월호, 8쪽.
53 최미혜, 「못난 놈들은 서로 얼굴만 봐도 흥겹다」 — JTBC 〈맏이〉 김정수 작가」, 『방송작가』 2014년 5월호, 6쪽.

러니까 TV 매체가 알게 모르게 갖고 있는 교육, 훈육 기능? 그런 게 운명적으로 있다고 생각해요. 이 소중한 시간을 빌려서 내가 이야기를 쓰는데 아무 가치 없이 쓸 수는 없다는 생각이 들었어요. …(중략)… 각 집마다 가장 좋은 자리에 TV가 있잖아요. 만일 이대로 폼페이처럼 파묻혀 버리면, '21세기 한국 사람들은 네모난 신을 믿었다, 경배했다' 이럴 거라는 거죠. 우리가 그만큼 소중한 일을 하고 있다는 거죠. 우리가 전성기 때 일할 땐 그 소중한 자리에서 일했기 때문에 정말 두려워하고 저어하는 마음이 있었어요.[54]

드라마는 어쨌든 인간에 대한 어떤 감성에 안착을 해야 된다는 생각이 들어요. 사회 구성원들이 그렇게 다른 사람의 고통을 알고 스스로 성장을 하면 문제들 자체가 없어지는 거죠. 성공과 성장이 주는 효과가 드라마에서는 굉장히 매혹적인 이야깃거리거든요.[55]

위로와 기쁨을 주는 이면에는 TV라는 매체에 대한 책임감이 있었고, 한 개인이지만 가치 있는 이야기를 써서 보이지 않는 TV의 교육적인 측면에 도움이 되고 싶어 하는 마음도 있었다. 최윤정 작가는 "성공과 성장이 주는 효과가 드라마에서는 굉장히 매혹적"이라며 드라마와 인간의 성숙 문제를 연결시켰다.

멩거는 예술 작품이 자율성, 자아실현의 가능성, 잠재적으로 높아진 인지도 및 유명인사와 연관된 비금전적, 심리적 보상 등을 제공하기 때문에 사람들이 자기착취적 노동을 하는 문화산업에 종사한다고 보았는데,[56] 드라마 작가들에게도 이러한 특징이 나타나는 것으로 보인다. 드라마가 방송 된다는 것은 작가가 자신의 인지도를 잠재적으로 높이고 다른 사람에

---

54 위의 글.
55 김선미, 「세상의 모든 응급한 남녀들에게 ─ tvN 〈응급남녀〉 최윤정 작가」, 『방송작가』 2014년 5월호, 13쪽.
56 Menger, P.M., op. cit.

게 위로와 기쁨을 베푸는 자아실현을 할 수 있으며 그러한 과정을 통해서 고된 노동에 대한 심리적 보상을 받는 것을 의미한다.

자신이 쓴 대사, 자신이 쓴 주제가 안방에 고스란히 전달되어 시청자들의 의식이나 생활에 영향을 미칠 수 있다는 생각은 아직 정식으로 데뷔하지 못한 C작가에게도 강하게 살아 있었다.

> 내가 쓰는 게 영상이 되어 드라마가 된다는 게 상당히 매력적이었어요. 물론 영화 시나리오도 있지만, 영화는 일상과 가깝지 않죠. 일상과 가까운 건 드라마예요. 텔레비전은 안방에 바로 전달되기 때문에 영향력이 엄청 크죠. 그런 걸 내가 하게 된다면 매력적이겠다……. 드라마에 완전 매혹이 되는 거죠.　　　　　　　　　　　　　　　　　드라마 작가 C

C작가는 안방까지 그대로 전달되는 드라마 영상에 매혹되어 드라마 작가가 되기로 결심했다고 한다. 지금 생각해보면 너무나 순수하고 순진한 발상이었지만, 드라마가 가지는 매력은 줄어들지 않는다고 했다. 한편, 1970년대에 대학을 다니며 문예창작과에서 시를 전공했던 N작가는 남들이 선뜻 이해하기 어려운, 요즘 작가들과는 차원이 다른 소감을 말했다.

> 드라마 작가가 좋은 게 드라마 작가는 지워짐의 미학이 있어. 남지 않는. 그러니까 옛날에 처음에는 나도 드라마를 하나 쓰려면 단편 소설 하나 쓰는 데 들어가는 노력을 기울여 그렇게 힘들여 썼는데, 그냥 그 방송만 나오고 나면 아무도 기억하지 않는 그렇게 되는 거 때문에 굉장히 힘들었다고. 내가 병아리 작가일 때 힘들었는데, 갈수록 느끼는 게 '야, 이게 지워짐의 미학이란 게 이게 참 좋은 거구나. 그게 매력이구나. 지워짐의 매력!'　　　　　　　　　　　　　　　　　　　　드라마 작가 N

> 쓰면서 부끄러운 점도 많거든요. 어쩔 수 없는 마감, 어쩔 수 없는 횟수, 이런 게 있기 때문에 완성도 있게 끝까지 못 쓴 적도 있어요. 그래서 어떨 때는 사라지는 것이 고맙기도 해요. 그래도 누군가 기억할 만한 건

기억해요. 누군가의 가슴에 가서 화살표로 꽂혀 있잖아요. 그게 드라마의 매력이기도 해요.[57]

드라마는 다른 문학 장르와는 달리 전파를 통해서 공중으로 날아간다. 요즘에는 인터넷을 통해서 일정 기간 동안 다시 볼 수는 있지만 책으로 남지는 않는다. 이 점에 대해서 드라마를 35년 이상 집필한 두 작가는 똑같이 드라마의 '지워짐', '사라짐'에 대해 다행스러워했다. 드라마 제작이 늘 시간에 쫓기기 때문에 완벽한 대본을 쓸 수 없고, 드라마는 협업이기 때문에 대본이 완벽하다고 해서 작가의 마음에 드는 드라마가 항상 만들어지는 것은 아니기 때문이라고 했다.

드라마 집필 경력이 35년이 넘는 두 작가에게서는 드라마로 기쁨과 위로를 주는 사회공헌자로서의 정체성 이면에 드라마 작가에게는 완전하지 않은 창작물이 될 수밖에 없는 드라마의 불완전성에 대한 우려도 나타났다. 드라마가 많은 사람들에게 즐거움이 되고 위로가 되며 기쁨을 주는 것은 맞지만 그렇다고 드라마가 완벽한 텍스트 혹은 문화생산물은 아니라는 인식이 자리 잡고 있었다.

(5) 문화산업 내 콘텐츠 생산자로서의 정체성

드라마 작가들은 자신들이 예술가는 아니라며, 문화산업 내에서 콘텐츠를 생산하는 생산자로서의 정체성도 분명하게 피력했다. 1982년 유네스코에서 정의한 바에 따르면, 문화산업은 기업이 문화상품이나 서비스를 문화의 발전보다는 경제적인 목표를 달성하려는 전략에 입각하여 생산, 재생산, 저장, 혹은 배포하는 활동을 지칭한다. 즉, 문화에 산업이라는 말

---

57 최미혜, 「못난 놈들은 서로 얼굴만 봐도 흥겹다"—JTBC〈맏이〉김정수 작가」, 『방송작가』 2014년 5월호, 9쪽.

이 덧붙여지면 문화의 고유한 속성보다는 경제성이 훨씬 더 많이 부각된
다. 드라마 작가들은 변화하는 드라마 제작 시스템 속에서 문화상품으로
서 상업화된 드라마를 자연스럽게 받아들이고 있었다.

10여 년의 습작기를 거치고 3년 전에 드라마 작가로 데뷔해 비교적 짧
은 시간에 미니시리즈 2편을 집필한 J작가는 드라마가 산업이며, 드라마
작가들은 드라마의 설계도를 만드는 사람이라고 했다.

> 드라마가 어떻게 보면 산업이니까…… 여러 사람들의 이익 관계가 얽
> 혀 있고. 몇십억, 대작은 백억이 넘는 돈이 왔다 갔다 하잖아요. 거기에
> 서 가장 중요한 게 설계도인데, 드라마 작가는 그 설계도를 만드는 사람
> 인 거죠. 설계도대로 건물을 안 지을 수도 있고, 다른 게 조금씩 바뀔 수
> 도 있는데 가장 중요한 핵심인 설계도를 무시를 할 수 없을 거 같아요.
> 대본은 어떻게 보면 드라마라는 전체 큰 건물의 설계도이지 않을까. 잘
> 만들면 사람들이 만족하고 돈 좀 버는 거고, 못 만들면 무너지는 거죠.
> 그렇게 생각해요.   드라마 작가 J

> 드라마는 먹고사는 수단이죠. 예술을 하는 것도 아니고. 사실 우리가
> 작가라고 불리지만 엄밀하게 말하면 독자는 없고 시청자만 있는 작가잖
> 아요. 글을 쓴다는 건 같지만 연출과 배우가 연기를 해야만 작품으로 남
> 는 것이니까 예술한다는 생각은 꿈에도 없어요. 누군가에게 해악만 되
> 지 않으면 좋겠다가 기본이고, 그 다음은 기왕이면 재밌으면 좋겠다는
> 거죠.[58]

드라마 작가들은 드라마는 예술이 아니며 산업이라는 점을 분명하게 인
식하고 있었다. 문화산업 내에서는 드라마 작가는 대본의 완성도에 대한
책임만 지는 것이 아니라 시청률에 대한 책임도 져야한다고 했다. L작가

제4장 드라마 작가로 만들어진다는 것

---

58   김명호, 「팥쥐가 콩쥐가 되던 날, 하늘의 맑아서 더 서럽더라─KBS 〈그래도 푸
     르른 날에" 김지수 작가」, 『방송작가』 2015년 6월호, 8쪽.

는 드라마는 유기체라며 살아서 움직이는 생명체에 비유하면서, 살아 움직이는 드라마에 힘을 불어넣어주는 것은 시청률이라고 했다. 드라마 작가들이 인정하든 인정하지 않든 드라마는 시청률을 먹으며 성장하기도 하고, 시청률을 먹지 못해 일찍 "죽기도" 한다고 했다. M작가는 자본이 투자된 드라마가 시청률을 못 내게 되면 방송사는 광고 수익 하락으로, 제작사는 투자 손실로 이어지며, 작가와 감독, 연기자들도 심각한 타격을 받는다는 점을 강조했다.

> 솔직히 말하면 아무도 안 보는 드라마가 제일 막장인 거 같아요. 그거는 만든 사람들, 여러 사람들이 다 힘들잖아요. 작가 자신도 다 힘들고. 보게 하려고 만들었는데, 그래서 돈 투자했고, 작가가 땀나게 글 쓰고, 연출하고 연기하고. 그게 제일 최악인 거 같아요. — 드라마 작가 M

"아무도 안 보는 드라마가 막장"이고 그게 "최악"이라는 뜻은 드라마는 문화산업이기 때문에 시청률이 담보되지 않으면 많은 사람들에게 피해를 준다는 뜻이다. 산업의 사전적인 뜻은 "인간이 생계를 유지하기 위하여 일상적으로 종사하는 생산적 활동"이다. 드라마가 시청률이 나오지 않아서 흥행에 실패하면 거기에 종사하는 사람들이 생계에 지장을 준다는 뜻이다. 그런 의미에서 아무도 안 보는 드라마가 막장일 수도 있고 최악일 수도 있다. 그러나 드라마가 흥행에 실패했을 때 가장 타격을 받는 사람들이 바로 드라마 작가 자신들이다.

1991년에 시작된 외주 제작 정책으로 외주 제작사가 드라마 제작을 주도하는 시스템으로 바뀌었으며 2003년에서 2007년 사이에 거세게 일었던 한류 열풍으로 드라마 외주 시장에 상업화가 본격적으로 나타났다. 2008년에서 2014년까지는 작가 중심의 드라마 제작이 이루어지고 있는데[59] 이

59 노동렬, 「방송 드라마 제작 산업의 공진과 과정과 인센티브 딜레마」.

때 작가는 드라마의 중심축으로서 드라마의 상업화, 즉 드라마를 통한 이윤 추구에 누구보다도 앞장설 수밖에 없게 된다. 특히 높은 원고료를 받고 제작사와 계약한 작가일수록 시청률을 올려서 드라마가 '돈이 되게' 해주어야 한다. 산업적인 측면에서 볼 때, 제작사가 인기 작가와 높은 금액으로 계약을 한다는 것은 그만큼 많은 투자를 한다는 뜻이다. 소위 몸값이 높은 작가들은 시청률로 응답해야 한다. 따라서 작가 중심의 제작 시스템에서 작가가 시청률을 올려주지 못하면 그 자체로 생존의 위협을 받을 수 있다.

> 제가 근본적으로 어두운 성격이 있는데, 그래도 밝게 갈 수 있었던 이유 중 하나가 시청률이었어요. 내 나이에 한 번 더 망하면 이제 끝이구나, 그런 절박함도 있잖아요.(웃음) (시청률 안 나오는) 작품을 하면, 사람들이 작가가 시청률 생각하지 않고 좋은 작품을 하나 남기려고 애쓴다고 봐주지 않잖아요. "이제 늙었나 봐" 이러지.[60]

일흔이 훨씬 넘은 나이에도 불구하고 활발하게 집필 활동을 하고 있는 정하연 작가는 작품성을 생각하고 시청률이 안 나오는 작품을 한다고 해서 "시청률은 안 나오지만 훌륭한 작품"을 하고 있다고 봐주지 않는다고 했다. 40년 넘게 드라마를 써온 대작가나 이제 막 첫 드라마를 마친 작가나 시청률은 작가들이 똑같이 받아드는 성적표라고 했다.

> 내가 드라마 하면서 받은 시청률에 대한 부담감은 말로 다 못해요. 나중에 끝날 때 6~7회 남았을 때도 불안한 거야. 시청률이 어떻게 될지. 그 중압감 말도 못 하죠. 그래가지고 막 신경안정제 먹고, '이 지옥을 그렇게 열망했나' 막 그런 생각을 하면서…… 그 고통을 6개월을 견딘 거죠. 일일극이니까 날마다 대본을 써야 하는 부담에, 시청률에 대한 압박감 이런 것들이 있으니까 엄청났죠.
> 드라마 작가 G

---

60 강명석, 앞의 글.

G작가처럼 데뷔작인 경우에는 더욱더 시청률이 중요할 수밖에 없다. 시청률과 마감에 대한 압박을 이겨내지 못하면 G작가 말대로 15년 동안 그토록 되고 싶어 열망하던 드라마 작가의 세계가 '지옥'이 될 수도 있다.

> 분명한 건 각 문화예술 쪽의 어떤 분야보다 드라마 작가들이 한 10년, 20년 안에 해온 거는 더 많다고 봐요. 국익 전체를 보면, 훨씬 많다고 보거든요.
>
> 드라마 작가 M

작가들이 창작 과정에 엄청난 고통을 겪고, 1주일에 2회씩 또는 1주일에 5회씩 대본을 써내야 하는 불합리한 방송 시스템에서 신음하고 있는 상태에서도 우리의 드라마는 2000년대 이후 한국을 대표하는 가장 대표적인 한류 상품이 되었다. 최근 10여 년간 흥행했던 퓨전 사극의 원조라 할 수 있는 〈다모〉와 시청률 40%를 넘기며 국민 사극이라 불렸던 〈주몽〉을 집필한 정형수 작가는 이 시대의 드라마 작가는 "서비스업"이라는 점을 분명히 했다.

> 뭐, 저 스스로한테나 후배들한테 하는 얘기가 똑같아요. 우린 순수문학 작가가 아니라, 신문사 같으면 연재소설 재밌게 써서 부수를 올려줘야 하는 입장이잖아요. 그러니 재밌게 써야 하지만 방송사와 시청자에게 도움을 못 주더라도 쪽팔리고 나쁜 영향을 미치는 글은 쓰지 말자는 거죠. 토양이 많은 작가였으면 좋겠어요. 처음에 한두 작품은 자신이 살아온 얘기로 채울 수 있지만 자꾸 쓰다 보면 토양이 마르니까 그걸 자꾸 채워줘야 하는데 자꾸 감각으로만 가려 하니까…… 쉴 때 쉬면서 여행도 많이 다니고 책도 좀 많이 보고……. 방송작가라는 게 일종의 서비스업인데 기왕 서비스하는 거 양질의 서비스를 제공하려면 작가 스스로 안목이 좋아야 한다는 거죠.[61]

---

61 김명호, 「난세 속에서 나라와 백성을 지키고자 했던 혁신 리더의 7년 기록 – KBS 〈징비록〉 정형수 작가」, 『방송작가』 2015년 10월호, 5~9쪽.

인터뷰 대상 드라마 작가들은 서비스업 종사자 혹은 엔터테이너로서의 드라마 작가들은 대중과 호흡을 놓치지 않을까 두려움에서 자유롭지 못하다고 했다. 〈연애시대〉 등 적지 않은 마니아 팬을 거느렸다고 평가되는 박연선 작가는 〈난폭한 로맨스〉(KBS, 2012)를 집필할 때 자신이 놓쳤던 점에 대해 아쉬움을 드러낸다.

> 〈난폭한 로맨스〉는 솔직히 시청률을 욕심냈던 작품이었어요. 그렇다고 전작들을 시청률과 무관하게 썼던 건 아니지만, 시청률이 나올 만한 요소를 많이 넣었다고 생각해요. 그럼에도 좋지 않았다는 건 뭔가 문제가 있었던 거죠. 대진 운이 나빴다고는 할 수 없어요. 그건 경량급과 중량급이 만났다는 얘기가 되니까, 저로서도 그리고 다른 작품을 쓴 작가로서도 기분 나쁜 이야기일 수 있죠. 뭐가 문제였을까 계속 생각해봤는데요, 대중이 원하고 기대하는 화법이 있을 텐데 제가 그 화법을 모르거나, 알고 있고도 모른 체한 것 같아요. 모르고 있었다면 알면 되지만, 알고도 무시하고 있다면 문제는 심각해요. 그건 작가로서의 정체성 문제니까.[62]

박연선 작가는 "대중이 원하고 기대하는 화법"이 있는데 그것을 몰랐을 때는 작가로서 정체성에 문제가 있다고까지 단언적으로 말하고 있다. 대중을 상대하는 문화 콘텐츠를 생산하는 생산자로서 자질이 부족하다는 뜻이다. 분명 〈난폭한 로맨스〉에 열광한 이들이 있었고, 그런 면에서 작가가 크게 자책할 필요가 없지 않느냐는 질문에 박연선 작가는 우리나라 드라마 작가의 위치가 어디에 있는지 보여줄 만한 대답을 했다.

> "좋은 작품, 의미 있는 드라마였어. 내게 시청률은 중요하지 않아"라고 하기에는 잃는 게 너무 많아요. 드라마는 개인이 만들어내는 예술이

62 최미혜, 「당신의 로맨스는 안녕하신가요?─KBS 〈난폭한 로맨스〉의 박연선 작가」, 『방송작가』 2012년 4월호, 10쪽.

아니라 사업이에요. 거대 자본이 투입되는 블록버스터라는 얘기죠. 그럼에도 불구하고 변명을 하자면, 물리적인 시간이 너무 없었어요. 〈화이트 크리스마스〉를 하고 나니까 바로 라인업이 됐죠. 쓰면서도 준비 없이 들어가는 건 아닌가, 내가 만족 못 하는 작품을 쓰게 되는 건 아닐까 공포스럽기까지 했어요. 시청률이 안 나오니까 주변의 유혹과 압박도 만만치 않았죠.[63]

드라마는 예술이 아니고 자본이 많이 투입되는 '블록버스터'라는 박연선 작가의 말은 드라마가 문화산업이고, 드라마 작가는 그 안에서 문화 콘텐츠를 생산하는 사람이라는 정체성을 잘 표현해주고 있다.

드라마가 방송산업에서 독립해서 독자적인 문화산업으로 자리 잡게 된 것은 2003년을 기점으로 불기 시작한 한류 열풍 이후의 일이다.[64] 한류 열풍과 드라마 외주 제작 시스템이라는 두 가지 요인은 드라마의 상업화를 불러왔고 작가들은 그 가운데서 문화 콘텐츠의 생산자라는 정체성을 가지게 된 것으로 보인다.

---

63 위의 글.
64 2006년에 문화체육관광부는 콘텐츠 산업의 투자 활성화를 유도할 목적으로 특수목적회사(Special Purpose Company)인 문화산업전문회사를 만들었다. 그 이후 방송사나 제작사는 개별 드라마의 SPC를 만들어 드라마를 본격적인 투자의 대상으로 활용했다. 2007년 〈태왕사신기〉를 제작하기 위해 설립된 '티에스지프로덕션문화산업전문회사'가 1호로 등록된 이후로 2013년 9월까지 117개의 문화산업전문회사가 등록을 했다(문상현 · 유건식, 「문화산업전문회사제도가 지상파방송의 드라마 제작 시스템에 미친 영향에 대한 연구」, 한국문화경제학회, 『문화경제연구』 17권 1호, 83~110쪽, 2014).

2) 드라마 작가들의 생존 방식의 특성

(1) 고도의 정치력을 갖춘 전략가

드라마 작가들은 많은 자본이 들어가고 나가는 드라마판에서 드라마 작가로 살면서 지속적으로 드라마를 집필하고 어느 정도의 수입을 얻으려면, 고도의 정치력이 필요하다는 점을 강력하게 피력했다. 고도의 정치력이란 대본을 넘기는 시점이라든가, 대본의 반응에 대응하는 자세라든가, 대본에서 자기가 구현하고 싶은 것들을 지켜나가는 방식이라든가, 기획 과정이나 편성 과정에서 작가가 취해야 하는 여러 가지 정치적인 모션을 뜻한다고 했다. 그래서 K작가는 보통 4회 정도만 넘기면 되는 대본을 8회까지 써서 한꺼번에 넘기고, 넘기기 전에 자기 검열을 혹독하게 한다고 했다.

> 제가 경험해보니, 어쨌든 초고는 여러 가지 부족한 점이 많아요. 그것을 제작사에 주면 당연히 여러 가지 부족한 점에 대해 이야기를 들을 수밖에 없고, 그 말을 따르다 보면 우왕좌왕…… 결국 제가 하고 싶은 이야기가 아니라 보는 사람이 원하는 이야기가 될 수 있어요. 그래서 저는 자기 검열을 아주 치열하게 해요. 저는 저 스스로 대본을 40번씩 고칠 때가 있어요. 고치고 또 고치고 고쳐서 제가 마음에 들 때 제작사에 내놓는 거죠.   드라마 작가 K

K작가는 자신의 대본을 섣불리 내놓지 않음으로써 미흡한 대본으로 인해 공격받을 수 있는 여지를 차단시키는 전략을 쓰고 있었다. 또 K작가는 자신이 원하는 감독과 일하기 위해 제작사와 담판을 벌인 적도 있었다. 자신의 대본을 연출해주기를 바라는 R감독이 프리랜서로 다른 제작사와 계약이 된 상태였기 때문에 제작사에 공동 제작을 제안했다. K작가의 제작사는 소속 작가에게 들어온 편성을 다른 제작사와 나눠 가지게 되면 매출이나 수익이 줄어들기 때문에 꺼려하는 입장이었다.

제작사에서는 "왜 R감독이랑 꼭 해야 되냐? 그러면 골치 아파지고 공
동 제작해야 하는데……" 이런 반응이었죠. 저는 R감독이 잘 할 수 있다
고 봤기 때문에 갈등이 심했어요. 전화도 안 받았어요, 한동안. 그러다가
해결이 되어서 그 드라마를 ○○○ 제작사와 △△△ 제작사가 공동 제작
하게 된 거죠.   드라마 작가 K

그 과정에서 K작가는 드라마를 책임지는 작가로서 존중받았다고 했다.
제작사의 전화를 받지 않으면서까지 R감독과 함께 일하겠다는 의지를 굽
히지 않은 것은 결국은 제작사가 K작가의 뜻을 따라줄 거라는 확신이 있
었기 때문이라고 했다. K작가의 제작사는 기본적으로 K작가와 좋은 관계
를 유지하고 싶어 했고, K작가는 케이블에서 집필하였던 몇 개의 드라마
가 다 반응이 좋아 계약을 하자는 다른 제작사도 많은 상태였다고 한다.

K작가가 현재 드라마 제작 시스템을 정확히 이해하고 있었기 때문에 제
작사로서는 다소 불리하고 수익의 일부분을 나눌 수밖에 없는 공동 제작
을 관철시킬 수 있었다. K작가의 제작사는 작가 중심으로 제작이 이루어
지는 현재의 드라마 제작 시스템 안에서는 어느 정도 인정을 받고 있는 K
작가의 요구를 받아들이지 않을 수 없다고 판단한 것으로 보인다.

드라마 작가는 훨씬 더 많은 정치력과 그다음에 주변 상황에 대한 눈
치, 사회생활의 어떤 노하우 이런 게 훨씬 더 많이 필요하더라고요. 견디
는 힘, 뚝심 이런 거 있죠. 이 앞을, 불확실한 상황을 견디는 힘인 거죠.
너무 불확실하니까. 가장 다른 게 불확실성인 거 같아요, 드라마는. 그리
고 조기 종영도 그냥 시켜버리잖아요. 그런 게, 예능은 그렇게까지 심하
지 않아요. 그래서 정신력이 강해지는 거죠. 정신력이 굉장히 강해지는
거죠. 그것도 혼자 감당해야 되니까. 누구한테 뭐 물어볼 수도 없고.
                     드라마 작가 K

K작가는 드라마판의 불확실성을 거듭 강조하면서, 아무런 조직이 없이

제작사와 집필 계약을 맺고 거대하고 복잡하고 막강한 방송 시스템 안에서 자신의 작품을 어필하고 편성을 받고 제작까지 마치려면, 정신력이 강해야 한다는 점을 강조했다. 많은 제작사와 감독에게 휘둘리며 8년간 편성 단계에서 애를 먹고 있는 I작가 역시 드라마 작가로 사는 데 가장 필요한 것이 강인한 정신력이라고 했다.

> 밖에서 보면 드라마만 잘 써야 한다고 생각하지만, 드라마 작가로 살기 위해 가장 필요한 첫 번째를 고르라고 한다면, 저는 강인한 정신력이라고 생각해요. 심약한 사람은 이 판에서 살아남지 못해요. 드라마 하기도 전에 지쳐서 다 나가 떨어져요.　　　　　　　　　　　드라마 작가 I

I작가는 작가로서 심약한 사람은 드라마 판에서 살아남지 못한다는 말로 드라마 작가로 사는 절박함을 토로했다. 작가로서의 첫 번째 덕목으로 강한 정신력을 꼽을 정도로 작가들은 드라마 제작을 둘러싼 불확실성과 불안정성을 체감하고 있는 것으로 보인다. 인터뷰 대상 작가들은 혼자 많은 것을 견디어내야 하는 현재의 드라마 제작 시스템 안에서, 고도의 정치력을 발휘하려면 일단 드라마를 잘 쓰는 것이 중요하다고 생각하고 있었다. 36년 동안 드라마를 집필해온 N작가 역시 작가의 정치력은 결국 드라마를 잘 쓰는 일에 있다고 술회했다.

> 그냥 내 작품에서는 내가 강하니까. 그냥 지켜왔다고 봐야지, 내 작품을. 어떨 때는 못 지킨 부분도 있고. 그리고 또 내가 또 잘 못 쓴 경우도 있고, 재미없게 쓴 경우도 있고. 그런 작품도 많았지. 뭐 내가 쓴다고 해서 다 잘 써야 되는 것도 아니고……. 그렇지만 정말 대부분은 내 작품을 지키려고 노력은 했지. 그리고 지키려고 노력했다기보다도 내 드라마니까. 그렇다 보니 내가 PD하고의 관계가 단 한 번도 좋았던 적은 없었지. 한 번도. 단 한 번도.　　　　　　　　　　　드라마 작가 N

N작가는 36년 동안 감독과 사이가 한 번도 좋은 적은 없었지만, 결국은 작품이 좋기 때문에 감독들이 N작가를 찾게 되고 함께 일하게 된다고 했다. 자기 드라마에 확신을 가질 만큼 써내는 것이 작가에게는 가장 중요하다고 했다. N작가는 드라마 안에서 아무도 흉내낼 수 없는 자신만의 유머를 지켜가는 것이 큰 장점이 될 수도 있다고 했다.

> 유머가 시답지 않으면 나는 인정 안 해. 난 굉장히 웃겨야 된다고 생각해. 뭐 내가 웃기게 써야겠다, 이런 생각 안 해. 쓰다 보면 나도 모르게 웃기는 말이 나와. 웃기는 상황이 나와, 나도 모르게. 그럼 또 그 웃기는 상황에 맞춰서 쓰기도 하고 그러지, 굳이 뭐 일부러 웃기려고 하지 않아.
>
> 드라마 작가 N

N작가처럼 드라마 안에서 자신만의 유머 코드를 개발하는 것이 드라마 작법상의 전략이라고 할 수 있다. 반면, 신세대 작가라고 할 수 있는 데뷔 3년차의 J작가의 정치적 전략은 보다 현실적이다. 자신이 쓰고 싶은 이야기보다 방송사에서 선호할 수 있는 스토리를 먼저 생각해서 방송사에 제시하는 전략을 쓴다.

> 우리 드라마에서 가장 잘 먹히는 게 신데렐라 이야기잖아요. 대중성도 있고. 그래서 제가 전에 쓴 드라마에도 시작에 신데렐라 구조가 있어요. 재벌이랑 만나고, 가난한 여자가. 그래서 뭐 그렇게 하는 게 편성에서도 유리하죠. 그래서 전에 그 드라마는 편성을 받을 때 다른 작가가 붙기 전에 저 혼자 다 편성을 받았거든요. 그게 결국에 신데렐라 스토리의 통속적인 이야기인데…… 방송국에서 편성을 해주니까. 그래서 △△도 통속적인 거 한 번 더 하자 그래서 한 거죠.
>
> 드라마 작가 J

J작가가 편성을 받기 위해서 방송사에서 선호하는 주제와 소재를 선택하는 전략을 쓴다면, 편성 받는 데 어려움이 없는 M작가는 대중들이 공감

하는 주제와 소재를 가지고 시청률을 높이는 전략을 쓰고 있었다. M작가는 지금까지 집필한 드라마 안에서 욕망의 문제를 적나라하게 펼쳐왔다. 복수와 배신, 사랑과 화해는 모든 드라마들이 갖고 있는 똑같은 주제지만, 방식에서는 차이가 난다고 생각하고 있었다. 사랑과 배신, 화해와 용서, 이런 그것들을 표현하기 위해 어떻게 무엇을 가지고 이끌어나가느냐가 중요한데 M작가는 보다 현실적인 욕망을 적나라하게 그리는 방법을 택한다고 한다. 그래서 꾸준한 시청률을 견인해왔다.

> 재밌고 사람들이 즐거워하고 많이 봐주는, 그만큼 시청률이 높은 드라마를 하겠다는 생각이고. 많이 봐주는 드라마를 하고 싶어요. 주로 저희가 사극부터 시대극, 현대극 다 하잖아요. 다 하는데 그 모든 것들의 공통된 게 마찬가지겠지만 욕망 문제인 거 같아요. 그 욕망이 때로는 사회성하고도 혹은 시위적인 부분하고도 연관이 되어 있잖아요. 기본적으로 늘 그렇듯이 셰익스피어도 그랬고, 그리스 로마 신화를 보더라도 신들과 충돌하고 하는 것처럼, 지금 살아가는 현대인들의 운명에 관한 거 혹은 그 시대 인물에 관한 거, 그 얘기를 되게 우리 식대로 하는 거죠.
>
> 드라마 작가 N

정성주 작가는 드라마를 '99%의 전형성과 1%의 고유성'이라는 말로 설명했다. 〈밀회〉〈아줌마〉 등 자신이 집필했던 전작을 예로 들며 작가에게는 자기만의 색, 목소리, 관점이 반드시 필요하다고 강조했다.[65]

> 내가 어떻게 쓰느냐에 따라 방송사, 제작사의 수익이 달라지니까 스트레스는 있죠. 있지만…… 그 기싸움에서 지면 안 돼요. 작가 정신을 잃으면 안 돼요. 우리 일이 부침이 크잖아요. 어차피 영욕이 반반인데, 영

65 최미혜, 「교육원, TV 드라마 공개특강 개최 –〈풍문으로 들었소〉 정성주, 〈미생〉 정윤정 작가 강의」, 『방송작가』, 2015년 10월호, 72쪽.

광과 욕됨이 노출되니까 그 쪽팔림을 만인 앞에 드러내는 고통도 이겨야
해요.[66]

정성주 작가가 99%의 전형성과 1%의 고유성을 지켜나가는 것과 조정
선 작가가 기싸움에서 지지 않고 작가 정신을 지켜나가는 것 역시 작가들
의 전략이라고 볼 수 있을 것이다. 다른 작가들 역시 생존하기 위해 드라
마 안에서 혹은 드라마 밖에서 정치적으로 나름대로 전략을 가지고 행동
했다. 최윤정 작가는 실제로 작가는 대부분 많은 것을 설득해야 하는 존재
라고 인식하면서 제작사, 방송사, 특히 감독과 배우들까지 많은 사람들을
설득하고, 또 어떻게 보면 그들과 싸워나가야 하는 자리에 드라마 작가가
서 있다고 생각했다.[67] E작가는 "드라마 작가는 비바람 부는 황야에서 칼
하나로 살아남는 칼잡이와 비슷한 숙명을 지녔다"고 했다. 드라마 작가들
은 조직 없이 조직적인 방송사를 상대하며, 자본 없이 자본을 가진 제작사
를 상대하기 때문에 더욱더 정치적이고 전략적일 필요가 있다고 했다. 여
러 종류의 정치력은 주로 성공한 작가들에게 나타났다.

작가들의 이러한 전략, 정치력은 PD가 중심이 되어 제작했던 1997년
이전에는 작가들에게 요구되던 것이 아니었다. 일부에서 외주 제작 시스
템으로 드라마를 제작하고 있었지만 그때까지만 해도 드라마 외주 제작
비율이 높지 않아서 방송사 주도하에 PD가 중심이 되어 드라마 제작을
이끌었기 때문이다.[68] PD가 먼저 방송사 안에서 라인업이 되고, 그다음
에 PD가 원하는 작가와 호흡을 맞추는 식으로 드라마가 제작되었기 때문

---

66 최미혜, 「'베토벤 현악 4중주 14번'을 연주하듯—SBS 〈결혼의 여신〉 조정선 작
　　가」, 『방송작가』 2013년 12월호, 9쪽.
67 김선미, 「세상의 모든 응급한 남녀들에게—tvN 〈응급남녀〉 최윤정 작가」, 『방
　　송작가』 2014년 5월호, 13쪽.
68 노동렬, 「방송 드라마 제작 산업의 공진과 과정과 인센티브 딜레마」.

에 작가는 그저 좋은 대본을 제때에 넘겨주면 되었다. 그러나 2008년 이후 많은 드라마가 외주 제작 시스템으로 제작되고 드라마 제작이 작가 중심으로 이루어지면서 작가들은 필연적으로 자신의 생존을 위해 고도의 정치력을 발휘하며 전략적으로 행동할 수밖에 없게 되었다. 작가들은 예전에 비해 드라마 제작 과정에서 권력을 더 많이 갖게 되었지만, 그 권력이 다시 작가들을 공격할 수도 있다는 것을 인지하고 있는 것으로 보인다. 그 권력이란 결국 시청률에서 나오기 때문이다.

(2) 실패와 좌절 속에 방황하는 창작자

드라마 작가로 데뷔하고 드라마를 몇 편 썼다고 방송 세계에서 끝까지 작가로 살아남을 수는 없다. 어떤 사람은 지망생 단계에서 사라지고, 어떤 작가는 데뷔 이후에 사라지고, 어떤 작가는 드라마를 몇 편 했지만 드라마 작가로서 생명을 다하고 더 이상 집필을 못하기도 한다. 드라마 작가 세계에서는 수많은 작가들이 명멸하고, 적지 않은 작가들은 생존의 사각지대에 서서 드라마판의 냉혹함을 겪고 있다.

드라마 작가 교육원에서부터 교육원생들의 등급이 정해져 있고, 자신은 "잘 안 팔리고 있다"고 말하는 A는 작가 지망생 생활 5년차에 접어든 요즘은 꼭 드라마 작가가 되겠다는 생각도 없어졌다고 한다. 42세의 시간이 이렇게 흐르는 게 두렵지 않느냐는 질문에 다음과 같은 말로 대답했다.

> 그건 그때 가서 고민을 해도 늦지 않을 것 같아요. 계획을 그리 거창하게 잡지 않아요, 하루하루 열심히 살아요. 이미 내 마음이 드라마로 여기까지 온 거잖아요. 저는 이 생활이 지루하지 않아요. 새롭게 알아가고 배워가는 걸 좋아해요. 글발은 타고 나는 것 같거든요. 지금은 작가가 꼭 되겠다는 생각이 없어졌어요. 지금 쓰는 얘기가 더 재미있었으면 좋겠다는 생각을 할 뿐이에요. 지금 이 생활이 좋아요. 아무것도 안 하는 게 아니니까…….
> 드라마 작가 지망생 A

드라마 작가 지망생 A에게는 드라마를 습작하는 생활이 새로운 삶의 방식이고, 직장 생활을 접고 드라마를 쓰겠다고 결정한 행위는 사는 방법을 바꾸는 선택이었다고 한다. 그래서 낙오되는 것이 두렵지 않고, 설사 드라마 작가가 되지 못한다 하더라도 크게 후회는 없다고 한다. 그래서 같이 교육원에 다니는 친구들이 드라마 스터디를 함께 하자고 연락이 왔을 때도 거절했다. 함께 공부하는 사람들에 대한 이야기도 털어놓았다.

공모전이든 뭐든 빨리 돈을 벌어야겠다고 생각하는 사람들이 8할이에요. 그런데 공모 같은 데 경쟁이 심하니까 스터디하자고 연락이 왔거든요. 그런데 저는 경쟁하고 그런 거 싫어요. 　　　　　　　　　드라마 작가 지망생 A

드라마 작가 지망생 A는 드라마 습작을 하면서 치열하고 절실한 경쟁은 회피한다. 그래서 꼭 드라마 작가가 안 되어도 지금 이 생활이 좋다며 스스로 만족하는 삶을 산다. 오히려 드라마에 돈을 연결시키고 조급해하는 교육원 동료들에게는 비판적인 입장이다.

전업 주부 엄마들은 빨리 돈 벌어야지, 학원비라도 벌어야지 하는 강박이 있어요. 그러려면 마트에 가서 돈을 벌어야지, 돈을 벌기 위해 글을 쓰는 게 쉬운 게 아닌데…… 자유무역주의, 물질만능주의…… 요즘 그래요. 신랑이 50대 이전에 회사에서 잘리니까 나머지 인생은 자기가 먹여살리고 싶은 마음이 있어요. 제가 봐도 쉽지 않은데…… 　　　　　　　　　드라마 작가 지망생 A

드라마 작가 지망생 A 인터뷰 도중 "이 상태가 좋다"는 말을 되풀이했다. 돈을 많이 벌기 위해 드라마 작가 지망생의 길로 접어든 것도 아니라고 했다. A작가는 아직까지는 꾸준한 직장 생활로 돈을 벌어놓은 것도 있어서 그런지 작가 지망생의 생활 그 자체를 향유하고 있는 것으로 보인다. 전산 전문가로서의 삶이 자신에게는 더 이상 의미가 없다고 했다. 다니엘 벨은 현대사회에서는 경제적 영역과 문화적 영역이 괴리되어 분리되었다고 했는데,[69] A의 경우에는 일단 경제적 영역을 포기하고 문화적 영역에서의 삶을 살기를 원하는 것으로 보인다. 드라마 작가로 성공해서 경제적 영역과 문화적 영역이 결합되면 좋겠지만, 그렇지 않더라도 문화적 영역에서 자아를 실현하며 살겠다는 것이다. A의 이런 선택은 15년 동안 직장생활을 하며 축적해놓은 경제적인 토대가 있기 때문에 가능한 것으로 보인다.

C작가는 초기에는 드라마 습작에 대한 호기심과 열정으로 모든 것을 쏟아 드라마를 쓰면서, 교육받던 SBS아카데미에 열심히 다녔다고 한다.

> 대학 입학할 때는 실망, 나태함, 지루함… '여기 내가 왜 왔지?' 이런 생각이었는데, 아카데미는 온통 기대로 가득 찼어요. 나를 위해 뭐를 해 줄 것 같은 기대감이 있었어요. 왜냐하면 드라마판의 현실을 모르니까. 작품 열심히 써냈죠. 똑같은 지망생들이 오는데, 불성실한 사람도 많아요. 90%는 안 써와요. 나는 정말 작품을 열심히 썼어요. 3일 동안 잠을 안 자고 쓴 적도 있어요. 대본을 많이 봤고, 그렇게 하면서 배워나갔어요. 대본의 기호들, 작법을 익혀나갔죠.　　　　　　　　　드라마 작가 C

그렇게 열심히 해서 2, 3년 만인 2004년에 방송사 단막극에 당선이 됐지만, 공교롭게도 마침 그때 방송사 단막극이 폐지되는 바람에 당선작이 방송되지 않는 불운은 겪었다.

> 단막극이 없어지면서 신인 작가가 설 무대가 사라졌어요. 당선 작가들이 붕 떠버렸죠. 계약을 하는 사람도 있긴 했지만, 나처럼 인맥이 없는 사람은 공중에 떠버린 거죠. 그러다가 여기저기서 일하자면 가서 일하고. 개인 친분이 있는 사람들은 계약을 하기도 하지만, 저는 그런 게 없었어요.　　　　　　　　　드라마 작가 C

69　Bell, D., *The Cultural Contradictions of Capitalism*, London: Heinemann, 1976.

방송아카데미 6개월 코스에 대본의 '대' 자도 모르고 뜬금없이 갔던 C작가는 6개월 동안 단막극 16편을 완성했고, 미완성 대본까지 포함하면 32개나 써냈다. 첫 번째 작품은 KBS 극본 공모 1차를 통과했고, 두 번째 쓴 작품은 『동아일보』 시나리오 공모 최종심까지 갔으며, 아카데미를 졸업할 때는 2등을 해서 상도 받았다.

> 내가 처음에 천재인 줄 알았어요. 처음에 쓴 게 결과가 좋아서. 쉽게 말해서 전도유망했는데, 아카데미 나와서 방황을 많이 했어요.
>
> 드라마 작가 C

당선 이후에도 C작가의 방황은 계속됐다. 10년이 넘도록 이런저런 드라마 준비를 해봤지만 끝까지 진행되는 것이 하나도 없었고, 그러는 사이 드라마를 쓴다는 행위는 철저하게 산업적인 마인드와 자본의 논리로 움직인다는 것을 알고 스스로 자꾸 소심해졌다고 한다. 그러면서 나이 마흔을 넘겼다.

> 현재 위치에서 보면, 그냥 근거 없는 자신감…… 그런 게 아직 남아 있어요. 가난하고 힘든데 아직 자신감이 남아 있어요. 그러면서 우유부단하게 방황하는 거죠. 그런 현실을 너무 잘 알고 있는 거예요. '제작사에 작가들 많이 있는데, 내가 굳이 거기 가서 뭘 하겠나?' 써 간다고 해서 제작사에 계약이 되는 것도 아니고……. 그래서 내가 공중에 붕 떠 있는 거예요.
>
> 드라마 작가 C

C작가는 드라마를 쓰면서 미래를 준비하는 자신과 같은 사람들에게 국가적인 지원이 이루어져야 한다고 강력하게 의견을 피력했다. 최소한 방송사에서 공모로 뽑은 작가들만이라도 국가에서 3년이나 5년 정도를 지원해주면 탄탄하게 직업적으로 안착할 수 있다고 믿고 있었다. 또한 오랜 습작기와 무명 시절로 인해 경제적인 고통을 격심하게 겪고 있는 자신이 너

무 답답하다고 했다.

> 드라마 작가라는 이 직업 자체가 한 사람의 인생에 쓰레기가 될 수가
> 있죠. 취업할 수 있는 기간에 취업을 못 하면, 30대 중반이나 40살이 되
> 면, 아무것도 할 수 없는…… 현실적으로 말하면, 아무것도 할 수 없는
> 자살 대기자가 될 수 있는 거예요. 제가 안타까운 건, 배울 만큼 배우고
> 머리도 나쁘지 않고 순수한 열정을 가진 사람들이 잠깐의 직업적 선택을
> 잘못했다고 해서 사회적인 노숙자가 되어버린 거죠. 결과적으로 내 위치
> 가 그렇게 보이기도 하구요.   드라마 작가 C

드라마 작가를 꿈꾸다 "자살 대기자", "사회적인 노숙자"가 될 수도 있
다고 생각하는 C작가, 그의 사례는 드라마 작가로 입문해서 성장해나가
는 것이 얼마나 어려우며, 현실적으로 얼마나 많은 고난이 닥치는지 생
생하게 보여준다. C작가는 자신이 지금 어려운 상황에 처해 있는 것은
드라마 제작 시스템을 모르고 드라마판에 뛰어들었기 때문이라고 했다.
처음에는 순수한 열정으로 드라마를 시작했지만, 드라마는 산업이고 기
획안만 잘 쓴다고 드라마를 집필할 수 있는 기회를 얻는 것이 아니라는
것을 안 다음에는 순수한 열정은 사라졌다고 했다. 이제는 영화든, 소설
이든, 드라마든 글을 써서 먹고살 수 있다는 생각도 희미해져간다고 했
다. 어떻게 하든 생활고에서 벗어나고 싶은 마음이 간절하다고 했다.

C작가는 2004년경에 방송사 극본 공모에 당선되었는데 그 무렵이 단
막극이 폐지[70]되면서 방송사는 신인 작가를 양성하는 R&D 기능을 상당
부분 포기하기 시작했을 때였다. 대개의 경우 방송사에서 극본 공모를 통
해 신인 작가를 뽑으면 공식적이든 비공식적이든 작가 인턴 과정을 만들
어서, 일정 기간 방송사에서 관리하며 드라마를 쓰게 하는 등 신인 작가에

70 김소연, 「시청률 때문에 폐지된 단막극, 방송3사 부활시킨 이유」, 『노컷뉴스』,
    2013.11.4.

대한 R&D를 한다. 그런 역할을 방송사에서 하지 않기 시작한 것이다.

전체 드라마 제작 시스템 변화에서 보자면 2000년대 중반은 한류 열풍이 일면서 드라마 제작사가 우후죽순 생기고 드라마 제작이 마치 황금알을 낳는 거위로 인식되던 시기였다.[71] 드라마에 상업화가 본격적으로 이루어지면서 C작가처럼 아직은 제작사 시장에 나가 몸값을 받고 계약할 수 없는 당선 작가들이 방송사의 보호도 받지 못하고 제작사에서 인정받지 못하게 되었고, 작가로서 성장할 수 있는 기회를 얻지 못하게 되었다. C작가는 함께 당선된 동기 중에서 드라마 작가로서 제대로 활동하고 있는 사람이 별로 없다고 말했다. C작가가 무능하기보다는 극본 공모에 당선된 것 이 외에 아무런 커리어가 없는 당선 작가가 방송사에서는 내몰리고 제작사에서는 내침을 당하는 과정을 반복하면서 드라마 제작 시스템 안으로 들어가지 못하게 된 것으로 이해하는 것이 더 설득력이 있다. C작가는 이런 배경 속에서 방송사 극본 공모 당선 후 11년 동안 드라마 데뷔를 못 하고 방황하고 있는 중이다.

D작가의 경우, 한 제작사에 3년이나 묶여 있다가 성과 없이 계약이 종료됐기 때문에, 처음에 계약금을 받은 것 외에는 추가로 수입이 없었다. 15년 넘게 구성작가로 생활하다가 드라마로 넘어온 D작가는 정부가 주최하는 공모전에서 극본이 당선되기는 했지만, TV 드라마로 데뷔한 것이 아니라서 앞으로 또 다른 제작사를 만날 수 있을지 아직 모호하다고 했다.

> 드라마판에 오니까 그냥 안개 속에 있는 거 같은 느낌이죠. 어떻게 이렇게 계속 기다리게 하는지, 시놉 돌릴 때도 뭐가 답이 와야지 그다음 행보를 이어가는데 답이 안 오니까 맨날 전화만 보고 이러고 있는 거야.

---

71 김미숙 · 이기형, 「심층인터뷰와 질적인 분석으로 조명한 텔레비전 드라마 작가들의 정체성과 노동의 단면들 : 보람과 희열 그리고 불안감이 엮어내는 동학」, 『언론과 사회 한국방송학보』, 21권 3호, 2013.

'이게 뭐하는 거지?' 싶은 거죠. 근데 그거 기다리고 있으면 다른 거 생각도 못 하겠는 거야.　　　　　　　　　　　　　　　　　　드라마 작가 D

　D작가처럼 드라마판에 한 발을 걸치고 있지만 아직 정식으로 드라마를 하지 못한 사람도 앞길이 "안개 속에 있는 것 같은 느낌"이지만, 공동 집필로 미니시리즈 한 편을 한 F작가도 답답함을 토로하기는 마찬가지였다. 데뷔를 했다고 모든 것이 해결되지는 않는다. 글을 쓰는 일을 천직으로 생각하고 드라마 작가나 영화 시나리오 작가로 사는 길에 들어선 것은 분명 맞는 일이지만 계속해서 뜻한 대로 일이 풀리지 않는 F작가는 자신이 전환기에 들어섰다며 작가로 사는 것에 대한 어려움을 표현했다.

　　케이블 목표로 드라마를 하나 쓰고 있어요. 그런 와중에도 계속 하긴 하고 있는데 막 흥이 나거나 예전같이 "이거 성공해야지" 하는 욕망이 없는 거 같아요. 잘 안 되니까 그런 거 같아요. 그리고 뭐 별로 이게 꼭 어떤 노력이나 어떤 실력만으로 결정되는 건 아닌 거 같고, 다른 사람들은 너무 쉽게, 쉽게 가는 거 같고…… 뭔가 잘못된 거 같아요. 또 그렇게 생각하는 내가 잘못일 수도 있거든요. 그러니까 지금 전환기에 있는 거 같아요. 여기서 정말 잘못하면 주저앉을 수도 있고. 여기서 주저앉으면 다른 수많은 '사라진 작가들'이 되는 거고, 여기서 한 번 더 짚고 일어나면 뭐가 될 수도 있는 거 같고. 그런 전환기라는 생각이 분명히 들어요, 저는. '어떻게 잘해야 될까?' 오죽하면 산에, 누가 절에 들어가서 기도해서 성공했다는 소리를 들으면 '나도 한번 해볼까' 그런 생각도 들더라니까요, 처음으로.　　　　　　　　　　　　　　드라마 작가 F

　인터뷰 대상 작가들은 F작가의 지적처럼 "어떤 실력만으로 결정되는 건 아닌 것 같고", "다른 사람들은 너무 쉽게, 쉽게 가는 것 같고", "뭔가 잘못된 것 같다"는 표현을 하면서 드라마 작가로 성장할 수 있는 조건이 뚜렷하지 않다는 점을 지적했다. 이는 작가로 성장할 수 있는 시스템의 부재를 뜻한다. 특히 데뷔한 이후 작가의 능력을 비교적 공평하게 검증받으며 집필할 수 있는 기회가 거의 없다는 점을 강조했다. 실력이 뛰어나지 않아도 알음알음으로 아는 사람이 많은 작가는 이런저런 기회를 빨리 만들어 계속 커리어를 쌓으면서 일할 수 있지만, 그렇지 않은 작가들은 알아서 살아남아야 한다.

영화 시나리오를 중심으로 가르쳤던 시나리오 교육원에서 습작을 하고, 지상파 방송사 공모에 냈던 작품이 당선은 되지 않았지만 심사위원 눈에 들어 영화로 먼저 데뷔를 했던 F작가는 요즘 단기 계약으로 급하게 들어오는 일에 대해 "건 바이(by) 건"으로 계약을 하며 돈을 벌지만, 그 돈이 많은 것도 아니고 일회성으로 끝나기 때문에 그런 생활을 지속하는 것에 지친다고 했다. 드라마 작가들은 정식으로 드라마 제작사와 계약을 하고 계약금을 받아 대본 개발을 할 동안 생활비로 쓰고, 그 후 편성을 받아 다시 원고료를 받고 재계약을 하는 과정이 평탄하게 이루어져야 비교적 안정적으로 글을 쓸 수 있다고 한다. 그런데 F작가는 드라마 제작사가 아니라 그때그때 각색을 해주거나 작가가 필요한 일들에 대해 단기 계약을 하면서 생활을 하고 있기 때문에 어려움이 많다고 했다.

> 처음부터 드라마를 시작해서 계속 드라마를 쓰겠다는 생각이 있었던 게 아니었기 때문에 영화도 하고, 드라마도 한다는 생각 때문에…… 그런데 그게 안 되니까 이것저것… 저도 지금도 드라마, 영화 안 되니까 소설까지 막 쓰는 거예요. 지금도 쓰고 있거든요. 제가 소설을 쓰는 이유는 저는 이제 별로 맘에 내키지도 않는 작품들을 받고 계약금 때문에 하다 보니까 글 쓰는 게 재미가 확 떨어지더라고요. 저는 지금 굉장히 슬럼프예요. 1년 정도 됐어요. 재미가 하나도 없어요, 글 쓰는 게. 그래서 거꾸로 제가 정말 쓰고 싶은 이야기 한번 써보려고 소설을 끄적이고 있어요. 저는 요즘 작가 생활 처음으로 슬럼프란 게 온 것 같아요.   드라마 작가 F

대학에서 국문학을 전공한 구성작가 출신으로 학교 때 배웠던 희곡 작법으로 드라마를 습작했던 D작가와 시나리오 교육원에서 영화 시나리오를 공부해서 드라마를 쓰게 된 F작가는 방송사 당선 작가라는 타이틀도 없고 그 흔한 교육원 출신의 인맥도 없는 사람들이다. 그야말로 스스로 각자 도생하여 살아남아야 한다. 이 두 사람에게 지금 있는 것은 '안개 같은 모호함'과 '슬럼프'다.

36년간 드라마를 써온 대작가 N은 이 고독하고 절박하고 가난했던 시기를 다음과 같이 회상했다.

> 그러니까 자꾸 나를 돌아보고, 책도 읽고, 영화도 보고 이런 거지. 그렇잖아? 뭐가 내가 잘 안 되니까. 그걸 갖다가 나는 왜 안 될까 술만 퍼먹는 게 아니라…… 자동차도 정비의 기간이 필요하듯이 자꾸 책 읽고 영화 보고 뭐 이렇게 보면서 또 다른 세계를 구상하고, 시놉도 구상하고 그런 세월이 필요한 거지, 작가한테는. 계속 나갈 순 없지.　드라마 작가 N

> 후배들에게 하고 싶은 말은 이런 거죠. 진짜로 네가 꼭 쓰고 싶은 걸 써라. 자꾸 기성 작가는 뭘 쓰나 기웃거리면 절대로 작가 못 된다. 그게 진짜로 형편없는 생각이라도 네 관점을 가지고 일을 하면 네 세계가 생길 거고, 그러면 그 세계 속에서 네가 행복하다.[72]

> 작가 되기가, 제대로 된 작가 되기가 어렵고 힘들고 귀하다는 그런 얘기를 많이 하는데, 맞는 거 같더라고요. 갑자기 데뷔해가지고 반짝해가지고 떴다가 확 지는, 그렇게 일찍 사라지는 작가도 많죠. 박경수 작가처럼 계속 고생하다가 뒤늦게 만개하는 작가들도 있고요. 이런 거는 나이 든 작가들이 오래 활동하는 문화가 결국은 제대로 된 문화일 거 같아요. 그 선배님들이 계속 잘 해주셔야지.　드라마 작가 M

많은 작가를 경험하고 길러내기도 했으며 현재 지상파 기획자로서 드라마 생산에 중추적인 역할을 하고 있는 기획자 '마'는 드라마 작가들이 어느 순간 정체하며 성장하지 못하는 이유를 콘텐츠를 개발해야 하는 관리자

72　강명석, 앞의 글(정하연 작가 인터뷰).

입장에서 피력했다.

> 우리 사회가 동적일 때 이 정도 이야기를 하면 됐어요. 이야기가 반복
> 되어도 됐어요. 그런데 지금은 너무 많은 이야기가 있잖아요. 우리나라
> 를 넘어서 세상 밖에 미드도 보고, 인터넷의 카톡도 다 이야기잖아요. 그
> 런 이야기가 너무 많은 상황에서 작가들이 던진 이야기가 너무 자기중심
> 적이고 한심한 부분이 있죠. 그래서 시청률이 낮다고 생각해요. 지금 작
> 가들은 세상에 맞추는 작가가 없는 것 같아요. 대부분 누군가가 생각했
> 던 거, 내가 보기엔 그저 그런 이야기, 사람들이 별로 관심 없을 것 같은
> 이야기…… '그런 이야기를 아무리 좋은 배우가 나오고 좋은 장소에서
> 좋은 감독이 찍어도 별 감흥이 없지 않은가' 그런 생각이 들어요.
>
> 지상파 기획자 '마'

기획자 '마'는 드라마 작가들이 자신의 틀에서 빠져나와야 된다고 주장
했다. "쓰는 자"의 입장이 아니라 "소비하는 자"의 입장에서 빠르게 변하는
세상에서 요구하는 글쓰기가 되지 않으면 TV 시청자가 계속 TV를 안 보
는 현상이 이어질 것이라고 예상했다.

> 작가나 감독들이 틀을 깨는 기획을 해야 해요. 특히 신인 작가들, 아직
> 자리 잡지 못한 작가들은 기획에서부터 다른 차원에서 접근해야 해요.
> 인기 작가들이 갔던 길을 따라가면 안 돼요. 인기 작가들은 변하지 않을
> 겁니다. 왜 변하겠어요? 지금도 잘 먹고 잘 살고 있는데…… 지금 TV 드
> 라마가 정체되어 있는 것은 모두 한 곳을 바라보고 있어서 그래요. 다른
> 작가들은 다른 기획으로 빠르게 변화하는 시청자들의 욕구를 충족시켜
> 주는 스토리를 써야 해요.
>
> 지상파 기획자 '마'

> 자기 얘기를 못 만드는 사람이에요. 결국은 남의 드라마를 짜깁기 하
> 고 있는 거예요. 짜깁기 하다 보니 자기 드라마 자기 대사가 없어요. 자
> 기 영혼이 없는 거죠. 절묘하게 다른 데서 본 드라마, 다른 데서 본 영화,
> 다른 데서 했던 캐릭터를 계속 짜깁기해요. 자기도 모르게 복제를 하고

있는 거죠. 자기가 써야 되는 씬이 수많은 사람들이 본다는 그런…… 이 직업의 엄격함, 엄중함이 있는데 그런 건 모르고 개인의 입신양명이라든지 밥벌이에 신경 쓰는 거죠. 작가 의식이 부족한 사람이 너무 많아요.
지상파 기획자 '라'

공동 집필로 미니시리즈 한 편을 하고 일일연속극을 혼자서 집필했던 I작가는 C작가와 함께 같은 방송사 극본 공모에 당선되었던 동기다. I작가 역시 극본 공모에 당선된 드라마가 방송이 되지 않았고, 방송사에서 적극적으로 R&D를 해주지 않았지만, C작가와는 달리 드라마 작가의 80% 이상을 배출한다는 한국방송작가협회 부설 교육원 출신[73]이라 그쪽 인맥으로 인기 작가의 작업실에 들어갈 수 있었다. 그 후 자신이 기획했던 드라마 기획안이 인기 작가에게 발탁되면서 우여곡절 끝에 미니시리즈 공동 집필을 맡게 되어 드라마 작가로 데뷔하게 되었다. 드라마 작가로 살아간다는 것의 어려움을 많이 깨닫는 요즘 새삼 창작반 때 담임 선생님이 했던 말씀이 떠오른다고 했다.

예전에 창작반 때 선생님이 드라마 작가를 막 하지 말라고 그랬던 게 생각이 나요. 하지 말라고 그러셨거든요. "왜 이거를(드라마 작가를) 할라 그러냐?" 이러시면서……. "도배를 하든가, 김밥을 말든가 그냥 행복한 시청자로 살지 이거를 왜 할라 그럴까."
드라마 작가 I

2005년에 미니시리즈를 공동 집필하고 2007년에는 일일드라마를 단독으로 집필한 후, 쉬지 않고 드라마를 열심히 썼는데도 뜻대로 되지 않지 않는 I작가는 이제야 창작반 선생님이 하신 말씀이 피부로 와닿는다고 했다.

---

73 인맥의 중요성 때문에 한국방송작가협회 부설 교육원을 선호하는 작가 지망생도 있다.

이렇게 지난한 과정을 겪고 나서는 '와, 이게 이게 뭘까. 이렇게 힘들고, 고통스럽고, 인간 꼴도 안 되고.' 그렇잖아요, 일이 자꾸 엎어지니까. 막 사람을 만나러 나가는 것도 점점 싫어지고. 그러니까 점점 인간관계가 점점 멀어지고 그러니까 그런 상처 때문에 모임에도 못 나간 거예요. 그런 저런 상처를 계속 받으면서 가서 사람들 얼굴을 볼 자신이 없는 거죠. 그러니까 모든 인간관계를 거의 단절, 단절, 단절하면서 살아요. 정말 계속 괴로운 거 같아요. 그런데도 계속 써야 되고. 보람은 없는 거 같아요. 드라마 작가 I

I작가는 일찍 미니시리즈를 집필할 수 있었고, 일일연속극까지 집필하게 됐지만 그 후로는 일이 잘 풀리지 않았다. 만약 I작가가 방송사 자체 제작이 주로 이루어졌던 1997년경 방송사 안에서 성장해서 미니시리즈를 집필하고 일일연속극을 썼다면 더 많은 기회가 주어졌을 것으로 보인다. 당시에는 극본 공모를 통해 성장한 작가들에 대한 배려가 있어서 어느 정도 인정을 받으면 방송사에서 계약을 해주고 집필 기회를 주었다. 그러나 상업화된 자본이 투자되고 이윤 추구를 최고의 가치로 아는 제작사들을 상대할 때는 자본의 논리에서 자유로울 수 없다. I작가는 인맥이 좋다는 한국방송작가협회 교육원 출신[74]에 지상파 극본 공모 당선 작가에다가 미니시리즈와 일일연속극을 연달아 집필했지만 또 다른 벽에 부딪혀 드라마 작가로서 고뇌를 하고 있는 것으로 보인다. 드라마 작가들에게는 어느 정도 자리를 잡았다고 생각한 순간에도 생존의 어려움을 늘 존재한다.

이미 성공을 경험했던 작가들도 생존의 문제는 절실한 것으로 나타났다. 우리나라에서는 한 편의 드라마를 성공했다고 해서 그 드라마로 평생을 먹고살 수는 없다. 계속 새로운 드라마를 써내야 한다. 후속 작품

---

74 교육원에서는 함께 교육을 받는 교육원생과의 인맥도 중요하지만, 강사로 오는 선배 작가나 방송사 PD를 통해 새로운 인맥이 만들어지고 그런 인맥 때문에 일을 할 수 있는 기회가 주어지기도 한다.

에서도 연이어 전작과 같은 성과를 낼 수 있으면 다행이지만, 그렇지 못할 때는 성공작이 오히려 흉터가 될 수도 있는 것으로 나타났다. 시청률을 51.1%(AGB[75] 시청률 기준)까지 올리며 '삼순이 신드롬'까지 불러일으켰던 화제작 〈내 이름은 김삼순〉(MBC, 2005)을 집필했던 김도우 작가는 "(자신에게) 흉터가 무엇이냐"는 질문에 '삼순이'라는 답을 했다.

　　'삼순이'인 것 같아요. 훈장이자 흉터죠. '삼순이'를 한 번 거치고 나니까 무엇을 해도 어떤 결과가 나와도 어쩔 수 없이 성에 안 차는 부분이 있어요. 그것이 상처가 아닐까 싶어요. 그 이후로 〈여우야 뭐하니〉 〈나도, 꽃〉 이번에 〈일리 있는 사랑〉까지 세 편인데, 뭐가 항상 부끄러워요. 물론 '삼순이'도 부끄러웠지만요.[76]

　　대중과 어떻게 이야기하는가. 대중 작가로서 찾아가는 것, 그것이 무엇인가, 가끔 저도 헷갈릴 때가 있어요. 대중과의 소통, 정답은 없는 것 같아요. 알면 다 대박 작가 되겠죠. 세상에 드라마 작가는 두 부류가 존재한다고 하는데요, '방송을 하고 있는 작가'와 '방송을 준비하는 작가'래요. (웃음) 절대 놀고 있는 작가는 없는 것 같아요.[77]

2012년 드라마 〈해를 품은 달〉(MBC)로 최고 시청률 40%를 넘기며 작가로서의 존재감을 보여주었던 진수완 작가는 여전히 "대중과의 소통은 정답이 없다"며 시청률을 유지하는 데 어려움을 나타냈다. 진수완 작가가 2015년에 집필한 드라마 〈킬미힐미〉(MBC)는 작품성에서 호평을 받았지만 전국 평균 시청률 10.1%를 기록해, 전작인 〈해를 품은 달〉의 전국 평균

75　통상 시청률 조사기관인 AGB 닐슨 미디어 리서치 코리아를 줄여서 AGB라고 쓴다.

76　김명호, 「안드로메다를 꿈꾸던 소녀가 사랑한 지구 위에 두 남자 이야기 – tvN 〈일리 있는 사랑〉 김도우 작가」, 『방송작가』 2015년 3월호, 5~9쪽.

77　최미혜, 「어느 날, 심장이 말했다 – MBC 〈해를 품은 달〉 진수완 작가」, 『방송작가』 2012년 5월호 , 6쪽.

시청률 33%, 최고 시청률 42.2%의 3분의 1에도 미치지 못했다(AGB 시청률 기준).

〈며느리 전성시대〉〈솔약국집 아들들〉 등 KBS 주말극에서 상당한 시청률을 올렸던 조정선 작가는 SBS에서 2013년 〈결혼의 여신〉을 집필하면서 시청률이 나오지 않았던 상황에 대해 다음과 같이 술회했다.

> 처음에 〈결혼의 여신〉 시청률이 9% 나오는데 죽을 것 같았어요. 아니, 48.9%까지 찍었던 사람이 8.9%이렇게 나오면, 40%는 어디로 갔다는 말이냐, 시청률이 이렇게 낮아본 적이 제 인생에서 없었어요. 그래서 낮은 시청률이 나올 때 살아남기 위해서 인식의 폭을 넓혔어요. …(중략)… 인생이란 건 부침이 있기 때문에 잘 될 때도 있고, 못 될 때도 있는 거다. 그러니 내가 종국에 작가로서 찌그러지지 않은 인간으로 사는 모습이 진짜 나의 계산서고, 진짜 goal(목표)이라는 생각을 하게 된 거죠.[78]

성공한 드라마 집필 이후에도 집필하는 드라마마다 성공해야 한다는 부담감, 전작의 명성을 잇지 못할지도 모른다는 두려움은 작가들에게 또 다른 상처로 남을 수도 있기에, 작가들은 그런 고통을 나름대로의 방법으로 극복하려고 노력하고 있었다. 미국처럼 성공한 드라마를 시즌제로 발전시키는 것이 일상화되지 않는 우리나라 방송 환경에서는 상당한 성공을 이룬 뒤에도 작가들은 또다시 새로운 것을 보여주어야 하는 압박감을 받는 것으로 보인다. 영국의 드라마로 세계적인 명성을 얻고 있는 작가 스티브 모펫도 한국 작가들에게 같은 고민을 토로했다.

> 두려움이 있죠. 매번 글을 쓸 때마다 끝까지 잘 해낼 수 있을지 저도 항상 두려워요. 작가라면 그 두려움은 평생 없어지지 않을 거예요.[79]

---

78 조정선, 『방송작가』 2013년 12월호, 9쪽.
79 스티브 모펫, 「2014년 방송작가 마스터클래스」, 『방송작가』 2014년 6월호.

드라마 작가는 어떻게 만들어지는가

작가는 방송국이나 시청자가 뽑아주지 않으면 아무 의미도 없다는 점에서 참 허탈한 직업이거든요. 그래서 나는 뽑혀야 살 수 있는 주제에도, 뭐 하나 성공하면 내가 하고 싶은 걸 우기면서 확 망하고 그래요. (웃음)[80]

"작가는 방송국이나 시청자가 뽑아주지 않으면 허탈한 직업"이라고 말하는 정하연 작가의 말 속에, 좌절과 두려움을 안고 드라마 창작의 세계에 사는 드라마 작가들의 삶이 함축적으로 나타났다. 방송사가 아닌 시청자·소비자가 전적으로 드라마의 경제적 성공을 결정하기 때문에[81] 실패와 좌절 속에 방황하는 드라마 작가들은 시청자들을 바라보며 해답을 찾아야 하는 절박한 상황에 놓여 있다.

(3) 원고료 차이로 형성된 보이지 않는 계급 사회

작가들은 월급이 아니라 방송 대본을 써주고 받는 원고료로 살아가는 존재들이다. 아무리 많은 대본을 쓰고 아무리 많은 습작이 있어도, 그 드라마가 제작되어 방영되지 않는다면 수입을 얻을 수 없다. 그래서 드라마 작가들은 자신들이 쓴 대본이 방송될 수 있도록 끊임없이 노력하게 된다. 작가들이 드라마 제작사와 계약을 하는 것은 드라마를 집필하여 방송할 기회를 얻게 되는 첫 번째 관문으로 여겨진다.

저희 제작사에서는 신인 작가 계약할 때 보통 미니시리즈 기준으로 16개(회) 계약하는데 통계약으로 해서 500만 원 정도에서 하죠.

제작사 프로듀서 V

---

80 강명석, 앞의 글(정하연 작가 인터뷰).
81 김진웅, 「외주제작의 상업화 현상에 관한 연구」, 『방송과 커뮤니케이션』 9-1호, 2008.

제작사 프로듀서 V에 따르면 신인 작가는 회당 500만 원, 16작 미니시리즈 전체 원고료는 8,000만 원 정도 되는 셈이다. 부가적으로 저작권 수입이 발생하는데, 드라마가 성공해서 재방송이나 국내외 판매가 많이 되었을 때는 저작권 수입도 상당히 높아서 신인 작가의 경우에는 원고료보다 더 많이 받을 수도 있다. 제작 프로듀서 V가 회당 500만 원이라고 말한 것은 신인 작가가 계약할 때, 기본 고료와 특별 고료를 구분하지 않고 500만 원 선에서 한다는 뜻이다. 기본 고료는 방송사와 한국방송작가협회가 매년 협상을 벌이기 때문에 매년 4~7% 정도 올라가지만, 통계약은 기본 고료와 특별 고료를 합쳐서 통으로 하기 때문에 인상된 원고료를 받을 수 없다. 만약 드라마 계약 후 3년 만에 방송이 될 경우, 기본 고료와 특별 고료를 합친 금액이 현재 500만 원이라고 해도 통계약으로 했을 때와 특별 고료 계약을 했을 때가 금액이 달라질 수 있다. 3년 동안 원고료가 12~20% 오를 수 있기 때문이다. 신인 작가들은 이런 사정을 잘 모르기 때문에 대부분 제작사가 제시하는 조건에 따라 계약을 한다.

심지어 신인 작가들이 재방송이나 해외 판매 등으로 발생되는 저작권 금액에 대해 잘 모르는 것을 이용해서, 제작사들은 신인 작가들에게는 저작권을 주지 않고 자신들이 차지하려는 경우도 있다고 한다.

> 계약서 쓰는 데도 말도 아니었어요, 진짜. 안 하고 싶더라고요. 그 무렵엔, 그쪽에서 속마음을 드러내더라고요. 그전까진 너무너무 공손하게 작가님, 90도로 인사하고 그러더니 계약서 주고받을 때 달라지는 거죠. 제작 배포권이며, 2차적 저작물 창작권 같은 드라마 이외 창작을 할 때의 그런 권리를 제작사가 다 갖는다 그러잖아요. 심지어는 해외 배포권도 가져가고요. 작가협회에서는 그런 계약을 하지 말라 그러셨어요. 근데 사실 그건 너무 비현실적인거예요. 하지 말라 그러면 어떻게 해요. 늙어 죽죠, 그러다가.
> 드라마 작가 D

D작가는 제작사가 저작권을 다 가져가겠다는 무리한 요구에 계약을 포기할까도 생각했지만, 너무나 오랫동안 기다려온 기회라 그럴 수도 없었다. 다행히 D작가는 구성작가로 이미 방송작가협회 회원이었고 저작권 신탁을 방송작가협회에 해놓은 상태였기 때문에 나중에 받을 수도 있을 거라는 희망을 가지고 계약을 했다고 한다.

신인 작가의 미니시리즈 원고료가 500만 원 정도[82]지만 드라마가 성공했을 때는 3배, 4배 정도로 급상승하기도 하며, 무난하게 드라마를 마친 경우 1.5배에서 2배 정도 높여서 받는 것으로 나타났다. 신인 작가부터 중견 작가 그리고 인기 작가까지 다양한 등급의 작가들이 제작사와 계약을 맺고, 드라마를 준비해서 편성을 받아 제작 단계에 들어간다. 대외비라서 공식적으로 드러내지 않지만 큰 제작사는 보통 드라마 작가 20~30명 정도와 집필 계약을 하고 있고, 중소 제작사는 10명에서 15명, 신생이나 작은 제작사들은 한두 명을 계약하는 것으로 알려져 있다.

표 12 주요 제작사 제작 실적[83]

외주 제작사	제작 편수	외주 제작사	제작 편수
JS픽쳐스	17	아이윌미디어	4
팬엔터테인먼트	14	케이팍스	4
에이스토리	10	화앤담픽쳐스	4
삼화네트웍스	10	에이트웍스	4
김종학프로덕션	10	래몽레인	3
이김프로덕션	10	본팩토리	3
로고스필름	8	드림이앤엠	3
초록뱀미디어	7	러브레터	3

---

82 일일연속극이나 주말연속극 같은 경우에는 원고료가 다르게 산정된다. 2013년 방송원고료표 참조.
83 2010~2014년까지 3편 이상 드라마 제작에 참여한 외주 제작사 현황이다.

외주 제작사	제작 편수	외주 제작사	제작 편수
HB엔터테인먼트	6	SM C&C	3
커튼콜제작단	6	이관희프로덕션	3
에넥스텔레콤	5	CMG초록별	3
호가엔터테인먼트	5	IOK미디어	3
SSD	4	골든썸픽쳐스	3
콘텐츠K	4	베르디미디어	3
태원엔터테인먼트	4	크레아웍스	3
FNC엔터테인먼트	4	DRM미디어	3
신영이앤씨	4		

출처 : 한국콘텐츠진흥원, 『스타역량이 방송 프로그램 성공에 미치는 영향』, 2015.

표 12에 따르면 JS픽쳐스는 2010년에서 2014년까지 17편의 드라마를 제작했다. 1년에 3, 4편을 제작하는 셈이다.

통상 제작사와 집필 계약을 맺고 활동하는 드라마 작가들은 크게 5단계의 과정을 거치면서 드라마 집필을 한다. 표 13에서 보는 바와 같이 1단계는 드라마를 기획하고 대본을 집필하는 단계이고, 2단계는 편성 단계로서 전체 시놉시스와 대본 4회까지를 개발해서 제작사가 각 방송사에 편성을 받으려고 접촉하여 진행하는 시기다. 3단계는 편성이 확정되어 촬영을 하고 제작에 들어가는 단계이며, 4단계는 드라마를 끝나고 휴식기에 들어가는 상태다. 5단계는 휴식기를 마치고 새로운 드라마를 구상하며 차기작을 무엇을 할지 고민하는 시기다.

이런 구분이 명확하게 지켜지지 않는 경우도 있으나 대체로 이런 흐름 속에서 드라마 작가들이 대본을 집필해나간다.

표 13 드라마 작가의 5단계 집필 과정

단계		단계별 주요 업무	특징
1단계	드라마 기획 · 대본 집필 단계	· 기획안 작성 · 시놉시스 완성 · 1~4회 대본 집필	· 제작사 내 기획 프로듀서와 협의하며 진행
2단계	편성 단계	· 대본 개발을 완료하고 편성을 기다리는 단계	· 이 단계에서 편성을 받지 못해서 많은 드라마들이 제작이 무산됨
3단계	방송 제작 단계	· 촬영을 시작하여 방송 종료까지 작가가 대본을 쓰고 있는 단계	· 극심한 노동 · 쪽대본이 등장하는 시기
4단계	휴식기 단계	· 제작사에서 일에 관한 이야기를 거의 하지 않고 작가를 가만히 두는 단계	· 집필했던 드라마에서 완전 빠져나오는 단계 · 재충전
5단계	차기작 구상 단계	· 휴식기가 끝나가면서 제작사와 차기작에 대한 이야기하며 드라마의 소재와 주제, 방향을 잡아가는 단계	· 재충전 상태에서 새롭게 시작

예를 들어 JS픽쳐스 같은 대형 제작사가 5년 동안 17편의 드라마를 만들려면, 최소한 20~30명의 작가들이 5단계를 거치며 돌고 있어야 한다. 드라마 기획에서 방송까지는 평균 2~3년으로, 더 많이 걸리는 드라마도 있고 조금 단축되는 경우도 있다. 드라마를 기획하고 대본이 개발되었다고 해서 모두 편성이 되는 것이 아니라, 많은 드라마들이 편성 단계에서 무산되기 때문에 많은 작가들은 다시 2단계인 편성 단계에서 다시 1단계인 드라마 기획, 개발 단계로 돌아가서 새롭게 작업을 해야 한다.

편성 단계에서 몇 번씩 드라마가 무산되고, 그렇게 몇 년의 시간이 흐르게 되면 제작사와 작가 사이에 분쟁이 발생하기도 한다. 계약 기간이 3년이나 4년 등으로 확실하게 명기되어 있는 경우에는 계약 관계가 해소되지만, 그렇지 않은 경우 드라마 무산이 누구의 탓인지 따지게 되며 제작사든 작가든 불만을 갖게 될 수도 있다.

> 작가들은 우리가 지급하는 계약금에 이자가 발생하는 것을 이해하지 못하죠. 작가를 계약하는 순간, 회사 입장에서는 이자 비용이 계속 발생한다고 봐야죠. 작가가 한두 명이 아니기 때문에, 드라마가 제작이 지연되거나 안 되면 타격을 받게 되죠.
>
> 제작사 대표 T

제작자들은 집필 계약을 통해서 작가들을 확보해 최대한 수익을 내려고 하지만, 작가들은 제작사가 무능하다고 느낄 때 제작사를 떠나려고 한다. 이럴 때는 법적 분쟁까지도 가게 된다. 황○○ 작가는 계약을 맺은 제작사에서 제작에 적극적이지 않다고 생각하고 있던 차에, 다른 제작사가 편성을 받은 드라마에 집필을 맡아줄 것을 제안하자 다른 제작사와 계약을 맺고 대본을 집필하다가 원 제작사로부터 소송을 당했다.[84] 결국 법원의 중재로 황○○ 작가는 원래 받은 계약금에 위약금 일부를 얹어서 돌려주고 사건을 마무리했다. 보통 작가와 제작사가 계약을 맺을 때, 계약을 어길 경우 집필료 총액의 2배에서 3배의 위약금을 배상하는 것으로 한다. 대부분 이 조항은 제작사에서 작가들이 일방적으로 드라마 집필을 그만두지 못하게 할 목적으로 제시하는 계약 조건인데 최근에는 그 반대로 제작사가 작가에게 손해배상을 해주는 경우가 생겼다.[85]

몇 년 전부터 미리 작가를 선점해서 계약한 제작사들이 작가를 "파는" 사태도 벌어지고 있다. 계약으로 묶여 있는 작가들을 제작사에서 돈을 더 얹어 받으면서 다른 제작사에 작가의 계약을 양도하는 형식이다.

> 이제는 작가도 사고팔잖아요. 다른 제작사에 계약으로 묶여 있다고 해도 돈만 주면 얼마든지 그 작가를 사가지고 올 수 있어요. 시장이 그렇게 바뀌었어요.
>
> 제작자 겸 매니지먼트 대표 '나'

---

84 법원 조정 조서 자료.
85 홍승기, 「작가의 전투력」, 『방송작가』 2012년 12월호.

예를 들어 어떤 작가를 미니시리즈 회당 원고료 700만 원에 계약한 제작사가 있는데 다른 제작사에서 그 작가의 계약을 회당 원고료 1,000만 원에 사기를 원한다면, 그 계약 자체를 웃돈을 받고 넘기는 식이다. 원 제작사가 그 작가의 활용도가 그다지 높지 않다고 판단하거나 작가 계약을 파는 것만으로 큰 수익이 발생한다고 판단하면 계약을 넘기게 된다. 금액이 맞지 않아서 거래가 성사되지 않는 경우도 있지만, 작가들의 계약을 "사고 파는" 일은 드라마 제작 세계에서는 관행으로 자리 잡았다고 한다. 드라마 작가 자체가 자본주의 시장 원리에 따라 사고 팔리며 이윤을 남기는 기이한 존재가 되었다.

팔리는 작가와 팔리지 않는 작가, 계약 작가와 비계약 작가, 회원인 작가와 비회원인 작가, 저작권료를 많이 받는 작가와 저작권료를 받지 못하는 작가의 존재는 필연적으로 드라마 작가 사회의 계급을 만들어낸다.

> 계약 작가들, 방송작가협회 회원들은 일정 부분 보호받고 있지만, 나머지 작가들은 전혀 보호받지 못하고 있어요.　　　　드라마 작가 C

C작가의 말은 드라마 작가 사회에도 실제로 계급이 존재하며, 보호받는 작가가 있는가 하면 그렇지 못하는 작가가 있다는 말로 해석할 수 있다. 일단은 드라마를 쓰고 있다고 하더라도 모두 한국방송작가협회 회원이 될 수 있는 것이 아니기 때문에 그로 인한 불이익이 있다. 실제로 방송사에서 재방송을 할 때 당연히 작가에게 지급해야 하는 재방송료는 한국방송작가협회 회원이 아니면 받을 수가 없다. 방송사에서 회원과 비회원에게 차별적으로 재방송료를 지급하고 있기 때문이다. 한국방송작가협회는 회원들의 저작권을 신탁받아 저작권을 관리해주기 때문에 회원들의 모든 저작권에 대해 권리를 행사할 수 있지만, 회원이 아닌 경우에는 그 혜택을 받을 수가 없다. 재방송료와는 달리 국내외 판매로 발생한 저작권료에 대해서

는 한국방송작가협회가 회원에게는 9%의 수수료를, 비회원에게는 15%의 수수료를 받고 저작권료를 받아주고 있다.[86]

　미래창조과학부 방송발전기금으로 2011년부터 해마다 실시하고 있는 방송작가들의 해외연수 기회도 최근 5년 내 드라마 집필 활동을 기준으로 선발하고 있고, 생명보험협회 등 기업에서 주관하는 해외연수도 계속 드라마 집필을 하여 주관 기업의 이미지를 드라마에 반영시켜줄 수 있는 작가들을 선발한다고 한다. 자연스럽게 해외연수 혜택을 받는 사람과 그렇지 못한 사람으로 나누어지고, 드라마 작가 사회는 보이지 않는 계급이 형성된다고 한다.

> 이게 제 얼굴에 침 뱉는 거 같은데, 협회의 기준은 이거예요. 수수료를 얼마 받느냐에 따라 그 작가 대우를 하는 거예요. 제가 여러 번의 경험을 통해서 느꼈어요. 수수료를. 수입이 거의 없는 작가는 작가가 아닌 거예요, 거기서. 제가 수수료 수입에 대해 아무런 제공을 안 하고 있잖아요. 그러니까 저는 드라마 작가가 아닌 거예요.　　　　　　드라마 작가 D

　방송작가들의 친목 단체이자 동시에 저작권신탁단체인 한국방송작가협회는 저작권료 수수료와 교육원 운영 수익으로 운영되고 있다.[87] 저작권료 수수료가 9%[88]이기 때문에, 예를 들어 어떤 작가가 1억 원의 저작권료가 발생하면 협회는 수수료로 천만 원 가까이 되는 금액을 가져가게 된다. 한류 이후 미국, 중국과 일본 동남아 시장뿐만 아니라 루마니아, 브루나이 등 세계 각국에서 한국 드라마가 소비되고 있기 때문에 원고료 이외의 저작권료 수입도 작가들에게는 상당히 많은 것으로 나타났다.

86　한국방송작가협회 내부 문건.
87　한 달에 3,000원의 회비가 있지만 주된 수입원은 아니다.
88　일반 사용료는 9%, 출판·리메이크 등의 사용료는 5%.

표 14 2014년 방송작가 저작권 수입 현황

작가협회 가입 회원 수	비드라마 작가	2269명(81.04%)	2800명 (100%)
	드라마 작가	531명(18.96%)	
	총 원	2800명(100%)	
저작권료 수령 작가	비드라마 작가	1252명(79.85%)	1568명 (56%)
	드라마 작가	316명(20.15%)	
	총 원	1568명(100%)	
저작권료 현황	작가협회 전체 저작권료 총액		약 185억 원
	드라마 작가 분배 총액		약 90억 원
	상위 1~10위까지의 저작권료 총액		약 24억 원

자료 제공 : 한국방송작가협회

2014년 기준, 전체 한국방송작가협회 회원은 총 2,800명으로 이 중 드라마 작가는 531명(18.96%), 비드라마 작가는 2,269명(81.04%)으로 나타났다(표 14 참조). 이들 중 저작권료를 받는 작가들은 총 1,568명으로 전체 회원 중 56%만이 해당됐다. 구체적으로, 저작권료를 받는 비드라마 작가는 1,252명(79.85%), 드라마 작가는 316명(20.15%)으로 집계됐다. 그러나 저작권료 현황을 보면 상대적으로 적은 수의 드라마 작가들(316명, 20.15%)이 전체 저작권료 총액 약 185억 원 중 약 90억 원(48.65%)을 수익으로 가져가고 있는 것으로 나타나 드라마 작가들의 저작권료 수입이 다른 장르에 비해서 월등히 많다는 것을 알 수 있다. 또한 90억 원 중 상위 10명이 24억 원을 가져가고 있어 저작권료 편중 현상이 심한 것으로 나타났다. 이는 드라마 작가 내에서도 저작권료를 많이 가져가는 사람과 그렇지 않은 사람의 차이가 크다는 것으로 이해할 수 있다.

E는 16년 동안 소위 "중고 신인"으로 작가 사회에 있으면서 드라마 작가 사회에는 보이지 않는 등급이 매겨져 있다는 것을 실감했다고 한다. 서로

처해 있는 상황이 다른 작가들이 만나면 의례적인 말만 하게 될 뿐 구체적인 고민이 너무 다르기 때문에 친해지기가 힘들다고 했다. 경제적인 수준도 천차만별이라 생활수준도 관심사도 다르다고 했다.

> 작가 생활 하다 보면 비슷한 형편에 있는 작가들과 친하게 돼요. 그게 편하고 서로를 잘 이해할 수 있죠. 또 잘 나가는 작가들은 자기끼리 놀아요. 아마 고민이 비슷해서 그럴 거예요. 교육원 다닐 때 수백 명의 지망생을 만났지만, 지금 만나고 있는 사람은 작가로 활동하고 있는 사람 딱한 사람밖에 없어요. 유유상종이라고, 노는 문화가 다르니까요.
>
> 드라마 작가 E

> 심지어는 장르별로 뭐 뽑을 때도 안 됐어요. 특강 듣는 거 신청을 했는데. 드라마로 신청을 했는데. 경력이 없다고. 그래서 제가 2지망으로 교양을 했거든요. 그것도 안 해줬어요. 그래서 저 싸우고 난리쳤어요, 이사장님이랑. 저 아주 작가협회에서 소문났을 거예요. 제가 반골 기질 그런 게 있어가지고 되게 소심하면서 불의를 보면 꾹 참아야 되는데 못참아요.
>
> 드라마 작가 D

D는 처음에는 방송작가협회에서 하는 행사 참여 문제나 교육을 받는 문제에 대해서 차별받는다고 생각해서 갈등도 많이 일으켰지만, 지금은 빨리 "내가 인정받는 작가, 협회에서 무시하지 못하는 작가"가 되어야겠다고 생각을 바꾸었다고 했다. 드라마 사회에 보이지 않는 계급이 존재한다는 것은 어쩔 수 없는 일이라고도 했다.

이렇게 드라마 작가 사회가 원고료와 저작권료에 따라 계급화되고 있는 것은 상업화되고 있는 드라마 제작 시스템의 변화와 깊은 연관이 있다. 1991년 외주 제작 정책이 시작되고 2000년대 중반 외주 제작이 활성화되면서 스타 연예인과 스타 작가의 위상이 크게 높아졌다. 특히 그동안 방송사 간의 상호 합의에 의해 결정되어왔던 이들의 몸값이 철저하게 자본주의 시장 수급 원리에 따라 형성되는 시스템으로 변화하게 되면서 드라마 작가의 원고료가 급상승하게 됐다.[89] 원고료가 상승하면서 작가들 간 격차도 심해져서 앞서 살펴본 바와 같이 신인 작가의 경우 회당 500만 원 정도이지만 인기 작가의 경우 4,000~5,000만 원, 심지어 1억까지 이른다.[90] 또 드라마 흥행에 따른 저작권료 수입의 차이도 큰 것으로 나타났다.

정성효는 "이와 같은 작가 원고료의 가파른 상승과 외주 제작사의 독점적 계약은 무엇보다도 드라마 기획과 집필이 상업적 요구에 순응하는 결과로 귀착될 우려를 낳고 있다. 외주 제작사 입장에서는 투자비용을 만회하기 위한 방안으로 작가에게 간접광고 노출과 등장인물 줄이기 등 과도한 상업적 요구"를 시도하기 때문이라고 지적했다.[91] 현재는 이러한 부분에 있어서 작가가 제작사의 입장을 헤아려주는 것을 당연하게 받아들이고 있다. 언젠가부터 집필 계약서에 "작가는 PPL을 적극적으로 한다"는 조항까지 생겼다고 한다. 정도의 차이는 있지만 드라마가 문화산업이라는 인식 아래, 누군가에게 손해를 주어서는 안 된다는 생각이 자연스럽게 퍼져서 제작사 요구는 대부분 관철되고 있다고 한다. 실상은 제작자에게 엄청난 수익을 주는 일이라고 하더라도 제작사가 손해를 들먹이며 작가에 요구하게 되면 작가로서는 확인할 방법이 없다고 한다.

현재 한국에서 드라마 작가로 산다는 것은 상업적인 논리로 움직이는 드라마 제작 시스템을 받아들이는 것이며, 거기에서 파생되는 원고료 차이, 저작권료 차이로 인해 형성된 드라마 작가들의 계급에 순응하는 것이다.

---

89 김진웅, 앞의 글.
90 정덕현, 「김수현 작가 어쩌다 이렇게 됐나」, 『엔터미디어』, 2012.10.06.
91 정성효, 「기형적 제작 시스템 전체 콘텐츠 산업 위협」, 『방송문화』 3월호, 2007, 4~15쪽.

3. 기획, 편성 단계에서 겪는 갈등과 타협

드라마 기획 단계는 처음 제작사나 방송사에서 드라마 콘셉트를 잡아 작가를 정하고 대본 개발을 해서 편성이 결정되기 전까지, 상당히 긴 시기를 뜻한다(표 15 참조). 기본적으로 짧게 잡아도 6개월, 길면 몇 년씩 걸리기도 한다. 이 단계는 콘텐츠 개발을 둘러싼 갈등이 큰 시기다. 어떤 드라마 콘텐츠를 개발할 것인지, 과연 그 콘텐츠가 편성을 받고 이익을 창출할 수 있을 것인지에 대해 생산자들이 모두 다른 위치에서 보고 협의하며 갈등한다. 이때 갈등의 주체는 주로 제작사와 작가이고 간혹 기획 단계에서 배우가 참여 하는 경우, 세 축 간의 갈등이 이루어지기도 한다.

표 15 드라마 제작 진행 단계

단계	단계별 주요 업무	특징
드라마 기획 단계	·드라마 소재 및 주제 방향 설정 ·전체 시놉시스와 4회까지 대본 집필이 완료 되는 시기.	·드라마 콘셉트 설정 ·예산 수립 및 확보 ·시놉시스 수정 보완 완성 ·대본 개발 및 수정(4회까지)

단계	단계별 주요 업무	특징
드라마 편성 단계	· 기획안(시놉시스와 1~4회 대본) 방송사에 제출하여 편성이 완료되기까지의 시기. · 감독, 예산, 배우, 시간대 등 방송조건 고려 후 편성 확정	· 편성 시도(방송사 내 기획회의) · 방송사와 제작사 간 계약 체결 · 캐스팅 · 예산 조율 등 필요한 부분 보강
드라마 제작 단계	· 촬영 시작부터 방송 종료까지의 과정을 모두 포함	· 온 에어 · 시청률 추이 관찰 · 수익에 대한 분배 · 제작비 과다 사용 문제 검토

작가가 원하는 기획안이 있고 제작자가 원하는 기획안이 있으니까. 그때는 이제 제작자가 힘을 갖고 있죠. 그리고 이것도 그런 거 같아요. A급 작가 이상인 경우에는 작가가 더 아이템 선정이라든가 이런 거에 힘이 센 거 같고, 그렇지 않은 경우엔 제작자 파워가 더 센 거 같고. 여기(방송사) 없이 일단 기획안이 진행이 되잖아요. 그러니까 초기 단계는 제작자가 힘을 갖게 되죠.   방송사 편성 담당 '사'

드라마 기획안이 방송사에 제출되어 정식으로 편성 준비를 하기 전에 어떤 드라마 제작을 추진할 것인지에 대한 권한은 일단 제작자에게 있다. 물론 방송사 안에서 드라마 제작의 경제적인 측면을 판단하는 '사'의 말대로 작가 파워가 강한 경우는 작가의 뜻이 많이 반영되지만, 파워 있는 작가와 계약을 할 것인지 말 것인지에 대한 권한도 제작자에게 있으니 기획 단계에서는 제작자의 영향이 지대하다고 볼 수 있다. 특히 신인 작가의 경우는 제작사의 요구를 받아들이지 않으면 드라마 집필 자체가 불가능할 정도로 불리한 처지에 놓여 있다. 제작자와 작가의 갈등이 심한 경우, 제작자는 그 작가의 대본 자체를 무시해버리고, 편성하려는 노력조차 안 할 수 있다.

제작사 하는 사람들은…… 결국 돈이죠. 결국 매너가 좋고 나쁘고(거
칠게 대놓고 돈 얘기를 하느냐 아니냐) 이런 문제지, 제작사는 목표가
돈이기 때문에 (드라마 제작 과정에서) 안 좋은 선택을 하는 건 당연한
거죠. 　　　　　　　　　　　　　　　　　　　　　　　　드라마 감독 P

　제작사는 기본적으로 수익 창출을 목표로 한다. 아무리 좋은 드라마라
도 수익이 창출되지 않으면 제작사가 더 이상 운영될 수 없기 때문이다.
문제는 제작사가 어느 정도의 수익에 만족하느냐에 달려 있다. 어떤 사람
은 2~3억의 수익에 만족할 수 있지만 어떤 사람은 10억 이상의 수익을 바
란다. 작가 입장에서도 제작사가 망하는 단계까지 가게 하면서 좋은 드라
마를 하고 싶은 생각은 없다고 한다. 감독들도 제작사한테 피해를 줘가면
서 드라마를 만들고 싶어 하지 않는다. 그러나 다른 생산자들은 제작사들
이 과도하게 경제적인 이득에 욕심을 부리는 경우를 종종 목도한다.

　남의 돈(제작사의 제작비) 80억 100억씩 써가면서 드라마를 내 마음
대로 해서 망하게 하면 안 되겠죠. 그런데…… 제작사가 드라마에서 지
나치게 수익을 내려고 할 때, 우리는 "빨대 꽂는다" 그러는데, 너무 일
찍 빨대를 꽂아서 너무 뽑아 먹는 경우가 있어요. 예를 들어 자꾸 뭐……
작가한테 푸시해서(압력을 가해서) 미리 오므리게(제작비를 아끼게) 한
다든가, 감독 몰래 작가한테 컨택해서 "추후에 우리 같이 일해야 하는
데……(서로 도와야 되지 않을까)" 이런 식으로, 감독 몰래 야합하는 경
우가 있어요. 　　　　　　　　　　　　　　　　　　　　　드라마 감독 P

　제작사는 작가와 호흡을 잘 맞추면 드라마 제작을 통해 얼마든지 경제
적 이득을 올릴 수 있기 때문에, 신인 작가에게는 강자 입장에서 통제를
하려고 하고 인기 작가한테는 수그리면서 인기 작가가 원하는 것을 제공
하며 통제를 하려고 한다.
　독립 제작사는 1991년 외주 제작 정책에 의해 방송가에 등장했다. 1997

드라마 작가는 어떻게 만들어지는가

240

년까지는 외주 제작 비율이 적었고 드라마도 일부분만 외주 제작이 이루어지다가 2003년에서 한류 열풍이 일면서 2003년에서 2007년 사이에 기간에 기하급수적으로 늘어났다.[92] 특히 외주 정책 실시는 광고 시장에서 수입 극대화를 도모할 수 있는 계기가 되었는데, 드라마 외주 제작 시스템은 사기업적 독립 제작 시장의 시장 경쟁 특성상 이윤 추구 논리가 공식적으로 용인되며 동시에 협찬과 간접광고 등을 통해 (비)공식적으로도 수입극대화 혹은 제작비 절감 효과를 꾀할 수 있기 때문이다.[93] 그런데 방송사에서도 협찬을 받을 수 있는 제작사의 입장을 악용하여 제작비를 제대로 주지 않고 협찬을 통해 재원을 마련하도록 하여, 드라마 생산자들 사이에 제작비와 수익을 놓고 지속적인 갈등이 있는 것으로 나타났다.[94] 그런 딜레마는 실제로 드라마 제작을 하는 감독과 작가에게는 두 번 일을 하게 만들기도 한다.

> 외주 제작사니까 협찬이 붙게 되잖아요. 협찬이 없으면 제작이 불가능하니까. 그때 직업군이 결정된 거예요. 〈○○〉 드라마 할 때는 대본을 10회까지 썼어요. 그러고 나서 직업군이 결정됐어요. 그래서 등장인물의 직업을 다시 바꿨어요.　　　　　　　　　　　　지상파 드라마 감독 O

이러한 구조 속에서 제작자와 작가와 가장 첨예하게 부딪히는 때가 대본을 기획해서 준비할 때다. 제작사는 기획 단계에서부터 협찬과 간접광고들을 생각하고 들어오기 때문에 드라마의 품질을 먼저 생각해야 하는 다른 생산자들과 충돌은 불가피하다. 일단 드라마 제작이 시작되면 감독이 어느

92　노동렬, 「방송 드라마 제작 산업의 공진과 과정과 인센티브 딜레마」.
93　김진웅, 앞의 글.
94　방송법 시행령 제60조 협찬고지 조항에서는 "방송 프로그램을 제작하는 자(방송사업자는 제외한다)로서 방송사업자와 특수 관계자에 있지 아니한 자의 방송 프로그램 제작을 협찬" 하는 경우 협찬을 허용하는 것을 명시하고 있다.

정도 제작사를 견제하는 역할을 할 수 있지만, 드라마 기획 단계에서 주로 제작사와 작가들이 부딪힐 때는 제작사의 권력을 제어하기가 쉽지 않다.

1) '빨대 꽂는' 제작사

드라마 기획 단계에서는 드라마의 소재와 주제 그리고 규모 등 많은 것이 결정된다. 물론 방송사의 편성이 확정됐을 때는 다시 이 부분에 대한 구체적인 점검이 이루어지지만, 기본적으로 "어떤 드라마냐" 하는 것은 이때 정해진다. 방송사 감독이 주도적으로 먼저 대본 개발에 나서는 경우에는 작가와 기획자(CP 또는 EP 또는 데스크),[95] 또는 감독과 기획자의 갈등이 주로 나타난다. 이 경우 신인 작가는 기획 과정에 참여했다가 편성도 불발되고 기획료도 받지 못하는 경험을 많이 하는 것으로 나타났다.

작가 지망생들은 방송사나 제작사에서 주관하는 드라마 극본 공모에 당선되거나 단막극 방송 후에 관심을 보이는 제작사가 나타나면 본격적으로 드라마 작가 생활로 접어들게 된다. 방송사 주관 공모에 당선된다고 모든 당선 작가가 계약까지 이르지는 않지만, 대부분 방송사 내부 인턴 생활을 거치며 방송사 관리 안에 놓이게 되고 대본을 개발하게 된다. 그중 일부는 제작사와 계약을 하기도 하며, 공모 당선 작가는 아니지만 단막극이나 특집극이 방영되어 좋은 반응이 있는 경우 제작사에서 연락이 오고 계약까지 성사되는 경우가 있다. 더러는 알음알음으로 미니시리즈 기획안(시놉

---

95 CP는 Chief Producer의 약자로 일선 드라마 감독을 지휘하는 데스크를 말한다. 방송사에 따라 EP(Executive Producer)라는 명칭을 쓰기도 한다. 일반적으로 기획자를 말하는데, 우리나라의 경우 제작사에서 기획을 해서 방송사에 들어가는 경우가 많으므로 본래의 '기획'의 의미와는 상관없이 그 프로그램의 데스크라고 생각하면 이해가 쉽다.

시스와 대본 1~4회)을 제작사에 제출하여 계약으로 이어지는 경우가 있으나, 단막극 방송 경험이 없는 작가가 혼자서 미니시리즈를 기획하고 대본 4회까지 집필한다는 게 쉬운 일은 아니어서 이러한 경우는 그렇게 많지는 않다.

> 모 지상파 방송국에서 몇 년에 걸쳐서 단막극 세 편이 방송됐는데, 세 번째 단막극이 방송이 나간 후에, 제작사 쪽에서 연락이 왔어요. 그게 반응이 좋았나 봐요. 방송국 스타 PD 출신이 하는 제작사였는데, 그 제작사랑 계약하려고 계약서까지 받았어요. 그런데 저는 미니시리즈 16부작 1편만 계약하고 싶은데 그 제작사에서는 미니시리즈 2편, 전체 32회에 대한 계약을 하자는 거예요. 아마 신인일 때 싼 값에 더 계약해놓자는 게 제작사의 생각인 모양인데, 저는 그렇게 하기 싫었거든요. 앞으로 제가 어떻게 될지 모르는데 부담도 되고, 제작사의 의도가 보이니까 그것도 싫었고요.   드라마 작가 E

드라마 작가 E가 그런 문제로 고민하고 있을 때 작가 선배가 소속되어 있는 다른 제작사를 소개시켜주어서 그쪽과 계약을 했다. 역시 스타 감독 출신으로 탄탄하게 자리 잡은 제작사였는데, 매출이라든가 제작 환경 등 여러 가지 면에서 처음 접촉했던 제작사보다 더 나은 상황이었고, 미니시리즈 1편 16회만 계약하겠다는 E의 주장이 받아들여져 계약을 하게 됐다.

신인 작가의 경우도 일단 드라마 한 편만 성공하면 원고료가 수직 상승하기 때문에 제작사에서는 웬만하면 원고료가 쌀 때 신인 작가를 확보할 목적으로 미니시리즈 2개 이상의 계약을 요구한다는 것이다. 계약금이란 그야말로 일을 하기로 하고 받는 돈이어서 만약에 일을 못하게 되면 원칙적으로 다시 돌려주어야 한다. 제작사 입장에서는 적은 계약금으로 신인 작가를 잡아둘 수 있기 때문에 많은 횟수의 계약을 원한다.

드라마 작가 I는 지상파 방송극 단막극 공모에서 우수상을 받았지만, 당시 그 방송사에 단막극이 폐지되어 데뷔를 하지 못했다. 그 후에 작가 사무실을 꾸리고 있는 인기 작가 밑에서 보조작가 겸 기획 작가로 대본 개발을 하고 있던 차에 자신이 개발했던 시놉시스가 인기 작가와 친했던 제작사 대표 눈에 띄어서 편성까지 갔다. 기획안이 워낙 좋고 제작사가 유명했던 곳이라 편성은 받았지만, 아직 미니시리즈를 한 번도 해본 적이 없는 드라마 작가 I에게는 혹독한 시련이 남아 있었다.

> 제작사 대표가 내가 완전 신인이니까 "너 일주일에 두 개 쓸 수 있어?" 그러시더라고요. "자, 두 개를 쓸 수 있으면 작가가 되는 거고, 두 개를 쓸 수 없으면 작가가 될 수 없어." 그러시더라고요. 시놉시스만 있는 단계니까. "자, 그러면 일주일 줄 테니까 일주일 안에 대본 두 개를 써가지고 와." 그러셨어요. 그때는 내가 드라마에 거의 미쳐 있었을 때니까 두 개를 써서 갔어요. 대표가 되게 좋아하셨어요. 그러면서 "또 두 개 써 와." 그래서 그 다음 주에 또 두 개를 써 갔어요. 대본을 네 개를 쓴 거죠.
> 　　　　　　　　　　　　　　　　　　　　　　　드라마 작가 I

미니시리즈는 일단 방송이 시작되면 매주 2회씩 대본이 소진되기 때문에 드라마 작가는 어느 정도 퀄리티가 있는 대본을 매주 2회씩 써내야 한다. 아무리 대본을 잘 써도 늦게 쓰면 방송 스케줄에 지장을 주게 되고 쪽대본과 방송 사고로 이어지기 때문에 제작사에서 신인 작가에게 제일 먼저 시키는 교육은 대본을 빨리빨리 쓰게 하는 것이다.

드라마 작가 I는 대본을 열심히 써 가서 속도에 대한 불안감은 일단 해소시켰으나 이번에는 그 제작사에 소속되어 있던 감독이 신인 작가라는 이유로 함께 일하기를 꺼려했고, 결국 제작사는 맨 처음 기획안을 낸 드라마 작가 I가 아니라 이미 인정받고 있던 다른 작가와 미니시리즈를 하기로 결정했다. 제작 중에 일어나는 여러 가지 변수 중에 제작사가 가장 쉽게 선택할 수 있는 방법은 신인 작가를 배제시키는 것이다. 그래도 이 제작사는 나중에 드라마 작가 I를 5회 이후에 공동 집필 작가로 참여시키는 의리를 지켰다. 그 후에 작가 I는 지상파 아침드라마를 하는 기회를 빨리 잡아서 자리를 잡는 듯했으나, 8년이 넘도록 제작사와 기획 단계에서 갈등을 일으키며 준비한 드라마가 방송이 되지 못하고 있다.

드라마 작가 D는 교양 프로그램을 집필하다가 모 기관에서 주최하는 단막극 공모전에서 당선되어 드라마 제작사와 계약을 한 경우다. 계약 당시 거의 100장에 이르는 시놉시스가 준비되어 있었고 다른 곳에서도 계약을 하자고 했으나, 가장 괜찮다고 생각되는 제작사랑 계약을 했다. D작가의 소재가 타임 슬립이었는데 불운하게도 때마침 기성 작가들이 타임 슬립을 소재로 한 드라마들을 써서 편성을 받고 방송을 하게 되자, D작가의 대본 개발은 지지부진되었다.

> 그렇게 타임 슬립 소재가 막 나오는데 다 기성 작가들이잖아요. 제 거를 댈 수가 없는 거예요. 그러니까 제작사 안에서도 제 거 밀리고 그러면서 제작사는 다른 큰 드라마들을 하기 시작한 거죠. 다른 드라마 하느라고 정신이 없으니까 저를 1년 이상을 방치시키더라고요. 진짜 황당하더라고요. 전화 한 통 안 오더라고요. 제가 이제 주변에 소개받아가지고 신인 작가들도 만나고 중년 작가들도 만나고 그러는데 이런 일이 비일비재하다고 하더라고요. 그러니까 더 어이가 없는 거예요. 이게 뭐예요, 계약 해놓고.   드라마 작가 D

제작사는 D작가의 소재를 문제 삼았지만 사실은 "방치" 상태였던 것으로 보인다. 이렇게 작가가 드라마 개발을 하고 싶어도 제작사가 적극 나서지 않고 작가를 관리 보호하지 않으면 신인 작가로서 할 수 있는 게 많지 않다. 계약으로 묶여 있기 때문에 다른 제작사와 작업을 할 수도 없고, 드라마 개발을 서두르기 위해 현재 제작사를 압박할 수 있는 어떤 무기가 전혀 없다. 나중에 제작하는 D작가가 준비한 드라마에 "신인이니까 불안하다"는 이유로 다른 작가와 공동 집필을 하도록 했으나, 그마저도 잘 되지 않았다. 그 과정에서 D작가는 제작사에 거세게 항의할 수 없었고, 잘 맞지 않는 공동작가와 일을 하느라 엄청난 스트레스에 시달려야 했다. 결국은 제작사의 방치와 무리한 공동 집필 시도를 하면서 시간이 흘렀고, 계약기간 3년이 다 차게 되어 계약은 해지됐다. D작가는 제작사의 계약 관계로부터는 자유로워졌으나 아무런 성과 없이 3년이 지나갔기 때문에 새롭게 계약해줄 제작사를 찾아야 하는 어려움에 처해 있다.

앞에서 소개하였던 작가 E는 그 후 제작사가 제안한 소재 중에 88세대의 애환을 담은 드라마를 집필하여 8회 이상 대본을 써냈다. 중간에 종편에 편성이 되었다가 종편 내부 사정으로 드라마 편성이 무산되고, 함께 대본 개발을 준비했던 제작사 소속의 젊은 감독이 퇴사하는 바람에 허공에 뜬 상태가 되어버렸다. 그 후 제작사 기획팀 프로듀서들이 개입하여 대본을 더 수정하는 과정에서 작가 E와 제작사 사이에 내적 갈등이 심화되었다. 나중에 대본에 개입하여 의견을 개진하는 제작사 기획 프로듀서들과 의견이 잘 맞지 않았고, 작가가 원하는 방법이 아니라 너무 흥행 공식에 맞춰 수정을 요구하는 게 힘들었다고 했다. 그럼에도 불구하고 E작가는 그런 갈등 관계를 잘 받아들이고 수용하는 신인 작가의 낮은 자세를 잘 보여주었다.

> (많이 힘들었겠어요?) 그렇기는 한데…… 항상 진행하는 과정에서 뭘 써갔을 때 괜찮으면 진행이 되다가 안 되면 "이건 아닌 것 같아" 하고, 일방적으로 접히면 "예, 알겠습니다." 그렇게 했어요. 그게 원래 갑과 을의 관계라고 생각을 했기 때문에 그 과정이 여러 번 반복이 되니까, 한 7~8년 그런 과정이 있다고 해도 "아, 그냥 이렇게 원래 진행이 되나 보다"였지, 뭐 불만을 갖고 그러지는 않았던 것 같아요.   드라마 작가 E

E작가의 말대로 신인 작가들은 드라마 기획 단계에서 제작사와 작가의 관계를 "갑과 을"의 관계라고 받아들이고 있었다. E작가 사례의 반전은 제

작사에서 "E작가의 대본은 더 이상 개발할 가치가 없다"고 판단한 이후에 일어났다. 제작사가 원하는 대본이 아닌, 자신이 원했던 대본을 지상파 미니시리즈 극본 공모에 응모하여 대상을 받았다. 제작사에서 "마이너적"(흥행과는 먼 작가주의 경향이 있는)이라는 평가를 받았던 E의 드라마는 방송사 극본 공모에서는 대상을 받을 만큼 가치가 있었던 셈이다.

> (제작사에서 준비해오는) 드라마가 다 똑같아요. 새로운 게 없어요. 제작사는 편성만 받으면 된다고 생각하니 새로운 콘텐츠를 개발하기보다는 편성받기 위해 혈안이 되어 있는 거죠. 세상은 빠른 속도로 변하고 있는데 드라마 콘텐츠는 너무 느리게 변하고 있어요. 〈응답하라〉나 〈삼시세끼〉 같은 새로운 콘텐츠 같은 게 필요해요. 〈삼시세끼〉는 사실 대본이 다 있는 드라마예요. 지금 지상파 사람들은 〈응답하라〉 시리즈랑 같이 붙게 될까 봐(편성이 같은 시간대에 될까 봐) 다 떨고 있잖아요. 그런 콘텐츠를 개발하려면 생각을 다르게 해야 되요. 맨날 하던 거로는 안 되죠.
> 지상파 기획자 '마'

현재 E작가는 제작사의 양해를 받아 방송사와 계약을 하고 방송사의 주도하에 미니시리즈 대본 개발을 하고 있는 중이다. 이런 경우, 제작사 입장에서는 몇 년간 제작사 소속 작가를 방송사에 내어주는 형식이 되는데, 제작사에서는 방송사와의 관계도 있고 E작가가 방송사 안에서 성장할 가능성이 있으므로 대체로 그런 조건을 수용하는 편이다.

제작사와의 작가의 관계는 갑과 을의 관계라며 외면적으로는 상당히 순응의 태도를 보이던 E작가는 제작사에서 자신의 대본이 거부당하자 방송사와 직접 거래를 시도해서 성공했다. 신인 작가가 제작사에 마냥 휘둘리지만은 않는다는 것을 E작가가 보여준 것이다.

드라마 작가 C는 2004년도 방송사 단막극 공모 당선 작가 출신으로 방송사 소속의 ○○○ 감독과 종종 드라마 기획을 하고 있지만 성과를 못 내고 있다. C작가가 계약한 제작사가 없어서 ○○○ 감독은 대본을 개발한 이후 담당 기획자인 CP에게 편성 허락을 받으면 제작사를 선정해서 진행하려고 했다. ○○○ 감독은 누구보다도 C작가와 호흡이 잘 맞고 남자 작가 특유의 힘이 있었기 때문에 여러 번 시도했지만 그때마다 C작가가 신인이라는 이유로 CP의 지지를 받지 못하고 중도에 접어야만 했다.

문제는 수개월씩 진행되는 드라마 개발 과정이 있었음에도 불구하고 그 프로젝트가 무산되었을 때 C작가에게 돌아오는 경제적인 보상이 하나도 없다는 것이다. 제작사 계약 작가들은 계약 당시 최소한 수천만 원, 많게는 수억 원에 이르는 계약금을 받기 때문에 설혹 중간에 무산되더라도 큰 타격을 받지 않지만 C작가처럼 계약금이 전혀 없이 일한 신인 작가들은 정신적인 고통과 경제적인 타격을 동시에 받게 된다. 방송사 내부에는 이런 경우를 대비해 기획료라는 게 책정되어 있지만 실제로 그 돈을 지급하는 경우가 거의 없다.

> (기획료가) 책정되어 있지만, 회사에서 올리지 않아요. 그것을 주면 무능한 사람처럼 되어 있어서 안 줘요. 쓸 수 있는 돈인데…… 기획료를 받아야 최소한의 프라이드를 지킬 수 있는데. …(중략)… 드라마 시스템이 몇백 명이 일하는데, 기획료라는 게 어마어마한 돈도 아니고 많아봐야 100만 원에서 300만 원 밖에 안 되는 돈인데 주지 않는 거죠. 이런 건 법적으로 보완책이 만들어져야 해요. 어떤 작가랑 일하게 됐다고 올리면 법적으로 주게…… 1년치 기획료를 다 합쳐도 스타 작가 1회분 고료도 안 되잖아요.   드라마 작가 C

물론 단순히 C작가가 신인 작가라고 하는 이유로 모든 것이 결정되었다고는 볼 수 없을 것이다. 담당 CP(또는 EP)인 기획자가 판단하기에 적절한 기획이 아니었을 수도 있고, 대본이나 시놉시스의 완성도가 떨어졌다고 볼 수도 있다. 중요한 건 신인 작가의 경우, 이런 기획 과정에서 작가의 권리나 입장이 반영되지 못하고 제작사나 방송사 데스크의 입장에서 모든 것이 결정된다는 것이다. 더구나 C작가는 이 방송사의 극본 공모 당선 작가였다. 방송사는 시청률 경쟁에 뛰어들면서 제작비 대비 시청률이 낮은 단막극을 폐지함으로써 사실상 자신들이 직접 뽑은 공모 당선 작가의 R&D를 포기했다. 당선작은 방송도 하지 않고 당선 작가들을 인턴으로 받아들이지도 않았는데, 당선을 계기로 알게 된 감독과의 작업에서 기획료마저 제대로 지급하지 않고 있는 상황이다. 지상파 방송사는 겉으로는 방송의 공익성을 이야기하지만 속으로는 철저하게 상업적인 측면에서 재원을 운영하고 있다는 것을 알 수 있다.

제작사에 계약한 작가들도 운신의 폭이 좁기는 마찬가지이다. 우리나라는 대부분 제작사에서 먼저 작가를 계약하여 드라마를 개발하기 때문에 작가가 계약한 제작사와 드라마 개발에 대한 방향이 맞지 않으면 계속해서 새로운 것을 써서 제시해야 하는 악순환에 빠진다. 계약 기간이 계약서에 명시되어 있고, 그 기간이 2년이나 3년 등 비교적 단기일 때는 다행이지만 계약 기간이 명시되어 있지 않거나 5년 이상 긴 장기 계약일 때는 한 제작사만 상대하며 많은 시간을 허비하게 된다. 작가들 사이에 일명 '노예 계약'이라는 말이 나오는 것도 제작사가 "오케이" 할 때까지 드라마를 써내야 하는 신인 작가들이 많이 있기 때문이다.

어셀은 TV산업은 큰 수영장에서 저렴한 가격으로 젊은이를 섭취하는 뱀파이어와 같다는 점을 지적했는데,[96] 드라마 제작 과정에서도 아직 젊고 기회를 찾아 나서야 하는 신인 작가에게 제작사나 방송사의 입맛에 맞는 드라마 기획안을 지속적으로 쓰게 함으로써 신인 작가들을 착취하는 현상이 나타나고 있는 것이다. 또 신인 작가들은 상당 부분 착취를 당하는 상황 속에서 일하고 있으면서도 드라마 산업에서 드라마 작가로 성공하는

96 Ursell, G., "Televion Production : issues of exploitation, commodification and subjectivity in UK television labour markets".

기회를 얻기 위해 그 시간을 기꺼이 견디어내는 것으로 보인다.[97]

2) '간택'받아야 하는 신인 작가

흥미로운 점은 기획 단계에서 자신들이 겪는 부당한 대우에 대해서 대부분 신인 작가들이 자기 탓으로 돌리는 태도를 취한다는 것이다.

> 그 부분은 제가, 누구든 이름을 인정해주는 레벨까지 가기 전까지는 그냥 너무나 당연히 받을 수밖에 없는 대우라고 처음부터 그냥 인정을 했었던 것 같아요. 그래서 그거에 있어서는 '나한테 어떻게 이런 대우가 있지?' 이런 거에 대해서 불만이 있었다거나 부딪힘이 있었다거나 그렇지는 않았던 것 같아요.　　　　　　　　　　　　　　드라마 작가 E

물론 제작사의 무책임함, 방치, 말 바꾸기, 보상 없음에 분개하기도 하지만 더 근본적인 해결책은 가장 가까이 있는 사람부터 감동시키는 대본을 쓰는 것이라고 신인 작가들은 생각하고 있었다. 신인 시절이 길고 고되다는 것을 경험하면서 데뷔 이후에도 긴 무명 시절을 겪고 있는 작가 E는 현재의 드라마 제작 시스템을 어느 정도 알 때까지는 다른 일을 하는 것도 좋다고 생각한다.

> 이 환경에 대해서 좀 알 때까지 '아, 이거 이렇게 감독이라는 사람한테, 제작사라는 사람들한테 내가 먼저 간택이 되어야만 되는 제작 구조네?' 이런 시스템 같은 걸 좀 파악할 때까지는, 만약에 다른 직업이 있다면 병행을 하면서 해보다가 그래도 내가 뚫을 자신이 있다 했을 때(이

97　Hesmondhalgh, D. & Baker, S., "A very complicated version of freedom : Conditions and experiences of creative labour in three cultural industries".

런 상황을 헤쳐 나갈 수 있다고) 그때 (드라마 작가의 길을 걸을) 결정을
해도 될 거 같아요.   드라마 작가 E

"간택"이라는 단어가 매우 흥미로웠다. 이 말은 주도권이 완전히 상대방
에게 넘어간 상태를 말하며, 선택을 받기 위해 최선을 다한다는 뜻이 내포
되어 있다. 또한 이 말은 갈등은 있지만 그 갈등을 받아들일 수밖에 없는
상황, 혹은 반드시 겪어야 할 과정으로 인식하고 있다고 할 수 있다. "간택
을 받아야 하는 것이 신인 작가의 숙명"이라는 말은 드라마 생산자로서 무
의식적으로 방송사, 또는 그들에게 편성을 받아야 하는 제작사의 선택을
받아들일 수밖에 없는 현실적인 인식을 반영하는 것이다. 이런 생각들은
두 드라마(2007, 2015)에서 보조작가를 하면서 드라마 작가로서 데뷔를
꿈꾸는 보조작가 B에게도 나타났다.

> 저는 주변 사람들 감독이나 누구…… 이런 사람들부터 울림을 준다거
> 나 납득을 시키는 이런 과정이 필요한 거 같더라고요. 그러니까 내 대본
> 으로 주변 사람들부터 설득시키는 것도 못하면서 시청자들을 생각하는
> 건 너무 오만한 게 아닌가……. 옛날에는 '내 대본은 멋져' 초창기엔 다
> 그런 생각하잖아요. 그런 건방짐은 좀 벗어던져야 될 거 같은 생각은 들
> 더라고요. 내 주변 사람들부터 설득시키는 게 중요한 것 같아요.
>   작가 지망생 겸 보조작가 B

자신이 생각하기에 멋진 드라마를 쓰는 게 아니라 드라마 관계자들이
관심을 가질 수 있는 드라마를 써야 한다는 생각은 현장 감각에서 나오는
것으로 보인다. B는 보조작가를 하면서 얻을 수 있는 가장 큰 수확은 '현
장에서 통하는 대본'과 '내가 쓰고 싶은 대본'의 차이를 알게 된 것이라고
했다. 자신의 대본을 쓸 만한 시간이 보장되지 않고, 힘이 많이 드는 보조
작가 생활을 하면서 체득한 소중한 경험이었다.

E작가나 보조작가 B나 자신이 처한 환경에서 자신의 능력으로 편성권

혹은 제작권을 쥔 사람들에게 간택받으며 살아남아야 한다는 생각이 강했
는데 이는 맥로비가 신자유주의가 몰고 온 인재 주도형 경제는 직업을 개
별화 시키고 개인의 능력으로 살아남는 것이 미덕인 것처럼 포장한다고
지적한[98] 부분과 맞닿아 있다.

드라마 계획 단계에서 제작사와 신인 작가가 함께 작업하는 경우, 제작
자가 바라는 경제적 이익이 강하게 작동하며 제작사에서 상당한 권력을
행사하게 된다. 창의적 노동에 대한 열망으로 드라마 작가가 되기로 결심
하고 드라마 생산 현장에 들어선 신인 작가들은, 상업화된 드라마 제작 시
스템 안에서 제작사의 권력과 경제적 이득에 맞서 자신의 것을 지키려고
하지만 여의치가 않은 것으로 파악된다.

3) '제작비도 관리'해주는 인기 작가

신인 작가와는 달리 인기 작가의 경우에는 기획안(시놉시스와 대본 4회
분)으로 편성을 받는 게 아니기 때문에, 드라마 기획 단계라는 게 사실상
따로 없는 것으로 보인다. 인기 작가의 경우, 대부분 방송사가 먼저 인기
작가에게 편성 제의를 해와서 이미 편성이 된 상태에서 제작사와 계약한
다. 당연히 드라마의 내용이나 방향 등 모든 것이 인기 작가에게 달려 있
다. 그들은 드라마 집필뿐만 아니라 전체 제작비를 관리하는 프로듀서의
역할까지 한다.

> 유명 작가들은 실제로 프로듀서 역할을 많이 하고 있죠. ○○○이나
> △△△ 작가 같은 경우는, 제가 알기로는 제작비 관리를 굉장히 잘해주
> 세요. ○○○ 작가는 심지어는 제작사에서 쫑파티 비용을 남용하는 것까

---

98   McRobbie, A., op. cit.

지 간섭하세요. 이 작가 선생님만 잘 모시고 다니면 큰 무리가 없어요. 그리고 너무 현실적으로 잘하셔가지고 황당한 주문을 하지도 않고요. △△△ 작가도 시그널만 주면 된대요. "선생님, 지금 제작비 심하게 오버되고 있습니다." "얼마 오버됐어요?" "30프로요." 그러면 제작비를 쫙 맞춰 준대요. 이제는 뭐 PPL이라든지 예전에 없던 시스템들이 많이 들어왔으니까 작가들이 그런 것에 대해서 많이 알고 예전보다 더 프로듀서적으로 하죠.　　　　　　　　　　　　　　　　　　　　　지상파 기획자 '라'

인기 작가는 방송사 안에서 이런 대접을 받고 스스로 제작비 관리를 하기 때문에 제작사에서는 인기 작가에게 특별히 무엇을 요구하지 않는다. 이 경우에는 인기 작가가 자기가 원하는 방송사를 정하고 원하는 드라마를 집필하는 강력한 권력을 가지고 있기 때문에 제작사는 사실 인기 작가의 대변인 역할을 하게 된다.

드라마 기획 단계에서 인기 작가와 제작사의 관계는 겉으로 보기에는 거의 주종 관계처럼 보인다. 인기 작가는 자신에게 몰려드는 수많은 제작사 중에 한 제작사를 계약했기 때문에 제작사 입장에서는 인기 작가를 거스르는 어떤 행위도 하지 않는다. 그러나 그 안에는 철저하게 상업화된 제작사의 자본이 있다. 제작사가 높은 원고료를 주고 인기 작가를 영입하고 받들어 모시는 이유는 인기 작가가 창출할 수 있는 수익에 관심이 있기 때문이다. 인기 작가로 인한 시청률 상승, 인기 작가로 인한 호화 캐스팅, 인기 작가로 인한 제작비 절감, 인기 작가로 인한 협찬 유치, 인기 작가로 인한 편성 확보 등 제작사 입장에서는 인기 작가를 영입해서 벌어들일 수 있는 돈이 무궁무진하다. 게다가 지상파 기획자 '라'의 말처럼 인기 작가들은 프로듀서적인 기능을 하고 있기 때문에 제작비 관리는 물론이고 제작사와 방송사에 있을 수 있는 거의 모든 문제를 해결해준다.

작가 이름만 보고 편성을 해주잖아요. 당연히 ㅁㅁㅁ 선생님, ㅇㅇㅇ 선생님 같으신 경우는 (기획안 없이) 대충 얘기만 듣고 "아, 잘 쓰세요."

인기 작가는 항상 일정 수준의 시청률을 보여주었고, 또 앞으로도 그럴 것이라고 기대되는 사람들이다. 인기 작가는 그 속성을 누구보다도 잘 알고 있기 때문에 자기 관리를 적절하게 잘한다.

> 어쩌다 한 작품 실패할 수도 있지, 시청률도 잘 안 나오고 반응이 좋지 않아. 하지만 두 개를 연속으로 망하면 힘들어져요. 잘 써질 때가 있는데 그렇지 않을 때도 있으니까.
> 드라마 작가 N

인기 작가는 대중이 주는 권력의 강도와 흐름을 누구보다도 잘 알고 있는 사람들이다. 언젠가 다른 작가의 때가 올 수도 있지만 아직까지는 자신이 쓰고 있는 드라마가 통하고 있다고 느끼고 있고, 그럴 때의 상황을 누구보다도 적극적으로 즐기고 있는 것으로 보인다.

> 이번에는 좀 쉬었다가 하겠다고 했어요. (드라마 하느라고) 계속 쉬지를 못해서…… 사극 어떠냐고 하는데 사극 안 하겠다고 했어요. 일단 어떤 거 쓰겠다고 써서 줬는데 반응이 좋더라고요. 이번에는 감독을 잘 골라야지. 지난번에는 너무 아닌 감독을 골라서 너무 고생했어요. 편집실까지 가서 찍은 거 수정하고
> 드라마 작가 M

인기 작가는 드라마 기획 단계뿐만 아니라 드라마 제작의 전 과정에서 막강한 권력을 행사한다. 편성 시기, 드라마 내용, 감독 선정, 편집 내용 등 모든 과정을 자신의 뜻에 따라 결정한다. 사실상 인기 작가를 중심으로 투자, 편성, 캐스팅이 이루어지면서 인기 작가는 드라마 제작의 프로듀서 역할을 하고 있는 셈이다. 그렇다고 각 과정의 갈등이 전혀 없는 것은 아니지만, 갈등이 있다 하더라도 찻잔 속의 태풍으로 끝나는 경우가 대부분이다. 그러나 인기 작가에게 권력이 쏠리는 '쏠림 현상'이 오래가지 않을

거라고 예상하는 생산자들도 있었다.

　이제는 인기 작가에 무조건 편성을 주지 않아요. 우리 회사는 사업 논리로 가는 방송이기 때문에 오로지 돈을 중요시하는데, 그게 돈이 안 된다고 판단했어요. 작가가 그만큼 돈을 가져가고 그만큼의 영향력을 행사하면 그만큼의 연기자와 니즈(방송사에서 요구하는 것)를 가져와야 하는데, 그런 사람 몇 사람 안 돼요. 일부 현상이에요. 경제성이 없어지니까요. 지금 어쨌든 좋은 아이템을 작가가 개발해서 방송국에서 디벨로핑해가지고 내부 컨소시엄을 통과해서 편성을 해서 승부를 보는 게 가장 경제적인 방법이에요.

　　　　　　　　　　　　　　　　　　　　　　　　드라마 감독 P

　미국에서 드라마 생산 시스템에 대한 공부를 하고 한국과 미국의 드라마 생산 시스템에 대한 단행본까지 펴낸 지상파 편성 담당 '사'도 인기 작가가 막강한 권력을 휘두르며 제작 전반에 큰 영향을 끼치는 제작 시스템에 변화가 올 것이라고 전망했다.

　일단은 뭐 배우도 그렇고 유명 작가 그런 사람들 있으면 그런 것들을 잘 할 수 있으니까 가는데, 어느 분기점이 있을 것 같아요. 일본도 지금 수출도 안 되고 중국도 막혀 있다고 하면 그런 모델들이 잘 안될 것 같아요. (작가 중심으로 가는 게 잘 안될 것 같다?) 당분간은 그렇게 가는데, 이제 소수의 독식체제로 가는 게 수익성이 안 나오기 때문에 그 모델이 깨질 것 같아요. 소수 작가만이 살아남는 그런 것들…… 그런 모델이 깨질 거예요.

　　　　　　　　　　　　　　　　　　　　　　방송사 편성 담당 '사'

　한편, 인기 작가로 알려진 문영남 작가의 드라마 편성 불발 사건은 인기 작가의 프로듀서 체제는 아직 특정 작가 몇 명에게만 해당되는, 상당히 불안정한 현상이라는 것을 보여준다. 이 사건은 역대 드라마에서 30~40% 이상의 시청률을 내며 꾸준히 원하는 시간대에 방송될 드라마를 집필해오던 문영남 작가의 드라마가 KBS와 SBS 편성이 불발되면서 외부에 알려지

게 된 사건이다.[99]

언론 기사들을 종합해보면 편성이 불발된 이유는 크게 두 가지다. 하나는 방송사 간 시청률 경쟁이 가장 뜨거운 '수목'이나 '월화'에 편성되기 위해서는 최고의 스타를 캐스팅을 해야 하는데, 문영남 작가의 드라마 스타일이 가족극 형태라서 스타 캐스팅이 쉽지 않았다는 것이고, 수목 미니시리즈에 편성되기에는 지나치게 올드한 설정이었다는 것이다. 드라마가 올드한 설정이라는 것을 편성 단계에서야 알았다는 것은 인기 작가인 문영남 작가가 기획 단계에서 드라마의 설정과 캐릭터, 그리고 전체 줄거리를 자세하게 방송사에 제시하지 않았다는 것을 의미한다. 위에서 살펴본 바와 같이 인기 작가들은 드라마 기획 단계에서 드라마의 내용에 대해 "말로만" 이야기하고 "작가 이름으로만" 편성을 받기 때문에 방송사에서 나중에야 구체적인 드라마 내용을 알게 된 것이다. 이 사건으로 드라마 기획 단계에서 인기 작가들과 제작사, 방송사 간의 일 진행 방식을 유추해볼 수 있다.

또 하나, 최근 달라지고 있는 방송사의 입장을 읽어낼 수 있다. 드라마가 한류 상품이 되고 많은 투자를 해서 더 많은 이익을 창출하려고 하다 보니 인기 작가의 원고료가 천정부지로 치솟았다. 그러나 그에 맞는 수익을 내지 못하고 있는 방송사들이 최근 들어 무리하게 인기 작가에 의존하는 편성보다는 신인 작가를 잘 발굴하여 안정적으로 돈이 되는 드라마를 제작하려는 태도를 취하고 있는 것으로 보인다.

2013년에 KBS 〈비밀〉〈굿 닥터〉, 2014년에 MBC 〈앙큼한 돌싱녀〉,

99 명희숙, 「문영남 신작, KBS 편성 불발의 숨은 속내」, 『뉴스1』, 2015.8.7.
    윤고은, 「문영남 작가 신작 SBS · KBS 편성 불발… '스토리 올드', '2040세대 겨냥한 주중 드라마로 편성하기 어려워」, 『스포츠동아』, 2015.8.6.
    황혜진, 「KBS 편성불발 문영남 신작, MBC 편성되나 '논의 중, 확정 아냐」, 『뉴스엔』, 2015.9.25.

2015년에 SBS 〈용팔이〉 〈가면〉 등 최근 신인 작가들이 탄탄한 스토리로 승부한 드라마가 나름대로의 성공을 거두면서 신인 작가들에 대한 기대가 높아졌고 인기 작가 쪽으로 기울었던 드라마 편성 방향에도 영향을 주고 있는 것으로 드러났다. 이런 상황에 대해 지상파 편성 관계자 '샤'는 "일본 수출도 안 되고 중국도 막혀 있는 상태라 소수 작가 독점 체제가 수익성을 가져올 수 없는 상황"이라고 진단했다.

그러나 김은숙 작가가 집필한 드라마 〈태양의 후예〉가 작가 네임 밸류 하나로 드라마 촬영도 하기 전에 중국에서 선(先)판매됐다는 것은 인기 작가의 영향력이 아직도 건재함을 보여주고 있다.[100] 특히 한류 열풍을 일으켰던 드라마를 쓴 인기 작가들의 영향력은 쉽게 수그러지지 않을 것으로 보인다.

인기 작가가 제작자와 결합하여 주도적으로 드라마를 제작하는 경우, 작가 드라마 기획과 집필이 매우 상업적으로 진행될 수 있다는 우려가 있다. 사실 인기 작가가 높은 고료를 받고 제작사와 계약하는 행위에는 경제적 이윤 창출에 대한 암묵적 합의가 있다고 봐야 한다. 제작사 입장에서 인기 작가를 통해 수익이 창출되지 않으면 다른 작가의 몇 배의 원고료를 주고 계약할 이유가 없기 때문이다.

4) 스타 권력과 작가 권력의 대립

16부에서 24부 내외의 미니시리즈 편성을 받기 위해서 스타 캐스팅이 필요하고 그러기 위해서 드라마 기획 단계에서부터 배우가 함께 참여하는

---

100 이우인, 「'태양의후예' 첫 촬영 전부터 中 선판매 완료…김은숙 파워」, 『TV리포트』, 2015.6.4.

경우가 있다. 편성 단계에서 캐스팅을 생각하는 게 아니라 기획 단계에서 캐스팅이 이루어지면 드라마 진행이 급물살을 타고 상당히 수월해지는 장점이 있다.

필자는 두 편의 드라마를 사례 연구하였는데 〈알파〉 드라마의 제작자의 심층 인터뷰 중에 작가와 배우 간의 갈등이 있었던 흥미로운 사례를 들을 수가 있었다. 2013년 지상파 드라마를 제작할 때 있었던 일이라고 했다. 이 드라마는 먼저 한류 스타를 잡아서 ○○○ 배우 프로젝트로 시작했다고 한다.

> 그 드라마는 진짜 사연이 좀 많은 작품이었죠. 일단은 배우 ○○○ 프로젝트로 시작됐다가 □□□ 작가님하고 트러블이 생기면서 제작사에 작가님이 얘기하셨죠. "○○○을 잡으시든지, 저를 잡으시든지. 저는 못하겠다"라고 하셔서 저희 제작사가 작가님하고 하면서 ○○○씨를 버렸고, 나중에 다른 배우를 잡았죠.
>
> 드라마 제작자 U

그 당시 배우가 국내 최상급의 한류 스타여서 제작사 입장에서 그런 결정이 쉬운 것은 아니었지만 결국 드라마는 작가의 손에서 시작되는 것이라 글을 쓰는 사람인 작가의 손을 잡을 수밖에 없었다고 했다. 물론 그 작가도 상당히 지명도가 높고 많은 작품을 통해 시청자들에게 사랑받는 A급 작가였다. 그러나 제작사 입장에서는 드라마 제작비의 가파른 증가로 해외 판매로 인한 수익을 생각하면 배우의 손을 놓기가 쉽지 않았다고 한다.

> 전 되게 합리적인 비즈니스를 좋아하는데 그때 얘기를 들었을 때는 ○○○ 씨가, 작품이라는 게 배우 한 사람의 뜻대로 갈 수 있는 건 아닌데 너무 모든 걸 본인의 의도대로 맞추려고 하니까 작가님의 입장이 충분히, 더 이해가 가더라고요. 오죽하시면 작가님이 저렇게 하셨을까……. 제가 수익적인 것을 생각했다면 배우를 택했을 거 같아요. 왜냐하면 원작이 있었고, 원작이 있는 작품은 아무래도 작가님들이 더 수월하게 쓸

수 있으니까. 그런데 수익적인 부분을 먼저 생각한 게 아니었기 때문에
그런 판단을 한 것 같아요.   드라마 제작자 U

　제작자 U가 드라마를 보는 눈이 뛰어나거나 작가가 고수하는 어떤 가
치를 옹호해서 그런 판단을 한 것으로 보이진 않는다. 드라마 제작의 특성
상 아무리 한류 스타라도 기획 단계에서부터 자신에게만 맞춰서 드라마를
써주기를 요구하고, 또 그런 요구가 작가와의 불화, 제작사와의 불화로 이
어진다면 수익을 내는 것이 어려울 뿐만 아니라 드라마가 소위 '망하는' 사
태도 올 수 있다는 우려 때문으로 보인다. 결국 경제적 이득에 대한 타격
을 예방하기 위해 드라마 생산에서 더 중요하다고 생각하는 작가를 선택
한 것으로 판단된다. 그게 아니라면 한류 스타 ○○○와 제작사의 경제적
이해가 달라서였을 수도 있다. 표면적으로는 작가와 배우의 갈등이지만
그 이면에는 제작사와 연예기획사의 이익이 충돌하고 있었을 가능성이 있
다.
　실제로 한류 스타를 배제하고 작가를 선택한 제작사는 방송사로부터 편
성을 받는 과정에서 어려움을 겪었다고 한다. 이미 기획 단계에서부터 한
류 배우 ○○○가 출연하는 드라마로 편성을 약속받았는데 그 배우가 빠
지는 바람에 편성이 밀려서 제작사 입장에서는 방송사에 읍소해야 하는
상황까지 갔다고 한다.
　이렇게 편성의 가부(可否) 혹은 편성 시간대의 결정에 스타 배우들의 역
할이 중요해지고 있어서 점점 제작사가 편성을 시도할 때 캐스팅을 함께
제시하는 경우가 많다. 그럼에도 불구하고 한 연예기획사 대표는 배우의
영향력이 드러나는, 이런 현상들이 공론화되는 것을 우려했다.

　　배우가 부족한 드라마나 영화의 기획을 채워가는 부분이 있는데, 매
　　체를 통해서 누출될 경우 상당히 위험한 부분이 있을 수 있기 때문에 저
　　희는 오히려 그런 것을 드러내는 것을 지양하고 있어요. 그게 우리 배우

가 다른 배우처럼 적극적이지 않은데도 불구하고, 제작에 관여하거나 대본에 관여하는 인물로 비춰지는 게 걱정이 돼서요. 연예기획사 대표 '나'

연예기획사 '나'의 말 속에서 이미 드라마 제작에 배우의 영향력이 상당히 커져 있다는 사실을 감지할 수 있었다. 드라마 제작에 관여해서 분쟁이 생길 경우 배우가 입는 이미지 손상이 크기 때문에 연예기획사 입장에서는 조심하면서 겉으로 "드러내는 것을 지양"할 뿐 실제로 드라마 제작에서 상당한 역할을 하고 있다.

드라마 기획 단계는 작가와 제작사의 갈등이 주로 이루어지는 시기이지만, 배우가 기획 단계에서 들어오는 경우에는 작가와 배우의 갈등이 야기되기도 하면서 다른 방법이 모색되기도 한다. 이러한 갈등을 미연에 막고 보다 합리적으로 기획 단계에서 배우가 참여할 수 있도록 하기 위해 외주 제작사와 연예기획사 간의 통합·합병 등을 통한 대형화를 추진하는 것이다.[101] 실제로 대형 제작사 JS픽쳐스, SBS 드라마 〈육룡이 나르샤〉를 제작하고 있는 제작사 '뿌리깊은나무들' 등이 자체 내에 매니지먼트 사업부를 두거나 독립된 법인으로 매니지먼트 사업을 하고 있다. 또 스타제이, FNC엔터테인먼트, SM엔터테인먼트 등 연예기획사들은 드라마 제작을 겸하고 있다.

외주 제작 시장에서 독립 제작사와 연예기획사의 상호 협력은 필수불가결한 조건인지도 모른다. 방송사의 프로그램 편성권을 확보하기 위해서는 기획·연출 등 제작 능력은 물론 주연배우, 작가, 자본 투자 등을 필요로 하는데, 이는 제작사와 연예기획사의 동시적인 참여를 통해서 가능해진다. 특히 연예기획사는 스타 전속 계약에 따른 지불 비용을 보전하기 위하

---

101 윤태진, 「대중문화의 생산 구조 : 한국 텔레비전 드라마의 제작 시스템과 생산 주체 간 권력관계의 변화」, 『방송문화연구』 17권 2호, 2005.

여 위험 부담의 축소, 소속 스타를 앞세운 편성 우위 확보, 부가적 사업 수입, 소속 연기자들을 출연시켜 스타 발굴의 기회 확대 등을 도모할 수 있다.[102]

상업화된 드라마 제작 시스템 안에서는 톱 배우와 인기 작가가 조직적으로 결합하는 것이 더 효율적으로 보이지만 실제로는 인기 작가가 그때그때 톱 배우의 캐스팅을 주도하는 게 더 용이할 때가 있다. 서로 복잡하게 얽혀 있는 이해관계의 틀 속에서 움직이는 것보다 서로 여건이 맞을 때 결합하는 게 더 자유롭고 부담이 없기 때문이다.

2012년 SBS 드라마 〈신사의 품격〉을 집필한 김은숙 작가는 직접 장동건의 캐스팅에 나섰다. "김은숙 작가는 〈신사의 품격〉에서 장동건을 캐스팅하기 위해 드라마 편성을 3월에서 5월로 미루는 초강수를 두면서 그가 출연할 수 있도록 배려했고, 그는 꽃미남 '김도진' 역할을 멋지게 소화하며 김은숙 작가의 배려에 보답했다"는 기사[103]에서 보여주듯이 대부분 인기 작가에게는 스타 배우들이 따르게 된다.

스타 배우들이 인기 작가를 따르는 것은 인기 작가가 집필하는 드라마 출연이 자신의 몸값 상승과 연결되어 있기 때문이다. 한류를 통해 검증된 작가와 함께 일한다는 것은 배우에게 경제적 이득을 가져다줄 가능성이 높아지고, 그런 기대가 현실로 구현됐을 때 스타 권력은 더욱 공고해진다. 물론 배우로서 인기 작가의 대본 속에서 자신의 연기의 변신, 또는 연기의 성장을 고려하는 부분도 분명 존재한다.

스타 배우 권력과 스타 작가 권력은 대립하기도 하고 때로 결합하기도 하면서 드라마 제작을 함께 하는데, 그 과정 속에서도 변화가 일어나서

102 정성효, 「기형적 제작 시스템 전체 콘텐츠 산업 위협」, 『방송문화』 3월호, 2007.
103 황영진, 「[황영진의 독특한 랭킹 – 캐스팅 잔혹사 ④] 김은숙 작가, 장동건」, 『OBS 뉴스』, 2015.6.5.

한류의 영향이 컸던 2003년에서 2007년까지는 '연기자 결합 중심의 제작'
이었다가 2008년부터 2014년까지는 '작가 중심'으로 바뀌었다[104](표 8 참
조).

2015년 1월에 발표된 콘텐츠진흥원 보고서에 따르면, 드라마의 성공은
탄탄한 스토리와 스타 배우의 조합에서 나온다. 실제로 드라마의 성공은
화제성과 시청률을 동시에 얻을 수 있는 탄탄한 스토리에 기반하고 있으
므로 드라마 작가에 대한 기대와 육성 계획이 중요하다는 내용에 주목해
볼 필요가 있다.

> 직접적으로 드라마 작가에 대한 지원책이 더 유용할 수 있음을 의미하
> 며 향후 드라마 작가에 대한 지원책이 한국 드라마 산업 발전에 더 유용
> 할 것으로 판단함. 따라서 작가를 각 분야별로 교육시킬 수 있는 커리큘
> 럼이 제공된다면 드라마 시장 발전에 기여할 수 있음.[105]

제작자 U가 톱 배우 대신 작가를 선택했던 것도 드라마 제작 시장 내에
서 작가의 중요성이 부각되고 있는 것과 무관하지 않은 것으로 보인다.

5) 편성 전쟁

편성 단계는 표 15에서 보듯이 드라마 기획 단계에서 드라마 개발이 마
무리된 후, 본격적인 편성 시도를 할 때부터 편성이 완료되어 촬영이 시작
되기 전까지의 시기를 말한다. 드라마가 개발되고 제작자가 제작할 의도
가 있으면 채널을 가지고 있는 방송사와 접촉을 시도해서 본격적으로 편

---

104 노동렬, 「방송 드라마 제작 산업의 공진과 과정과 인센티브 딜레마」.
105 한국콘텐츠진흥원, 『스타역량이 방송 프로그램 성공에 미치는 영향』, 2015.

성을 받을 준비를 한다. 각 방송사에는 외주 제작사로부터 기획안을 받는
시스템이 마련되어 있고, 들어온 기획안을 검토하여 편성을 결정한다.

그림 2 TV 드라마 제작 과정[106]

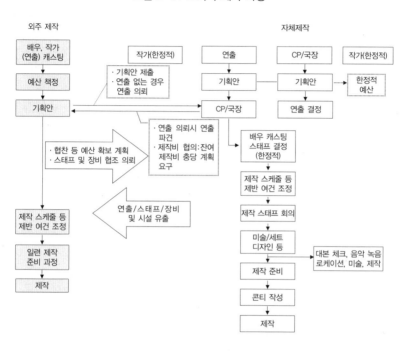

편성 단계로 접어드는 시기는 TV 드라마 제작 과정을 나타내는 그림 2
에서 보면, 외주 제작사의 기획안이 각 방송사의 CP나 국장으로 넘어가는
때다. 이럴 경우 예산 지원이라든지 수익구조, 방송사의 특성, 작가 등 제
작진과 방송사와의 관계, 제작사와 방송사와의 관계 등을 고려하여 제작
사에서 접촉할 방송사의 우선순위를 정한다. 제작사에서 드라마 개발 단
계 때부터 관심을 보이는 방송사가 있다면 그 방송사부터 접촉하기도 한

---

106 김진웅, 「외주제작의 증가로 인한 방송사 드라마 제작실태 변화 연구」, 방송문
화진흥회 연구보고서, 2005, 59쪽.

다. 또 인기 작가일 경우 이미 편성이 확정되어 있기도 하다. 이 경우에는 편성 단계에서 방송사 CP와 인기 작가가 구체적으로 드라마 방향이라든가 내용을 의논하며, 제작사에서 기획 단계에서 할 일을 하기도 한다.

> 작가 이름만 보고 편성을 하잖아요, 그럼 그때는 오히려 일이 또 많아요. 작가 이름만 보고 편성이 되니까 소스(내용)가 없을 수도 있잖아요. 좀 아이러니인데 권력이 있는 유명한 작가랑 할 경우에 오히려 (기획자가) 일을 더 많이 할 가능성이 있는 거예요. 이름만 갖고 편성이 됐기 때문에 material이 없으니까 material을 만드는 과정에 감독들이 많이 들어가요.
> 방송사 기획자 '라'

드라마 편성은 인기 작가나 방송사 주도의 기획 드라마가 아닌 경우, 여러 단계의 과정을 거치면서 다양한 변수가 작동되기 때문에 드라마에 따라 여러 가지 양상으로 나타난다. 역시 편성 단계에서도 신인 작가인지 인기 작가인지에 따라 편성이 결정되는 기간과 편성 단계에서 하는 일이 달라진다. 예능·시트콤 작가 출신의 K작가는 드라마로 전향한 뒤 드라마 편성의 어려움을 보고 많이 놀랐다고 했다.

> 그러니까 예능을 할 때는 시스템이 딱 정해져 있어요. PD도 위에서 명령을 하달하는 식으로 말해주는 거예요. "PD는 이 사람" 이렇게 묶어주죠. "몇 요일부터 몇 요일까지 들어가." 뭐 이런 식으로 정해져 있어요. 그리고 보통 들어가면 1년, 2년씩은 기본으로 해요. 〈ㅇㅇㅇ〉 시트콤은 3년을 했어요, 장기작이죠. 그러니까 내가 당장 그다음에 어떻게 될까를 생각 안 하게 돼요. 근데 이 드라마는요, 일단 편성이 되는 과정이 너무 힘들어요. 한 3년, 4년씩 막 걸리니까. 그때 깜짝 놀란 거죠, "편성이라는 게 이렇게 어려웠어?" 하고요.
> 드라마 작가 K

편성 단계에서는 편성권을 쥐고 있는 방송사의 권력이 극대화된다. 방송사 입장에서는 일단 편성을 확정하고 제작사와 계약을 하게 되면 편성 시간을 내주고 맡겨야 하는 입장이기 때문에 편성 단계에서 여러 가지 요인들을 다각도로 판단한다. 이 단계에서는 각 제작사에서 제출된 수많은 드라마 기획안들을 놓고 어떤 드라마를 제작할 것인지 결정하게 된다.

그림 3 드라마 기획안 제작 결정 과정(KBS의 경우)[107]

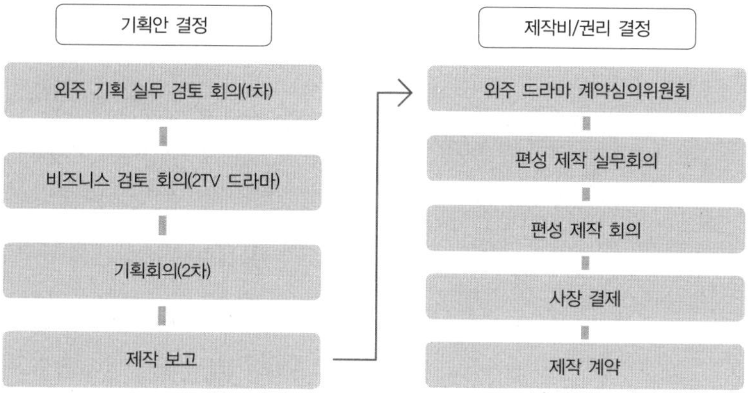

그림 3은 KBS의 드라마 제작 결정 회의체를 기준으로 이 과정을 정리한 것이다. 지상파 방송사는 먼저 TV 드라마 기획 실무회의와 기획회의를 거쳐 기획안을 결정하고, 이후에 제작비와 권리 부분을 제작사와 협상하여 최종 확정한다. 그러나 방송사별로 조직문화가 다르기 때문에 드라마 제작 결정 과정에서 세부적인 차이가 있을 수 있다.[108]

이 과정에서 제작사 기획 단계에서 준비했던 많은 드라마가 무산되기도 하고 결정이 미뤄지는 드라마도 생기게 되어 작가들은 이 시간을 견디는 것을 몹시 힘들어한다. 준비된 많은 기획안에 비해 편성으로 이어

---

107 유건식, 「지상파 방송사의 TV 드라마 제작 결정 요인에 관한 연구」, 광운대학교 대학원. 박사학위 논문, 2014, 24쪽.
108 위의 글.

지는 드라마는 적기 때문에 편성을 받으려고 애쓰는 과정을 편성 전쟁이라고 부른다.[109] 편성이 확정되는 동안 작가들 입장에서는 무조건 기다리거나 새로운 드라마를 기획하거나 혹은 다른 전략을 짜야만 한다.

그런데 작가들은 편성 과정이 투명하거나 일관적인 기준으로 이루어지지 않고 있다는 점에 대해 불편함을 드러냈다. 방송사 입장에서는 나름대로 시스템을 가지고 기획안을 검점하고 제작을 결정한다고 하지만 실제로는 이해할 수 없는 편성이 너무 많다는 것이다.

> 편성이 되어 방송이 된 드라마 중에는 정말 말도 안 되는 것도 많아요. 스토리도 엉성하고 구성도 말이 안 되는데, 편성이 된 거예요. 정말 저런 드라마가 어떻게 방송될 수 있는지 이해가 안 가죠. 말도 안 되는 스토리에 톱스타가 출연하면 그냥 편성이 되는 거예요. 　　　　　드라마 작가 E

> 제 드라마는 10회 넘게 대본이 나와 있었잖아요. 어느 날 편성이 됐다고 연락을 받고 기사에도 나왔는데, 그 다음 날 보면 편성이 바뀌어 있는 거예요. 다른 인기 작가가 그 시간에 들어온 거죠. 그분은 그때 대본도 없었어요. 그냥 이름 하나로, 인기 작가니까 다른 사람이 받은 편성을 밀고 들어오는 거예요. 　　　　　드라마 작가 J

방송사 입장에서 편성은 다른 방송사와 경쟁 구도 속에서 이루어지는 것이기 때문에 끊임없이 바꾼다. 어떤 드라마에 갑자기 톱스타가 캐스팅 됐다거나 인기 작가에게 편성을 줘야 한다든가 그런 상황이 생기면 그때그때 편성을 바꾸다 보니 작가들이나 제작사 입장에서는 이해할 수 없는 편성이 많을 수밖에 없게 된다.

S감독은 그래서 방송가에서는 "가편성"이라는 애매모한 말이 있다면서 어떤 드라마를 편성한 후에도 방송사가 계속 바꿀 수 있기 때문에 일단 편

---

109 한지숙, 「방송사 정초부터 드라마 편성 전쟁 왜?」, 『헤럴드경제』, 2013.2.13.

성을 하겠다는 뜻의 가편성이라는 말을 더 많이 쓴다고 한다. 이 점에 대해 한 기사[110]에서는 국정감사에서조차 방송사의 편성 지연 문제를 지적했다며 구체적으로 소개했다. 기사에 따르면 김을동 의원은 "자료를 검토해본 결과 현재 드라마 편성이 지나치게 늦게 결정되고 있다. 지난해 방영된 KBS2 〈공부의 신〉은 방송 5일 전 편성이 확정됐다"며 "적어도 2~3개월 전에는 편성이 결정돼야 협찬 등 제작 준비가 이뤄지지 않겠냐"라고 지적했다고 한다.

이렇게 편성이 늦어지는 이유는 방송사가 여러 드라마를 놓고 끊임없이 고민하기 때문이다. 최근에는 지상파 드라마 시청률이 지속적으로 하락하고 있기 때문에[111] 방송사에서는 끝까지 시청률 면에서 경쟁력이 있는 드라마를 고를 수밖에 없는 입장이다. 자본화되고 상업화된 드라마 제작 환경은 생산자들로 하여금 과거의 흥행 기록에 더욱 집착하게 만든다.[112] 이미 성공한 톱 배우나 인기 작가는 상대 방송와 경쟁해도 시청률 면에서 성공을 거둘 수 있다는 생각에서, 각 방송사가 그들에게 우선적으로 편성을 주다 보니 나중에 편성이 뒤바뀌는 경우가 생기게 된다.

편성이 이렇게 복잡한 과정 속에서 오래 걸리게 되면 작가들이 겪는 고통의 시간은 늘어나게 된다. tvN에서 〈응급남녀〉를 집필한 최윤정 작가는 지상파 방송사의 편성 문제가 쉽지 않자 과감하게 케이블로 옮겨서 방송을 감행했다.

제4장 드라마가 작가로 만들어진다는 것

---

110 김명은, 「방송 5일 전 편성 확정? 드라마 편성, 공급 계약 너무 늦어」, 『스포츠조선』 2011.10.4 참조.

111 조성미, 「지상파 시청률, 종편으로 옮겨갔나, 지난해 점유율서 지상파 소폭 하락, 종편·보도PP는 상승세」, 『PR뉴스』, 2015.7.17.

112 Gitlin, T., *Inside prime time*, Univ of California Press, 1994.; Turow, J., "Unconventional programs on commercial television : An organizational perspective", *Individuals in mass media organizations : Creativity and constraint*, 1982.

최윤정 작가는 기획부터 3년을 준비해온 〈응급남녀〉가 방송사의 편성 시기 문제로 방영을 잠시 기다려야 하는 선택의 기로에서 과감히 케이블 행을 택했다. 더 이상 기다리고 싶지 않았기 때문이다. 케이블이건 공중 파건 방송사는 중요하지 않았다. 콘텐츠가 먼저라고 생각했고, 작품이 작가의 에너지로 가득 가장 뜨거울 때 세상에 내놓고 싶었다. 그렇게 모습을 드러낸 〈응급남녀〉는 평균 시청률 5%를 기록하며 케이블 드라마로서 괄목할 만한 성과를 거두었다.[113]

최윤정 작가의 경우는 지상파의 편성이 늦어지면서 상대적으로 편성이 용이한 케이블을 택했다고 보아야 한다. 준비된 드라마가 케이블에도 맞는 내용이라면 이러한 방법도 좋은 전략이 될 수도 있을 것이다. 최근 케이블 드라마의 약진으로 작가들이 꼭 지상파 방송사만 고집할 필요도 없어졌다.[114] 이렇게 다양한 방법을 모색하며 작가들은 편성의 벽을 뚫고 긴밀하고 중요한 협업을 함께하게 될 감독을 만나게 된다.

6) 뒤늦게 합류한 감독들과의 불협화음

기획 단계에서 드라마 개발을 성공적으로 끝내고 편성 단계에 들어선 작가들이라도 편성 단계에 가면 작가 교체나 드라마 내용의 변질이라는 복병을 만나게 된다. I작가는 2012년경 유명한 연예기획사에서 제작하는 일본 만화 원작의 드라마를 집필했다. 연예기획사에 소속된 유명 아이돌 스타를 출연시켜 국내뿐만 아니라 해외 시장도 공략해보겠다는 의도에서

113 김선미, 「세상의 모든 응급한 남녀들에게 — tvN 〈응급남녀〉 최윤정 작가」, 11~12쪽.

114 오제일 · 손정빈, 「[2014 결산 · 방송 연예] 드라마 한류 인기폭발… 케이블드라마 약진」, 뉴시스, 2014.12.15.

기획된 드라마였다. 연예기획사가 준비하는 드라마라서 캐스팅에도 어려움이 없었고, 워낙 일본 만화 원작이 유명했기 때문에 편성이 용이할 것으로 판단하고 제작사는 지상파 3사에 편성을 시도했다. 그러나 그때마다 번번이 인기 작가의 드라마가 낙하산으로 편성되는 바람에 밀리고 밀리다가 나중에야 지상파 한 군데 편성이 잡혔고, 지상파 출신 프리랜서 감독이 정해졌다.

> 대본 한 다섯 개 나와 있나 그랬는데 ○○○ 감독님이 낙하산으로 떨어지면서 회의를 딱 한 번 했죠. 그때 제 기가 더 셌는지 기분 나쁘셨나 봐요. 근데 그럴 수밖에 없는 게, 저는 긴 시간 동안 대본에 회별 시놉까지 끝났으니 드라마에 대해서 너무 잘 알잖아요. 그 감독님이 회의를 하러 나왔는데 '안 읽고 왔나?' 이런 생각이 들 정도로 딴 소리를 계속 하시더니…… 나중에 들어보니 딴 작가랑 한다고……. 기가 막히죠. 제작사에서도 너무 난감해했어요. 　　　　　　　　　　　　　　　드라마 작가 I

I작가가 1년 넘게 준비해온 대본에 대해 집중도 안 하던 감독이 회의를 딱 한 번 한 이후에 제작사에다 다른 작가와 일하고 싶다는 의사를 밝혔고, 제작사에서는 지상파 스타 PD 출신 감독을 놓칠 수 없는 상황이 되자, I작가에게 그 사실을 말했다. I작가는 그렇게 자신이 준비했던 드라마를 편성 단계에서 다른 작가에 넘겨주고 손을 뗐다. I작가로서는 억울하고 답답한 일이었지만, 원작 소유권이 제작사에 있는 데다가 아이돌 스타 캐스팅도 제작사가 주도하는 것이라 큰 저항을 못 하고 드라마에서 손을 뗄 수밖에 없었다.

K작가는 시트콤 출신으로 케이블에서 상당한 반향을 일으켰던 드라마를 여러 편 집필한 인기 작가다. K작가는 자신이 집필했던 드라마 〈○○〉가 처음에는 지상파 방송사에 편성되었지만, 감독과의 의견이 맞지 않아 케이블로 바꾸어서 방송을 했다. K작가는 무엇보다도 자신의 드라마를 잘

이해하고 연출해줄 감독이 중요한 것이지 방송되는 매체는 그리 중요하지 않다고 생각하고 있었다.

○○ 방송사 쪽에서 하고 싶어서 감독이 붙었었어요. 그래서 수정을 해나가는데, 하다 보니까 내가 생각하는 드라마가 아닌 거예요. 그렇게 어느 정도 가다가 제가 못 하겠다고 했죠. 이러다가는 내가 생각한 드라마를 못 쓰게 생겼더라고요. 제작사 사람이랑 같이 나가서 저는 옆에 있고, 제작사 사람이 얘기했어요. 좋게. 작가가 못 하겠다고, 잘 맞지 않는다고……. 그다음에 저는 내 작품을 잘 알아봐주는 곳에서 방송하기를 원했고, 케이블 방송사에서 하겠다고 해서 저랑 호흡이 맞는 ○○○ 감독이랑 하게 됐지요.

드라마 작가 K

편성 단계에서 작가 스스로 지상파가 아닌 케이블 방송사를 택한 것인데, 이러한 경우는 작가가 어느 정도 파워를 가지고 있어야 가능하다. 제작사 입장에서는 똑같은 드라마를 하더라도 케이블보다 지상파로 방송되었을 때가 협찬이나 PPL 등의 수익이 더 많이 발생하기 때문이다. K작가의 제작사는 K작가와 원만한 관계를 유지하고 싶었고 그 과정에서 K작가의 요구사항을 들어준 것으로 보인다. K작가는 지상파냐 케이블이냐가 중요하지 않고 자신의 작품을 지키는 게 중요하다는 점을 강조했다. K작가가 인기 작가로서 어느 정도 안정된 위치에 있기에 이런 결정이 가능했다.

이렇게 작가들이 편성 단계에서 만나게 되는 감독들과 불협화음을 겪게 되는 것은 2008년부터 2014년까지 지속되었던 작가 중심의 외주 제작 시스템 안에서 드라마가 제작되고 있기 때문이다. 드라마 제작이 방송사 자체 제작으로 PD가 중심이 되어 제작되었을 때는 감독이 신인 작가를 발굴하거나 혹은 함께 작업하면서 작가를 키워가는 구조였다면, 이제는 작가 중심 체제로 전환된 양상을 보이고 있기 때문에[115] 감독들이 주도권을

---

115 이정훈·박은희, 「외주제작정책 도입 이후 지상파 드라마 제작 시스템의 변

가지고 드라마를 기획하기 어려운 환경이 되었다. 드라마 개발이 대부분 감독이 배제된 상태로 제작사에서 주로 이루어지면서 감독들은 편성 단계에서나 실제로 대본을 볼 수 있게 된다. 이는 작가의 역할이 드라마 제작에서 핵심적으로 변화된 만큼이나 상대적으로 연출 기능이 약화된 것을 의미하는 것이기도 하다.[116] 사실상 감독이 드라마 기획에서 배제되고 있는 시스템 안에서 감독들은 편성 단계에서 만난 작가의 대본을 수정하고 기획 방향을 틀면서 자신의 존재감을 드러내고 싶어 한다.

편성 과정에서는 작가를 방송사 내부의 감독과 결합시키느냐 아니면 외부와 결합시키느냐 하는 문제가 남아 있다. 방송사 외부의 감독은 크게 두 부류가 있다. 1996년 이후 2007년까지 방송사를 떠난 소위 '스타 감독'들이 있고[117] 다른 부류는 독립 제작사에서 만난 스타 감독 밑에서 드라마 연출을 배운 신세대 외부 연출이나 영화 쪽에서 온 연출자가 있다. 1998~2002년에는 방송사에서 독립한 스타 감독 중심으로 제작이 이루어졌다.[118] 외주 제작 초기에는 스타 감독들의 연출 능력이 절대적으로 필요했으나 드라마 외주 제작 시스템이 정착되면서 방송 시장이 새롭게 개편되었다. 제작비를 절감해야 하는 입장에서 스타 감독들의 높은 연출료가 문제가 되었고, 그 후에는 자연스럽게 방송사 소속 감독들과 작가를 결합시켜 드라마를 제작하게 하는 방식으로 선회되었다. 물론 아직도 스타 감독들은 여전히 존재하지만, 1998년~2002년에 스타 감독에게 의존했던 양상과는 다르게 대부분 방송사 소속 감독들과 작가를 결합시키는 쪽으로 나아가고 있다.

이런 제작 환경 속에서 작가들은 편성 단계에서 방송사 내부 감독들을

　　화」, 『방송문화연구』 제20권 3호, 2008.
116　위의 글.
117　위의 글.
118　노동렬, 「방송 드라마 제작 산업의 공진과 과정과 인센티브 딜레마」.

제4장 　 드라마 작가로 만들어진다는 것

만나는 경우가 훨씬 많아졌고, 방송 제작 시스템의 변화로 드라마 기획의 기회를 작가 쪽에 빼앗긴 감독들은 편성 단계에서라도 드라마에 자신의 색깔을 넣어 새롭게 만들고 싶어 한다. 그 과정에서 1년 이상 드라마를 기획하고 집필해왔던 작가와의 불협화음이 일어나게 되고 작가 교체 등 극단적인 결과로까지 나타난다.

4. 작가들이 제작 단계에서 겪는 갈등과 타협

제작 과정은 촬영을 시작하여 방송이 종료되는 시기까지를 말한다. 방송이 시작되면 미니시리즈와 주말극은 매주 2회씩, 일일드라마는 매주 4회에서 5회씩 계속 대본이 소진되기 때문에 작가들의 노동 강도가 가장 높은 기간이기도 하다. 동시에 드라마 제작 현장에서 동시다발적으로 많은 사건 사고와 갈등이 표출되는 시기이기도 하다.

드라마 기획 단계에서 강력한 권력을 행사하며 작가의 선정, 드라마 방향에 대한 결정, 편성을 시도하는 제작자는 편성 단계에서부터 조금씩 권력이 약화된다. 편성 단계에서 캐스팅을 하고 각 배우들과 계약을 맺는 과정이 끝나면 제작자는 드라마 제작 과정을 지원하는 형태로 남게 된다.

> 제작사는 대체로 시작할 때 메이드 시켜놓고, 그다음부터는 작가와 감독이 거의 작품을 끌어가는 거죠. 제작자가 힘을 가지려면 예산을 갖고 통제 가능해야 되는데, 한국적인 제작 문화에서는 많이 작업을 못하는 거죠.
> 방송사 편성 담당자 '사'

이 시기는 기획자의 권력도 많이 약화된다. 보통 방송사의 CP나 EP들은 자신이 관리하는 드라마를 배에 비유하는데, 그런 의미에서 이미 모두 준비시켜서 배는 떠났고 뭍에 남아 있는 기획자는 그 배의 선장을 맡은 감독이 잘해주기를 바라는 시기이다. 물론 제작 과정 내내 기획자가 많은 개입을 해서 갈등을 일으키는 경우도 있지만 대개의 경우 기획자는 한 발 물러서게 된다.

드라마 제작 단계에서는 감독과 작가의 권력이 극대화되는 것과 동시에 감독과 작가의 갈등이 최고조로 치닫기도 한다. 시청률이라는 성적표가 나오기 때문에 드라마 생산자들이 모두 시청률에 집중되어 있는 시기이기도 하다. 시청률이 오르면 작가와 감독의 몸값[119]이 올라가고, 제작자는 PPL이나 방송 말미에 나가는 배너 협찬 광고[120]를 늘릴 수 있으며, 방송사에서는 광고 수익이 올라간다. 배우 역시 몸값이 오르면서 차기작에서는 더 많은 경제적인 이득을 취할 수 있게 되고, 배우 권력을 더욱 공고히 다질 수 있다. 이 단계에서는 드라마의 세 축이라고 할 수 있는 작가, 감독, 배우의 협업이 배우 중요해지며, 그와 관련한 갈등이 표면으로 드러나는 시기다. 제작 중 갈등이 표출되는 양상은 여러 가지로 나타난다.

1) 방송 중 이유 없는 계약 해지

대부분 드라마의 경우는 감독과 작가가 인기도나 혹은 방송 경력으로 주도권을 가지려고 하거나, 제작사나 방송사에서 권력을 휘두를 때 갈등이 극대화된다. 많은 드라마 작가들이 제작 단계에서 어려움을 겪었는데, H작가의 경우는 방송이 시작되고 1, 2회 방송이 나간 후에 "방송사와 드

---

119 방송사에서 월급을 받는 감독이라도 시청률이 오르게 되면 스타 감독으로 인정받게 되고 잠재적인 몸값이 올라가게 된다.
120 배너 협찬 광고는 PPL과는 달리 방송 말미에 배너 형식으로 제작 협찬을 고지하는 광고다.

라마에 대한 시각이 다르다"는 이유로 집필 중단을 요청받고 계약이 해지되는 수모를 겪었다. 이 드라마 제작사는 이미 H작가 이전에도 방송 직전에 다른 작가를 해지한 경험이 있었고, 방송사 간부가 H작가를 찾아와 집필 요청을 해서 수락한 상태라 H작가는 더욱더 당황스러웠다고 했다.

> 그냥 그게 사실…… 그냥 작가를 소모품 취급한 거잖아요. 쓰고 버리는 거니까. 좀 안 맞으면 그렇게 할 수도 있다고 생각을 한 거 같아요.
>
> 드라마 작가 H

H작가는 다른 작가와 공동 집필을 하던 중에 계약 해지당했고, H작가와 공동 집필 작가가 쓴 대본으로 5회까지 방송이 나간 상태라 계약 해지와 저작권에 따른 손해배상액[121]을 가지고 방송사와 협의 중인데, 소송으로까지 갈 수도 있다고 했다.

> 좀 납득하기 어려운 부분이 있죠. 드라마가 '온 에어' 중에 어지간하게 못하지 않으면 작가를 교체하기 힘들잖아요. 작가가 너무 아프거나 그렇지 않으면. 저희가 1, 2회 나가고 잘렸는데 저희가 쓴 5회까지 원고가 그대로 방송으로 나갔고, 지금까지도 1, 2, 3, 4, 5회가 최고 시청률이 나왔어요. 저희가 못한 게 아니거든요. 그래서 좀 이해가 안 가는 면이 있어요. 잘리는 것을 납득을 못 하는 게 아니라, 그것이 부당하다고 생각하기 때문에 좀 힘든 거 같아요.
>
> 드라마 작가 H

H작가는 구성작가 출신으로 방송사 미니시리즈 공모에서 당선된 후, 그 드라마를 혼자서 끝까지 써내 성공적으로 마친, 흔하지 않은 경우라서

---

121 외국 원작이 있다 하더라도, 드라마 작가가 리메이크해서 다시 집필하면 그에 대한 저작권이 또 발생한다. 외국 원작에 대한 판권이 방송사나 제작사에 있어도 제2차 저작물로서 대본에 대한 저작권은 작가한테 있다.

충격이 더 큰 것으로 보인다. 계약 해지의 의사가 방송사에게 있었던 것인지 제작사에게 있었던 것인지도 분명하지도 않고 계약 해지의 이유도 명확하지 않은 상태에서 일방적으로 당한 일이지만, H작가는 권력을 가진 방송사의 의지가 상당히 깊숙이 개입되어 있다고 생각하고 있었다.

방송 중 작가 해지 문제도 역시 방송 제작 시스템과 긴밀하게 연관되어 있다. 방송사 PD 중심으로 드라마를 제작했을 때는 PD가 처음부터 자신들이 원하는 작가에게 접촉하여 드라마를 기획하고 진행하기 때문에 방송 중에 건강상의 문제가 아니라면 작가가 교체되는 경우가 거의 없었다. 그러나 현재의 드라마 제작 시스템에서는 작가가 제작사를 통해 개발해온 드라마에 감독이 후발로 결합하는 시스템이기 때문에 의견 충돌이 많이 생길 수밖에 없다. 결혼에 비유하자면, PD 중심 제작 시스템에서 자신이 선호하는 작가와 작업했던 것을 연애결혼이라고 한다면, 작가 중심 제작 시스템에서 나중에 PD가 참여하는 것은 중매결혼에 가깝다. 이미 개발된 드라마에 여러 가지 조건을 감안하여 감독이 참여하는 시스템이기 때문이다. 조건 때문에 결합한 작가와 감독은 조건이 바뀌거나 서로의 생각이 너무 다를 때는 갈등이 깊어지고 작가 교체 등의 극단적인 상황까지 치닫는 것으로 보인다.

H작가의 경우에는 원작이 있는 드라마였고 방송 시작 전에 이미 한 차례 작가 교체가 있는 등 조금 특이한 상황이 있었다. 분명한 것은 기획 단계에서부터 작가와 감독이 자연스럽게 결합되어 드라마를 진행시키지 못하는 현재의 제작 시스템 안에서는 작가 교체의 위험은 항상 내재되어 있다는 것이다.

2) 무리한 요구를 하는 감독 권력

I작가는 아침드라마를 집필할 때 감독의 연출하는 방식과 이해할 수 없는 캐스팅으로 갈등을 빚었다. 방송은 시작됐고 일일드라마 특성상 하루 종일 써내야 하는데, 감독과는 의사소통이 전혀 되지 않는 날들을 견디어야 했다.

> 웬만하면 나도 무던하니까 감당을 할 수 있을 거라 생각했는데 감당을 못 하겠더라고요. 제가 코미디 되게 많이 쓰거든요. 근데 그 감독님이 잘 찍지를 못하는 거예요. 정말 코미디를 다 그냥 망쳐놓는 거예요. 오그라들어서 보기 힘든 화면으로 만드는 거죠. 내가 스스로 생각할 때 '저걸 왜 써줬나, 평범하게 써줬으면 평균으로는 갈 텐데……' 그런 자책도 들고요. 감독님이 너무 못 찍으니까 나중에는 분노가 절정에 이르러서 내가 쓴 작품도 못 보겠는 거예요.　　　　　　　　　　　　드라마 작가 I

I작가는 나중에는 감독이 찍은 드라마를 모니터하지 않고 다음 대본을 집필했다. 시간이 없기도 했지만 감독이 연출한 화면을 볼 때마다 분노가 치밀어올라 견딜 수가 없었다고 했다. 처음에는 대화로 풀기 위해 몇 시간씩 만나서 이야기하고 전화도 해보았지만 같은 말만 계속할 뿐 전혀 소통이 되지 않았다. 게다가 감독은 전혀 필요가 없는 인물을 드라마에 넣자고 주장하기까지 했다. I작가는 처음에는 강하게 거부했지만 나름대로 이유가 있을 것이라고 생각하고 믿고 따라갔다고 했다.

> 감독님도 당연히 내 맘 같다고 생각했고. 그렇잖아요, 우리는 내 작품이 어떻게 보이면 좋을까? 재밌을까? 이것만 생각하고 가기 때문에 감독님이 당연히 남자를 한 명 더 넣자고 할 때는 '무슨 이유가 있는가 보다. 내 맘이랑 100% 똑같겠지. 내가 지금은 이해를 못 하나 나중엔 이해를 하겠지' 이렇게 하고 넣었는데, 그게 아니었던 거죠. 그래서 초장부

터 배신감이 많이 있었죠. 역시나 정말 그 아저씨(감독이 원하는 배역) 끌고 가느라고 쓰는 것도 힘들고, 드라마 보는 것도 힘들고…… 너무 괴로웠어요.
드라마 작가 I

I작가는 함께 일하던 감독이 현장에서 배우들과도 부딪혀서 번번이 사건이 커지자, 배우들이 I작가에게 전화해서 도저히 "감독님과 함께 일을 못 하겠으니 자신의 배역을 빼달라"고 하는 사태에 이르렀다고 술회했다. 게다가 감독은 날마다 I작가에 전화를 해서 대본과 배우에 대한 불만을 얘기했다. 감독과 하루에 몇 시간 통화하며 진을 다 빼는 생활이 지속되자, I작가는 도저히 이 상태로는 집필이 불가능하다고 생각하고 제작사 대표에게 집필을 못 하겠다고 선언했다.

작가를 교체하시라고 했어요. "제가 쓰는 게 그렇게 맘에 안 드시면 어떡하겠냐…… 그러면 저는 이제 대본에서 스톱을 하겠다"고 하고 전화를 끊었어요.
드라마 작가 I

I작가가 결국 "집필 중단, 작가 교체"의 강수를 두자 감독도 더 이상 전화를 하지 않았고, 소통은 하지 않으나 드라마 집필을 계속하는 선에서 모든 것이 마무리 되었다. I작가는 소통이 안 되는 감독과 하루에 몇 시간씩 통화를 하고 씨름을 하는 것이 얼마나 소비적인 것인지, 작가가 수긍하지 못하는 배역을 감독의 요구대로 들어줬을 때 얼마나 많은 대가를 치러야 하는지, 그 당시 경험을 통해서 많이 배웠다고 했다.

I작가의 경우, 당시 집필했던 드라마가 혼자서 쓰는 첫 번째 드라마였음에도 불구하고, 무리하게 배역을 만들어 자신이 원하는 배우를 드라마에 투입시키고 작가의 집필을 방해할 정도로 소통이 안 되는 감독에게 스스로 "그렇게 마음에 안 들면 작가를 교체하라"며 강력하게 나왔던 것은 I작가가 준비한 드라마로 편성이 되었기 때문으로 판단된다.

I작가는 자신의 창의적 노동이 감독에게 침해당한다고 생각하고 있었으며, 그 지점에서 감독과 제작사에게 강력하게 대응했다. 유머를 잘 찍지 못하는 감독에 대해 분노가 절정에 이르렀다는 I작가는 진술은 드라마 작가들의 노동이 재미와 만족, 그리고 자기실현을 중요시하는 심미화된 노동[122]에 가깝다는 것을 보여준다.

인기 작가는 물론, 신인 작가와 아직은 인기 작가의 반열에 오르지 못한 작가들도 제작 단계에 오면 드라마 편성을 받아낸 작가로서 상당한 권력을 가지게 된다. 시청률의 저하 등으로 방송사에 큰 타격을 주지 않는 한, 방송사를 대표하는 기획자는 관리자로서 남아 한 발 물러서고, 경제적 이득을 목표로 하는 제작사는 이미 편성이 되어 방송이 나가고 있으므로 그 과정에서 생기는 수익을 조율하면서 뒤에 서고, 배우의 경우에도 드라마가 자신의 이미지를 훼손시키지 않는 한 갈등의 전면에 나서지 않는다. 그러나 그 가운데서 드라마를 둘러싼 경제적 이득과 드라마가 창출할 수 있는 이윤에 대해서는 모두에게 민감하다. 제작 단계는 계약과 타협을 통해 경제적 이득에 대한 분배 문제가 정리된 상태이지만 새롭게 경제적 이득이 발생하게 되면 그것을 둘러싼 협의가 필요하기도 하다.

감독들이 드라마 방영 중에 작가에게 새로운 배역을 작가에게 요구하거나 빼달라고 하는 경우는 여러 작가의 사례에서 나타났다. 드라마 작가들은 드라마 제작의 특성상 기대했던 배우가 연기를 못하거나 반응이 좋지 않았을 때는 드라마 내의 비중을 어느 정도 조절할 수 있지만, 뚜렷한 이유 없이 새로운 배역을 요구하거나 빼달라는 요구는 순수하지 않을 때가 많다고 생각하고 있었다. 지금은 톱클래스의 인기 작가가 되어 있는 M작가의 경우, 지금만큼 작가 권력이 없었을 때 집필했던 한 드라마에서 조연

---

122 Bauman, Z., Work, *Consumerism and the New Poor*, 2004(지그문트 바우만, 『새로운 빈곤』, 이수영 역, 천지인, 2010).

급의 연기자를 드라마에서 빼달라는 황당한 요청을 감독에게 받은 적이 있다고 털어놨다. 감독이 필요 없는 배역을 만들어 연기자들을 드라마에 넣기를 원하거나, 반대로 감독이 개인적으로 마음에 안 든다는 이유로 조연급 배우를 드라마에서 빼달라는 요청을 받을 때 작가 입장에서는 난감할 수밖에 없다.

> 일단은 연출이 연출을 잘 해주면 아무 문제없어요. 작가는 현장에 손을 뚝 끊고 내 글만 정말 최선을 다해주면 되는 거고, 감독은 대본 신경 딱 끊고 연출만 잘 해주면 되고, 배우는 그냥 대본 갖고 몰두해서 현장에서 열심히만 해주면 제일 행복한 구도예요. 원래 그래야 되는 거고. 근데 자꾸 뭐가 뻐그러지다 보니까 감독이 자꾸 작가 옆에 와서 "이거 다시 써라, 이런 얘기를 넣어봐라." 자꾸 뭐가 안 맞으니까, 자기 성에 안 차니까 그렇게 하고. 또 작가 입장에서는 '내가 의도한 게 아닌데 자꾸 왜 이렇게 쓰지' 이런 생각이 들어서 감독한테 전화해서 못 하겠다고 하면, 감독은 내용을 틀어버리고 "나 그런 거 못 찍는다" 이렇게 나오는 거죠. 이렇게 돼버리면 안 좋게 되는 거죠.　　　　　　　　　　　　　드라마 작가 M

감독과 작가의 가장 이상적인 관계는 M작가의 의견대로 서로 각자 알아서 자신의 일을 잘 해내는 것이지만, 대부분의 경우 작가나 감독 중 한쪽으로 권력이 쏠리게 되고, 쥐게 된 권력을 잘못 사용하는 경우 불협화음이 생긴다. 또 배우들이 감독이나 작가 중에 더 따르는 사람이 생길 때도 갈등이 발생한다. M작가의 경우 자신의 출세작을 함께 했던 감독이 배우들 앞에서 자신에게 모욕을 주는 일을 경험한 적이 있다고 털어놨다. 배우들이 M작가의 대본을 좋다고 하며 작가에게 호감을 보이자 감독의 태도가 달라졌다고 했다.

> 회식 자리에서 배우들과 만나 얘기를 하는데 말도 잘 통하고 좋았어요. 근데 감독이 옆에서 보니까 질투가 났나 봐요. 그때가 촬영 시작 전

에 대본이 8개 나왔을 때였는데, 갑자기 대본을 그 자리에서 꺼내더니 나한테 대본을 그 따위로 쓰냐고 그러면서…… 그전까진 8회까지 너무 잘 나왔다고 난리를 했던 양반이…… 나한테 "넌 기본도 없다"고 하면서, 배우 앞에서 망신을 주는 거죠. 내 와이프도 있었는데…… 그래서 내가 화가 나서 "대본 다 주세요, 다 찢어버리게" 했죠. 그렇게 되면 남자끼리니까 이제는 막 쌍욕도 나오는 거죠. 나도 "저 새끼하고 안 한다"고 내가 막 욕을 하고 배우가 말리고…… 난리가 났어요.　　　드라마 작가 M

감독에게 당한 일을 견딜 수 없다고 생각한 M작가는 계약금을 모두 물어주고 드라마 집필을 하지 않을 생각을 했다고 한다. 계약금으로 난생처음 아파트를 마련해서 돌려줄 돈은 하나도 없는 상태였지만, 그 감독과 함께 일하고 싶은 생각이 하나도 없었다고 한다.

8회까지 썼으니까 그거 대본료 받고 기획료는 어느 정도 받을 수 있을 거 같고, 나머지가 우리는 다른 작품을 해서 갚으면 된다고 생각했는데…… '아, 내가 결혼을 했구나, 가장이구나' 이 생각이 딱 들어가지고…… 마음을 돌렸죠. 다행히 이제 서로 화해를 했지만, 그때는 그 모욕감을 참는 게 너무나 힘들었어요. 근데 제가 대한민국에서 제일 힘들다는 두 감독을 다 겪었어요. 생각해보니까 ○○○ 감독님 안 만났으면 △△△ 감독님을 못 견뎠을 거 같고.　　　드라마 작가 M

흥미로운 것은 M작가에게 감독 권력을 휘둘렀던 감독이 이전에 대작가로 불리는 작가와 함께 일하면서 몹시 부당한 대우를 받은 경험이 있었다는 것이다.

그 감독님이 트라우마가 있는 것 같더라고요. ○○○ 선생님(작가)이랑 일할 때 대본 고쳐달라 그랬다가 ○○○ 선생님이 재떨이를 던져서 맞았다고 하고, △△△ 선생님(작가)한테도 그렇게 당했어요. 엄청 당했어요. 끝까지 당한 거지. △△△ 선생님 한창 잘 나갈 때 그분도 약간 궤도 이탈을 하셨죠. 그 감독님한테 심하게 하셨어요.　　　드라마 작가 M

드라마 생산자의 가장 핵심축인 감독과 작가의 권력은 드라마 생산을 둘러싼 중요한 결정에서도 드러나지만, 사소하고 일상적이며 드라마 생산에서 다소 벗어난 영역에서도 행사되고 있었다. 그런데 N작가는 이러한 권력이 매우 유동적이라는 점을 지적했다.

> 대부분의 PD들이 권력을 갖고 있지. 그런데 PD들의 권력이라는 건 웃겨. 그건 또 금방 없어져. 소멸돼. PD 권력이 먹혀 들어갈 작가면, 좋은 작가들이 아닐 확률이 높아. 좋은 작가는 그렇게 권력이 먹혀 들어가지가 않아. 좋은 작품이 있기 때문에. _____ 드라마 작가 N

> 누가 주도권을 어떻게 잡고 있느냐의 문제인데, 그거는 빼앗아오는 것도 아니고 빼앗기는 것도 아니고…… 저는 그렇게 생각하거든요. 근데 그걸 서로 빼앗겠다고 하는 순간 산으로 가기 시작해요. 저는 되게 그걸 싫어해요. '감독을 처음 만나서 쓸데없이 감정 소모하지 말고 솔직하게 얘기해라. 아니 지금같이 프로젝트에 몰두해서 시청자들이랑 싸우기도 힘든데 내부에서 이러니 저러니 해가지고 쓸데없는, 그런 짓은 말자. 그러려면 대화를 하면 된다…….' _____ 드라마 작가 M

이렇게 다짐했던 M작가도 최근 함께 드라마를 했던 감독과의 관계를 회상하면서 다시 감독과의 갈등을 토로했다.

> 다른 감독은 연출력은 떨어져도 최소한 말은 통했거든요. 근데 대화가, 진짜 말이 안 통해요. 너무 힘들었어요. 서로 커뮤니케이션만 잘 되면 무슨 어려움이든 극복할 수 있다고 생각하는데…… 그 이후로 마지막 날까지 또 무슨 사건이 있어서 방송하면서도 말 안 하고 지내고, 지금도 연락 안 해요. 한 번도 안 했어요. 그리고 할 이유가 없어요. 그렇다고 해서 미워하고 이러는 게 아니죠, 지났으니까. 드라마도 잘됐고. 그냥 관심이 없어진 거죠. _____ 드라마 작가 M

잘 알려진 바와 같이 김수현-정을영, 송지나-김종학, 김은숙-신우철,

노희경-표민수, 김지우-박찬홍 등 환상의 콤비를 자랑하는 작가·감독의 콤비가 존재해왔다. 최근 호흡이 잘 맞는 감독과 작가가 예전처럼 많이 나오지 않는 것은 복잡한 방송계의 계약 관계 때문이다. 1991년 외주 제작이 시작되기 전에는 작가들이 모두 방송사와 계약이 되어 있었고 프리랜서 감독도 존재하기 않았기 때문에 그 방송사에서 일할 때는 그 감독과 일하면서 호흡을 맞추면 되었다. 그러나 지금은 대부분의 작가가 제작사와 계약 관계가 있고 방송사에서 흥행으로 인정받은 감독들이 독립하여 제작사와 연출 계약을 맺게 되면서, 서로 마음에 드는 감독과 작가라고 할지라도 같은 제작사가 아니면 함께 일하기 힘든 구조로 바뀌어버렸다. 상업화된 외주 방송 시스템 안에서는 작가와 감독의 콤비를 만들어내는 것도 어렵게 되었다. 드라마 제작 시스템의 변화는 작가와 감독의 관계까지도 변화시키는 힘을 발휘하고 있는 셈이다.

3) 감독을 고르는 작가 권력

드라마 작가로 성장하면서 감독과 크고 작은 수많은 갈등을 겪다 보니, 인기 작가가 되었을 때는 자연스럽게 자신에게 잘 맞는 감독과 일하고 싶다는 욕구를 가지게 된다. M작가는 10여 년에 걸친 무명 시절을 견디고 시청률 30%를 넘나드는 드라마를 꾸준히 집필하면서 "일단 썼다 하면 흥행이 보장되는 작가"로 성장했다. 당연히 각 방송사에서 편성을 먼저 내주게 되고 감독을 고르는 권한을 M작가에게 먼저 준다고 했다.

> 편성은 뭐 성과가 있었으니까 여기다(시간대를 지칭) 달라 했고요. 원래는 호흡이 잘 맞았던 ○○○ 감독이랑 해왔는데, 그 감독은 프리랜서가 됐고 구조적으로 함께 할 수가 없게 돼서…… 그래서 이 방송사에 있는 감독 중에서 누가 좋겠냐고 해서 우리가 △△△ 감독을 선택을 했는

데, 그게 악수였지. 연출도 못하고 사람도 안 좋고……   드라마 작가 M

결국 M작가는 감독이 드라마 촬영과 편집을 잘 못 하는 바람에 그 부분을 보충하기 위해 직접 나서야만 했다.

> 1, 2회를 찍고 편집이라고 해서 갖고 왔는데, 너무 모자란 커트가 많아요. (짧게 찍어서) 보니까 카메라 감독하고 편집 감독이 문제인 거죠. 그런 걸 감독이 몰라요. 그때 감독과 너무 불협화음이 심했죠. 재촬영할 부분하고 커트 모자란 거 다 체크를 해준 다음 카메라하고 편집, 그 두 사람만 바꿔달라고 그랬죠. 거기다가 배우들이 찾아와서 다 못 하겠다는 거예요. 그 감독은 배우들이 불만이 많아서 스트라이크 직전까지 간 걸 몰라요. 그런저런 일로 감정 싸움이 돼가지고 난리가 났었죠.
>
> 드라마 작가 M

M작가가 직접 나서서 감독의 역할이라고 할 수 있는 촬영과 편집까지 관여하게 되었고, M작가와 감독 사이가 상당히 불편해진 채 방송이 나갔다. 그럼에도 불구하고 M작가가 집필했던 드라마는 시청률 잘 안 나온다는 요즘에도 25% 넘어 30%에 육박하는 시청률을 냈다. 방송이 끝난 후에 두 사람은 전혀 연락을 하지 않고 지내고 있으며, M작가는 다시는 △△△ 감독과 함께 일할 마음이 없다고 했다. M작가는 "1년에 300만 원밖에 안 되는 연봉으로 오랫동안 버텨왔고", 출세작이 있기 전까지 옥탑방에 살 정도로 "고생을 많이 했기 때문에 '갑질'을 할 마음이 없다"고 했다. 그러나 인기 작가가 되는 동시에 드라마 제작 권력은 M작가 쪽으로 쏠리게 됐다. 본인이 원하든 원하지 않든 M작가는 드라마 제작 과정에서 자신이 선택할 수 있는 것이 많은 게 사실이다. M작가는 앞으로는 자신의 작품을 잘 구현해줄 수 있는 "감독을 잘 골라야 한다"고 생각하고 있었다.

M작가와 그와 함께 일했던 감독과의 관계는 현재 우리나라 드라마 시스템의 한 단면을 보여주고 있다. 2008년 이후 외주 드라마 제작 시스템

에서 작가 중심으로 드라마가 제작되면서 감독들은 드라마에 후발로 참여해, 드라마 기획 과정 없이 "찍기만 하는 감독"이 되어버렸다. 이미 인기 작가로 자리 잡은 M작가는 스스로 자기가 원하는 감독을 골랐고 그 과정에서 갈등이 발생하게 되었다. 여기서 M작가와 감독 사이에 있었던 소통의 어려움은 긴밀한 협업을 수행하는 두 사람이 드라마를 처음부터 함께 해오지 않았기에 발생되는 과정상의 문제일 수도 있다. 감독들이 기획 과정에서 배제될 뿐만 아니라 드라마에 관여하게 되는 시간이 작가에 비해 훨씬 짧기 때문에 일어나는 여러 가지 이해의 부족, 생산자 사이의 신뢰의 부족이 다른 스태프들과의 관계까지에도 영향을 미치면서 갈등이 확대된 것으로 보인다.

한편, N작가는 일일연속극을 할 때 도저히 감독의 연출과 행동이 맞지 않아서 방송 중에 방송사에 감독 교체를 요구한 적이 있다고 한다.

> 내가 그 감독이랑 못 하겠다 그랬지. 그래서 방송국에서 바꿔줬지. (바뀐 PD랑은 잘 지내셨어요?) 응. 바뀐 PD랑은 친하게 지냈지. 지금은 돌아가셨지. 나한테 '바꿈질'을 당했던 그 양반도 돌아가셨고. 나쁜 사람이었어. 그러니까 뭐 내가 (웃음) 감독을 바꾸는 마지막 세대다……. 내가 작가 오래 했지. 요즘 PD는 돈 받아먹고 있는 놈이 많이 없어서 좋더라고. 옛날에는 돈 받아먹는 PD 많았지.   드라마 작가 N

작가 생활을 36년째 하고 있는 N작가에게는 예전의 PD들은 "돈을 받아먹는 사람"이라는 인식이 강했다. 그런 점에서 작가인 자신이 어느 정도 역할을 해야 한다고 생각하고 있었고 나쁜 감독은 바꿀 수도 있다고 생각했다. N작가가 감독을 바꿨다고 하던 시기는 1991년 외주 제작 시스템이 도입되기 전에 방송사 안에서 PD 중심으로 드라마가 제작되면서 감독이 막강한 권력을 가졌던 때였다. 그런 상황에서도 방송 도중 감독을 교체할 만큼 N작가의 권력이 강했던 것으로 보인다. N작가의 진술 속에서는 PD

중심의 제작 시스템에서는 작가가 유일하게 잘못된 권력을 남용하는 감독을 견제할 수도 있다는 존재라는 점이 드러났다.

그러나 이런 작가의 권력에 모든 감독들이 순응하지 않는다. 감독은 기본적으로 자신이 드라마의 선장으로 드라마에 대한 모든 책임을 진다고 생각하고 있었다. 그런 점에서 작가의 권력에 대해 상당히 비판적이며, 오히려 흥행에 성공하여 권력을 가진 작가와 함께 일하는 것을 꺼리는 감독들도 있다.

> 내가 ○○○ 작가를 싫어했던 이유 중 하나가 군림하려고 하기 때문이에요. 그런 걸 싫어했어요. 근데 그걸 좋아하는 사람이 있으면 잘 맞을 거야. 내 스타일이 그게 안 맞는 거죠. 그러니까 그건 케이스마다 틀린데, 그냥 아이디얼(ideal)하게 얘기하면 이거죠. 작가는 집필하고, 제작사는 후원하고, 연출은 이 둘을 조율하여 작가의 대본을 잘 전달한다! 그렇게 하면 된다고 생각해요. 나한테 군림하려는 작가는 정말 싫어요.
>
> 드라마 감독 O

O감독뿐만 아니라 P감독도 스스로를 선장, 드라마를 책임지는 사람이라는 표현으로 리더로서 드라마 감독 역할의 중요성을 강조했다. 모든 생산자들이 자기 의견을 말할 수 있지만, 그것을 들어줄지 말지는 감독이 정하는 것이고 그 책임 또한 감독이 져야 한다는 생각을 가지고 있었다.

> 다른 사람들이 나를 설득해야 하는 거죠. 나를 설득할 수 있는 사람들 얘기는 들어주는 거지만, 내가 그 사람들한테 설명을 해서 설득을 하는 건 아니죠. 내가 선장으로 키를 잡았는데 옆에 있는 사람이 "이렇게 하셔야죠" 하는 식이면 안 되죠. 저는 늘 말해요, "내 생각을 당신들이 바꾸게 하는 거지, 내가 설명하는 게 아니다." 드라마판의 명분이 그런 거라고⋯⋯.
>
> 드라마 감독 P

P감독은 "드라마판의 명분"이란 말로 자신은 "사리사욕이 없는 지상파 방송사 직원"이라는 점을 강조했다. 다시 말해, 자신은 제작사 소속도 프리랜서도 아니고 방송사에서 월급을 받으며 공정하게 드라마를 만드는 감독이라는 것이다. P감독의 이러한 진술은 현재 드라마 제작 시스템이 얼마나 상업화되고 있는지를 역설적으로 보여주고 있다. 드라마의 외주 제작이 일반화되고 이윤 추구를 목적으로 하는 자본이 들어오면서 드라마 생산을 통해 경제적인 이득을 얻으려는 다수의 생산자들이 생겼기 때문에 감독의 공정한 태도가 무척 중요해졌다는 것이다.

드라마 생산자들 관계의 갈등이란, 구조나 시스템의 문제를 넘어서 생산자 개개인이 가지고 있는 독특한 특성, 취향, 가치 체계와도 밀접하게 관련되어 있다. O감독이나 P감독처럼 드라마를 책임지는 선장으로서 정체성이 뚜렷한 사람들에게는 작가 권력을 가진 누군가와 함께 일한다는 것이 쉬운 결정이 아니다.

> 대작가랑 계속 같이 간다는 것은 감독으로서 발전이 없는 거예요. 김수현 작가와 함께 하자고 하면, 한 번 만나고 헤어져야죠. 어쩌다 작품 얘기 들어보고 저랑 맞으면 가는 거지, 계속 같이 한다는 건 쉽지 않죠. (본인이 주도하고 싶은 거죠?) 저는 저와 다른 취향을 제가 맞추지는 못해요. 저는 인간을 보는 따뜻한 시선, 그런 거 중요해요. 그런 작가들이랑은 시너지 효과가 나는 지점이 있으니까······. 물론 대작가랑 하면 제가 대장질을 하려고 하지 않죠.　　　　　　　　　　　드라마 감독 P

P감독은 드라마 제작의 주도권은 케이스마다 달라서 대작가가 중심을 잡고 가는 경우도 있고 데스크가 주도권을 잡는 경우도 있고, 제작사가 주도권을 잡고 가는 경우가 있지만 가장 이상적인 것은 건전한 감독이 드라마를 이끄는 것이라는 점을 분명히 밝혔다. P감독이나 O감독처럼 드라마 제작에서 감독이 중심을 잡고 가야 한다고 주장하는 이면에는 이미 드라

마 제작 과정에서 상대적으로 약해져 있는 감독의 위상이 있었다. 이미 작가 중심으로 제작이 이루어지고 있는 상황에서 감독들은 나름대로의 전략과 모색으로 자신들의 위치를 확보해나가려는 노력을 하고 있는 것으로 보인다.

4) 작가와 감독의 환상적인 호흡

작가와 감독이 항상 갈등과 긴장 관계에만 놓여 있는 것은 아니다. 연구 대상 중에 K작가와 R감독은 호흡이 잘 맞는 작가와 감독이었다. 같은 제작사에서 흥행성과 작품성을 인정받은 드라마도 여러 편 했다. 그러다가 R감독이 다른 제작사와 계약을 하는 바람에 함께 일을 하기가 어려운 조건이 되었다. K작가는 아무리 생각해도 R감독만큼 자신의 대본을 잘 이해하고 연출을 하는 감독이 없다고 판단하고, 제작사에 R감독이 소속되어 있는 제작사와 공동 제작을 하자고 제안했다.

> 저는 ○○○ 제작사랑 시트콤 할 때부터 일해왔고, 그 후로도 10년 동안 일했어요. 지금은 서로 성향을 잘 알기 때문에 큰 문제는 없어요. 그런데 드라마 〈△△△〉 할 때 갈등이 조금 있었지요. 저는 R감독이랑 하고 싶었는데, R감독은 다른 제작사랑 계약이 되어 있었어요. 제작사에서는 "왜 R감독이랑 꼭 해야 되냐? 그러면 골치 아파지고 공동 제작해야 하는데……." 저는 R감독이 잘 할 수 있다고 봤기 때문에 꼭 그렇게 하고 싶었죠. 그래서 제작사와 갈등이 심했어요. 한동안 전화도 안 받았어요. 그러다가 해결이 되어서 드라마 〈△△△〉가 □□□제작사랑 ○○○랑 공동 제작하게 된 거지요.
> 드라마 작가 K

K작가는 이미 그전에도 지상파에서 편성을 하겠다고 관심을 보이던 드라마를 지상파 소속 감독이 아니라 프리랜서인 R감독과 함께 해서 좋은

성과를 낸 적이 있던 터라 제작사에서는 K작가의 요구사항을 들어줄 수밖에 없었다. K작가는 드라마가 방송되는 매체가 지상파냐 케이블이냐가 중요한 것이 아니라, 작가가 생각하는 세계를 얼마나 잘 표현해줄 수 있느냐가 중요하다고 생각했다. 많은 작가들이 지상파에서 방송되는 것을 중요하게 생각하는데, K작가는 호흡이 잘 맞는 R감독과 작업하는 일이 더 중요하다고 했다.

> 사이가 좋은 첫 번째 이유는요, 서로의 영역을 터치 안 해서 그래요. 감독은 대본에 관해서는 전적으로 저한테 맡기고, 연출하고 배우 문제는 제가 완전히 감독한테 맡기기 때문에 의견이 충돌할 부분이 별로 없어요. 보통 갈등이 많이 생기는 거는 감독이 작가랑 같이 대본 회의를 하면서 감독이 수정에 많이 참견하고 이러면서 막 싸움이 생기는데, 저희는 철저히 분업하는 스타일이거든요.　　　　　　　　　　　　　　드라마 작가 K

> 저는 개인적으로 제가 찍기 힘들다고 대본 수정을 요구하지 않거든요. 일단 대본을 주면 첫 코멘트가 "재밌다, 재미없다"부터 시작을 해서 얘기를 해야 되고, 그렇게 말하다 보면 싸우게 되잖아요. 그래서 저는 페이퍼로 일단 정리를 해서 작가한테 리뷰를 보내주고, 그다음에 그거에 대해서 회의를 하는데 어쨌든 작가는 글을 쓰는 사람이고, 나는 두 번째로 제2의 영상물을 만드는 사람이니까 일단 작가 얘기를 잘 파악을 하고, 그다음에 "이런 거보다 이런 게 대중들이 더 좋아하지 않을까?" 대안을 마련해서 이야기하려고 해요. "재미없고, 야 이거 뭐야" 이렇게 얘기하는 게 되게 무책임한 거 같아서요. 어쨌든 그런 것들 때문에 잘 지내고 있는 거, 그런 거 아닐까요?　　　　　　　　　　드라마 감독 R

시트콤과 재연 프로그램을 할 때부터 알고 있던 두 사람은 마침 동갑내기라 친구처럼 지내는 사이였다. K작가는 다른 제작사에서 드라마를 준비하다가 R감독과 함께 일하기 위해 계약금을 모두 물어주고 R감독이 계약되어 있는 제작사로 옮겨온 적도 있었다.

K작가가 저랑 했으면 좋겠다 해가지고 그 제작사랑 계약이 다 되어 있는 걸 K작가 다 물어내고 하게 된 거죠. 그래서 드라마 〈○○〉을 했죠. K작가가 저와 함께 했던 그전 드라마가 자기가 생각했던 것보다 좋게 잘 나오는 이런 것들이 있어서 꼭 저랑 함께 하고 싶었다고 그러더라고요.
드라마 감독 R

나는 대본을 쿨하게 쓰는 편인데, R감독은 격정적으로 찍어요. 그래서 드라마가 조화를 잘 이루는 것 같아요. 감독과 작가가 서로 다르기 때문에 드라마가 좋아진 것 같아요. 우리는 취향이 완전 달라요. 하지만 서로 존중하고 서로의 영역에 대해 침범을 하진 않지요.
드라마 작가 K

R감독은 캐스팅도 캐스팅 디렉터를 통하지 않고 본인이 직접 다 하는 편이고, K작가는 캐스팅 문제로 R감독과 의논을 하지만 본인이 개입하려는 의지가 없었다. 특히 K작가는 시트콤 출신이라 배우한테 의존해서 대본을 쓰지 않는 습관을 가지고 있었다.

저는 시트콤을 해서 그런지 배우에 대해 크게 의존하지 않아요. 시트콤을 하면 주로 신인 배우를 쓰거든요. 그러면 작가가 그 배우를 만들어가게 되지요. 그래서 저는 완성된 배우를 이용해서 뭔가 하려는 생각보다는 아직은 검증이 안 된 배우들을 내 작품 속에서 만들어가는 것에 대해 익숙하고, 또 그게 좋아요. 그래서 저는 제 작품에 꼭 이 배우가 했으면 좋겠다는 생각 별로 안 해요. 제가 배우를 만들어간다고 생각해요. 이런 것도 다른 작가들과 다를 수 있는데, 어쨌든 시트콤을 오래 해서 저는 배우에 의존하는 생각을 하지 않아요.
드라마 작가 K

K작가와 R감독의 사례에서 보면 감독과 작가가 서로의 영역을 확실하게 지켜주며 상대방의 영역이라고 여겨지는 부분에 대해서는 존중하고 간섭하지 않는 것이 중요해 보였다. K작가와 R감독은 드라마 생산에서 발생되는 권력의 균형을 이루면서, 자신들의 창의적 노동의 산물인 드라마 생

드라마 작가는 어떻게 만들어지는가

산물을 향해 나가는 것을 원칙으로 하고 있었다.

K작가와 R감독의 관계에서 주목할 부분은 R감독이 지상파 계약직 PD에서 시작해 재연 프로그램 등을 연출하며 꾸준히 성장해온 감독이라는 점이다. 정규직이 아닌 조금은 불안정한 신분으로 상당한 영향력을 끼친 드라마를 연출하기까지 성장한 R감독은 수많은 사람들과 협업을 통해서 나름대로 드라마를 잘 만들기 위해 무엇이 필요한지 체득해왔다고 한다. 그 과정에서 작가와의 조화로운 협업이 드라마 성공에 가장 중요한 요소라는 것을 알게 되었고, 작가와의 소통에 많은 노력을 기울이는 것으로 보인다.

드라마 제작은 긴밀한 협업을 요하는 과정이라 작가나 감독 모두 자신과 호흡이 잘 맞는 사람을 만나는 것은 매우 중요하다. 한 기사에서는 호흡이 잘 맞는 작가와 감독이 만났을 때 드라마가 성공할 확률이 높다며 다음과 같은 내용을 소개했다.

> 한 TV 드라마 작가는 "작품을 하면서 나와 딱 맞는 연출자를 찾는 일은 굉장히 어렵다. 하지만 같이 작품을 하고 싶은 연출자가 있다 하더라도 그와 작품을 하는 일도 쉽지 않다. 자신과 맞는 연출자와 여러 작품을 할 수 있는 작가는 천운이 내린 사람"이라고 했다.[123]

같은 기사에서 협업을 중요하게 생각하는 감독의 생각도 소개했다.

> "지난해 드라마 〈해를 품은 달〉을 시청률 40%에 올려놓은 김도훈 PD는 "협업의 태도가 돼 있는 상대도 중요한 이유가 된다"고 말했다. 김PD는 "연출자나 작가의 경우 성공하면 가끔 안하무인의 태도를 보여준다"며 "나는 미적 관점이나 세계관이 비슷하고 잘 맞더라도 협업의 태

---

123 하경헌, 「또 하나의 드라마 대박공식 '그 PD+그 작가'」, 『경향신문』, 2013.5.19.

도가 돼 있지 않다면 함께 작업을 하지 않는다"고 말했다.[124]

드라마에서 좋은 대본과 좋은 연출력은 작품의 처음이자 끝이기 때문에 작가와 연출가 사이에는 궁합이 잘 맞아야 한다. 1997년 이전 주로 방송사 자체 제작으로 드라마를 제작할 때는 원하는 감독과 작가 만나서 드라마 제작을 하는 일이 당연한 일이었고 어려운 일이 아니었다. 그러나 상업화된 드라마 제작 시스템 안에서는 감독과 작가들이 제작사에 계약 관계로 묶여 있기 때문에 서로 원하는 감독과 작가가 자유롭게 만나서 드라마를 만드는 일이 어려워지고 있다.

5) 대본 수정 문제로 인한 갈등

〈사랑과 결혼〉(MBC, 1997), 〈의가형제〉(MBC, 1997), 〈TV소설 그래도 푸르른 날에〉(KBS, 2015) 등을 집필한 김지수 작가는 『방송작가』와의 인터뷰에서 1990년 지상파 공모 당선작이자 데뷔작이었던 드라마가 작가의 의도와는 전혀 다르게 녹화되는 것을 보고 부조[125]에서 대본을 집어던지는 똘기(?)를 부렸던 일을 술회했다. 사회드라마를 표방하고 썼던 드라마가 멜로드라마로 변해 있던 것에 대한 분노였다.

> 지금 생각하면 철이 없었죠. 감독님이랑 다른 분들 보기에 얼마나 황당했겠어요. 겨우 첫 작품을 쓰는 새파란 작가가 그렇게 난동을 부렸으니……. 그 작품을 마지막으로 드라마를 그만두려고 했는데, 스승인 윤석민 선생님이 "억울하고 분하지? 그럼 유명해져. 감독들이 토씨 하나

---

124 위의 글.
125 드라마 녹화를 진행하고 있는 방송사 부조정실.

손 못 대게!" 이러시면서 결정타를 날리는 바람에 여기까지 왔어요.[126]

드라마 〈직장의 신〉(KBS, 2013)을 집필하며 신인 작가의 위력을 보여주었던 윤난중 작가도 대본 회의에 대한 두려움을 털어놨다.

> 쓰는 대본들이 자전적 청춘물들이다 보니 대본의 의도와 톤을 연출자에게 전달하기 위해서 혼자 고심을 많이 했었어요. 마음처럼 잘되지 않을 때도 많았죠. 아무리 생각해도 그냥 직감적으로 그건 아닌 것 같은데, 내공과 경험이 딸려서 반박을 잘 못 하니까 그냥 상대가 원하는 방향대로 수정을 하기도 했죠. 그땐 회의에 나가는 일이 저한테는 정말 전쟁터에 나가는 것 같았어요. 대본을 사수해야 한다는 마음으로. (웃음)[127]

대본 수정 문제는 작가와 감독 사이에 매우 예민한 문제이며 작가나 감독은 자신이 드라마 속에서 표현하고 싶은 것에 대한 욕망이 있기 때문에 대본 수정 문제로 부딪히면 극한의 감정 싸움으로까지 번진다. 대본 회의나 드라마 촬영 전에 작가에게 수정 요구를 하는 것은 생산 과정에서 있을 수 있는 일이지만, 작가와 상의 없이 감독 혼자서 대본을 고치는 경우는 작가와 감독의 갈등이 극대화되며 상당히 심각한 상황으로 발전한다. N 작가는 자신과 상의 없이 대본을 고쳐서 촬영을 했던 ○○○ 감독에게 가졌던 감정을 솔직하게 토로했다.

> 대판 싸우고, ○○○ 감독한테 내가 고소한다 그랬지. 내 대본 고친 죄로. 그 친구는 지가 머리가 좋다고 생각할지 몰라도, 대본 고치는 거 아니야. PD의 능력으로 대본을 고칠 수가 없어. 자기가 정 이상하다 그

---

126 김명호, 「팥쥐가 콩쥐가 되던 날, 하늘의 맑아서 더 서럽더라―KBS 〈그래도 푸르른 날에〉 김지수 작가」, 『방송작가』 2015년 6월호, 8쪽.
127 김선미, 「세상 모든 호구들을 위한 이야기―tvN 〈호구의 사랑〉 윤난중 작가」, 『방송작가』 2015년 6월호, 12쪽.

럼 얘기는 할 수 있어. "좀 고쳐주세요." 그건 충분히 있을 수 있어. 그럼
나도 고쳐줘. 고칠 필요 없으면 "아, 이거 고칠 거 없는데요." 이렇게 얘
기해. 드라마는 PD하고 작가가 같이 공유되는 작품이잖아. 그러니까 충
분히 그렇게 해. 그런데 PD가 맘대로 고치는 건, 그건 아니야. 그럼 PD
뭐 하러 해. 돈 많이 버는 작가를 하지.   드라마 작가 N

대부분의 작가들은 대본 회의를 통해 감독이 수정을 제의하는 것은 충
분히 있을 수 있는 일이고 그런 과정을 통해 대본이 수정되는 것은 받아들
일 수 있지만, 대본 수정을 감독이 일방적으로 하는 것은 작가로서 절대
용납할 수 없다고 생각했다.

작가의 동의 없이 감독이 대본을 고치는 일은 당사자 간의 갈등에만 그
치지 않고 집필 중단 등 드라마 생산에 큰 영향을 끼치기도 한다. 2010년
10월에 일어난 SBS 드라마 〈대물〉의 대본 수정 문제는 당시 방송가뿐만
아니라 사회적으로도 큰 화제가 될 정도로 세간의 이목을 집중시켰다.

> SBS드라마 〈대물〉의 황은경 작가가 방송 4회 만에 교체된 것과 관련
> 처음으로 입장을 밝혔다. 황 작가는 "정치적 외압은 없었다"며 "오종록
> 감독과 의견차가 컸고, 대본을 내 것이라 부를 수 없는 상황이 되자 하
> 차를 결심했다"고 15일 『헤럴드경제』와의 인터뷰에서 말했다. 이어 "마
> 치 태교 열심히 하고 배불러서 애를 낳았는데, 아이도 못 보고 쫓겨난 기
> 분"이라며 "3, 4회 방송을 보곤 엉엉 울었다. 제가 6회까지 써놓은 원고
> 를 갈기갈기 찢어서 붙여놨다"고 토로했다.[128]

감독과의 의견 차에 대해서는 "감독과 사람, 세상을 바라보는 관점, 정
치관, 국가관 등이 충돌했다. 예컨대 강태산(차인표 분)의 캐릭터를 둘러
싼 시각차, 서혜림(고현정 분)이 대통령이 되기까지의 과정 등 모든 부분

---

128 두정아, 「'대물' 하차 황은경 작가 "출산 후 아이도 못 보고 쫓겨난 기분"」, 『세계
     일보』, 2010.10.16.

에서 엇갈렸다"고 밝혔다. 황은경 작가가 집필에서 손을 뗀 지 얼마 되지 않아, 오종록 감독 또한 제작사와의 갈등으로 드라마에서 하차해서 이 사건은 작가와 감독의 갈등에 이어 감독과 제작사의 갈등까지 드라마 생산 과정의 다양한 갈등을 보여주었다.[129]

> 방송 2회 만에 시청률 20%를 돌파하며 현재 수목극 정상을 달리고 있는 SBS 인기 드라마 〈대물〉이 작가 교체(황은경→유동윤)에 이어 연출자(오종록)까지 하차하는 등 심각한 내홍에 시달리고 있다. 여성 정치인(고현정 분)을 주인공으로 내세운 〈대물〉의 작가 교체 배경에 정치적 압력이 있는 것 아니냐는 추측이 나오기도 했다. 이에 대해 한국방송작가협회 김옥영 이사장은 "정치적 문제 때문이 아니라 PD와 작가의 인간적 갈등 때문이었다. PD가 자신과 대립하는 작가를 교체했고 결국 자신도 하차한 것"이라면서 "PD는 작가의 '동일성 유지권'을 지켜줄 책임이 있는데 그러지 못해 아쉬웠다"고 밝혔다. '동일성 유지권'이란 작가가 쓴 작품을 작가의 허락과 동의 없이 마음대로 고칠 수 없다는 것이다.[130]

드라마 작가의 집필권과 저작권을 보호해야 하는 한국방송작가협회는 〈대물〉 사건을 작가에 대한 심각한 권리 침해라고 판단하여 각 방송사에 공개 성명서를 보내기도 했다.[131] 드라마 〈대물〉의 대본 수정 사건 역시 현재 드라마 제작 시스템의 문제를 보여주고 있다. 작가와 감독의 협업이 서로 원해서 시작된 것이 아니라 제작 시스템 안에서 조건으로 시작하다 보니 신뢰가 바탕이 되어야 할 대본 수정 문제에서 크게 부딪힌 것으로 보인다.

---

129 박희창, 「시청률 대박행진 '대물' 화제만큼 뒷말도…」, 『동아일보』, 2010.10.20.
130 『주간조선』, 2010.10.25.
131 한국방송작가 내부 문건.

6) 캐스팅을 둘러싼 권력 싸움

드라마의 대본을 쓰는 사람은 작가이고, 그 대본을 바탕으로 영상을 만드는 사람은 감독이다. 드라마 대본이 마음에 안 들었을 때는 감독이 수정을 요구할 수도 있고, 대본이 영상으로 제대로 구현되지 않았을 때는 작가가 재편집이나 추가 촬영을 요구할 수도 있다. 이 과정에서 묘한 주도권 싸움이 생기고 권력을 가진 쪽에서 일방적으로 진행을 하는 경우도 있지만, 대본은 작가의 영역이고 연출은 감독의 영역이라는 것에 대해서는 이견이 없다.

그러나 드라마에 출연하는 배우를 정하는 캐스팅에 대해서는 누구의 권한인지, 누가 주도적으로 해야 하는지 명확하지 않다. 캐스팅이 중요한 것은 배우가 작가나 감독의 창의적인 세계를 구현해내는 주체라는 측면에서도 중요하지만, 드라마 생산자 내 권력 구도와도 관련이 있다. 배우들은 감독이 캐스팅을 했을 때는 감독에게, 작가가 캐스팅을 했을 때는 작가에게 더 다가가려는 속성이 있고, 대부분의 작가나 감독은 드라마 제작 과정에 자신들이 가진 권력을 행사하려는 경향이 있다고 했다.

> 캐스팅 권한이 있는 사람은 당연히 감독이죠. (작가와) 의논은 많이 하지만 결정은 감독이 하는 거죠. (작가가 캐스팅을 해야 한다고 생각하는 분도 많은데 그런 분들은 저와 일을 못 하죠. 그런 분들은…… 작가의 본분이 아니라고 생각해요. 유사 이래 캐스팅은 감독의 고유 권한이죠. 심지어 제작사도, 본부장도 말을 못 하죠. 작가도 원하는 건, 자기의 말을 듣고 감독이 선택해주길 바라는 거죠. 캐스팅이 작가의 권한이라는 것은 들어본 적도 없고, 저는 1%도 동의를 할 수가 없어요. 드라마 감독 P

> 나는 캐스팅 권한이 PD에 있다고 생각하지 않아. 작가한테 있는데 내가 그거 귀찮으니까 그리고 또 그 정도는 PD의 몫으로 줘야 되겠다, 그런 거지. 작가한테 있는 걸 PD한테 있다고 그렇게 얘기하는 거 자체가

너무 유치하지. 특정 배우를 연상하고 쓰는 작가도 있는데, 캐스팅은 작가가 원하는 대로 해야지. 그래야 작품이 잘되는 거지. 　　　　드라마 작가 N

　드라마 〈○○○〉 때는 내가 아는 배우들도 드물었어요. 제작사에서도 배우를 넣고, 감독도 배우를 넣고 캐스팅이 짬뽕이 되어 섞였죠. 시청률은 잘 나왔지만, 현장에서 배우들이 자기 역할에 대해서 헷갈리는 거죠. 배역들이 몰려다니니까. 이건 뭐냐면 작가가 체계적으로 캐스팅을 못한 거예요. 그러다 보니까 과부하 걸린 부분이 있어요. 주인공 위주로 가면 이 나머지 사람들이 소외되죠. 출연 분량이 적으니까. 배우들이 욕심이 되게 많잖아요. 　　　　드라마 작가 M

　인기 작가인 M작가는 다른 드라마와 달리 최근에 방송된 드라마에서 자신이 주도적으로 캐스팅을 하지 않은 것을 아쉬워했다. 작가가 체계적으로 캐스팅하지 못해서 작가가 이해하지 못하는 인물들이 대사도 없이 왔다 갔다 하는 상황이 벌어졌다는 것이다. 드라마 제작 중에 회식을 할 때 스태프들과 배우들이 M작가 앞에 쭉 앉아 있었는데 난감한 일이 벌어졌다고 한다.

　서로 "수고하셨다"고 덕담을 해도 모자랄 판에 배우들이 자기 얘기, 분량 얘기 이런 거 쭉쭉 쏟아놓는 거죠. 뭔가 감독하고 딱 뜻이 맞아서 검증을 하고 캐스팅한 거 하고, 각자 한 거하고 차이가 크구나…… 현장도 그렇고. 　　　　드라마 작가 M

　M작가는 이번 일을 겪으면서 앞으로 작가가 체계적으로 캐스팅을 해야겠다고 다짐했다고 한다. 제작사를 바꿔서 처음 일하는 바람에 제작사에서 캐스팅에 적극적으로 나오고 감독도 하겠다고 해서 맡겨두었더니 이상한 방향으로 갔다는 것이다. 연구 대상 작가와 감독들의 특성을 면밀히 분석해보면 캐스팅은 대체로 권력을 쥔 작가나 감독이 주도하고, 상대방도 그러한 점에 대해 어느 정도 인정하고 있다는 것을 알 수 있다. 문제는 작

가 권력이나 감독 권력이 비슷할 때 발생한다. 한쪽의 권력이 월등하게 우세하면 다른 한쪽은 불만이 있어도 말을 못 하지만 그렇지 않은 경우, 드라마 제작 내내 갈등의 씨앗이 된다.

드라마 캐스팅은 늘 갈등을 불러일으키기 때문에 O감독의 경우에는 캐스팅을 위한 테이블을 만들어놓고 작가, 감독, 제작자가 모여 공개적으로 하는 방법을 택한다고 한다.

> 캐스팅할 때 필요한 배역을 테이블 위에 놓고 작가랑 제작사랑 다 모여 얘기했어요. 일단 주연급은 이해관계로 되는 게 아니니까 어떤 협의에 의해서 하죠. 1위에서 4위는 주연급이고, 그 외에 순위가 5위부터 8위까지 있는데 5위부터는 서로 합의를 하되, 빚진 사람들(캐스팅을 해줘야 하는 사람들)이 있다고요. 작가가 빚진 사람들이 있고, 제작사가 빚진 사람들이 있고, 연출자가 빚진 사람들이 있고…… 그래서 나는 그렇게 패를 깔아요. "누구를 캐스팅 하고 싶은지 얘기해라." 그래서 얘기 나온 배우가 연기도 되고 가능하다고 생각하면 캐스팅하는 거죠.
>
> 드라마 작가 M

배우가 드라마에 캐스팅된다는 것은 경제적인 수입이 발생하는 것을 뜻하기 때문에, 캐스팅은 단지 배우가 그 역을 맡는지, 맡지 않는지에 그치지 않고 먹고사는 문제와 연결되어 있다. 그래서 작가, 감독, 제작사 모두 민감하다고 했다. 통상 주연급 4명은 드라마의 성패와 직접적인 관련이 있기 때문에, O감독의 말대로 이해관계로 캐스팅할 수 없다. 오히려 감독이나 제작자, 작가가 나서서 영향력이 있는 주연급을 섭외하려고 노력한다. 그러나 5순위에서 8순위의 영역을 차지하는 조연급은 누가 하더라도 크게 차이가 나지 않는 배역이기 때문에 "누구의 사람을 심느냐"에 따라 촬영장 분위기가 변하기도 하고, 생산자 권력이 한쪽에 쏠리기도 한다. 그래서 감독과 작가, 제작자들은 각기 자기 사람을 캐스팅하려고 노력한다. O감독의 경우처럼 감독과 작가, 제작자가 나누어서 캐스팅하게 되면 촬영 현장의 배우들 가운데 작가 캐스팅 배우, 감독 캐스팅 배우, 제작사 캐스팅 배우가 공존하게 되며 때로는 균형을 이루지만 때로는 갈등의 원인이 된다. 드라마 생산자들은 캐스팅이 감독의 권한인지, 작가의 권한인지가 중요한 게 아니라 권력을 누가 어떻게 행사하는지가 중요하다고 했다. P감독과 N작가의 상반된 소회는 많은 것을 시사한다.

> 실제로 말 안 하고 하는 팀들도 있잖아요. 작가를 죽이고 싶은 사람도 있어요. 원망이 있죠, 절대 내색하지 않지만요. 같이 애 낳은 사이가 좋지 않으면 문제가 있는 거예요. 잘하려고 노력해야죠.   드라마 감독 P

> PD와 작가라든가 이런 구도를 갖다가 결혼에 비교해서 끝없는 대화니 이렇게 생각하는데 그건 웃기는 소리야. 끝없는 주도권의 쟁탈이야. 권력의 쟁탈이야. 유치한 권력의 쟁탈이야. 거기서 그냥 확 빨리 눌러버려야 돼. 그래야지 내가 내 작품 하기도 편하고, 내가 편해. PD도 편해 그게. 계속 그거 갖고 엎치락뒤치락 하는 것보다…….   드라마 작가 N

작가와 감독이 사이가 좋으면, 다른 드라마 생산자들이 드라마 제작에서 더 빼낼 수 있는 수익을 못 가져가기 때문에 끊임없이 감독과 작가 사이를 이간질시키려 한다는 P감독의 주장은 흥미로웠다.

> 작가와 감독이 사이가 좋으면 다른 사람은 다 손해예요. 제작자, 연기자는 물론이고 심지어 데스크도 사이좋은 거 싫어할 수 있어요. 사이좋은 거 원하는 사람 별로 없어요. 작가와 감독이 똘똘 뭉쳐서 가려고 하면, 자기네들은 할 게 많은데 할 수가 없죠. 딴 사업도 해야 하고, 이거해주는 대신에 그다음 연기자도 받아와야 하고, 투자자한테 캐스팅도 해줘서 돈을 받아와야 하고……. 빙산의 밑에 있는 엄청난 일을 해야 하는데, 작가와 감독이 똘똘 뭉쳐서 작품의 도덕성을 이야기하고 그것을 주장하기 시작하면, 그 사람들한테 그게 제일 두렵죠.   드라마 감독 P

"작가와 감독이 똘똘 뭉쳐서 작품의 도덕성을 이야기하면 다른 사람들이 두렵다"는 P감독의 말은 드라마 제작에 참여하는 많은 사람들이 드라마의 도덕성보다는 상업성에 관심이 많다는 이야기로 해석할 수 있다. 현재 우리나라의 드라마는 태생적으로 상업적일 수밖에 없다. 방송사에서 제대로 제작비를 지급하지 않으면서 나머지 부분을 PPL로 충당하도록 하고 있기 때문에 제작사 입장에서는 제작비를 확보하고 이윤을 남기기 위해 드라마로 돈을 벌 수 있는 것은 모두 하고 있다고 봐야 한다. 한 언론은 방송사의 제작비 지급 문제와 관련해서 다음과 같은 기사를 제공한다.

> 한국드라마제작사협회에 따르면 16부작 미니시리즈의 회당 제작비는 3억~4억 원 선이다. 그중 지상파 방송사가 지급하는 제작비는 실제 제작비의 50%를 넘는 경우가 드물다. 결국 나머지 제작비는 PPL과 해외 판매 비용으로 충당해야 한다. 그러나 해외 판매는 유동적이기 때문에 PPL에 의존할 수밖에 없는 상황이다. 노골적인 PPL로 논란이 됐던 KBS 2TV 드라마 〈프로듀사〉는 회당 4억 원가량의 제작비가 사용됐다. 12회 총 제작비 48억 원 중 절반은 PPL로 메웠다는 후문이다.[132]

제작사가 알아서 제작비를 마련해야 하는 방송 구조적인 문제는 방송사와 제작사만의 문제로 그치지 않고 드라마 생산자들 관계까지 영향을 미치고 복잡한 갈등을 만들어내고 있는 셈이다.

영국과 미국의 감독은 대부분 프리랜서 감독이라 작가의 드라마가 제작이 확정되었을 때 작가가 구성하는 스태프로 들어오는 것에 반해, 우리나라 감독들은 대부분 방송사의 직원으로 작가의 기획안이 방송사 안에 들어올 때부터 힘을 작용할 수 있기 때문에 이런 갈등이 벌어진다는 주장도

---

132 오예린, 「[돈으로 본 한국 드라마] 프로듀사, 제작비 절반 충당 '달콤한 유혹' 'PPL' 광고료만으론 비용감당 안돼 도입…시청률 오르면 대본수정 작가 진땀」, 배국남닷컴, 2015.10.16.

있었다.

> 우리나라 감독들은 자신이 주도권을 갖기를 원해요. 우리나라 감독이 방송사 소속으로 있는 한 그렇게 될 거라고 봐요. 그래서 미국이나 영국처럼 작가가 드라마 제작의 주도권을 잡는 시대가 올까 봐 두려워하지요. 지금도 드라마 안에서 주도권을 잡고 싶어 하는 감독들은 위험을 감수하고서라도 신인 작가와 일하고 싶어 하잖아요. 경력 있는 작가는 제압하기가 쉽지 않잖아요. 그래서 작가들의 세대 교체가 빨라지는 것 같아요. 신인 작가가 불안하다고 하지만 주도권을 선점할 수 있다는 면에서 감독들에게는 매력적인 작가들이죠.   드라마 작가 H

2008년 이후 드라마의 외주 제작 시스템이 정착되면서 작가 중심의 제작이 이루어진다고 하더라도 편성권을 가진 방송사 소속의 감독들은 여전히 작지 않은 권력을 가지고 있다. 오히려 초기 드라마 기획 단계에서 감독들이 배제되고 있는 현재 제작 시스템에 대한 저항으로 감독들은 권력에 대한 욕구가 더 강해졌다고 볼 수도 있다. 그런 측면에서 캐스팅을 둘러싼 갈등은 더 깊어지고 확대될 가능성이 있어 보인다.

5. 생생한 드라마 제작 현장에서

필자는 이 연구를 진행하며 두 드라마에 대한 사례 연구를 수행했다. 편의상 두 드라마를 각각 〈알파(α)〉와 〈베타(β)〉라고 부르도록 하겠으며, 두 드라마의 기본적인 정보는 표 9와 같다. 사례 연구를 통해서 구체적으로 드라마 생산자들 사이에 내밀하게 작용하는 갈등과 타협을 살펴보기로 하겠다.

〈알파〉 드라마의 경우 스타급 연기자가 출연했기 때문에 생산자들의 갈등 상황에서 배우가 큰 영향력을 미칠 것으로 판단, 배우 측인 엔터테인먼트 대표를 연구 대상으로 삼았으며, 〈베타〉 드라마의 경우 아침드라마의 특성상 스타급 연기자가 없어서 배우가 드라마 생산자들의 본격적인 갈등에 개입하지 않은 것으로 보고 엔터테인먼트 대표를 배제했다. 대신 메인작가와 보조작가의 작업과 생활 방식 등을 추적하고 감독과 메인작가의 갈등을 가장 가까이에서 관찰할 수 있었던 보조작가를 연구 대상에 넣었다.

1) 〈알파〉 드라마 : 지상파 미니시리즈 드라마

(1) 기획, 편성 과정에서 갈등과 타협

기다릴 수밖에 없는 작가

〈알파〉 드라마는 지상파 방송사에서 방송되었던 미니시리즈다. 이 드라마를 집필한 드라마 작가 J는 타 방송사 극본 공모 출신으로 타 방송사에서 공동 집필로 미니시리즈를 한 편 방송한 후 〈알파〉 드라마를 제작하는 방송사로 옮겨서 단독 집필을 한 신인 작가이다. J작가는 먼저 제작사와 집필 계약을 한 후, 인간의 욕망과 돈에 관한 이야기를 하겠다는 작의를 가지고 드라마 집필을 시작했으며 그 과정에서는 제작사와 큰 갈등이 없었다. 신인 작가와 제작사가 의기투합해서 기획 단계에서 대본 집필이 순조롭게 이루어진 편이다.

> 일단 저는 작가님의 생각을 좀 많이 듣는 입장인 거고요. "우리가 봤을 때 재미있고, 우리가 봤을 때 재미없으면 재미없는 거다. 그게 정답이다. 방송국에서 이렇게 요구를 해도 우리가 맞다고 생각하면 그대로 밀고 나가자" 전 이런 주의예요. 그래서 작가님이랑 저희가 같이 회의를 하면서, 저희가 보기에 이런 부분은 좀 수정이 됐으면 좋겠다는 부분을 서로 같이 고쳐나갔어요. 작가님이 고집 피우시지 않고, 자신의 의견만 주장하시지 않아서 원활하게 잘 소통해서 계속 같이 진행했었죠.
>
> J작가의 제작사 대표 U

문제는 1회에서 4회까지 대본이 나오고 전체 시놉시스가 나와서 편성을 받기 위해 방송사에 제출했는데, 방송사에서 편성 진행을 공식적으로 하지 않아서 기획 단계가 상당히 길어졌다는 데 있었다. J작가는 자기 드라마에 확신이 있어서 계속 대본을 써나갔지만, 선뜻 방송사에서는 편성 의지를 내보이지는 않았다고 했다. 그 당시 상황에 대해서 J작가의 기획안을 검토했던 지상파 기획자 '라'는 비공식적으로 지켜보는 쪽을 택했다고 술회했다.

> 저희 방송사에서 검토했다가 전반적으로 부정적인 평가를 받았어요. 저도 부정적인 평가를 내렸죠. 제가 부정적인 평가를 내렸던 이유는 그와 비슷한 드라마가 하나 있었어요. 거기 설정이 너무 비슷해서 시기적으로 이렇게 비슷한 설정의 드라마를 또 하는 게 옳지 않다고 생각했죠. 대신에 굉장히 작가가 대사라든지 사건의 흐름이 되게 뭐랄까 좀 다른 드라마보단 세련된 느낌이었어요. 그런 면에서는 저는 긍정 반, 부정 반이었는데. 솔직히 말하면 부정적인 시각이 더 많았고…… 그러다가 결국 그때 전면적으로 리젝트(거부)를 당했어요. 근데 그럼에도 불구하고 작가가 나름대로 진도를 많이 나갔어요. 그래서 그때부터 솔직히 말하면 관리를 했죠.
> 지상파 방송사 기획자 '라'

"관리"라는 말은 방송사에서 쓰는 은어 비슷한 것으로, 작가나 작가가 하고 있는 일에 관심이 있을 때 지속적으로 연락을 취하면서 살피는 것을 말한다. 적극적인 제안을 하지 않는 상태지만 나중에 함께 일하고 싶은 상황이 올 때 관리를 해두면 훨씬 진행이 잘되는 장점을 가지고 있다고 했다. 방송사에서 부정적인 평가를 받고 편성이 이루어지지 않았음에도 불구하고 J작가는 꾸준히 드라마를 써나갔고 10회~12회까지 대본을 뽑아냈다. 그 과정에서 J작가는 제작사 기획팀장 등과 꾸준히 의견을 주고받았다.

> 기획 PD님이 계시고, 보조작가가 있는 상황에서 계속 진행을 했었고, 저희도 대본을 모니터해가면서 방향을 잡아가면서 진행했었죠.
> 제작사 대표 U

> 제작사 대표님도 저에게 선비세요. 되게 좋은 분이세요. 제작사는 전혀 트러블이 없었죠. 믿고 맡겨주는 스타일이죠.
> 드라마 작가 J

여기서 "기획 PD"라고 말하는 사람들은 드라마 제작사에서 작가를 이끌거나 도와주면서 대본 개발을 맡고 있는 기획 프로듀서들을 말한다. 제작사 프로듀서 'V'는 기획 프로듀서[133]는 "작가의 벗"이며 호흡이 잘 맞는 경우 작가의 능력을 "30%"는 향상시킬 수 있다고 대답했다. 작가들이 기획 단계에서 만나게 되는 제작사 기획 프로듀서는 드라마 기획 단계에서 아주 중요한 파트너가 된다.

〈알파〉 드라마는 드라마 기획 단계에서는 편성이 늦어지는 것 외에 큰 어려움이 없었는데 편성 단계에서는 생산 주체들 간의 다양한 입장이 부딪히며 여러 가지 양상이 나타났다. 편성 단계에서는 배우들의 캐스팅이 이루어지고, 방송사와 제작사의 계약이 이루어지며, 드라마 생산에서 부수적으로 발생하는 수익에 대한 분배 문제도 해결해야 한다. 드라마가 방송되면서 새롭게 창출되는 수익 문제는 차후에 논의하더라도, 드라마 전체의 예산이 책정되며 드라마 규모가 정해지는 시기다. 이 중에서 가장 먼저 이루어지는 것은 제작사가 편성을 시도하여 편성을 확정받는 일이다. 편성이 정해져야 그다음 과정이 진행되는데, 그렇지 않은 경우는 모든 것이 정체된 상태로 있게 된다. 〈알파〉 드라마를 집필한 J작가는 편성 과정이 드라마 제작 과정 중에서 가장 고통스러웠다고 했다.

> 저는 시간이 아까운 게 있었죠. 초반에 본부장님의 반응이 괜찮아서, 편성이 언젠가 될 거라는 건 알았거든요. 편성이 한두 번인가 딜레이가 되는 거예요. 어떤 때는 하루 만에 제 드라마가 편성됐다고 기사 났다가 하루 만에 엎어지고. 어떤 때는 편성이 됐다가 인기 작가가 쓴 드라마가 밀고 들어와서 편성이 밀리고, 그런 과정이 있었죠. 계속 딜레이되니까 진 빠지고 그랬던 거 같아요.
> 드라마 작가 J

---

133 제작사의 프로듀서는 드라마 개발을 맡고 있는 기획 프로듀서와 제작비를 관리하고 촬영 현장에서 자금을 관리하는 라인 프로듀서로 나뉜다.

J작가는 자신이 집필한 〈알파〉 드라마가 아직 대본도 나오지 않은 다른 인기 작가의 드라마의 편성에 밀리는 상황을 목도하면서 가슴을 졸였다고 한다. 편성이 미루어지고 번복되는 상황은 작가로서 큰 고통이라고 했다. 실제로 J작가는 수입이 변변치 않았던 10년간의 습작기보다 〈알파〉 드라마의 편성을 기다리는 시간이 훨씬 더 고통스러웠다고 토로했다.

드라마 작가들에게는 편성이 확정되는 일이 매우 중요하다. 이미 드라마 대본 개발은 해놓은 상태이기 때문에 편성이 확정되어서 감독이 정해지고 담당 CP도 정해져야 그다음 단계로 나갈 수 있기 때문이다. 그러나 작가 입장에서 편성이 늦어지는 이유에 대해서 속속들이 다 알 수는 없다.

〈알파〉 드라마의 사례 연구를 통해서 다른 연구 대상자들을 만나본 결과, J작가가 인지하지 못한 방송사 내부의 사정을 알 수 있었다. 처음에 〈알파〉 드라마에 호의를 가지고 있었던 사람은 드라마 전체를 책임지는 본부장이었다. 그러나 드라마 CP를 맡고 있는 지상파 기획자 '라'를 비롯해 많은 CP들이 설정의 올드함을 이유로 편성에 부정적이었다고 한다. 그러는 사이 J작가가 꾸준히 대본을 집필해 10회 이상 대본이 나오자, 기획자 '라'는 〈알파〉 드라마를 손에서 놓지 않고 이중 플레이를 했다고 한다.

> 솔직히 이 드라마를 갖고 다른 드라마와 협상을 할 때 유리하게 쓰고 싶은 마음이 있었어요. 많은 드라마를 하다 보면, 드라마를 할 때마다 편성 단계에서 추진 중이던 드라마를 내버리게 되는 경우가 있거든요. 그런데 이런 드라마를 하나 쥐고 있으면 협상을 유리하게 이끌 수 있어요. "여차 하면 당신네 거 안 하고 이거 할 수 있어" 이런 식으로요. 저는 이중 플레이를 하고 있었죠.
> 지상파 기획자 '라'

지상파 기획자 '라'의 인터뷰를 통해서 편성 과정에서도 방송사와 제작사 간에 편성 조건을 놓고 힘겨루기가 있다는 것을 파악할 수 있었다. 방송사는 수돗물이 나오듯이 끊이지 않고 드라마를 제작해서 송출해야 하는

드라마 작가는 어떻게 만들어지는가

입장이기에 드라마가 미리 준비가 되어 있지 않을 경우, 당장 제작할 수 있는 제작사의 요구들을 수용해야만 하는 상황이 있다는 것이다. 그때 히든카드로 준비된 드라마가 있다면 제작사와의 협상을 유리하게 진행할 수 있다고 했다. 그런데 이런 방송사의 이중적인 태도는 편성을 기다리는 다른 작가들에게는 고통의 시간이 된다. 방송사에서 드라마 몇 개를 들고 재고 계산하는 동안 작가들은 드라마 편성을 마냥 기다려야 하기 때문이다. 그 시간이 한두 달이 될 수도 있고 몇 달이 될 수도 있고 1년이 넘어갈 수도 있다고 했다.

〈알파〉 드라마가 방송사 내부의 여러 사람의 반대로 편성이 미뤄지고 있을 때도 드라마 본부장은 여러 감독에게 〈알파〉 드라마의 대본을 읽히면서 연출 의사를 타진했다. 그러던 중 준비하던 드라마를 접게 된 P감독에게 〈알파〉 드라마를 연출해보겠느냐는 제안이 왔다.

> 감독이 4~5명 정도가 모두 거절했어요. 〈알파〉 드라마를 작년부터 하려고 했는데 잘 안 됐죠. 대본을 읽어본 사람 중에는 저보다 선배도 있었고, 후배도 있었지만 너무 올드하다는 것 때문에 모두 안 한다고 그랬어요. 숱한 감독들이 다 거절했어요. 감독들의 꿈은 그런 게 아니잖아요. 통속극이 아니잖아요. 저한테도 맨 처음에 하라고 슬쩍 얘기했을 때 "그런 소리 하지 마세요, 통속극이 나랑 맞아요?" 이러면서 안 한다고 했지요. 드라마 감독 P

드라마 제작 환경 변화에 따른 연출자들의 인식을 연구한 김경희는 외주 제작 중심의 상업화된 제작 환경의 변화는 창작자, 예술가로서의 드라마 감독들의 기능은 축소시키고 기능인, 임금 노동자로서의 역할을 강화시켰다고 보았다. 드라마 감독이 자신이 연출할 드라마를 개발하는 것이 아니라 〈알파〉 드라마에서처럼 제작사에서 준비된 드라마를 조직에서 권하게 되는 구조 속에서 연출자의 '창의성, 자율성, 독립성'이 약화된다고 진단한 것이다. 그런 상황 속에서도 P감독은 예술가로서 드라마 감독의 기능을 내세우며 〈알파〉 드라마 연출을 거부하는 모습을 나타냈다.

〈알파〉 드라마 편성 단계에서는 드라마를 연출할 감독 선정을 둘러싸고 방송사 관리자들과 일선 감독들의 갈등이 나타났다. 감독들은 편성이 다양한 이해관계를 가진 당사자들의 합의가 있어야만 가능하다는 것을 알고 있었기 때문에, 자신의 연출 스타일이나 창의력이 발휘될 수 없으면 선뜻 하겠다고 나서지 않는 경향이 있다고 한다.

> 우리 편성이라는 게 누구 한 명으로 되는 게 아니잖아요. 본부장이 아무리 하고 싶어 해도 하겠다는 사람이 하나도 없으면 안 되는 거고, 하겠다는 감독이 있어도 편성에 납득을 시켜야 할 수 있는 거고, 편성을 납득시켜도 파이낸싱이 될 수 있는(돈이 될 수 있는) 연기자가 캐스팅이 안 되면 또 못 하는 거죠.   드라마 감독 P

〈알파〉 드라마는 드라마 제작을 총괄하는 본부장의 의지가 있었음에도 내용의 올드함, 감독 선정의 난항, 상대 방송사에 대한 경쟁력 부족 등으로 쉽사리 편성이 되지 않았다. 그때 상당히 큰 변수가 생겼다. 담당 CP가 준비하던 드라마가 차질을 빚게 되었다.

> 저희가 준비하던 드라마가 두 개나 엎어졌어요. 그때 제가 용기를 냈는지, 아님 본부장이 용기를 냈는지 모르지만 저랑 본부장이 손바닥이 맞은 거예요. "이거 하자." 제가 사장님한테 들고 갔죠. 그래가지고 들고 가서 "죄송하지만 2등짜리 해야겠습니다. 상대사의 홍자매가 1등 할 겁니다. 홍자매가 버티고 있어서 다른 드라마가 쉽게 들어가지도 않고, 좋은 배우가 편성이 되지도 않습니다. 그쪽 캐스팅은 이미 나왔습니다. 그런데 이거는 시청자층이 다르고 그래서 홍자매가 젊은 애들 가져가면 우리가 나이 많은 사람 가져가면서 최소한 2등은 할 거고, 제작비가 그렇게 많이 들어갈 드라마가 아닙니다. 그리고 여기에 연출자를…… 이 드라마가 막장극 내지는 정극 구조인데 로맨틱 코미디를 연출을 많이 했

던, 세련되게 연출할 줄 아는, 비주얼을 만들어낼 줄 아는 연출을 붙여서 세련된 막장극을 해보겠습니다. 대안이 없습니다." 이렇게 말했어요.

지상파 기획자 '라'

지상파 기획자 '라'는 지상파 3사의 미니시리즈 중에 처음부터 1등이 아니라 2등을 하겠다는 목표로 〈알파〉 드라마의 편성을 주도했다. 제작비가 덜 들어가는 드라마라는 장점을 부각시키고 〈알파〉 드라마에 맞는 연출자를 선정해 2등을 하겠다는 구체적인 계획으로 경영진을 설득했다. 이러한 과정을 통해서 실질적으로 방송사에서 상대 방송사와 시청률 경쟁을 벌일 때, 매우 구체적인 전략을 짜는 것을 확인할 수 있었다. 상대사에서 "인기 작가"와 "좋은 배우"가 결합되어 드라마를 진행하는 경우, 제작비와 시청자층, 감독의 능력을 고려하려 최소한 2등이라도 해야겠다는 전략으로 맞선 것이다. 상대 방송사 편성에 맞대응하며 시청률을 지켜야 하는 방송사의 이러한 전략들은 드라마 편성을 지체하거나 바꾸는 요인으로 작용하는 것으로 보인다.

위의 내용에서 제작사에서 개발된 기획안이 방송사 내부로 들어와 기획자와 감독에게 전해지는 구체적인 과정을 살펴볼 수 있다. J작가가 신인이었지만 현재의 제작 시스템 안에서는 드라마 기획의 주체가 되었고, P감독이 J작가가 기획·개발해놓은 드라마를 수용하는 과정을 거쳤다.

이렇게 실질적으로 기획이 일선 제작사에서 많이 이루어지기 때문에 방송사에서 가졌던 기획은 방송사에 제출된 드라마 기획안을 검토하고 점검하는 기획으로 바뀌었다. 이런 점에 대해 기획자 '라'는 "책임자적 기획"이라는 용어를 썼다. 즉 기획에는 순수하게 어디선가 드라마의 아이디어에 대한 영감을 받고 드라마를 출발시켜서 하나의 드라마로 만들어가는 "콘텐츠적 기획"이 있고, 제작사에서 들어온 기획안을 검토하여 발전시키는 "책임자적 기획"이 있다는 것이다.

감독의 결단과 뜻하지 않은 톱스타 캐스팅

담당 CP가 용기를 내자, 본부장은 감독 선정에 더욱더 정성을 쏟았다. P 감독이 이미 하지 않겠다고 말했지만 본부장이 보기에 〈알파〉 드라마는 P 감독이 해준다면 승산이 있을 것 같아서 더욱 강하게 설득하기 시작했다.

> 본부장이 이번에는 나한테 강권을 했어요. "대본도 안 보고 내가 제안 하는 걸 거절할 수 있냐? 대본을 꼼꼼히 보고나 얘기해라." 그래서 이게 예의가 아니구나 하는 생각이 들어서 집에 가서 시놉이랑 대본이랑 봤어 요. 그러다가 그걸 발견한 거죠. 설정은 올드하나 풀어가는 방식이 굉장 히 영화적이란 거죠. 저는 영화 아카데미 나왔거든요, 충무로에도 있었 죠. 대본은 진행이 우둘투둘했으나 시놉의 완성도는 굉장히 좋았어요.
>
> 드라마 감독 P

P감독은 뒤늦게 〈알파〉 드라마의 시놉과 대본을 보고 절대 망하지 않 는다는 확신이 들었다고 했다. 특히 P감독은 〈알파〉 드라마가 "영화적"이 라는 부분에서 마음을 돌린 것으로 진술했는데, 이는 50부작 100부작에 이르는 다른 연속극과는 달리 16~24부작의 미니시리즈는 상대적으로 감 독의 영향력이 많이 미치는 장르이기 때문이다. 30부작이 넘어가는 드라 마의 경우, 감독은 작가가 보내준 대본을 촬영하기에도 바쁜 일정을 보내 게 되지만, 비교적 짧은 연속극인 미니시리즈는 연출가로서 감독이 개입 할 수 있는 여지가 상당히 있는 편이다. P감독은 그런 점에서 영화적이라 고 생각한 〈알파〉 드라마의 장점을 의미 있게 생각한 것으로 보인다.

P감독은 신인 작가라 아직 경험이 많지 않아 진행상에서 서툰 지점이 있지만 그걸 감독이 보완해주고 젊은 시청자들을 끌어올 외피를 입히면 되겠다고 판단했다. 그때는 이미 상대방 방송사에서 인기 작가가 한류 스 타를 캐스팅한다는 소식이 전해지면서 수목 미니시리즈로 편성되었던 〈알파〉 드라마가 주말 9시로 편성 시간이 변경된 상태였다. P감독은 그

시간이 시청 타깃을 정하는 데 애매하다고 생각되었고 다시 편성 시간대를 수목 미니시리즈 시간대로 바꾸고 싶었다. 그래서 캐스팅에 승부를 걸었다.

> 내가 하려고 하고 본부장을 한다고 해도 편성에 납득할 만한 캐스팅을 주지 않으면 수목 편성을 줄 수 없어요. 홍자매가 김우빈을 캐스팅해서 들어온다는 얘기가 있었거든요. 그쪽보다 2주 늦게 들어가야 하기 때문에 우리가 더 불리하죠. 처음에 토요일 애매한 시간인 9시대에 편성이 됐어요. 제가 대본을 고치고 캐스팅을 해서 회사를 납득시켜야 하는 상황이었어요. 여배우들이 흔치 않은 원톱 드라마여서, 여자 배우들 몇 명이 관심을 갖고 보긴 했는데 다 불발됐죠······. 그러다가 톱 배우 △△△가 이 드라마에서 자신이 연기할 거를 본 거죠. _____드라마 감독 P

P감독이 〈알파〉 드라마의 감독을 맡기로 하고 맨 처음 한 일은 캐스팅을 통해 편성 시간대를 바꾸는 일이었다. 편성은 방송 조건과 방송사 내의 다양한 힘들이 작용하여 결정하게 된다. P감독은 그 조건을 바꾸고 싶었다. P감독은 "대본을 고치고 캐스팅을 해서"라는 표현을 썼는데, 여기서 대본을 고치는 일은 대본 자체의 품질을 높이는 일도 되지만, 동시에 톱스타 여배우들이 이 대본에 관심을 가지고 캐스팅까지 이르도록 여주인공을 매력적인 캐릭터로 만드는 일도 포함된다고 한다.

드라마 감독 P는 톱 배우 △△△가 〈알파〉 드라마에 관심을 보이자 본격적으로 설득하기 시작했다. 마침 △△△ 배우는 직전에 했던 드라마에서 자신 뜻대로 캐릭터가 구현되지 않은 경험이 있었고, 새로운 캐릭터를 창출해낼 수 있는 드라마를 찾다가 〈알파〉 드라마를 만나게 되었다.

> △△△를 설득시키는 데 힘이 많이 들었고요. 어쨌든 우여곡절이 많았는데 캐스팅이 됐고······ 이 드라마를 전 연령대에 소구력을 지닌 콘텐츠로 만들고 싶어서 캐스팅부터 모든 것을 준비했어요. 주연배우급을

바둑 두듯 정교하게 캐스팅을 했죠. 굉장히 중요한 작업이었지요. △△ △가 캐스팅되면서 편성은 다시 수목으로 넘어 왔어요.　　드라마 감독 P

〈알파〉 드라마에서 주도권을 쥔 P감독은 본인이 표현하듯이 전 연령대에 소구하는 드라마로 만들기 위해서 "바둑 두듯 정교하게" 캐스팅했다. 이렇게 편성 단계에서는 편성 확정과 캐스팅 문제가 교직으로 엮이며 편성이 확정되기도 하고 취소되기도 하며 편성대가 바뀌기도 한다.

〈알파〉 드라마의 경우, P감독의 노력으로 뜻하지 않는 톱스타가 캐스팅되는 바람에 드라마 위상이 달라졌다. 현재 가장 시청률 경쟁이 치열한 시간이 지상파 월화수목 10시 미니시리즈다.[134] 처음에 방송사는 〈알파〉 드라마를 미리시리즈 시간에 편성하기에는 경쟁력이 떨어진다고 판단했으나 톱 배우가 캐스팅되면서 방송사를 대표하는 드라마로 바뀐 것이다.

전혀 기대하지 않았던 작품인데 P감독이 나름대로 제작사와의 인연도 옛날에 있고 해서 △△△가 덜컥 하기로 된 거예요. 그러면서 사실은 그 드라마는 버린 드라마였는데, P감독이 △△△ 캐스팅에 성공하면서 갑자기 '기대작 드라마'로 변했죠.　　지상파 기획자 '라'

뜻하지 않게 〈알파〉 드라마에 톱 배우가 참여하게 된 것은 연예기획사 측의 이해관계와도 맞아 떨어진 것으로 보인다. 연예기획사들이 톱 배우의 출연을 결정할 때는 부가적 사업 수익, 소속 신인 연기자를 출연시켜 스타 발굴의 기회를 확보하는 등 다방면으로 고민을 한다.

실제로 연예기획사에서 톱 배우를 드라마에 참여시킬 때 여러 가지 조건을 내거는 경우도 있다고 한다.

---

134 최보란, 「10% 넘는 미니시리즈가 없어요. 시청률 가뭄 상태」, 『텐아시아』, 2014.9.29.

톱클래스 배우가 드라마에 참여하게 되면 그게 보통 공동 제작으로 가기도 하죠. 그런 형태가 되면, 조건마다 다르겠지만 그게 이쪽에서 보면 지분이 될 수도 있구요, 또 배우가 광고 모델을 하고 있는 기업에서 PPL이 들어올 수도 있죠. 지금은 뭐 어쨌든 드라마 판권 파는 거 자체도 달라지니까요. 저희 입장에서는 여러 가지를 요구할 수 있죠.

연예기획사 대표 '가'

연예 매니지먼트 업계에 오랫동안 종사한 '가'의 말에 따르면 연예기획사 입장에서는 드라마 출연을 결정할 때 그 배우가 창출할 수 있는 구체적인 경제적 이득을 따질 수밖에 없다고 한다. 감독이나 작가와 특별한 인연이 있어서 캐스팅을 결정하는 경우도 있지만, 그 경우에도 연예기획사가 취할 수 있는 상업적 이윤에 대해 충분히 고려한다는 뜻을 내비쳤다.

대본 방향을 놓고 강하게 부딪혔던 기획자와 감독

그런데 〈알파〉 드라마의 캐스팅이 마무리되고 편성이 확정되면서 기획자와 감독, 작가 사이에 갈등이 시작됐다.

〈알파〉 같은 경우는 초반에 굉장히 많은 얘기를 했어요. 제가 원래 얘기를 많이 안 하는 스타일인데 작가한테도 얘기를 많이 했고, 감독은 저한테 욕도 많이 먹고 저랑 대판 싸우기도 했죠. 그러면서 "이 드라마가 제작됐을 때 나타날 수 있는 문제점과 봉착하는 문제점에 대해 조목조목 짚어가지고 해결해라. 어떻게 해결할 거야." 이렇게 한 거죠.

지상파 기획자 '라'

이게 망하면 다른 사람은 내 핑계를 대면 그만이지만, 저는 죽는 거예요. 끝까지 '올드함'을 고수하려는 사람들과 싸웠죠. 본부장, CP, 편성 모두 내 생각에 대해 걱정을 했죠. "올드함이 오히려 여기의 장점이 아니냐?"면서……. 하지만 책임은 감독이 져야 하니까 저한테 큰 반대는 못 했죠. 문제는 그분들이 반대를 하니까 제 내부에서 불안감이…… '이게 맞는 것인가?' 하는 생각이 드는 거죠. 제가 총대는 매야 하니까요.
(망하면 한동안 드라마 연출할 기회가 없을 것 같아서요?) 그 정도가 아
니라 요즘 훅 가는 시절이죠. 한 작품 망하면 캐스팅도 안 되고 작가도
안 붙고 제작사도 안 하려고 해요.   드라마 감독 P

P감독은 "한 번 망하면 훅 가는 시절"이라는 것을 알고 있었기에 기획자
말에 무조건 따를 수가 없었고, 반대로 드라마 전체를 총괄하고 있는 기획
자는 P감독이 자기 고집을 부리는 것으로 상황을 이해했기 때문에 갈등이
깊어갔다.

한 번 망하면 훅 가는 시절이라는 P감독의 진술은 현재 방송사 소속 감
독들의 위기감을 표현해주고 있다. 드라마 제작이 외주 제작 시스템으로
바뀌면서 방송사 소속 감독들은 상대적으로 연출 기회가 줄어들었다. 드
라마가 방송사 자체에서만 제작되었을 때는 같은 방송사 동료 선후배만
경쟁 상대였다면, 외주 제작이 일반화된 지금은 방송사 외부의 연출 인력
과도 경쟁을 벌여야 한다. 방송사 소속 감독들이 드라마를 연출할 기회가
그만큼 줄어든 것이다. 김진웅은 연출 인력에게 제작 기회의 감소란 직접
적으로는 제작 경험의 축소를 의미하고, 간접적으로는 연출자로서 숙련해
야 하는 다양한 생산 요소의 결합을 위한 지식이나 경험 등을 쌓을 수 있
는 기회의 단절을 의미한다고 보았다.[135]

김경희는 지난 10여 년간 급속히 불어닥친 드라마 제작 환경 변화는 방
송사 조직 내 드라마 연출자의 위상에도 큰 변화를 초래해서 드라마 라인
업에서도 연출자 라인업이 사라져가고 작가와 연기자를 중심으로 한 프로
젝트성 라인업 위주가 되어가면서 개별 연출자의 권한은 축소되고 비교적
우호적이었던 조직문화도 경쟁력·대립적으로 변모했다고 진단했다.[136]

135 김진웅, 「외주제작의 상업화 현상에 관한 연구」.
136 김경희, 「드라마 제작환경 변화에 대한 연출자들의 인식 연구 : 미니시리즈 제

이러한 환경 속에서 P감독은 드라마를 성공시켜서 연출자로서 자신의 위치를 확고하게 다져나가야겠다는 생각을 할 수밖에 없는 것으로 보인다.

기획자는 이 드라마를 스릴러로 해야 한다는 생각이었고, 감독은 로맨틱 코미디를 하고 싶어 했다. 그 간극은 너무 커서 의견 차이를 좁히기가 힘들었다. 〈알파〉 드라마 연출을 맡은 P감독은 자신이 메인으로 연출한 작품이 4개 정도 되는 중견 감독이었고, J작가는 이제 두 번째 작품을 하는 신인이었기 때문에 주로 감독의 주도하에 대본 수정이 이루어졌다. 두 사람 사이에도 이견은 있었으나 J작가가 주로 경험이 많은 P감독을 따라가는 식이어서 감독과 작가의 갈등은 그리 크지 않았다. 그러나 감독과 기획자의 갈등은 좀처럼 가라앉지 않았다. 그때 톱스타 배우가 대본을 보고 자신의 의견을 피력했다.

> 다른 드라마와는 다른 양상이 벌어진 거예요. 보통은 연출자와 기획자와 본부장은 드라마를 한 방향으로 가서 잘 운반하려고 그러는데, 이 드라마는 연출자하고 기획자하고 갈등이 생겼죠. 그 갈등은 심하게 부딪쳤어요. 되게 심하게 부딪쳐가지고 제가 굉장히 극단적인 선택까지도 할까 그랬는데…… (감독을 바꿀까?) 네, 그런 생각까지도 했었는데 이거를 배우인 △△△가 딱 해결(확인)해주더라고요.   지상파 기획자 '라'

기획자가 감독을 바꿀까 하는 단계까지 갈 지경으로 대본의 방향을 놓고 감독과 기획자의 갈등이 격해졌을 때, 톱 배우인 △△△가 제시한 의견에 두 사람이 동의하면서 갈등이 해결됐다. 지상파 기획자 '라'는 배우 △△△가 자신의 의견에 수긍했다고 생각하고 있었다. P감독은 대학에서 연극 연출을 했기 때문에 누구보다도 배우의 소중함을 잘 알고 있었고, 특히 톱 배우인 △△△와 원만하게 드라마를 진행하고 싶었다. 또 배우가 느끼

작 과정을 중심으로」, 고려대학교 언론대학원 석사학위 논문, 2012.

는 부분이 정확하다고 생각하고 있었다.

P감독이 톱 배우와 원만한 관계를 맺고 싶어 하는 것은 개인적인 성향에서만 비롯된 것은 아니다. 실제로 제작사와 연예기획사들이 연합하여 드라마를 기획하고 편성받는 현상들이 벌어지면서 방송사 내 감독들은 상대적으로 고립감을 느낄 수 있는 상황이다. 그런 면에서 감독들은 톱 배우와의 관계에 특별히 신경 쓸 수밖에 없는 것으로 보인다.

기획자와 감독의 갈등이 강하게 일어나는 바람에 J작가는 감독 뒤에서 적극적인 갈등의 대상으로 등장하지 않았지만 대본을 둘러싸고 이견은 계속 발생했다. 일단 큰 방향을 기획자 자신의 뜻대로 가게 되었다고 해도 대본의 구체적인 디테일까지는 통제하기는 힘들었다.

> CP님은 자기는 원래 간섭을 별로 안 한다고 그랬는데…… 나중에 감독님하고 개발을 해서 수정을 해서 보여준 게 CP님 생각이랑 너무 다르니까 얘기를 하셨던 거죠. 트러블이 있었지만 CP님이 할 수 있는 건 없었죠. 그냥 절 불러서 신 바이 신(scene별로)으로 다 얘기하고, CP님 원했던 게 어떤 건지 하나하나 다 말씀하시고 그 선에서 마무리했죠.
>
> 드라마 작가 J

〈알파〉 드라마는 편성이 밀리고 시간대가 바뀌는 등 우여곡절을 겪으며 편성을 확정지었다. 그 과정에서 J작가는 기획자와의 갈등을 겪었지만 비교적 감독과 뜻이 맞아 큰 파국은 맞지 않았다. J작가 작가는 이전 드라마에서 CP가 내려 보낸 원하지 않는 작가와 공동 집필을 한 적이 있어 〈알파〉 드라마에서도 CP의 관계에 대해 상당히 예민하게 반응했다.

> 〈알파〉 드라마 같은 경우는 저작권이 저한테 있으니까 만약 CP가 다른 작가 부르면 (제가) "이거 안 해!" 엎고 이런 식으로 험악하게도 갈 수 있는 거잖아요. 그 얘기는 전부터 계속 얘기를 드렸죠. 그 부분은 다 이해를 하시고.
>
> J작가

드라마 작가에게 있어 무기는 저작권이다. J작가는 편성 과정에서의 갈등에 대해 상대적으로 약자인 자신을 저작권이라는 무기로 지켜나갔다. J작가는 실질적으로 자신이 〈알파〉 드라마를 기획하고 대본을 10회 이상 집필했기 때문에 신인 작가로서 위기가 닥칠 때마다 〈알파〉 드라마의 저작권이 자신에게 있다고 자신을 지키는 전략을 구사한 것으로 보인다.

(2) 제작 과정에서 갈등과 타협

쪽대본의 고통과 톱 배우의 집필 방향 제시

〈알파〉 드라마의 연출을 맡은 P감독은 대학 때는 연극 연출, 졸업 후에는 영화 아카데미를 거쳐서 충무로에서 단편 영화 연출, 그 후 방송사에 입사해서 드라마 연출을 해왔다. 본인 스스로 "연출 경력 24년"이라고 말할 정도로 다양한 매체의 연출을 해왔기 때문에 기본적으로 작가와 어떤 식으로 문제를 풀어가야 하는지 잘 알고 있었다.

> J작가가 아직 경험이 없었고 제가 J작가를 동생처럼 생각하면서 선장으로서 강력하게 드라이브를 했기 때문에 큰 분쟁은 없었어요. 분쟁이 있었을 때도 제가 잘 무마를 했어요. J작가는 저한테 의지했는데, 조금 더 잘 이끌어주지 못해 아쉬웠죠. 그 누구의 도움도 받지 않고 J작가 혼자 쓰겠다는 약속을 지켜줬어요. 여러 사람이 작가 충원(공동 작가 투입)을 해보는 게 어떻겠냐고 했지만, 곧 죽어도 혼자 쓰겠다고 했죠. 좀 부족한 부분은 작품(드라마)의 운명이라고 생각했죠. 　　　드라마 감독 P

그래도 작품 디테일에서 J작가가 고집을 부릴 때는 P감독은 "그래, 그렇게 해 봐라. 그러면 이런 문제점이 나타날 것이다"라고 얘기를 해주고 그에 대한 대처를 준비했다고 한다. 그런 과정을 거치면서 경험이 적었던 J작가는 P감독을 신뢰하게 되었다.

감독님도 그렇고 저도 그렇고 고집 세고 그런 스타일이 아니고 얘기를 해서 같이 해결했죠. 만약에 제가 A를 제시하고 감독님이 B를 제시했는데 서로 맘에 안 들면 "그럼 C로 가자" 계속 얘기를 해서 그렇게 맞춰 나갔어요. 예전에 다른 드라마에서 고생한 기억이 있어서 이번에 이 드라마에서는 감독님하고는 원만히 해서 대화를 했죠.　　드라마 작가 J

감독과 작가가 의논할 시간이 있을 때는 그나마 회의를 해가며 맞춰가지만 뒤로 갈수록 시간이 없어져서 의논할 시간이 없었다. 그러다 보니, 13회부터는 생방송이었고, 마지막 17회부터 20회까지 3~4회는 쪽대본이었다고 했다. 여기서 "생방송"이라는 상징적인 의미는 드라마를 "그날 찍어 그날 방송"하는 것을 말한다.[137] P감독은 〈알파〉 드라마가 5회와 6회, 9회와 10회, 이렇게 두 번에 걸쳐서 잠시 방향을 잃어서 더 좋은 성과를 낼 수 있었는데 못 냈다고 아쉬워했다.

작가와 감독이 드라마의 방향을 잃었다고 생각했는데 배우가 모를 리가 없었고 당연히 자신의 캐릭터가 흔들리고 있는 점에 대해 불만을 제기했다. 이 부분은 인터뷰 대상자로부터 매우 조심스럽게 나온 얘기다. 상대가 막강한 권력을 가진 톱스타이다 보니 혹시라도 불편한 관계가 될까 상당히 신경을 쓰는 눈치였다.

톱 배우를 가지고 있는 기획사들은 무서워요. 비즈니스 측에서는 철저하니까. 배우가 자기 얼굴 내밀고 하는 건데, 다음 작품에 몸값이 달라지니 예민할 수밖에 없죠. △△△씨 같은 경우엔 연기를 잘하는데 역할이 성에 안 찼던 게 있었던 거 같아요. 초반에 캐릭터가 답답해지는, 그런 게 있었죠. 초반에는 4회 때 10%가 넘었는데, 그때는 모든 드라마가 10%가 시청률이 되게 안 나올 때라서 축제 분위기였거든요. △△△씨도 막 연락 와서 작가님만 믿는다고 했는데, 영화도 아니고 드라마다 보

---

137 김경희, 앞의 글, 30쪽.

니까 나중에 반응 안 좋고 캐릭터가 잘 안 잡히는 부분이 있었죠. 나중에 저를 만나자고 해서 감독님이랑 배우를 만났죠.   드라마 작가 J

톱스타 △△△는 작가와 감독을 만나서 자신의 캐릭터가 너무 수동적인 것 같다고 의견을 피력했고, 작가와 감독은 고민할 수밖에 없었다. J작가를 이끈 감독답게, P감독은 그것은 전적으로 본인의 책임이라고 생각했다. 그때 자신이 드라마 방향을 잡는 데서 실수한 것을 알고 다시 시청률을 끌어올리기 위해 일단 촬영을 중단하고 드라마 방향을 다시 잡기 위해 작가와 함께 대본에 매달렸다고 했다.

촬영을 접고(중단하고) 대본을 다시 써서 11, 12부에 승부를 걸었죠. 거기서 시청률이 다시 오르기 시작한 거죠. 여주인공의 카리스마를 보여주는 방법을 찾아낸 거죠. 그 방법을 찾아낸 게 몹신[138]이었어요. 그 이후로는 매주 꼭 한 신을 몹신으로 했어요. 기본적으로 몹신은 촬영도 너무 힘들죠. 너무나 많은 사람들이 한꺼번에 모여서 촬영을 해야 하고, 그러면서 대본은 생방이 됐고 13주부터는 생방이었죠. 마지막에는 이 드라마를 16부가 아닌 20부로 편성해놓은 사람들에게 원망이 들었어요. J작가도 나중에는 "저 지금 신인이라 고료도 얼마 안 되는데 지금 무를 수 있으면 토해내고 싶다" 이럴 정도로 힘들어했죠.   드라마 감독 P

나중에 물리적인 시간이 너무 부족해서 쪽대본까지 나가는 상황이 되니까 배우들과 스태프들이 많이 힘들었을 거예요. 쪽대본은 앞부분 이렇게 써서 주면 뒷부분이 어떻게 될지 아무도 몰라요. 배우들은 세트에서 스텐바이하고 기다리고 있는데 그때 대본을 쓰는 거예요. 작가 입장에서 어떤 상황이 오느냐 하면, 세트를 지었는데 이 세트가 12시까지만 사용이 가능해요. 그다음에 다른 드라마 써야 하니까 부숴야 돼요. 그럼 열두 시까지 써서 줘야 되는 거예요. 그럼 시간 압박이 엄청나게 크죠.

138 몹신(mob scene)은 많은 사람들이 동시에 나오는 신(scene)을 말한다.

나중에 거의 끝날 때쯤에 시간 단위로 끊어서 써서 보냈을 정도예요.

드라마 작가 J

시간 단위로 끊어서 썼다는 것은 세트를 쓸 수 있는 시간이 정해져 있었기 때문에 대본을 "몇 시까지 몇 장" 이런 식으로 보냈다는 뜻이다. 당연히 대본의 질이 좀 떨어진다고 작가 스스로도 느끼고 되고, 나중에 뒷부분 쓰고 앞부분은 고쳐버려야 되는 상황도 있는데, 그 부분은 이미 찍어버려서 못 고치게 된다. 드라마 시스템이 바뀌지 않는 이상 달라지지 않을, 이런 상황에 대해 J작가는 어려움을 토로했다. 완성된 대본이든 쪽대본이든 〈알파〉 드라마 대본의 품질에 대해서 작가가 책임을 져야 하기 때문에 J작가는 많이 아쉬움이 남는다고 했다. 대본을 심사숙고해서 쓸 수 없는 물리적인 시간이 절대적으로 부족한 제작 환경이 앞으로 개선되어야 한다는 의견도 피력했다. 더구나 그런 대본에 대해 시청자들의 반응이 좋지 않으면 작가로서 자괴감이 든다고 했다.

P감독이 드라마 내용과 관련하여 톱 배우 △△△의 의견을 전적으로 수용한 데에는 그 의견에 동의가 되었기 때문이기도 하지만, 드라마 제작 과정에서 톱스타와의 연대가 무척 중요하기 때문으로 파악된다. 실제로 2011년에 배우 한예슬이 제작진과 불화로 촬영을 중단하고 미국으로 도피했던 '〈스파이 명월〉 한예슬 사태'[139]는 제작 현장에서 감독과 배우의 관계가 얼마나 중요한지 단적으로 보여주는 사건이라고 할 수 있다. 배우와 감독이 사이가 좋지 않을 경우 이렇게 극단적인 상태까지 갈 수도 있기 때문에 감독은 주연배우와 좋은 관계를 유지하려고 애쓴다. 제작사와 작가, 감독, 배우 간의 팽팽한 긴장 관계 속에서 어느 한쪽이 무너질 경우, 제작에 혼란을 줄 수 있기 때문에 각 생산자들은 서로 견제하면서도 좋은

139 남지은, 「한예슬 촬영 거부 '스파이 명월' 결방 사태」, 『한겨레신문』, 2011.8.15.

관계를 가지려고 노력하는 것으로 나타났다. 물론 이 노력이 다 성공적인 것은 아니어서 긴장과 갈등의 상황으로 발전하는 경우도 있다.

앞에서 서술했지만, 최근 중국에서 동시 방영을 목표로 드라마를 사전 제작하는 양상이 벌어지고 있어서 쪽대본 문제나 무리한 촬영 스케줄 때문에 촬영 현장에서 배우와 충돌을 빚는 사건들이 좀 줄어들 것이라고 예상되고 있다. 그러나 중국 자본의 투자 등 확실한 자본이 받쳐주지 않으면 드라마 전반에 사전 제작이 안착되기 힘들 것으로 보인다. 사전 제작은 방송 한두 달 전에 촬영을 시작해 방송이 끝날 때까지 촬영하는 일반적인 제작 방식에 비해 훨씬 예산이 많이 든다. 오랜 시간 연기자와 스태프들의 스케줄을 확보해야 하고 통상적으로 촬영 일수도 많아지기 때문이다. 상업적인 이윤을 추구하는 제작사는 최소 비용으로 최대의 효과를 보려고 하기 때문에 사전 제작으로 인해 발생하는 추가 비용을 감당하기가 쉽지는 않다.[140] 그러나 현재 중국의 자본이 투자되어 사전 제작되고 있는 드라마들이 성공을 거두고 경제적인 이윤을 창출하는 데 효과적이라고 판단되면 사전 제작에 대한 인식이 달라질 수도 있을 것으로 보인다. 그럼에도 불구하고 모든 드라마에 중국의 자본이 들어오고 동시 방영을 추진하는 것은 아니어서 사전 제작하는 드라마와 사전 제작이 필요 없는 드라마로 양분될 가능성이 많다.

작가와 감독의 시청률 전략

이미 자신의 작품을 네 편이나 하면서 드라마의 성공과 실패를 경험했던 P감독은 이번에는 시청률로 승부하고 싶었다고 했다. 아직 신인 작가인 J작가 입장에서도 시청률은 절실했다. P감독은 영화계 출신으로 미장센이 강하지만 시청률에는 약하다는 평가를 받아왔다. P감독은 신인 감독

---

140 김경희, 앞의 글, 30쪽.

시절 받았던 백상예술대상 TV 부문 신인연출상이 오히려 자신에게 독이되어 웰메이드 드라마를 만들고도 흥행에는 큰 성과를 못 내고 있다고 생각했다. "P감독은 세련되고 트렌디한 걸 좇아서 시청률을 놓치지 않았느냐?"라는 의심의 눈초리가 있었기 때문에 그런 부분을 해소하고 싶었다. 다행히 상대 방송사에서 2주 먼저 방송되는 인기 작가 홍자매의 드라마는 캐스팅이 처음 원하는 대로 되지 않아서 극성이 강했던 〈알파〉 드라마가 첫 회부터 1등을 하는 상황이었다. P감독은 홍자매와 일해본 경험이 있었기 때문에 그 작가들의 능력을 누구보다도 잘 알고 있었다.

> 홍자매는 로코(로맨틱 코미디)의 장인들이고 캐릭터 빚는 데 천재적인 사람들이에요. 내 드라마의 스승이기도 하구요. 자기들이 만든 캐릭터를 감독한테 전달하려는 노력을 얼마나 하는지 제가 감동했어요. 말로 표현이 안 되니까 손짓발짓해서 설명하는데 일단은 너무 감동이 되는 거예요. '얼마나 생각을 많이 하면 나한테 조증 걸린 사람들처럼 얘기를 하고 싶어서 전달하고 싶어서 저런가?'
> — 드라마 감독 P

P감독은 홍자매와 일한 경험이 있기 때문에 상대사의 드라마가 어떤 방식으로 진행될지 너무나 잘 알고 있었고, 조선시대 뱀파이어를 다룬 상대사 드라마는 P감독이 제안받았던 것이라서 내용을 잘 알고 있었다. 두 작품의 장단점을 잘 알고 있던 P감독은 상대방이 실수할 수 있는 지점을 파악하고 있었고, 상대사의 드라마들이 "실수"하기를 기다렸다. 여기서 P감독이 말하는 실수는 매끄러운 드라마 진행을 방해하는 "어떤 잘못"인데, P감독은 드라마를 기대했던 시청자들을 실망시키거나, 시청자들이 공감하는 데 어려움을 주는 지점이라고 했다. 드라마 제작을 하다 보면 중간 중간에 상당히 피해 가기 어려운 지점을 만난다고 한다. 미니시리즈의 전체 내용을 보게 되면 드라마의 국면이 여러 번 바뀌게 되는데 그런 과정에서 발생하는 과정적 약점일 수도 있고, 제작진이 간과하는 특정 지점이 될 수

도 있다고 했다.

P감독은 예상대로 상대 드라마들이 실수를 하자, 그 지점에 〈알파〉 드라마의 강력한 구성점을 가져다 대면서 시청률을 승리로 이끌었다.

> 상대사들이 '실수' 하기를 기다렸다가 적들을 초토화시켰죠. 그런데 기분이 좋지는 않았죠. 싸움의 기술을 알게 되면서 드라마적인 재미는 점점 떨어졌어요……. 순수하게 캐릭터와 진실을 가지고 그 어떤 것도 모르고 부딪혀가는 게 드라마의 미덕인데, 그렇지 못해서…… 그런 아쉬움은 있어요.
> 드라마 감독 P

〈알파〉 드라마는 P감독과 J작가의 연합적인 시청률 전략 때문에 1회부터 20회까지 꾸준히 1등을 했고 미니시리즈 시청률이 가뭄 상태라는 당시에 14.2%(AGB 기준)라는 상당히 괜찮은 시청률로 종영을 했다.

P감독과 J작가의 또 다른 시청률 전략은 1회에서 4회까지를 웰메이드로 하는 것이었다. 초반에 강력한 스토리텔링과 임팩트 있는 화면으로 시청자들 끌어들이려는 작전이었다. 모든 감독과 작가들이 1회에서 4회까지에서 승부를 보려고 하는 성향이 있기는 하지만, 〈알파〉 드라마의 경우 드라마에서 보기 힘든 자동차 추락 장면을 선보여 폭발적인 반응을 이끌어 냈다.[141]

> 한국 최고의 특수효과팀 실장님한테 얘기를 했죠. 인디애나 존스에서 절벽에서 떨어지는 장면, 그걸 해보고 싶다…… 완전 스펙타클 하게. 그랬더니 그분이, "그건 우리나라에서 한 적이 없다"고 하시더라고요. 그러니까 내가 해야겠다고 했죠. 1, 2부에서 판가름 나니 돈은 얼마가 들든 상관없었어요. 그래서 개발된 게 공기압으로 자동차를 쏘는 방법인데, 그게

141 동아닷컴 온라인 뉴스팀, 「아찔한 절벽 추락신 직접 열연, 프로정신」, 『동아일보』, 2015.5.28.

제4장 드라마 작가로 만들어진다는 것

특허를 받았어요. 한국에서 최초로 시도된 장면이에요. 정말 오래 공을 들인 장면이죠. 그렇게 1~4회 웰메이드를 해서 첫 방에 다 꺾어버리고 1 등을 했죠. (웃음)

드라마 감독 P

P감독은 이번 〈알파〉 드라마를 하면서 감독으로서 더 성장했다고 했다. 모든 과정을 진두지휘하기 위해 7일 동안의 촬영 중 4일은 전혀 잠을 못 자고 나머지 3일은 한두 시간씩만 자면서 드라마를 만들어냈지만 상당한 보람을 느낀다고 했다.

저는 기본적으로 유한 사람이지만 감독으로서는 다릅니다. 감독으로서는 기준이 명확하죠. 제가 표현하려는 지점과 맞지 않는 것은 받아들이지 않아요. 그런 지점에서 사람들이 놀라요. 부드럽던 사람이 어떻게 저렇게 집요할까……. 그런데 그렇게 내가 원하는 것을 표현하지 못하면 드라마를 하는 보람이 없는 것 같아요. 일에서의 즐거움과 보람도 우리한테 중요한 건데, 그래서 시청률이 더 나오면 뭐 하냐? 그게 저의 생각이라, 그건 우리가 지켜야 한다고 생각…… 그게 벽돌 찍어내는 거와 뭐가 달라요.

드라마 감독 P

P감독은 "벽돌 찍어내는 것"처럼 무의미하게 시청률만 올리는 그런 드라마는 하지 않겠다는 생각이 확고했다. 매번 무엇인가 새로운 것을 표현할 수 있는 드라마를 하고 싶다고 했다. 그렇다고 더 유명해져서 많은 돈을 받고 프리랜서 감독으로 독립하는 것을 원하지는 않는다고 했다. 오히려 많은 제작사에서 많은 돈을 주며 감독 계약을 하자고 해도 나갈 생각이 전혀 없다는 점을 분명히 밝혔다. 제작사로 가는 순간 자본의 논리로 움직여야 하기 때문에 자신이 하고 싶은 드라마를 할 수 없다는 것이다. P감독은 드라마의 주도권을 자신이 쥐면서 자신이 원하는 드라마를 만드는 일이 가장 중요하고, 그 일이 자신의 창의적 노동이 되기를 바랐다. 미디어는 위험과 불안정성과 함께 창조성, 열정 등을 공유하는 대표적인 산업 영

역이지만,[142) P감독의 경우 영화 쪽에서 위험과 불안정성을 경험한 적이 있어서 드라마 제작을 보다 안정적인 환경에서 하고 싶은 욕구를 강하게 드러냈다.

J작가는 자신보다 경험이 많으면서도 감독 중심으로 일하고 싶은 P감독을 만나, 한편 그의 의견을 따르면서도 다른 한편으로는 자신이 이 드라마를 쓰는 작가라는 점을 인식하며 자기 정체성을 확보해나갔다.

> 감독님이 경력이 많지만 결국 제 머리에서 나오는 거잖아요. 감독님도 그 얘기 하셨거든요. 감독님이 이렇게 얘기하시더라고요, 스토리가 하늘에서 J작가 머리에 내려준 거라고. 감독님도 저를 믿는 부분이 크셨고, 신임을 해주셨죠. 그래서 저도 감독님 의견 최대한 수용을 했고. 안 맞는 건 좀 싸우기도 하고……. 너무 휘둘리는 게 제일 안 좋아요. 저만 옳다 해서 가는 것도 아닌 거 같고. 저도 모르는 게 있잖아요.
>
> 드라마 작가 J

P감독과 J작가가 자신의 드라마에 몰두하는 것만큼 상대방 드라마의 허점을 노리며 시청률 전략을 세웠던 것은 상업화된 드라마의 한 단면을 보여주고 있었다. P감독의 말대로 "순수하게 캐릭터와 진실을 가지고" 진행해야 하는 드라마에서 싸움의 기술로 대응해야 하는 것은 시청률 경쟁이 심해지면서 시청률에 따라 감독이나 작가의 차기작 연출이나 집필이 보장되기 때문이다. 문화상품으로서 드라마에 투자가 들어오면서 드라마 생산자들은 드라마 자체를 즐기기보다는 끊임없이 외부적인 것에 신경을 써야 하는 상황에 직면해 있다.

---

142 박진우, 「유연성, 창의성, 불안정성 : 미디어 노동 연구의 새로운 문제 설정」, 『언론과 사회』 19권 4호, 2011.

드라마는 권력이 나누어주는 수익 분배 게임

드라마 제작 과정에서 상당히 중요한 부분은 새롭게 발생되는 경제적 이득을 어떻게 분배할 것이냐 하는 문제다. 〈알파〉 드라마처럼 수목 미니시리즈 시간대에 편성되어 1등을 유지하게 되면 예상보다 많은 PPL과 협찬이 들어오게 되고, 배우들에게 어떤 역할과 신(scene)을 주느냐에 따라 향후 배우들의 몸값이 달라진다. 배우들이 입는 옷 하나, 가방 하나가 모두 경제적 이득과 상관이 있게 되고, 그 외에도 많은 수익들이 발생한다. 그 수익을 서로 많이 차지하기 위해 주요 드라마 생산자는 물론이고 역할이 적은 드라마 생산자들도 보이지 않지만 치열한 전쟁을 하게 된다. P감독은 그 과정에서 감독이 견제하지 않으면 문제가 생길 수 있어, 감독은 드라마 성공으로 생긴 "수익이라는 케이크"를 공평하게 나눠줘야 할 의무가 있다고 생각했다. 그런 것이 원만하게 이루어지지 않으면 드라마에 악영향을 끼친다고 판단했다.

> 그런데 감독은 딱 알아요. 촉이 딱 오죠. 순간 어디랑 붙었구나……. 딱 알아요……. 그러면 작품이 산으로 가는 거죠. 그런 기미가 보이면, 붙는 순간 신호를 보내요, "내가 가만히 있지 않겠다. 어떤 일이 벌어질지 잘 생각해야 할 거야." 감독은 명분이 있으니까…… 전에 어떻게 해 왔느냐가 자기 명분이죠. 저는 제작비를 넘긴 적이 없으니까요. 제작비를 쓰는 부분에 있어서 결산 집행은 서류로 나오는 거기 때문에 팩트에요. 〈알파〉 드라마 제작비 안 넘었어요. 넘어도 조금 넘었어요. PPL을 아주 적극적으로 해줬어요. 문제가 생길 정도로……. (제작비를) 쓴 만큼 했어요. 제작사에서 섭섭해하면 안 되니까. 드라마에 조금 기스가 나더라도(품질이 조금 떨어지더라도) 쓴 부분에 있어서는 최선을 다해 해주죠. 그래야 산업이 돌아가니까.   드라마 감독 P

드라마 제작 단계에서는 제작사가 작가와 결합하면 대본부터 제작비를 줄일 수 있기 때문에, 제작사는 신인 작가에게 앞으로 같이 일을 하자는 명분으로, 인기 작가들은 경제적 이득을 제시하며 자기 편으로 끌어들이려는 노력을 많이 한다. P감독은 그 외에도 밝힐 수 없는 많은 이권들이 있어서 항상 신경을 쓰고 관찰해야 한다는 말을 했다.

> (드라마 제작 관계자들이) 나쁜 짓을 못 하게 해야지 생각하죠. 다 규칙을 정해줘요. "PPL 협찬하려고 나 몰래 제작사 들락거리면 안 된다", "소탐대실하지 마라", "내가 뚜껑 열리면 안 되니까 미리미리 컨트롤해라." 그렇게 나쁜 짓을 못 하게 하는데, 처음부터 그렇게 하면(경제적 이권을 챙기려고 나오면) 답이 안 나오죠.　　　　　　　　　　　드라마 감독 P

감독이 아무리 케이크를 공평하게 잘라도 모든 사람들은 다 불만을 가진다고 한다. P감독은 하지만 그게 정상이라고 한다. "누군가 나는 그 케이크에 만족해" 이렇게 되면 자르는 사람이 잘못 자른 거라고 했다. 한쪽에 많은 걸 준 셈이니 누군가가 제몫을 제대로 받지 못한 셈이다.

> (서글프거나 원망스럽지 않아요?) 뭐, 그게 직업인데요, 뭐……. 누구 한 사람에게 힘을 척 눌러주기를 바란다든지, 이런 건 안 되죠. 달래야 하니까 해주는 척하면서 안 해주고…… 그런 것도 한 방법이죠. 당연히 그쪽에서는 "P감독한테 당했다" 지금은 불만을 갖겠지만, 그다음에 4~5년 지나면 "그래도 좋은 분이었어" 그렇게 되겠죠. 겪어보면 알겠지만 이 바닥에 있는 사람은 다 이기적이에요. 감독만 빼고 다 그래요.　　　　　　　　　　　드라마 감독 P

P감독은 지상파 소속 감독으로서 드라마 제작 과정 안에서 상당히 공명정대하고 싶어 했다. 자신을 "명분을 가지고 드라마를 연출하는 사람"으로 생각했고, "드라마는 이 세상이 얼마나 아름다운지를 사람들에게 알려주는 것"이라고 정의하고 있었다.

흥미로운 점은 P감독은 자신이 상당히 중립적인 위치에서 많은 부분을 정리한다고 생각하지만, 상대적으로 권력이 센 작가가 나타나면 P감독들이 했던 많은 일들, 예를 들면 제작사와의 관계, 배우들과의 관계 그 밖의 다른 생산자들이 차지하는 경제적 수익 등을 나눠주고 조율하는 것이 작가의 몫이 된다.

그럼에도 불구하고 상업화된 드라마 제작 과정에서 지상파 방송사 소속으로서 나름대로 자본에 휘둘리지 않으며 중심을 잡으려고 하는 P감독의 모습은 제작 시스템의 모순을 극복하려는 노력으로 보였다.

2) 〈베타〉 드라마 : 케이블 일일드라마

(1) 기획, 편성 과정에서의 갈등과 타협

〈베타〉 드라마는 케이블에서 제작했던 일일드라마로 제작사에서 미리 외국 드라마의 원작을 사놓고 작가를 물색했던 경우다. 제작사는 막장 코드가 상당히 강하게 들어가 있어 극성이 센 외국 드라마를 우리나라 정서에 맞게 다시 리메이크하여 아침드라마를 만드는 작업을 주도했다. 원작이 있는 경우에는 원작의 장점을 잘 살릴 수 있는 작가가 맡아서 하는 게 중요한데, 처음에 제작사에서 그 부분에서 실패하면서 작가와의 갈등이 있었다.

> 원래 작가님은 다른 분이셨는데, 너무 결이 고우신 거예요. 독실한 크리스찬에다가 성품도 좋으시고 그렇다 보니까 막장을 잘 못 써요. 대본의 엣지들이 없어지는 느낌? 그런 거죠. 너무 착하게 가는 느낌이 있어서 대본 열 개를 개발하다가 그 작가님은 좀 색깔이 안 맞는 거 같다……로코 전문인 작가님한테 스릴러를 쓰라고 하는 것처럼, 그런 느낌이 들더라고요. 그래서 갈아탔죠.(작가를 바꿨죠) 　　　　제작사 프로듀서 V

드라마 기획 단계에서 처음에 집필하던 작가가 그만두게 되었고 제작사는 "좀 더 센 이야기, 더 막장스러운 이야기"를 잘 쓸 수 있다고 생각했던 G작가를 영입했다. 제작사는 G작가 역시 이 드라마에 맞지 않을 경우를 대비해 연속극 10회 정도로만 가볍게 계약했다. G작가는 편성에 관심을 보이고 있던 방송사 관계자가 소개했고 대본 개발이 순조롭게 이루어졌다.

> 방송된 것보다 원작이 훨씬 더 세요. "이거를 아침드라마, 일일드라마로 바꿔보자. 근데 우리 계약 작가는 일일극 쓸 줄 아는 작가가 없다" 이렇게 되어가지고, 그 케이블 CP가 나를 소개를 해준 거예요. 그것도 순탄하진 않았죠. 나도 다른 데 계약이 걸려 있는 게 있고, 또 이 제작사가 어떤지 모르고, 그쪽에서도 나도 어떤지 모르잖아. 안 될 경우에 서로가 괜히 계약 때문에 또 발목만 잡히는 작가가 될 수 있으니까 일단 10개만(대본 10회) 계약을 해가지고 10개를 쓴 거예요.　　　　　　　드라마 작가 G

> 10회를 딱 받았는데, 얘기를 너무 타이트하게 잘 잡으셨어요. "아, 이거는 승산 있다, 되겠다" 해서 계속 작업을 했죠, 뭐. 그러다가 제가 어느 정도 방송사하고 편성 딜(협상)을 할 정도의 수준이 돼서 방송사에 냈는데, ○○○ 국장님이 "아, 이 작품 좋다, 꼭 했으면 좋겠다"라고 하셨어요.　　　　　　　제작사 프로듀서 V

〈베타〉 드라마는 기획 단계에서 작가 교체를 겪으며 10회까지의 대본과 전체 시놉시스가 준비되었다. 초기에 일일드라마 10회분만 계약했던 G작가는 100회 계약을 하고 본격적인 편성 단계로 넘어갔다. 기획 단계에서 한 번 작가 교체가 있었던 〈베타〉 드라마는 편성 단계에서 또다시 작가 교체의 고비가 찾아왔다. G작가로 교체되어 우리나라에 맞게 새롭게 시놉시스와 대본이 만들어지자, 원래 편성이 오갔던 케이블 방송사뿐만 아니라 지상파 방송사 한 군데에서 적극적으로 편성해주겠다고 나왔다. 제작사 입장에서는 〈베타〉 드라마가 지상파에서 방송될 경우 수익의 차이가 1.5배에서 2배가량 많아지기 때문에 솔깃하지 않을 수 없었지만 전제 조건이 작가 교체였다고 한다.

> 지상파는 작가의 네임 밸류를 좀 보잖아요. 작가가 좀 약한 거 같다고, 작가를 교체를 하는 조건으로 했으면 좋겠다고 나온 거죠. 그거 때문에 제가 갈등이 많았어요. 어떻게 하면 좋을지 많이 생각했죠. 그래서 내부적으로 결론을 본 거는 조금 손해를 보더라도 케이블로 가고 작가를 지키자, 그렇게 된 거죠. 저희 쪽에서는 G작가님을 한 작품으로 보는 게 아니라 같이 갈 파트너로 보는 건데 그런 식으로 해서 작가님 마음에 상처를 내면 안 되잖아요.
> 제작사 프로듀서 V

제작사 프로듀서 V에 따르면 수익 조건이 좋은 지상파를 택하지 않은 또 다른 이유는 제작사의 기획이 훼손될 가능성이 많다는 점이었다. 일단 지상파에 편성이 되면 방송사에서는 이미 제작사에서 개발한 대본에 감독과 CP가 개입하여 다시 방향을 틀고 새롭게 만들어나가는데, 그 과정에서 제작사의 의견이 많이 반영되지 않을 것으로 판단했다. 케이블 방송사의 경우, 내부에 드라마 감독이 거의 없어서 제작사와 계약한 감독이 연출을 맡게 되는데, 그렇게 되면 드라마 생산 과정에서 제작사가 훨씬 더 많은 영향력을 발휘할 수 있다. 그러나 지상파의 경우는 방송사 소속 감독이 연출을 맡기 때문에 제작사의 기획 의도를 살리기 힘든 상황이라는 것이다. 3, 4년 전부터 원작을 확보하고 꾸준히 드라마를 개발해온 〈베타〉 드라마의 제작사는 기획에 대한 '프라이드'를 가지고 싶어했다.

드라마가 상업화된 문화 콘텐츠로 자리 잡으면서 〈베타〉 드라마 제작사처럼 제작사가 기획 능력을 발휘하는 시대가 되었고, 그 일을 이끄는 사람들은 제작사 프로듀서이다. 제작사 프로듀서는 크게 드라마 개발을 맡은 기획 프로듀서와 제작 현장에서 자금 관리를 하며 감독과 제작사 사이에서 다리 역할을 하는 제작 프로듀서, 즉 라인 프로듀서가 있다. 작가들은 주로 기획 프로듀서와 상의하며 대본을 집필하고 있어서 감독과 작가와 갈등이 생겼을 때는 기획 프로듀서가 나서서 중재하기도 한다. 한 매체에서는 기획 프로듀서를 감독과 작가 사이에 완충 역할을 하는 사람으로 설명하고 있다.[143] "기획 단계에서부터 작가와 연출가는 심하게 대립하게 마련이에요. 막말하며 싸우는 정도는 아니고 작품의 완성도를 높이는 진통이라고 봐요." 또한 2006년만 해도 제작사에 프로듀서라는 개념이 많지 않았다면서 제작사 프로듀서는 한류 열풍으로 드라마가 상업화되면서 생긴 직업이라는 점을 지적했다.

> 참 미안하게도 솔직히 말하면 요즘에 방송사에 후발 주자로 들어온 감독들 중에 "기획을 하는 사람이 없다"라고 저는 보는 거예요. 그러면 누구라도 할 수 있는 사람이 해야 되는 거잖아. 기획 PD라고 하면 총괄 PD랑 비슷한 거예요. 프로젝트의 무엇을 할지 일단 틀을 잡아서 작가들을 초이스하기도 하고요. 그래서 제작사가 곧 기획 PD여야 해. 무엇을 할지 정하고 그것에 적합한 작가와 만나서 대본 네 개까지 쓰고, 그다음에 방송사에 편성을 의뢰하면서 감독을 소개를 받는 순서대로 가는 거니까. 그렇게 간다고 봐요.   프로듀서 W

드라마 기획을 제작사에서 하게 되면서 2000년 이전에는 없었던 제작사 프로듀서라는 신종 직업이 생겼고 이들은 드라마 제작에 상당한 역할을 하는 생산자로 편입된다. 자체 기획을 할 줄 아는 프로듀서를 보유하게 되면서 제작사들은 자신들의 기획 의도를 존중받을 수 있는 선택을 하는 경향을 보이기도 한다.

---

143 인터뷰 365 편집실, 「새롭게 뜨는 직업 '드라마 제작 PD' 최경숙」, 『인터뷰 365』, 2008.5.6.

그러나 〈베타〉 드라마의 제작사가 지상파 방송사 대신 케이블 방송사의 편성을 택한 이유가 제작사 단순히 "작가를 지키고 싶은 마음"과 "기획 의도의 존중"에만 있다고 보이지 않는다. 여러 가지 상황적 조건 속에서 손익 계산을 하고 제작사가 가장 타격을 받지 않으면서 협업하는 생산자들과의 갈등을 줄이는 방법으로 선택한 것으로 판단된다.

작가 교체는 면했지만 이 과정에서 G작가는 상당한 스트레스를 받았다고 한다. 15년이나 되는 긴 작가 지망생의 길을 거쳐서 중년이 되어서야 비로소 드라마 작가로 정식 데뷔하는 G작가 입장에서는 적극적으로 대응할 수밖에 없었다. 지상파 방송사에서 제작사에 그런 제의가 있었을 때 G작가는 강력하게 자신의 의견을 피력하며 입장을 밝혔다고 한다.

> 내가 "나는 케이블 방송사와 드라마 하겠다. 나를 이 드라마에 소개시켜준 사람도 케이블 방송사 CP고, 여기까지 왔으니 케이블 방송사랑 하겠다" 이렇게 해서 하여튼 여러 우여곡절 끝에 케이블에서 방송을 하게 된 거예요.
>
> 드라마 작가 G

〈베타〉 드라마는 이런 과정을 겪으며 제작사와 작가의 관계가 상당히 좋은 상태에서 연출해줄 감독을 물색했고, 케이블 방송사 CP의 소개로 제작사에서 연출을 배워 프리랜서 감독으로 활동하고 있던 S감독이 합류하게 되었다. S감독은 제작사에서 조연출을 거쳐 공동 연출을 주로 하다가 2013년에 케이블 일일드라마를 메인 연출한 신인 감독이었다. 편성 단계만 해도 G작가와 S감독은 상당히 우호적인 관계였고 두 사람에게는 모두 〈베타〉 드라마의 성공이 절실해서 서로 의기투합이 잘 됐다. 〈베타〉 드라마의 경우, 기획 단계에서부터 케이블 방송사가 관심을 보여왔고 자주 의견을 소통했기 때문에 편성 단계에서 방송사와 크게 부딪히는 일은 없었다.

(2) 제작 과정에서의 갈등과 타협

드라마 내용을 둘러싼 작가와 감독의 치열한 갈등

〈베타〉 드라마는 케이블 방송사에서 방송된 일일드라마다. 이 드라마는 드라마 제작 과정에서 작가와 감독의 치열한 갈등이 지속되어 제작 기간 3분의 2정도는 전화도 하지 않고 전달 사항만 카톡으로 연락하는 정도까지 가게 되었다. 〈베타〉 드라마를 집필한 G작가는 15년간 작가 지망생으로 살면서 오랜 고통을 겪은 후 처음 집필 기회를 얻은 드라마였기 때문에 무엇보다 드라마가 성공해야 한다는 생각이 강했다.

> 마음이 급한 거야. 그러니까 빨리 (드라마가) 터져서 빨리 뭔가를 보여 줘야 된다는 강박관념이 있어가지고. 내가 정신적으로 여유가 없는 거죠.
> 드라마 작가 G

G작가가 성공에 대한 강박이 있었던 것은 그가 작가 지망생으로 걸어온 길을 돌이켜 보면 충분히 이해는 할 수 있다. G작가는 MBC 극본 공모에 연속극으로 당선되었는데도 데뷔할 수 있는 기회가 오지 않자, 그 다음 해에 이름을 바꿔 다시 한 번 도전을 해서 또 당선이 되었다. 그러나 역시 데뷔할 수 있는 기회가 오지 않았다. 그 후에도 여러 제작사에 기획안을 제출하고 결과를 기다렸지만 연락은 오지 않았다.

> 자다가 심장이 파이는 것 같은 느낌 있잖아요, 그때 그랬어요. 가슴이 너무 아픈 거죠. 기획안을 냈는데 계속 엎어지는 거예요. 다른 드라마 방송되는 거 보면 '왜 난 저기까지의 운은 안 오는 걸까. 다른 사람들도 나보고 이제 준비가 됐다는데. 그놈의 준비만 몇 년이야, 대체 뭘 어떻게 해야 되는 거야.' 이런 생각이 들어요. 그러면서 대본을 습작하는데 너무 고통스러운 거예요. 이게 방송이 될까 안 될까 모르니까 진짜 맨땅에 헤딩 아니에요.
> 드라마 작가 G

"맨땅에 헤딩하는 마음"으로 오랜 시간 습작기를 거쳤던 G작가는 〈베타〉 드라마에 기대가 컸다고 한다. 더구나 감독으로 합류한 사람이 케이블 방송사에서 추천한 사람이기에 잘 될 거라고 믿고 있었다고 한다.

> S감독은 2013년에 우리 회사에서 방송된 일일드라마 〈○○○〉을 연출한 감독으로 당시 프로그램 제작 과정에서 연출력을 검증받은 바 있었습니다. 한국 드라마 연출자 중에 상대적으로 젊은 연출자 그룹에 속하면서, 다양한 미니의 공동 연출 작업을 통해서 트렌디하고 속도감 있는 연출을 선보인 바 있기에 〈베타〉 드라마의 연출로 우선적으로 프러포즈를 했습니다.
> 케이블 방송사 기획자 '바'

G작가와 S감독 사이에는 처음에는 불협화음이 없었다. 이미 G작가가 개발해놓은 대본에 S감독이 수정하고 싶은 부분이 있었는데 마침 케이블 방송사의 본부장이 그 점을 미리 집어내서 말해주는 바람에 큰 의견 충돌 없이 촬영이 시작되었고, 103회 중 28회까지는 무리 없이 진행되었다. 일일극이지만 S감독은 초반 30회까지는 미니시리즈 느낌으로 가겠다는 계획을 세우고 야외 촬영을 늘려 고생을 마다하지 않으며 드라마를 만들었다고 했다.

G작가나 S감독 모두 드라마 시장에서는 신인이라고 할 수가 있어 두 사람 모두 〈베타〉 드라마의 성공이 매우 중요했다. 드라마가 성공해야 차기작이 보장이 되기 때문에 두 사람은 포부가 대단했다. G작가는 15년 동안 닦아온 실력을 보여주며 흥행을 하는 작가로 우뚝 서고 싶었고, S감독은 미니시리즈 같은 일일극을 보여주며 감독으로서 위상을 세우고 싶었다. 문제는 그 지점에서 발생했다.

> 그전까지는 좋았어요. 30회가 넘어가면서 드라마의 캐릭터들이 이유 없이 바뀌는 기예요. 막장이 되는 거죠. 개연성 없이 사건이 일어나고, 막장 코드만 잔뜩 가져다 놓으니 촬영 현장에서 저도 당황하고 배우들도

당황해서 작가님께 말씀드렸죠. "이렇게 가면 캐릭터가 무너집니다." 그때 작가님이 그러시더라고요. "나는 막장을 쓰겠다"고. 그때부터 갈등이 심해졌죠. 현장에서 연출과 배우는 등장인물에 감정이 이입되어야 연기도 하고 연출도 하는데 그게 안 되니까요. 　　　　드라마 감독 S

G작가가 막장을 쓰겠다고 선언했던 배경에는 작가로서 성공하겠다는 절실함이 있었던 것으로 보인다. G작가는 15년 동안 습작을 하면서 지상파 연속극 공모에 두 번이나 당선되는 경력을 가졌지만 드라마 데뷔가 쉽게 이루어지지 않아 오랫동안 고생을 했다. 어렵게 얻은 드라마 집필 기회인 만큼 눈에 보이는 성과를 보여주고 싶었다고 한다. 막장드라마에 대한 토론회가 열렸던 자리에서 이금림 한국방송작가협회 이사장은 먼저 편성권을 쥔 방송사의 잘못된 인식을 꼬집으며 한 사례를 소개했다.

> 현재 막장드라마를 쓰는 작가들 중에는 데뷔 초기 단막극을 써서 좋은 평가를 받았던 이들이 많다. A씨 역시 마찬가지다. 그런데 단막극이 방송사에서 사라지고 2~3년을 기다려도 섭외가 오지 않았다. 그래서 나름대로 미니시리즈 시놉을 써서 방송사 PD들에게 보냈는데 던져버리고 보지 않더란다. 그래서 충격적인 시놉을 써서 가져갔더니 당장 편성이 됐단다. 그래서 해당 작품은 시청률 40%를 찍고 중국에서는 리메이크까지 될 정도로 화제가 됐다. 그리고 이 작가는 '내가 이름을 알렸으니 이제 좋은 작품을 써야지'라고 정상적인 대본을 써서 가져갔더니 PD들이 '당신은 하던 거나 해'라고 하더란다. A씨는 그렇게 계속 막장드라마 작가로서 최고의 시청률을 올리는 국민 막장 작가가 됐다.[144]

이에 장근수 MBC 드라마본부장은 제작비에 "MBC가 통상 일일드라마

144　방송통신심의위원회와 한국방송비평학회가 2015년 5월 19일에 주최한 〈저품격 드라마의 문제점과 개선방향〉 토론회. 배국남, 「막장드라마가 저품격 드라마라고? 소가 웃을 일! [배국남의 직격탄]」, 『이투데이』, 2015.6.12 참조.

2편을 제작하는데 연간 300억가량의 적자가 난다. 광고가 현저히 줄어들면서 방송사들이 적자를 면치 못하는 현실은 막장드라마 제작에 일조"한다며 방송사가 광고료를 확보하기 위해 시청률을 의식한 막장 설정을 선호할 수밖에 없는 현실적인 어려움을 토로했다.

　　G작가는 15년 동안 드라마 작가 지망생으로 살며 방송사가 원하는 것이 무엇인지를 간파했으며 자신이 드라마 작가로서 성장하기 위해서는 일일드라마에서 막장 설정이 불가피하다고 판단한 것으로 보인다. 그러나 S감독의 생각은 달랐고, 그 문제를 풀기 위해 작가를 찾아가서 대본에 대한 문제점을 지적하고 수정해주기를 바랐지만 접점을 찾지 못했다. 할 수 없이 현장에서 "어레인지"해서 촬영을 시작했는데, 작가의 반응은 때에 따라 달랐다고 한다. 어레인지라는 말은 S감독이 G작가의 대본을 일부 수정하는 것을 말했다.

> 말이 안 되는 상황만 슬쩍슬쩍 바꿔 촬영하고 있는데, 참 재밌는 게 작가님이 방송을 보고 본인 대본이랑 다르게 갔는데도 방송을 보고 괜찮으면 좋은 거예요. 그리고 본인이 보고 대사 자체가 후지다든지 상황이 별로라든지 하면 득달같이 전화해서 뭐라고 해요. "이걸 왜 바꿨냐"고…… 저는 미니시리즈 같은 고품격 일일드라마를 생각하는데 작가님은 무조건 시청률만 생각하고 캐릭터 생각을 안 하는 것 같았어요.
>
> 　　　　　　　　　　　　　　　　　　　　　　　　　　　드라마 감독 S

> 재미라는 것이 결국에는 긴장감이고 텐션인 거잖아. 그러니까 어쨌든 재미있는 사건을 저지르려고 하는 거지. 인간의 깊이를 보여주다 보면 이거 진짜 다 날아가겠다, 이거 지루해서 멈추겠다……. 그러니까 좀 센 이야기로 내가 재밌으면서 시청자도 재밌는 걸 쓰고 싶죠. 내가 일상성에 대한 두려움을 좀 느껴요. 일상성을 쓰면 재미없을까 봐, 채널이 돌아갈까 봐요.
>
> 　　　　　　　　　　　　　　　　　　　　　　　　　　　드라마 작가 G

　　두 사람의 진술을 종합해보면 S감독은 "고품격 일일드라마"를 생각했고, G작가는 "인간의 깊이보다는 좀 센 이야기를" 쓰고 싶었다는 것을 알수 있다. 이렇게 G작가와 S감독이 〈베타〉 드라마에서 추구하는 바가 전혀 달랐기 때문에 두 사람 사이는 급격하게 나빠졌고 S감독이 대본 수정을 위해 G작가의 작업실로 찾아갔다가 회의도 못 하고 쫓겨나는 일까지 벌어지게 되었다고 한다.

작가와 감독의 위상이 비슷할 때 더욱더 격화되는 갈등

작품을 바라보는 시선 자체가 다른 것에서 갈등이 오는 거예요. 지금 우리 작가님(G작가)은 과정은 중요치 않고 오직 결과만 올릴 수 있다면 무슨 짓이라도 난 하겠어 하지만, 반대로 시청률 올리는 방법을 알면 진즉에 대박이 났겠지……. 난 그건 내가 할 수 있는 영역이 아니라고 생각해요. 저는 과정을 철저히 중요시 생각해야 하고 즐겨야 하고 이 작품을 끌고 가는 "방향성 자체가 순수해야 한다"라는 주의예요. 이게 딜레마죠.

드라마 감독 S

G작가는 드라마 시청률을 높이기 위해 어떤 내용이든 쓸 수 있다는 태도였고, S감독은 지금 하고 있는 드라마가 시청률이 막 올라서 최고의 드라마라고 칭송받지 않아도 드라마를 만들어가는 구성원들끼리 힘들지만 웃고 끝나는 게 중요하다고 생각하고 있었다. 또한 S감독은 "드라마 제작이 힘들지만 우리 구성원들이 참 보람 있는 작업을 했다고 스스로 평가하는 게 첫 번째 가치이고, 우리 드라마를 봐준 시청자들로부터의 좋은 평가가 두 번째 가치"라고 생각하고 있었다. 김영한은 미디어 노동자에게는 "방송이 주는 '매력'과 '보람'이 육체적 노동의 고달픔을 잊게 하는 마술과 같은 진통제"가 된다고 하였는데,[145] S감독의 경우, 이런 경향을 띠는 미디

제4장 드라마가 작가로 만들어진다는 것

---

145 김영한, 「한국 방송노동시장의 유연화 연구—1990년 이후 방송노동자의 유연화 경험과 인식을 중심으로」, 한양대학교 대학원 박사학위 논문, 2008, 207쪽.

어 노동자 특징이 매우 잘 나타나고 있었다.

흥미로운 것은 G작가와 S감독은 나름대로 명분을 가지고 싸웠다고 생각했는데, 그 과정을 지켜본 보조작가는 세력이 비슷한 사람끼리 벌이는 주도권 싸움으로 판단했다는 것이다.

> 객관적으로 한 발짝 물러나서 그렇게까지 할 필요 없는데 그런 것도 있더라고요. 각자의 주도권 잃지 말아야 된다고……. 이런 생각이 그 언니(G작가)가 되게 팽배하더라고요. "감독이 아니라 감독 할아비가 와도 내 생각은 변할 수 없어!" 이런 태도요. 그때 방송사 사장이 와도 이 생각은 변하지 않는다고 생각한다고 하더라고요. 거기서 다들 할 말을 잃더라고요. 방송사 사장을 데리고 와도 나는 이 생각이 달라지지 않는다고 하니까 할 말이 없죠.　　　　　　　　　드라마 작가 지망생 겸 보조작가 B

30회부터 불거진 감독과 작가의 갈등은 시간이 갈수록 점점 심해졌고, 103회로 드라마가 종영될 때까지 해결되지 않았다. 마지막 4회에는 S감독이 G작가의 대본을 전면 수정하여 촬영하였고, 그 바람에 G작가는 "그런 대본으로 방송을 낼 거면 내 이름을 빼라"고 저항했지만 S감독의 뜻대로 전면 수정된 대본으로 촬영되어 방송이 나갔다고 한다. 이렇게 작가와 감독의 갈등이 심하면 드라마가 잘 안 될 것 같지만, 이 드라마는 감독과 작가의 극심한 갈등을 겪으면서도 1회 시청률 0.795%로 시작해서 63회에서는 최고 시청률 3.119%를 기록하고 마지막 회인 103회에서는 2.127%로 마감했다. 케이블 방송사 아침드라마 시청률로는 나쁘지 않은 결과로 평가되고 있다.

대본을 둘러싼 갈등 외에도 배우들이 S감독을 더 따르는지 G작가를 더 따르는지를 두고 미묘한 신경전을 벌였고, 나중에는 나이가 많은 조연출과 보조작가의 갈등이 G작가와 조연출, G작가와 S감독의 갈등으로 비화되는 경우도 생겼다. 〈베타〉 드라마의 경우, G작가가 S감독보다 나이는 열 살이 많았지만 드라마 방송 경력은 오히려 S감독이 더 길었고, 드라마가 아닌 전체 방송 경력으로 보자면 구성작가 출신인 G작가가 더 오래되었다. 둘 다 드라마판에서는 뭔가를 보여줘야 하는 신인 입장이었고, 한 사람이 주도권을 잡기에는 세력이 비슷비슷했다. 그러다 보니 끊임없이 갈등이 생겨서 확대 재생산되었으며, 나중에는 의사소통 없이 드라마를 제작하는 상황으로 고착되었다. S감독은 작가와 갈등이 표면적으로는 드라마에 대한 시선이었지만, 그 안으로 들어가보면 돈의 문제가 있다고 진단했다.

> 요즘은 왜 돈이라고 하냐면, 작가도 연출도 한 번에 큰돈을 벌려고 해요. 예를 들면 한 드라마 프로젝트가 떴다, 그렇게 되면 작가 입장에서 그럼 몸값이 150%, 160% 그런 게 아니라 300~400% 이렇게 뛰기를 바라요. 제작자 입장에서는 이 작품의 질과는 상관없이 중국, 일본 등 해외에서 먹힌다는 이유로 캐스팅하려고 하고요. 그리고 거기에 제작사의 돈의 논리에 이끌려서 부화뇌동하는 연출들이 있기 때문에 더 복잡해지는 거죠.
>
> 드라마 감독 S

이러한 진술에서 문화상품으로서의 드라마를 둘러싼 상업화된 제작 시스템은 그 안의 생산자들까지도 자본의 논리로 움직이게 만든다는 것을 파악할 수 있다. 1991년에 외주 제작 정책이 도입되면서 세 가지 효과가 기대되었다. 첫째, 방송사의 제작, 편성, 유통의 수직적 통합 구조를 개선하여 다원적 공급 주체를 육성함으로써 방송 환경의 활성화를 도모한다. 둘째, 프로그램의 다양성을 확보하여 수용자 복지를 실현한다. 셋째, 국내 방송 제작 시장의 영세성을 극복하여 장기적으로 국제 경쟁력을 강화한다. 외주 제작 정책이 이들 세 가지 목표를 어느 정도 달성하는 데 일정 부분 기여해왔다고 평가할 수도 있다. 그러나 제작비의 급상승이라든가, 작가나 스타의 권력화 현상, 소수 대형 제작사로의 제작 집중화 현상 등이 예상하지 않게 부정적인 결과로 드러났다.[146] 이런 환경 속에서 작가나 감독이 드라마 자체에 몰두하기보다는 자본에 휘둘리는 모습들이 나타나고 있는 것으로 보인다.

사례 연구를 한 〈알파〉 드라마와 〈베타〉 드라마를 살펴보면 작가와 감독 사이에 갈등의 양상과 폭이 매우 달랐는데 그것은 외주 제작 시스템 안에서도 각 드라마 내에서 감독과 작가의 위상이 차이가 있었기 때문으로 파악된다.

146 이정훈 · 박은희, 「외주제작정책 도입 이후 지상파 드라마 제작 시스템의 변화」, 『방송문화연구』 제20권 3호, 2008.

6. 두 편의 드라마를 통해서 본 감독의 신분 문제

1) 작가에게 영향을 미치는 감독의 신분

사례 연구를 한 〈알파〉 드라마와 〈베타〉 드라마를 면밀하게 살펴보면, 두 드라마는 시청자층, 시간대, 드라마의 형식, 송출 방식, 감독의 경력, 작가의 경력, 생산자의 성향, 감독의 신분 등이 모두 다르다. 특히 여기서 주목해 봐야 할 것은 감독의 신분이다. 〈알파〉 드라마의 감독 P는 지상파 방송사의 정직원으로 같은 방송사 선배들 밑에서 조연출을 하며 방송사의 문화를 익히면서 감독으로 성장했고, 〈베타〉 드라마의 감독 S는 제작사 직원으로 여러 방송사와 프리랜서 감독들 밑에서 조연출 생활을 거쳐 감독으로 성장한 후 프리랜서로 독립해서 메인 감독으로 "입봉"했다. 두 사람이 느끼는 드라마 제작 현장의 분위기는 다를 수밖에 없고, 실제로 두 사람이 갖는 권력의 힘도 다를 수밖에 없다. 방송사에서 월급을 받는 P감독과 프리랜서로 제작사와 연출 계약을 맺고 연출료를 받는 S감독을 대하는 두 작가들의 반응에서도 확연히 드러났다.

대본을 보다가 P감독님이 "이거 나 하겠다" 해서 하게 된 거잖아요.

감독님도 저를 믿는 부분이 크셨고 신임을 해주셨죠. 나이 차이도 나고, 경력도 감독님이 많지만 제 작품에 감독님이 늦게 합류하신 거잖아요. 1년 동안 개발한 제 드라마에 거의 마지막에 붙으셨는데 제가 이 작품에 대해서 더 잘 알 수 있단 말이죠. 대신에 감독님은 경험이 많으시니까 그런 점을 제가 좀 배워야 하는 부분도 있고요.　　　　　드라마 작가 J

방송사에서 감독을 후발로 참여시켜서 두 달 남기고 붙어가지고, 그 친구는 원작도 다 읽어보지도 않았을 거야. 왜냐하면 내가 아무리 초짜였지만 다 인 하우스(방송사 소속) 감독들하고만 일을 해봤기 때문에 같이 공동체라고 생각했는데, 이 친구(감독)는 너무 바깥에서 돌아서 한마디로 말하자면 너무 못된 인간들, 나쁜 인간들하고 상대를 많이 한 거야. …(중략)… 제작하면서 내가 감독에 대한 신뢰를 잃어버린 거지. 나보다 열 살이나 어렸고……. 그리고 지가 살아야 되니까. 하여튼 내 상식으로는 '이 감독이 왜 이러지?' 하는 게 너무 많았어.　　　　　드라마 작가 G

두 작가 모두 자신들이 먼저 개발해놓은 드라마에 대한 자부심이 있었지만 후발로 들어온 감독들에 대한 소회는 달랐다. 〈알파〉 드라마의 작가는 자신의 작품을 "하겠다"고 선택해준 P감독에 대해 자신이 신임을 받고 있다는 것을 느끼고 가능한 갈등을 줄이면서 일하겠다는 태도인 데 반해, 〈베타〉 드라마의 작가는 "지가 살아야 되니까"로 표현할 만큼 S감독의 생존 문제를 먼저 지적하며 "작가가 감독에 대한 신뢰를 잃어버렸다"고 평가했다.

작품이 망하면 작가는 살아남아도 연출은 살아남지 못하죠. 방송국 시스템에선 하우스 PD들은 살아남죠. 하지만 영화처럼 철저히 야생의 공간에 있는 우리 같은 프리랜서 감독들은 작품이 망하면 힘들어요.　　　　　드라마 감독 S

S감독 입장에서는 어떻게 하든 드라마를 성공시켜야 하는 부담이 있다

고 했다. G작가 역시 15년이란 긴 습작기를 거쳐서 데뷔하는 작품이기에 드라마 흥행에 대한 열망이 누구보다도 컸다고 했다. 그런데 여기에도 묘한 갈등이 있다. 일일드라마의 특성상 G작가는 드라마가 막장이어도 시청률만 높으면 성공한다고 생각했지만, "감독이 이미 크리에이터로서 대접받지 못하는 시대"가 왔다고 생각한 S감독은 영상 연출로서 뭔가 보여주어야 하는 부담을 가지고 있었다고 했다. 드라마가 막장 설정으로 가게 되면 감독으로 뭔가 보여줄 수 없는 게 되고 막장이나 찍는 감독이 되는 것이 두려웠다고 했다. 두 사람 사이의 막장 논란은 단순히 〈베타〉 드라마의 품질과 방향 설정에만 해당되는 게 아니라 프리랜서 감독으로서 살아가야 할 S감독의 생존 문제와 연결되어 있었고, 일일연속극에서 확실히 자리 잡고 싶은 G작가의 욕망과도 이어져 있었다. 당연히 G작가와 S감독의 갈등은 깊어질 수밖에 없었다.

게다가 G작가 입장에서는 방송사 감독도 아닌 S감독한테 끌려다니며 자신이 추구하는 작품 세계를 침해받을 이유가 없다고 생각했다고 한다. 다시 만나서 일할 것도 아닌데 굳이 좋은 관계를 맺을 필요도 없었고, 단지 이 작품에서 원하는 것을 끌어내기 위해서는 S감독을 꺾고 자신이 원하는 드라마를 만들어야 한다고 판단한 것으로 보인다. 두 사람 사이를 지켜본 보조작가 B는 S감독과 G작가의 갈등의 끝을 나름대로 정리했다.

> (제가 보기엔) 작가님이 이겼어요. 판을 다 작가님이 장악했죠. 작가님이 "내가 대본 못 쓰면 니네 어떡할 건데" 하면서 나가셨거든요. 근데 맞는 말인 거 같아요. 왜냐면 작가를 흔들면 대본이 안 나오잖아요. …(중략)… 감독님도 나중엔 제작사한테 그렇게 얘기했대요. "다시는 이 작가랑 일 안 하겠다, 다른 작가랑 하겠다." 드라마 작가 지망생 겸 보조작가 B

2) 프리랜서 감독의 생존 전략

소위 하우스 피디(House PD) 혹은 인 하우스 피디(In House PD)라고 불리는 방송사 감독과 "야생의 공간에서 살아남아야 하는" 프리랜서 감독은 드라마 제작 현장의 권력관계에서 상당히 다른 위치를 차지한다. 방송사 외부의 스태프와의 관계는 큰 문제가 되지 않지만 방송사 내부의 스태프와 협업할 때는 많은 어려움이 도사리고 있다. 특히 드라마 품질을 좌우하는 카메라 감독이 방송사 내부 인력이고 드라마 감독이 프리랜서일 때는 갈등이 상당히 심하게 진행될 수 있다.

> 비유를 하자면 카메라맨이 산전수전 다 겪은 '말년 병장'이면 젊은 감독들은 '신임 장교'거든요. 신임 장교가 오면 말년 병장들이 길들이려고 하는 것처럼 경험이 많은 카메라맨들은 신인 감독을 길들이려고 해요. 거기다가 신인 감독이 하우스 피디가 아니라 우리 같은 프리랜서다 그러면 더 심하죠. 어떤 카메라맨은 배우들의 연기 지도까지 해요.
>
> 드라마 감독 S

S감독은 조연출 시절부터 방송사를 들락거리며 편집도 하고 드라마 제작에도 적극 참여했기 때문에 방송사 소속 스태프에 대응하는 방법에 대해 나름대로의 매뉴얼이 있었다. 먼저 S감독은 정확하게 드라마 생산 현장의 분업에 대해 인지시키고, 카메라맨이 월권을 하지 않도록 자기주장을 분명하게 밝힌다고 했다.

> 그러면 기분 나빠서 다시는 이 드라마 촬영 안 나오겠대요. 나 들으라는 듯 큰 소리로 카메라 보조한테 말해요. "나 이 드라마에 다시는 배정하지 마. 기분 나빠서 못 하겠어. 나 다시는 안 나온다!" 이러거든요. 그런데 조직의 특성상 나중에 또 나오게 되어 있어요. 저는 그때 그러죠. "왜 나오셨어요? 안 나오시는 줄 알았는데……." 이러면서 기선을 제압

드라마 작가는 어떻게 만들어지는가

하죠. 다시 싸움이 나고, 대판 싸우면 기본적으로 감독인 저는 뒤에서 모니터를 보고 있고 카메라맨은 앞에서 촬영을 하고 있기 때문에 카메라맨이 불편하죠. 제가 뒤에서 일거수일투족을 보고 있는데, 얼마나 뒤가 따갑겠어요? 그런 과정을 겪으며 권력관계가 정리가 되죠.　　드라마 감독 S

　드라마 제작 현장은 보이지 않는 권력관계로 질서를 유지하고 있다.[147] 그것이 규율권력이든 주도권 싸움이든 권력으로 인한 질서가 잡혀야만 감독은 100명이 넘는 스태프들을 지휘하고 관계를 조율하면서 드라마를 제작할 수 있게 된다. S감독은 그런 면에서 프리랜서라는 상대적으로 불리한 신분을 극복하기 위해, 드라마 감독이라는 역할을 강화시키면서 나름대로 제작 현장을 장악하는 전략을 구사한 것으로 파악된다.
　반면 역시 프리랜서 감독인 R감독은 좀 더 유화되고 융통성이 있는 드라마 감독의 이미지를 선택함으로써 자신의 약점이 될 수도 있는 신분 문제를 극복하는 것으로 보인다. R감독은 작가와의 관계도 좋지만 스태프들과의 관계, 배우들과의 관계도 상당히 좋은 편이라고 한다. 웬만하면 다른 스태프들한테 맞춰주고, 의자를 하나 날라도 먼저 일어나 움직이면서, 권위보다는 친근함으로 제작 현장을 이끌어나가는 편이라고 한다.

　　황야에서 살아야 되는 숙명이기 때문에 어쩔 수 없이 동물원에 있는 분들보다는 한 발 빨리 움직여야 되죠. 능동적으로밖에 움직일 수가 없어요.　　드라마 감독 R

　지상파에서 오래 근무를 하다가 독립한 프리랜서 감독들의 경우에는 S감독이나 R감독처럼 지상파 정직원 출신이 아닌 프리랜서 감독과 차이가

147　김혁조, 「TV 드라마 제작 과정에서의 규율권력의 습관적 침윤 양식과 행사 양식」, 『한국방송학보』 22권 4호, 2008.

있을 수 있다. 이미 방송사 조직 안에서 쌓은 인맥이나 감독으로서의 영향력이 있기 때문이다. 프리랜서 감독일 경우 카메라맨 등 다른 스태프들과의 관계에서도 신분으로 인한 세세한 갈등을 일으키지만 작가와의 관계에도 적지 않은 영향을 미친다.

R감독은 프리랜서 감독으로 살아남으면서 감독이 작가의 관계에서 결코 갑이 될 수가 없다는 점을 절실히 깨달았다고 한다. 감독이 아무리 좋은 이야기를 가지고 있어도 쓰는 사람이 작가이기 때문에 작가한테 기댈 수밖에 없는데, 방송사 감독들은 작가에게 갑이고 싶기 때문에 많은 갈등이 일어난다고 생각하고 있었다.

> 사실은 연출이 갑이 아닌데, 인 하우스 연출들은 '갑과 을'의 양면성을 가지고 있어요. '갑'으로 있고 싶은 거죠. 작가들한테도 갑, 모든 스태프들한테 갑. 그런데 작가들한테 감독이 갑으로 있어서 좋은 작품이 나오기는 굉장히 힘들어요. 자기의 이야기에 대한 확신이 있고, 대안들이 명확하면 그럴 수도 있겠으나 그렇지 않지요. 그러려면 자기가 써야지, 영화를 해야지. 사실은 저도 글을 쓰려고 한겨레문화센터 시나리오 과정 3개월 듣고 그랬거든요. 그런데, 정말 못 쓰겠더라고요.
>
> 드라마 감독 R

방송사 감독들은 드라마 편성을 결정하는 조직 안에 있는 사람이고, 프리랜서 감독들은 작가와 마찬가지로 편성을 받아야 하는 존재다. 작가는 드라마 대본이라는 콘텐츠를 통해서 편성을 받지만 감독들은 대본을 영상화하는 능력으로 편성을 받는다. 대본은 눈으로 보여줄 수 있지만 감독 능력은 눈으로 보여줄 수가 없다. 감독들은 대부분의 전작의 성과에 의해서 편성을 받게 되지만 미리 준비된 드라마가 있을 경우에는 편성을 받는 데 훨씬 유리하다. 그래서 R감독은 미리미리 작가들을 접촉하여 대본을 개발하는 과정에 적극 참여한다고 한다. 대본이 편성을 받는 동시에 감독도 정해질 수 있도록 미리미리 준비하는 것이라고 했다. 동시에 여러 작가와의 작업을 진행하다가 먼저 편성이 결정되는 순서대로 방송을 하는 방식인데, 변수가 많은 프리랜서 감독에게는 이러한 일의 진행 방법 또한 프리랜서 감독의 생존 전략이라고 볼 수 있다. 감독의 역할이 크리에이터가 아니라 여러 스태프들을 조정하고 관리하는 코디네이터로 변화되고 있는 지점에서 프리랜서 감독들의 유연함이 더 요구되고 있는 것으로 나타났다.

> 그냥 먹고살라고요. 저는 딱 두 가지만 인생에서 잃지 않고 살려고 하거든요. 초심과 역지사지. 자꾸 초심을 잃어서 문제긴 한데, 남들보다 역지사지에 대해선 더 생각하게 되는 것 같아요. 그러니까 현장에서 제가 굉장히 권위가 있지도 않아요. 초심은 처음 드라마를 했을 때의 마음인데, 어쨌든 끝나고 나서 스스로 자기한테 "당신은 과연 이 드라마를 최선을 다했습니까?"라고 되물었을 때, "예"라고 대답할 수 있는 사람이 되자…… 그런 거죠. 　　　　　　　　　　　　　　　　　　　드라마 감독 R

지상파 스타 감독 출신들이 아닌 프리랜서 감독은 사실상 방송사 내부 감독들과 연출의 기회를 놓고 경쟁하고 있는 셈이다. 실제로 방송사 내부 감독들은 외부 감독이 연출을 맡는 것을 상당히 꺼려하고 있는 것으로 나타났다. 그렇지 않아도 방송사 자체 제작이 적어서 연출의 기회가 줄어들고 있는 마당에 외부 연출자까지 자유롭게 드라마를 연출하게 되면 연출의 기회는 더욱 적어진다. 이런 반발 때문에 〈탐나는 도다〉(MBC, 2009), 〈사임당 빛의 일기〉(SBS, 2017)의 윤상호 감독이나 〈너의 목소리가 들려〉(SBS, 2013), 〈피노키오〉(SBS, 2014~2015)의 조수원 감독 등 일부 감독들을 제외하면 지상파 스타 감독 출신이 아닌 프리랜서 감독이 지상파에서 연출하기가 쉽지 않다. 그렇다 보니 프리랜서 감독들은 소속 드라마 연출자가 거의 없는 케이블에서 주로 활동하게 된다.

드라마 작가로 산다는 것

필자는 이 책에서 다음과 같은 연구 문제를 제시한 바 있다.

■ 연구 문제 1

드라마 작가들은 어떠한 동기와 과정을 통해서 드라마 생산에 참여하게 되며, 어떠한 궤적을 거쳐서 드라마 작가로 성장하는가?

■ 연구 문제 2

드라마 작가들은 변화하는 드라마 제작 시스템 안에서 어떠한 과정을 통해 드라마 작가로서의 정체성을 형성하며, 제도적인 압박과 시청률의 부담감 속에서 어떤 생존 전략을 구사하는가?

■ 연구 문제 3

드라마 작가들은 드라마 기획, 편성 및 제작 과정 전반에 걸쳐 감독, 기획자, 배우, 제작사 등과 어떤 상호작용을 경험하며, 이들의 관계에서 형성되는 힘의 역학이 드라마 생산 과정에 어떤 영향을 미치는가?

앞 장에서는 이 연구 문제를 가지고 심층 인터뷰를 중심으로 질적인 자료인 월간 『방송작가』와 언론 기사 등을 조합하여 분석을 하였다. 이번 장에서는 앞장에서 분석된 내용을 근거로 각각 연구 문제에 상응하는 주제에 대한 논의를 이끌어내고자 한다.

1. 드라마 작가의 진화/정체 과정에 대한 논의

이 절에는 앞 장의 분석을 토대로 드라마 작가가 되는 동기와 습작 과정, 작가로 성장해나가는 과정에서의 특징을 살펴보겠다. 드라마 작가 지망생들은 창작에 대한 열망, 운명적인 선택, 보다 나은 경제적·사회적 처우가 동기가 되어 드라마 작가의 길로 들어서는 것으로 보이며, 그 과정에서 두 가지 특징이 보였다.

1) 창작의 열망을 꺾는 경쟁 시스템

드라마 작가 지망생들은 잘 다니던 직장을 그만두고(A) 작가의 삶에 유혹을 받아(A), 막노동을 하고(F) 야설을 쓰면서(F) 빨래와 설거지를 하며 (B), 제대로 된 작가 대접을 받기 위해(D) 작가 지망생의 길로 들어선다.

그러나 드라마가 좋아서(A), 운명적인 이끌림으로(F), 드라마의 매력에 빠져(B) 시작한 지망생 생활은 쉽지 않아서 대표적인 드라마 작가 교육기관으로 알려져 있는 한국방송작가협회 부설 교육원에서 유급 없이 교육과정을 끝내는 데도 최소한 2년의 시간이 걸린다. 상급반으로 올라가는 데 경쟁이 심해서 실제로 드라마 작가가 되는 교육을 마치려면 수년이 걸린다. 그 과정에서 진급하는 사람과 진급하지 못하는 사람이 생기고, "팔려가는 사람"과 "안 팔려 가는(A)" 사람이 생긴다.

교육원생들이 주로 팔려가는 곳은 보조작가를 필요로 하는 드라마 작가 작업실이다. A는 보조작가로 가고 싶었지만 전문반으로 진급을 못한 데다가 나이도 많아서 기회가 없었다며 원하는 보조작가 일을 못한 아쉬움을 토로했다. 한편 B는 보조작가가 되어 메인작가와 숙식을 함께하면서 빨래와 설거지까지 도맡아 해야 했다. 그래도 B는 보조작가를 하면서 드라마적인 테크닉을 익히고 감독이 요구하는 것에서 뭔가 배웠다고 생각하고 있었으며, 그런 면에서 보조작가를 해보는 것도 나쁘지 않다고 했다. 그러나 보조작가 생활을 하는 동안에는 자신의 드라마를 쓸 수 없다는 점, 드라마 장르에선 교양이나 예능 프로그램의 작가처럼 보조작가를 했다고 해서 메인작가가 될 수 있는 게 아니라는 점, 보조작가의 역할이 집필에 대한 보조로 한정되어 있는 것이 아니라 메인작가의 일상생활 문제까지도 '보조'해줘야 한다는 점에서 보조작가의 길을 선택한다는 것은 쉽지 않아 보인다.

좀 더 자유롭게 창의적으로 살고 싶어서 드라마 작가 지망생의 길로 접어들었지만 역설적이게도 교육원 안에서부터 심한 경쟁을 경험하게 되고, 보조작가 시절에는 집필 작가와 숙식을 함께하면서 자유를 저당 잡히기도 하는 것이다. 미디어와 문화산업의 직종들은 심미화된 노동의 대표적인 사례로 한마디로 재미있고 만족스러운 경험을 많이 할 수 있으며 자기를 실현하는 일로 여겨지지만,[1] 실제로 드라마 작가 지망생들이 경험하는 것은 혹독한 경쟁 시스템과 온갖 노동을 하는 보조작가 생활이다.

---

1   Bauman, Z., Work, *Consumerism and the New Poor*, 2004(지그문트 바우만, 『새로운 빈곤』, 이수영 역, 천지인, 2010).

드라마 작가는 어떻게 만들어지는가

2) 교양·예능 작가들의 드라마 작가 입성

앞 장에서 분석한 바와 같이 교양이나 예능 작가들이 드라마 작가로 전업하는 양상이 두드러지게 나타나고 있다. 드라마의 예능화[2]가 이루어지면서 예능 작가들이 드라마로 넘어가서 성공하는 경우가 늘고 있으며, 상대적으로 처우가 낮은 교양 작가들이 드라마 작가가 되기 위해 습작기를 보내고 있는 것으로 파악된다.

이미 방송 시스템을 경험하여 텔레비전 매체에 대한 이해도가 높은 교양·예능 작가들의 드라마 입성은 긍정적인 측면도 있지만 드라마의 예능화를 더욱 가속시킬 수 있다는 점에서는 우려가 된다.

그러나 개인의 삶이라는 측면에서 봤을 때, 10년밖에 활동을 못 하며 (B), 착취라고 할 만큼 고된 노동(D)을 하는 구성작가의 생활을 청산하고 싶어서 드라마 작가 지망생의 생활로 들어서는 구성작가들의 선택은 불가피한 것으로 보인다. 여기서 주목해서 봐야 할 것은 구성작가의 노동이 드라마 작가의 노동과는 상당히 다른 차원에서 이루어지기 때문에 아무리 구성작가 생활을 오래 했다 하더라도 드라마 작가로 데뷔하여 자리 잡기까지는 상당한 시간이 걸린다는 점이다.

구성작가의 주된 업무는 취재, 기획, 구성, 내레이션 집필로, 실제로 구성작가가 등장한 1970년 이전에 PD가 했던 일을 나누어서 하는 형태[3]이기 때문에 구성작가를 했다고 해서 드라마를 단시간에 잘 쓰기가 어렵다. 드라마는 100% 창작에 의해 생산되는 텍스트이고 구성 프로그램은 있는 재료를 혼합, 변형하고 구성함으로써 만들어나가는 과정이기 때문에 드라

제5장 드라마 작가로 산다는 것

---

2   김남중, 「프로듀사 종영, 예능은 어떻게 드라마가 됐나」, 『국민일보』, 2015.6.21.

3   김주영, 「'PD와 일 떠넘기기' 논쟁 없어야」, 『신문과 방송』, 2002년 7월호, 2002.

마 작가와 구성작가의 노동의 성격은 전혀 다르다고 봐야 한다. 따라서 구성작가가 드라마 작가가 되는 일은 쉬운 일은 아니며 구성작가로서 아무리 경력이 오래되었다 해도 다시 드라마 작가 지망생의 과정을 거칠 수밖에 없다. 예전에 비해 점점 열악해지는 구성작가의 노동 환경, 낮은 원고료 등이 드라마 작가로의 전업을 부추기고 있어, 드라마 작가에 비해 상대적으로 사회 · 경제적 처우가 낮은 예능 작가들의 드라마 진출은 더 가속화될 것으로 보인다.

특히 최근에는 케이블과 종편의 약진으로 드라마의 영역이 넓어지면서 다큐멘터리 같은 드라마, 예능 같은 드라마가 늘어나 교양이나 예능 구성작가들이 자신들만의 장점을 살려 드라마 대본을 쓸 수 있는 환경이 되었다. 이런 분위기가 계속된다면 젊은 드라마 작가 지망생들이 교양이나 예능 프로그램을 경험한 후 드라마로 전향하려는 움직임도 더욱더 활발해질 것으로 보인다.

2. 드라마 작가의 노동의 문제

1) 드라마 작가의 노동

기존의 연구들은 드라마 작가 노동의 문제를 방송작가라는 큰 범위 안에서 구성작가와 함께 묶어서 인식했으나[4] 드라마 작가와 구성작가는 본질적으로 다른 노동을 한다. 1970년에 등장한 구성작가의 업무는 처음부터 교양 프로그램을 만드는 PD의 일을 나누어 하는 것이었다.[5] 따라서 구성작가는 방송 생산 시스템 안에서 PD와 같은 노동을 하게 되고 그들의 역할에는 프로그램 기획, 취재, 섭외 등 다분히 프로듀서 역할의 비중이 높을 수밖에 없다.[6]

구성작가의 노동은 방송 시스템 내에서 발생하며, 다른 곳에서의 노동은 존재하지 않는다. 예를 들어 누군가 임의로 방송사 밖에서 교양이나 예

---

4   김현미, 「문화산업과 성별화된 노동 : TV 방송 프로그램 여성 작가들의 사례 중심으로」, 『한국여성학』 제21권 2호, 2005.

5   김주영, 앞의 글; 김옥영, 「작가 저널리즘은 존재하는가?」 『열린미디어 열린사회』 2004년 여름호.

6   김옥영, 위의 글.

능 프로그램의 대본을 집필하는 것은 불가능하다. 다시 말해서 구성작가가 되려는 사람이 혼자서 새로운 교양 혹은 예능 프로그램을 만들어 대본을 집필해서 방송사에 제출하는 일은 없다. 기존의 구성작가가 새로운 포맷의 프로그램을 기획하여 방송사에 제안할 수는 있지만, 교양 프로그램의 기획안은 프로그램 개요(기획 의도 등)와 구성에 관한 것이지 대본이 포함되지 않는다. 촬영해온 영상이 없고 출연자가 실재하지 않기 때문에 기획안이 아무리 훌륭해도 대본 쓰는 일은 불가능하다.

따라서 구성작가가 되고자 하는 사람은 어떻게 하든지 미디어 생산 내에 들어가 실제로 방송 프로그램을 맡아야만 노동이 가능하다. 흔히 구성작가는 막내 작가 혹은 자료 조사라고 불리는 구성작가 보조 시절을 겪으며 방송 프로그램을 만들면서 일을 배워나간다. 아무리 훌륭한 재능이 있다 해도 방송사 안에서 일할 수 있는 기회가 없다면 구성작가로서 능력을 보여줄 수 없고 발전할 수도 없다.

반면 드라마는 방송 시스템 안에 있지만, 드라마 작가는 처음부터 방송 시스템 안에서 노동하지 하지 않는다. 신인 작가가 방송 시스템 안에 들어가려면 수년간의 습작기를 통해서 방송 가능한 대본을 써내야 한다. 기성 작가들도 먼저 방송사나 제작사에 특정한 드라마를 제안하려면 상당한 긴 시간 동안 혼자서 대본을 집필하는 과정이 필요하다. 유현미 작가는 한 인터뷰에서 "잘 쓰는 작가님들은 1년에 한 편씩도 쓰시는데 저는 그렇게 빨리는 못 쓰고 한 2년 걸리기도" 한다며 혼자 작업하는 시간을 밝혔다.[7] 드라마 작가들은 긴 시간 미디어 생산 현장에서 분리된 장소에서 혼자서 노동을 하게 된다. 다른 미디어 생산자와는 전혀 다른 특성을 가진 노동을 하는 것이다.

7   유현미, 'Equal justice under law : 유현미 드라마 작가' 〈인터뷰〉 사법연수. 34
     호, 2009.

2) 천형(天刑)이 된 창의적 노동

드라마 작가의 노동은 미디어 생산 바깥에서 작가 혼자서 시작하기 때문에 길고 고독한 시간을 견뎌야만 한다. 대부분 모든 것이 불확실한 상태에서 시작하기 때문에 상당한 고통과 심리적 압박을 받게 된다. 그런 과정 속에서 드라마 작가들은 자신들이 드라마 쓰는 일을 천형(I), 십자가 짊어지는 것(N), 작두 타는 무당(I), 운명(M), 신의 계시(F) 등으로 정의하면서 하늘이 내린 고통이라고 인식하고 있었다. 다시 말해 드라마 작가의 가장 큰 고통은 창작의 과정이며, 작가들은 단순히 드라마 생산 시스템만으로는 이해하기 힘든 고독한 창조자의 고통을 감내하는 것으로 보인다. 할리우드 드라마 생산자들에 관한 연구를 수행했던 캔터는 작가 생산자들은 프로듀서나 제작자보다 예술가, 작곡가, 소설가와 같은 고독한 창조자에 가깝다고 했다.[8] 같은 드라마를 생산하는 생산자이지만 작가와 감독, 프로듀서(기획자)는 전혀 다른 종류의 노동을 한다는 것이다.

드라마 작가로서 정식으로 데뷔하지 못하면서도 10년이 훨씬 넘는 긴 시간 동안 습작을 하며 버텨온 C가 극심한 생활고에 시달리면서도 글 쓰는 일을 차단시켜버리거나 컴퓨터를 태워버리지 못하고 다시 드라마 쓰는 일에 매달리고, 하는 드라마마다 엎어져서 8년 동안이나 방송을 못 한 I가 쓰는 일을 그만 두지 못하는 것은 드라마 쓰는 노동이 창조적일 뿐만 아니라 심미화된 노동에 가깝기 때문으로 보인다. 심미화된 노동은 유연성과 불안정성을 자유로, 착취는 자기희생의 윤리로, 다기능성과 창의성의 요구는 자기계발의 즐거움으로 치장한다.[9] 또한 심미적인 노동은 자율성과 즐거움을 불러일으키는 동시에 희생과 불안, 고립감 역시 가져오는 양가

8　Cantor, M., *The Hollywood TV producer*, New York: Basic Books, 1971.

9　Bauman, Z., op. cit.

제5장　드라마 작가라는 삶이라는 것

감정의 원천으로 작용한다.[10]

쓰는 일이 너무 고통스러워서 괴롭지만, 그러나 "쓰고 싶은 욕망"(I)을 가지고 태어난 드라마 작가는 창작의 고통과 미디어 생산 시스템 사이에서 자기 착취를 창작의 고통으로 환원한다. 작가들은 머리에 총을 쏴버리고 싶은 고통(N), 죽어버리고 싶은 고통(I), 도망가고 싶은 고통(M), 위에서 100톤이 누르는 고통(조정선 작가), 날짜를 받아놓은 사형 선고자인 것 같은 고통(N)을 경험하면서도 10년, 20년, 30년 이상을 드라마를 쓰면서 산다. 10년을 전후한 긴 시간의 습작기를 거치는 드라마 작가 지망생들도 심미화된 노동에 대한 동경으로 막노동을 하거나 야설(F)을 써서 생활비를 마련하면서도 드라마 쓰기를 포기하지 않는다.

또한 드라마 작가가 된다는 것, 드라마 작가로 산다는 것은 상당한 경제적 수익을 보장한다고 여겨진다. 맥로비는 문화산업에 종사하는 사람들은 문화적 성취가 경제적인 부를 창출하기를 바라면서 스스로를 착취할 정도로 일에 매달린다는 점에 주목했다.[11] 또 김현미는 문화산업 종사자들은 개인의 창조성이 상품화되면 단시간에 사회적 평판과 고소득을 얻을 수 있다는 가능성 때문에 "능력주의 이데올로기"를 강하게 내재하고 있다고 보았다.[12] G작가는 15년의 습작기 끝에 연속극 한 편을 마무리했을 때, 주변 사람들로부터 "이제 판검사 됐다"는 말을 듣고 달라진 자신의 위상을 느꼈다고 했다. 15년 동안의 고통스러운 습작기가 G작가에게 문화적 성취와 경제적 부를 가져다줬으며, 드라마 한 편으로 사회적 평판이 달라지고 계약금이 억대에 이르는 고소득자가 되었다.

---

10 Hesmondhalgh, D. & Baker, S., *Creative Labour:Media Work in Three Cultural Industries*, London and New York: Routledge, 2011.

11 McRobbie, A., "From Holloway to Hollywood: Happiness at work in the new cultural economy", *Cultural economy*, 2002.

12 김현미, 앞의 글.

그동안 미디어 영역 내의 생산자 연구에서는 드라마 작가의 노동을 다른 미디어 생산자의 노동과 분리해서 생각해보려는 시도를 하지 않았다. 드라마 생산의 핵심에 놓여 있는 드라마 작가의 노동은 일반적인 미디어 노동과는 다른 차원에서 접근하고 이해해야만 한다.

3. 드라마 기획·편성 단계에서의 갈등과 타협

드라마 생산자들의 갈등 요소는 크게 세 가지로 나타났다. 첫째, 드라마 생산자들의 관계에는 권력의 문제가 개입되어 있다. 이때의 권력은 드라마 생산자들이 갖는 사회적인 권력이 아니라 드라마 생산자들의 관계 속에 존재하는 권력을 뜻한다.

드라마 생산자들에게 권력을 주는 주체는 크게 두 가지로 나눌 수 있다. 편성의 결정권을 가진 조직, 즉 방송사와 흥행의 열쇠를 쥐고 있는 대중(수용자)이다. 이 두 가지 권력의 원천은 서로 경쟁하기도 하며 서로 연합하기도 하면서 드라마 생산자들의 관계에 개입하여 작동한다. 때로 조직의 힘이 더 클 때가 있지만 대중의 힘이 조직의 결정을 무너뜨리기도 하며 위협하기도 한다. 드라마가 방송사의 평범한 한 프로그램이 아니라 문화상품으로 성장한 후에는 수용자들이 생산자들에게 주는 권력이 더욱 큰 힘을 발휘하는 양상이 나타나고 있다.

예를 들어 방송사라는 조직 안에서 누군가의 강력한 힘에 의해 어떤 드라마가 편성되어 방송이 나갔을 때, 그 결과가 좋으면 명예와 승진이 보장되지만 그렇지 않은 경우 어떤 식으로든지 책임을 져야 한다. 결과는 대중인 시청자가 흥행을 상징하는 시청률로 판단하기 때문에 결국 조직의 결정에 대해 강력한 힘을 발휘는 것은 시청률을 쥐고 있는 수용자이다. 따라서 생산 주체들 간의 권력은 수용자에서 나오는 것으로 볼 수 있다. 시청률이 잘 나오는 작가, 드라마를 흥행으로 이끄는 감독은 드라마 제작에 주도권을 쥐게 되며 그들이 원하는 방식으로 드라마를 이끌 수 있는 권력을 가지게 된다.

둘째, 드라마 생산자들 관계 안에는 경제적 이득의 문제가 개입되어 있다. 드라마 생산에서 발생되는 전체 수익을 누가 얼마나 어떤 방식으로 가져가느냐는 드라마 생산자들의 행위를 결정하고, 경제적 이득을 분배 혹은 장악하는 과정에서 다른 생산자들과 갈등을 일으킨다. 경제적 이득에 관한 충돌은 단지 현재 제작되고 있는 한 편에 드라마에 국한된 것이 아니라, 향후에 발생될 수 있는 다양한 수익과도 연결되어 있다. 드라마 생산자들의 갈등에는 흔히 몸값이라고 부르는 '생산자들의 경제적 가치'를 높이려는 욕망이 있고, 그 욕망을 이루기 위한 투쟁이 내포되어 있다.

셋째, 드라마 생산자들 관계 안에는 창의적 노동에 대한 열망의 문제가 개입되어 있다. 문화산업 내의 창의 노동은 사회적 이슈와 문화적 차별화의 원천이 되는 상징재화를 생산한다는 점에서 매우 중요하다.[13] 특히 드라마 생산자들에게 가장 중요한 것은 자신들이 구현하려는 창의적 세계에 대한 욕구이다. 자신만의 독특한 창조적 노동 안에서 문화적 취향이 침해될 때 생산자들은 강력하게 반발한다. 드라마 생산자들은 권력과 경제적 이득에 대해서도 민감하지만 자신들의 창작 세계를 지키려는 욕망에도 민감하다. 이는 기본적으로 드라마 생산자들이 가지는 예술가적인 성향에 기인하며 미디어 노동이 다른 노동과 차별화되는 지점이기도 하다. 제작 진행 단계에 따라 갈등을 일으키는 주된 생산 주체가 달라지면서 위의 세 가지 갈등 요소가 작동하는 방식이 다르게 나타난다.

13 Hesmondhalgh, D. & Baker, S., op. cit.

제5장 드라마 작가로 산다는 것

1) 제작자의 권력이 두드러지는 드라마 기획 단계

(1) 신인 작가들의 현실적 전략, 순응과 도전

드라마 기획 단계에서는 자본을 가진 제작사의 권력이 생산자들에게 영향을 미치며 갈등이 일어난다. 이 시기에는 자신이 원하는 드라마를 쓰고 싶어 하는 작가와 돈이 되는 드라마를 제작하고 싶은 제작사 사이에 갈등이 일어나 기획되던 드라마가 무산되기도 하며, 집필 계약이 무효화되기도 한다.

제작자는 드라마 제작을 통에 경제적 수익을 창출하려는 사람들이고 기본적으로 작가들은 자기가 원하는 글을 쓰고 싶어 하는, 창의적 노동에 대한 열망이 있는 사람들이다. 작가가 쓰려는 드라마와 제작자가 원하는 드라마가 일치하지 않는 경우 양쪽은 심각한 갈등 상황에 직면하게 된다. 작가에게는 쓰고 싶은 드라마를 포기하는 게 쉬운 일이 아니고, 상업화된 드라마 제작 환경 속에서 제작자에게는 드라마를 통해 얻어질 수 있는 경제적 이득을 포기하는 게 쉬운 일이 아니다.

이 단계에서 제작사들이 고려하는 경제적 이득은 크게 두 단계로 나눌수 있다. 첫 번째 단계에서는 "이런 콘셉트의 드라마로 편성을 받을 수 있는가"를 고려한다. 대본 개발을 하려면 제작사에게 경제적인 비용이 발생한다. 작가를 컨트롤하고 대본 집필 작업을 돕는 기획 프로듀서들에게 들어가는 간접비용뿐 아니라 작업실을 제공하거나 보조작가를 지원하면서 달마다 지출되는 직접비용이 들어간다. 따라서 편성을 받기 힘든 드라마를 진행하는 것은 제작사로서는 손실이며 해서는 안 되는 행위가 된다.

두 번째 단계에서는 "이 드라마로 얼마나 수익을 창출할 수 있을까"를 고려한다. 방송사에서 직접 받는 제작비뿐만 아니라, 드라마 말미에 올릴 수 있는 배너 협찬 광고, 그리고 PPL까지 가능한 모든 수익을 계산해보고 진행을 결정한다. 시대극이나 사극은 이런 경제적인 고려에서 상당히 불리하기 때문에 방송사에 제작비를 실비(실제로 들어가는 비용)로 계산해 주거나 지자체 등의 큰 협찬이 붙지 않으면 기획 과정에서 배제된다. 또 스타 배우를 캐스팅할 수 있는 대본이냐는 것도 매우 중요하다. 스타 배우가 참여하게 되면 국내외에서 투자자들이 몰릴 수도 있고 해외에서 선판매될 가능성이 많기 때문에 제작사의 수익이 달라질 수 있기 때문이다.

따라서 제작사에서 어떤 드라마를 제작을 결정할 때는 단순히 대본의 완성도만 보는 것이 아니라, 소재에 따라 어느 정도 협찬이 붙을 수 있느냐, PPL을 얼마만큼 할 수 있느냐 등 경제적 이득의 관점에서 더 중요하게 본다. 제작사가 방송사로부터 제작비를 충분히 받지 못하고 협찬이나 간접광고 등으로 제작비를 충당해야 할 경우에는 드라마로 인한 수익에 더욱더 민감해진다.

작가와 제작자의 갈등은 대부분 권력이 강한 쪽의 선택이 받아들여지면서 표면적으로는 가라앉게 된다. 신인 작가와 제작사의 관계에서는 제작사가, 인기 작가와 제작사의 관계에서는 인기 작가가 권력을 행사한다. 2000년 이후 드라마 제작이 대부분 제작사들에 의해 이루어지고 있기 때문에 신인 작가로서는 어떻게 하든 제작사와 좋은 관계를 맺어서 드라마 편성을 받아내야 한다. 자신의 이름으로 드라마를 내야 하는 절박한 상황에 처해 있는 신인 작가들은 제작자의 권력 행사를 받아들일 수밖에 없는 상황을 인식하게 된다.

그러나 신인 작가들은 제작사와의 갈등 속에서도 순응과 도전이라는 상반된 전략을 쓰면서 자신들이 처한 어려운 현실을 극복하려고 한다. 초기에 드라마에 대한 열정으로 드라마를 써서 단막극으로 데뷔했거나 공모에 당선된 후, 제작사와 계약을 맺고 본격적인 드라마 개발을 시작하는 신인 작가들은 자신이 쓰고 싶은 드라마를 쓸 수 있는 기회가 왔다는 사실을 기뻐하지만 곧 드라마 제작이 결코 쉽게 이뤄지지 않는다는 것을 알게 된다.

이런 과정에서 작가들은 제작사로부터 간택(E), 방치(D), 1주일에 두 개 쓸 수 있는 능력 시험(I)을 경험하며 제작사의 권력에 순응해나간다. E작가는 이러한 현실에 대해 작가 지망생들에게 "이런 시스템 같은 걸 좀 파악할 때까지는 다른 직업이 있다면 병행할 것"을 권유했다. E작가의 진술은 신인 작가 시절에 먼저 체득해야 할 것은 드라마 제작 시스템을 이해하는 것이라는 점을 상징적으로 드러낸다.

신인 작가들은 제작사와 함께 대본을 개발하면서 이런 방송 시스템을 이해하고 나름대로 전략을 세운다. 편성권을 가진 방송사와 직접 거래하는 것도 그중의 한 방법이다. E작가의 경우 제작사와 대본 개발로 갈등을 겪다가 제작사가 E작가의 대본을 포기하자, 그 대본으로 직접 방송사 미니시리즈 공모에 도전해서 대상을 받았다. E작가는 그것은 계기로 방송사와 새롭게 계약을 맺어 방송사와 직접 거래하는 방법을 택했다. G작가도 제작사와 추진하던 드라마가 계속 무산되자 지상파 연속극 공모에 직접 대본을 응모하는 도전을 하면서 직접 지상파 방송사와 거래를 시도했다. G작가는 한 번 당선한 이후에도 별다른 변화가 없자 이름을 바꿔서 다시 극본 공모에 응모했고, 연속으로 두 번이나 극본 공모에 당선되는 독특한 경력을 갖게 된다. 결국 G작가는 이러한 경력이 바탕이 되어 100회가 넘는 연속극으로 데뷔할 수 있는 기회를 얻게 된다. 오래된 작가 지망생들 사이에서도 제작사에서의 기획 작업보다 방송사에서의 기획 작업이 더 기회가 많다는 것이 알려져 B의 경우도 일단 방송사 공모 당선이 우선이라고 했다. 드라마 작가 지망생과 신인 작가들은 방송사와 직접 거래를 하고 큰 틀에서 움직이는 게 제작사만 상대하는 것보다는 훨씬 유리하다는 판단을 하고 있는 것으로 보인다.

또한 신인 작가들은 한 방을 통해 제작사와의 관계가 역전될 수 있다는 것을 깊게 인식하고 있었다. 16년째 신인 작가로 있어 스스로 "중고 신인"이라고 부르는 E작가는 드라마에는 한 방의 묘미가 있어서 46세의 나이에도 50억을 벌 수 있다고 생각했고, 10년간의 무명 시절을 겪고 이제 미니시리즈를 두 편 마친 J작가는 드라마 작가가 된 과정이 "힘들었지만 후회 없고 이 직업을 선택하기를 잘 했다"고 표현했다. 15년 동안 작가 지망생 생활을 했던 G작가 역시 "드라마 작가가 된다면 20년도 견뎌야 한다"며 참고 견디어서 드라마 작가가 되는 일이 의미가 있다는 점을 강조했다.

아직 드라마 생산자 내에서 권력이 없는 신인 작가 또는 비인기 작가들은 제작사와 대본을 개발하는 기획 단계에서 자신들이 추구하는 창의적 노동에 관해 일정 부분 침해받는 과정을 경험하며 드라마 제작 시스템을 간파한다. 신인 작가들은 그에 대한 대응으로 표피적으로 순응하면서도 새로운 도전을 하면서 드라마 한 방으로 달라질 미래를 꿈꾼다.

(2) 인기 작가 주도의 '작가 프로듀서 체제'

인기 작가들은 강력한 권력을 가진 주체로 실제로 드라마 기획 단계에서 프로듀서 역할을 하는 것으로 나타났다. 드라마 생산 과정이 권력의 쟁탈이라고 정의한 N작가는 드라마 생산자 사이의 권력관계가 빨리 정리되어야 작품하기가 편하다고 했다. 인기 작가들은 작가 이름만 보고 편성을 주는 사람('라')이며 알아서 제작비를 관리해주는 사람[14]이고 감독을 고르는 사람(M)이기 때문에 제작사에서는 인기 작가를 경쟁적으로 영입하려고 있다. 그에 따라 인기 작가들의 원고료도 수직 상승한다. 인기 작가의 경우 편당 4,000만~5,000만 원 고료를 받고 때로는 억대를 넘는 것으로 알려지고 있다.[15] 드라마 제작사들이 작가들에게 파격적인 고료를 지급하는 이유는 "시청률 경쟁에서 스타 배우보다는 오히려 작가들에게 투자하

---

14 드라마는 작가가 어떻게 써주느냐에 따라 제작비가 달라지기 때문에 작가가 제작비를 관리해준다는 의미는 미리 제작비가 많이 들어가는 신(scene)은 생략하면서도 드라마 진행에 큰 차질이 없도록 제작사를 미리 배려해서 대본을 써준다는 뜻이다.

15 윤고은, 「종편 가는 배우 · 작가, '회당 1억' 향해 질주」, 『연합뉴스』, 2012.7.11.

는 것이 더 안전"하다고 보기 때문이다. 높은 출연료를 지급하고 스타들을 기용한 드라마들의 성공률이 떨어지자 시청률이 검증된 작가들을 붙잡으려는 경쟁이 더욱 치열해지면서 인기 작가들의 소위 몸값이라고 하는 원고료는 계속 올라가고 있다.[16] 제작사들이 작가에게 큰 비용을 들이는 대신, 유명 스타보다는 작가가 선호하는 연기력 위주의 배우들로 캐스팅해 출연료 부담을 줄이고 팀워크를 더욱 높이는 장점을 활용하는 것으로 보인다.

편성을 받아다 주고, 제작비를 관리해주고, 감독을 정하는 모든 일까지 인기 작가가 하고 있는 것은 작가의 프로듀서 체제로의 이행을 의미한다. 작가 프로듀서 체제가 안착된 미국처럼, 먼저 작가가 자신의 대본으로 자신이 원하는 제작사와 계약을 맺고 스태프를 정하는 방식이다. 인기 작가는 실제로 프로듀서 역할을 하면서 드라마 생산 전체를 지휘하기 때문에 드라마 기획 단계에서 인기 작가에게 중요한 것은 제작사를 정하는 일이다. 인기 작가의 경우, 자신을 영입하려고 하는 많은 제작사 중에 자신이 원하는 한 제작사를 선택한다. 이 과정에서는 제작사가 거꾸로 인기 작가들에게 간택을 받아야 하는 입장이 된다. 인기 작가가 한 제작사를 선택해서 집필 계약을 하게 되면, 사실상 작가는 그 드라마의 내용, 방향, 예산, 스태프 구성 등 모든 것을 관할하는 프로듀서 역할을 하게 된다.

신인 작가와 계약해서 제작사가 원하는 드라마를 집필하게 하든, 인기 작가와 계약해서 인기작에게 모든 것을 맡기는 작가 프로듀서 체제로 가든, 그것을 정하는 것은 자본을 가진 제작사의 권한이다. 아무리 인기 작가의 권력이 강해도 결국 그 권력을 원천적으로 부여하는 것은 제작자가 가진 자본이다. 제작사는 본질적으로 경제적 이득을 얻기 위해 비싼 작가와 계약을 한다. 그런 면에서 기획 단계에서는 제작자가 자본을 가지고 강력한 권력을 행사하는 것으로 봐야 한다. 기획 단계에서 제작자의 권력이 강해진 것은 1991년에 실시된 외주 제작 정책의 결과이다. 이런 현상은 상업화된 드라마 시스템 속에서 더 강화되어 정부에서 제시한 외주 제작 의무 편성 비율이 1991년 3%에서 2008년 이후에는 35~40%[17] 정도 상승했지만, 드라마 제작에서는 자발적 외주 제작이 늘어나면서 미니시리즈 같은 경우는 실제로는 80~90% 이상의 드라마들이 외주 제작되고 있는 것으로 나타났다.

2) 방송사의 권력이 두드러지는 편성 단계

편성 단계에 들어가면 편성권을 가진 방송사의 권력이 강하게 드러나면서 작가와 감독의 갈등이 증폭된다. 편성 단계는 배우가 캐스팅되고, 감독이 결정되며, 방송사와 제작사의 계약이 이뤄지고 편성이 확정되는 단계이다. 이 과정에서는 다양한 드라마 생산자들이 생산에 참여하기 위해 구성되며, 서로 조율해나가는 과정에서 작가나 감독이 교체되기도 하는 등 드라마 제작을 앞두고 다양한 변수가 발생한다.

인기 작가의 경우에는 이미 드라마 기획 단계에서 편성을 정해놓고 이 시기에 구체적으로 드라마 내용을 방송사에 알린다. 그래서 방송사 기획자 '라'는 "이름만 보고 편성한 인기 작가와 일하게 되면 편성 단계에서 오히려 기획자가 일이 많다"고 진술했다. 반면 편성을 시도하는 수많은 드라마 기획안 중에 자신의 드라마가 뽑혀서 편성을 받아야 하는 신인 작가 혹은 비인기 작가들은 편성의 장벽에 막혀 힘든 시간을 보낸다. 1년, 2년씩

제5장 드라마 작가로 산다는 것

---

17 의무 편성 비율은 공영과 민영, 채널 성격 등 방송사에 따라 각기 상이하다.

준비했던 수많은 드라마들이 편성 전쟁[18]에서 패배하고 무산되기도 하는 시점이다. 그 과정에서 제작자와 방송사, 작가와 감독 사이에 여러 형태의 갈등이 드러난다.

2013년 2월, 드라마 〈도시정벌〉의 KBS 편성 취소 사건은 편성 과정에서 각 생산자들 간에 어떠한 힘들이 작용하는지 알 수 있는 좋은 예다.

> 백 대표는 "지난해 8월부터 KBS미디어와 공동으로 〈도시정벌〉을 작업해왔다"며 "KBS가 원하는 대로 KBS 미디어 소속 작가로 교체했고, 주연 여배우 및 조연 배우들도 새롭게 캐스팅했다"고 말했다. 이어 "편성도 하지 않을 거면서 왜 이렇게 대본을 수정하고, 캐스팅까지 교체했는지 모르겠다"고 안타까움을 전했다.[19]

편성을 받기 위해 방송사가 원하는 대로 많은 요소를 바꾸었는데도 편성이 불발되었다는 내용이다. 편성 과정에서 방송사의 힘은 준비 중이던 드라마의 많은 생산 요소를 바꾸어놓고도 정작 실제로는 편성하지 않아도 될 만큼 강력하게 작동되고 있다.

드라마 작가들은 편성의 어려움을 호소하는 한편 나름대로 편성의 장벽을 뚫고 나갈 전략들을 마련한다. tvN에서 〈응급남녀〉를 집필했던 최윤정 작가는 지상파 방송사 편성이 늦어지자 케이블로 방향을 선회해서 자신이 원하는 시기에 드라마를 방송했고, J작가의 경우에는 편성이 늦어지자 계속 대본을 집필하며 10회 이상의 대본을 확보한 후에 이를 방송사에 알렸다. K작가는 편성을 받은 지상파 감독과 드라마를 진행하다가 서로의 생각이 다른 것을 확인하고 자신이 원하는 감독을 찾아 케이블 방송사를 선택했다.

---

18 한지숙, 「방송사 정초부터 드라마 편성 전쟁 왜?」, 『헤럴드경제』, 2013.2.13.
19 김소연, 「'도시정벌' 제작사 대표 'KBS 편성불가 이유 납득 못해'」, 『노컷뉴스』, 2013.2.8.

그러나 I작가처럼 편성 단계에서 나중에 정해진 감독에 의해 교체되어 드라마에서 손을 떼게 되는 경우도 생긴다. 편성 단계에서 작가를 교체하는 일은 드문 일이 아니며 I작가의 경우처럼 드라마가 원작이 있는 경우에는 방송사나 제작사, 감독 들이 작가 교체를 쉽게 하는 것으로 나타났다. 나중에 기술하겠지만 방송이 진행 중인 제작 과정에서 부당 해지를 당한 H작가의 경우에도 원작이 있었다. 원칙적으로 드라마 작가들에게는 자신이 집필한 드라마에 대한 저작권이 있기 때문에 그 문제가 원만히 해결되지 않고는 작가와의 계약을 함부로 해지할 수가 없다. 그러나 실제로 권력이 없는 작가의 경우, 방송사를 상대로 소송을 벌이는 일도 쉽지 않아서, "당하고 말 못 하는" 상황이 작가에게 벌어지기도 한다. 드라마 작가 교체는 드라마 기획 단계에서 가장 많이 발생하며 드라마 편성과 제작 단계로 진행되면서 조금씩 줄어드는 것으로 나타났다.

방송사의 막강한 권력 행사로 편성이 뒤집히기도 하며 무산되기도 하는 편성 단계에서 전략을 짜서 나름대로 출구를 마련한 작가들은 크고 작은 작가 파워가 있는 것으로 나타났다. K작가의 경우는 시트콤 출신으로 케이블에서 방송된 몇 편의 드라마가 상당한 반향을 일으킨 인기 작가이고, 최윤정 작가는 그 이전에 6편 정도의 드라마를 집필하여 필력을 인정받았다. J작가 역시 지상파 공모 당선작이었던 전작이 높은 시청률을 기록했기 때문에 나름대로 가능성을 가진 신인 작가로 평가되었다고 볼 수 있다. 그렇지 않은 작가의 경우는 방송사의 편성 권력 앞에서 휘둘릴 수밖에 없는 존재라서, 제작사든 감독이든 권력을 가진 생산자와 연합하는 방법 등 자신만의 전략을 찾아내야 하는 것으로 보인다.

대부분 편성이 확정되고 캐스팅이 마무리되면 촬영을 앞둔 대본을 가지고 기획자인 CP와 감독, 작가 간의 갈등이 시작된다. 기획자는 이 드라마의 실질적인 기획 책임이 있기 때문에 드라마 생산 과정을 통제하여 실패를 막으려고 하고, 감독과 작가는 드라마 생산의 실질적인 주체로서 자신들이 추구하는 드라마를 만들려고 하기 때문에 갈등은 경우에 따라 매우 치열하게 나타나기도 한다. 대화와 설득을 통해서 각기 다른 생각들이 통합되고 조율되는 경우에는 큰 문제가 없지만, 기획자와 감독, 작가의 의견이 일치하지 않아 서로의 의견에 공감하기 어려울 때는 갈등이 격화되기도 한다.

기획자 입장에서는 "배 떠나가면" 더 이상 개입할 수가 없기 때문에 배 떠나가기 전에 기획자가 꼼꼼히 잘 챙겨야 한다는 생각을 가지고 있다. 배 떠난다는 비유는 드라마 제작 현장에서 모든 촬영 준비를 마치고 감독이 현장으로 나가는 것을 말한다. 보통 감독을 선장으로, 드라마를 한 척의 배로 인식한다. 기획자는 뭍에 남아서 그 한 척의 배의 운행을 책임져야 하는 입장이기 때문에 배가 떠나가기 전에 가급적 많은 개입을 해서 위험을 줄여주려고 노력한다.

드라마 생산 과정에서 배우의 역할이 중요해지면서 기획자와 감독, 그리고 작가의 갈등을 배우가 해결하는 경우도 생겼다. 이는 드라마 생산 과정에서 배우가 중요한 생산 주체로서 자리를 잡아가는 과정으로 이해할 수 있다. 2003년에서 2007년 사이에 한류 열풍이 불면서 배우 중심으로 드라마가 제작되었을 때와 차이점은 그때는 한류라는 거품이 섞인 일시적 현상이었다면, 현재는 배우들이 상시적인 드라마의 주체로서 드라마 생산 과정에 들어왔다는 점이다. 드라마 생산에서 배우의 중요성이 그다지 크지 않았던 1970년대와 1980년대, 배우의 중요성이 드러나기 시작했던 1990년대를 거쳐 한류 열풍으로 과대포장된 2000년대를 지나고, 현재는 배우가 다른 생산자들과 협업하는 중요한 드라마 생산자로서 안착되어가고 있다고 볼 수 있다. 앞으로도 이러한 현상은 이어질 것으로 보인다.

4. 생산자들의 다양한 갈등이 표출되는 제작 단계

편성이 확정되어 촬영을 시작하는 드라마 제작 과정에 들어가게 되면 작가나 감독, 배우 외에 카메라, 조명, 분장 등 각 분야의 세부 생산자들이 정해져서 드라마 생산에 참여하게 된다. 중심 생산자인 감독, 작가, 배우, 제작사, 방송사 기획자는 세부 생산자들과의 관계 속에서 또 다른 권력을 행사하며 복잡한 관계가 형성된다. 이때 제작 현장을 지휘하며 모든 결정을 하는 감독과 대본을 산출하는 작가, 그리고 톱 배우의 권력은 강해지고, 이미 편성을 하고 감독을 현장에 내보낸 방송사나 재정적인 지원을 주로 하며 한 발 물러서 있어야 하는 제작사의 권력은 상대적으로 약해진다. 그런 이유로 제작 단계에서 일어나는 대부분의 갈등은 작가와 감독 사이에서 시작된다.

작가는 편성 전쟁을 치르며 편성의 벽을 뚫고 드라마가 방송되었기 때문에 제작 단계에서는 비교적 안정된 위치에 놓이게 된다. 신인 작가든 비인기 작가든 제작 단계에 들어가면 드라마 작가는 드라마 대본에 대한 저작권을 가진 대본 집필의 주체로서 생산자 내에서 권력을 갖게 된다.

방송이 1, 2회 나간 뒤 방송사로부터 부당 해지당한 H작가는 작가 스스로 편성을 받은 것이 아니라 이미 다른 작가의 작업으로 편성받았던 드라마에 들어왔기 때문에 상대적으로 불안정한 위치에 있었다고 볼 수 있다. 원작이 있는 드라마라는 점, H작가의 노력으로 편성받은 드라마가 아니라는 점이 H작가의 계약 해지를 비교적 쉽게 결정한 요인으로 보인다.

앞 장에서 분석된 제작 단계의 갈등들은 주로 작가와 감독 사이에 일어난 갈등 혹은 타협의 사례들이다. 그 갈등들은 권력을 작가가 가지고 있는 경우, 권력을 작가가 가지고 있는 경우, 권력이 작가와 감독에게 비슷하게 나누어져 있는 경우로 구분 할 수 있다. 그러면 각 경우에 어떤 특징들이 있는지 살펴보겠다.

1) 권력을 작가가 가지고 있는 경우

앞서 서술했듯이 이미 대중으로부터 인정을 받으며 권력을 갖게 된 인기 작가는 기획, 편성, 제작 등 드라마 생산 전반에 걸쳐 모든 것은 주도적으로 결정하고 선택한다. 기획과 편성 과정에서 스스로 편성을 받고 자신이 원하는 제작사와 집필 계약을 해서 사실상 프로듀서 역할을 하면서 드라마를 연출할 감독도 직접 선택하기 때문에 제작 단계에서도 여전히 막강한 권력을 행사한다.

그러나 인기 작가마다 성향도 다르고 그들이 행사하는 권력도 균등하지 않기 때문에 갈등은 늘 일어난다. M작가처럼 "커뮤니케이션도 안 되고 연출도 못하는 감독을 잘못 골라서 고생하는"경우도 생길 수 있고, N작가처럼 중간에 "감독을 바꾸는 경우"도 생긴다.

드라마의 성공은 드라마에 참여하는 모든 사람들에게 경제적 이득을 가져다주기 때문에, 감독이나 배우, 제작사, 방송사 등 다른 생산자들이 작가의 권력을 기꺼이 받아들이는 것은 권력에 대한 단순한 순응이 아니라, 경제적 이득을 획득하는 과정으로 보아야 한다.

2) 권력을 감독이 가지고 있는 경우

> 작가가 신인 작가거나 아직 대중적인 지지도 높지 않은 작가일 경우, 상대적으로 방송 경험이 많거나 작가를 선택해준 감독이 권력을 가지게 된다. 드라마를 배로, 감독을 선장으로 비유할 정도로, 많은 감독들이 드라마의 대장은 감독이라고 생각하며 드라마에 대한 모든 책임은 자신이 지는 것으로 인식하고 있다.　　　　　　　　　　　　　　　**드라마 감독 P**

> 드라마 안에서 권력을 행사하고 싶은 감독은 군림하려는 작가가 싫기 때문에 가능한, 인기 작가와 일하는 것을 싫어한다.　　　　　**드라마 감독 O**

감독이 권력을 가지고 있을 때는 방송사에 제출된 드라마 기획안과 작가를 선택하는 문제부터 캐스팅이나 대본 수정 문제까지 감독의 영향력이 지대하다. 그러나 권력을 가진 감독이 모두 유능한 것은 아니어서 창의적 노동을 통해 자신의 창작 세계를 펼쳐 보이고, 나름대로의 성과로 원고료를 올림으로서 경제적 이득을 추구하려는 작가와의 갈등은 늘 존재한다고 보아야 한다.

특히 제작 능력이 떨어지는 감독이 권력을 가지고 드라마 제작 과정에서 주도권을 행사하려고 할 때는 드라마의 품질로 승부해야 하는 작가의 반발이 더욱 거세지고 새로운 형태의 갈등이 나타난다.

3) 작가와 감독에게 권력이 나누어져 있는 경우

드라마 제작 과정에서 작가와 감독의 위상이 비슷해서 권력이 나누어져 있는 경우에는 제작 과정의 모든 사안에서 갈등이 일어날 수 있다. 드라마의 방향, 캐스팅 문제, 대본 수정 문제 등에서 의견이 팽팽히 맞서서 적당한 타협점을 찾기가 힘들어진다. 권력이 나누어져 있다는 것은 두 사람이 작가나 감독으로서 대중의 지지를 받은 적이 없다는 것을 의미하기도 해서 서로의 판단을 신뢰하지 못하는 상황으로 발전한다. 이 경우는 서로의 권력에 순응하고 타협하는 마음이 없기 때문에, 갈등이 발생하면 오래 지속될 수 있으며, 두 사람의 치열한 경쟁 속에 한 사람이 드라마 제작에서 배제되는 상황도 벌어진다.

작가와 감독의 위상이 비슷할 경우, 대본 수정 문제에서 원만하게 해결점을 찾지 못하면 극단적인 결과로까지 발전할 수 있다. 대본 수정은 작가와 감독 사이에 매우 예민한 문제이며, 드라마 텍스트에도 큰 영향을 미치는 중요한 문제이다. 미디어 노동을 하고 있는 사람들에게는 창의적 표현에 대한 열망이 있기 때문에 작가와 감독이 대본 수정 문제로 부딪히면 극한 감정싸움으로까지 번진다.

그런 점에서 대본 수정 문제에 적당한 합의점을 찾지 못하고 감독이 일방적으로 대본을 수정하여 작가의 집필 중단 사태까지 이르렀던 2010년 10월의 SBS 드라마 〈대물〉 사건은 시사하는 바가 크다. 대본을 집필했던 황은경 작가는 기자와의 인터뷰에서 "오종록 감독과 의견차가 컸고, 대본을 내 것이라 부를 수 없는 상황이 되자 하차를 결심했다"고 밝히며 "마치 태교를 열심히 하고 배불러서 애를 낳았는데, 아이도 못 보고 쫓겨난 기분"이라며 답답한 심정을 토로했다.[20] 황은경 작가가 대본 수정 문제로 드라마에서 하차한 지 얼마 되지 않아, 오종록 감독도 제작사와의 불화로 드라마에서 하차했다. 서로 비슷한 위상을 가진 작가와 감독이 대본 수정에 합의점을 찾지 못해 두 사람 모두 드라마 제작에서 물러나는 상황으로 발전한 것으로 보인다.

20 윤고은, 「오종록 PD 〈대물〉서 완전히 빠진다. 자의적 선택… SBS 〈대물〉 제작진 내홍」, 『연합뉴스』, 2010.10.20.

그러나 드라마 생산 과정 속의 권력은 유동적이며 가변적이고 고정되어 있지 않다. 작가에게 쏠려 있던 권력이 감독에게 이동하기도 하고, 그 반대의 경우도 생긴다. 또한 위상이 비슷했던 감독과 작가가 치열한 권력 다툼을 벌여서 결국은 한쪽에서 권력을 차지하는 경우도 있다. N작가의 말대로 드라마 생산 과정에서 발생되는 권력은 유치한 권력이며 상대방을 "빨리 눌러버려서" 편해질 수 있는 독특한 특성을 가진 권력이다. 동시에 경제적 이득과 창의적 노동에 대한 열망을 충족시켜줄 수도 있는 이중적인 권력이다.

5. 두 드라마의 사례 연구를 통한 논의

이번 절에서는 두 드라마의 사례 연구를 종합적인 관점에서 살펴보겠다.

1) 〈알파〉 드라마 : 감독 주도의 무난한 협업

〈알파〉 드라마는 지상파 방송사에서 드라마 연출을 하고 있는 P감독이 권력을 가지고 주도적으로 제작을 했다. 앞 장에서 분석한 바와 같이 〈알파〉 드라마가 기획되어 방송까지 이르게 된 과정을 정리해보면 다음과 같다.

"J작가는 제작사와 뜻이 잘 맞아 〈알파〉 드라마를 큰 갈등 없이 개발(대본과 시놉시스)하여 방송사에 제출하였다. 〈알파〉 드라마는 본부장이 관심을 보였지만 기획자와 감독들의 반대로 편성이 이루어지지 않았고, 그 과정에서 J작가는 드라마의 대본을 계속 집필해 10~12회 분량의 대본을 확보했다. J작가는 편성이 늦어지는 고통을 겪으며 힘든 시간을 보냈고, 기획자 '라'는 편성 준비 중이던 드라마가 무산되면서 〈알파〉 드라마를 추진하기로 했다. P독은 본부장의 강권으로 내키지 않았던 〈알파〉 드라마의 대본과 시놉시스를 보게 되었고, 영화적이라는 장점을 살려서 〈알파〉 드라마를 연출하기로 결심했다. P감독은 톱 배우를 캐스팅해서 주말 9시대에 편성되어 있던 〈알파〉 드라마를 수목드라마로 바꾸었다."

이 과정에서 J작가와 P감독은 기획, 편성, 제작 단계에서 다른 생산자들과 타협 혹은 갈등을 일으켰고 그 과정을 극복해 나가면서 드라마를 생산했다.

(1) 이해관계가 잘 맞아떨어진 제작사와 작가

〈알파〉 드라마의 경우 기획 단계에서 J작가는 제작사와 상당히 좋은 관계를 유지하면서 갈등이 드러나지 않았다. J작가와 제작사는 〈알파〉 드라마를 대하는 시각에서 일치를 보았고 한쪽에서 무리하게 권력을 휘두르지 않았기 때문에 드라마 개발이 순조로웠다. 여기에서의 일치는 단순한 의견 일치가 아니라 〈알파〉 드라마 제작을 통해서 얻고자 하는 것이 동일했다고 보아야 한다. J작가는 〈알파〉 드라마를 통해 자신의 창의적 노동에 대한 열망을 충족하고, 방송국이 좋아하는 신데렐라 설정으로 편성을 받아 작가로서 명성도 얻고 경제적 이득을 취할 수 있다고 생각했다. 또한 제작사는 〈알파〉 드라마가 다소 올드한 설정의 통속극이기 때문에 제작비가 많이 들지 않으면서 시청률을 견인할 수 있다고 판단했다. 작가와 제작사의 이해관계가 맞아떨어지면서 대본 개발은 무난하게 진행하고 편성 단계로 들어갔다.

(2) 기획자와 감독의 극심한 대립

〈알파〉 드라마의 편성 단계에 여러 생산자들 사이에 갈등과 타협이 있었다. 〈알파〉 드라마 편성을 추진하던 본부장과 P감독의 갈등, 기획자와 P감독의 갈등, J작가와 P감독의 연합과 타협, P감독과 주연배우의 연합 등 갈등과 타협이 중첩되어 나타났다.

먼저 방송사 본부장과 P감독에 갈등에서는 P감독의 창의적 노동에 대한 열망과 방송사의 경제적 이득이 맞부딪힌 것으로 파악된다. 세련되든 세련되지 않든 통속극 설정은 제작비가 많이 들지 않는 특징을 가지고 있다. 게다가 J작가는 이제 막 미니시리즈를 공동 집필로 끝낸 신인 작가라서 원고료도 많지 않았다. 방송사 입장에서는 〈알파〉 드라마에서 어느 정도 안정된 수익을 창출된다면 제작비가 낮기 때문에 적지 않은 수익을 기대할 수 있는 상황이었다.

반면 P감독은 창의적 노동에 대한 열망이 강해서 "원하는 것을 표현하지 못하면 드라마를 하는 보람이 없는 것"이고, "벽돌 찍는 것과 다를 바가 없다"고 표현하는 사람이다. P감독이 본부장의 강권에 "통속극이 나랑 맞냐?"며 대응한 것은 자신의 예술적 취향에 맞는 드라마를 하겠다는 의지의 표현으로 보인다. 이 갈등은 P감독이 〈알파〉 드라마의 대본을 보고 장점을 읽어낸 후 해결된다. 그러나 본부장이 강권했을 때 P감독이 끝까지 거절할 수 없는 이유는 P감독이 방송사라는 조직 안에 있기 때문이다. 아무리 창의적 노동에 대한 열망이 강하다 하더라도 P감독은 방송사 조직의 권력 안에서 자유로울 수 없는 위치에 놓여 있다.

기획자와 P감독의 갈등 속에서도 조직이 가지는 권력이 드러났다. 기획자 '라'는 P감독과 갈등이 깊어지자 감독을 바꾸는 극단적 선택까지도 생각했었다고 술회했다. 방송사 안에서 감독이 영상 연출을 할 권한이 있다면, 기획자는 감독을 바꿀 권한이 있다. 그럼에도 불구하고 P감독이 끝까지 자기 의견을 꺾지 않으려고 했던 이유는 결국 드라마는 감독이 책임져야 하며 망했을 때는 "한 번에 훅 가는", 그래서 다시 드라마 연출을 하기 힘든 상황으로 갈 수 있기 때문이다. P감독의 이러한 고민은 드라마 생산의 특성상 흥행이나 작품성에서 실패한 감독이 다시 연출할 수 있는 기회를 갖는 게 쉽지 않다는 것을 설명해주고 있다.

드라마 제작 시스템이 외주 제작 위주로 변하게 되면서 방송사 소속 감독들의 위기감이 더욱더 커지고 있는 것으로 보인다. 김경희는 미니시리즈 제작에 대한 연출자들의 인식 연구를 수행하면서, 주어진 환경에서 정해진 시간 안에, 관습적 콘티로 많은 분량을 찍어내는 감독들은 자신들을 '찍새'라고 표현하는 점에 주목했다.[21] 드라마 기획 개발의 주도권이 상당 부분 외주 제작사에 넘어간 현실에서 연출자들이 스스로를 '찍새'로 인식하며 자신들의 처지와 상황을 상당히 개탄스럽게 여기고 있는 상황은 현재 우리나라 드라마 생산자들을 바라보는 중요한 관찰점을 제시한다.

(3) 작가와 감독, 배우의 무난한 협업

J작가와 P감독은 제작 단계에서 비교적 무난한 협업을 한 것으로 파악할 수 있다. J작가는 P감독을 경험이 많은 분, 원만하게 대화했던 상대로 기억하면서 드라마 생산 내에서 주도적인 권력을 행사하는 P감독에게 의지하면서 타협하는 모습을 나타냈다. 그러면서도 저작권이 자신에게 있고 자신은 "하늘이 내려준 스토리"를 쓰는 사람이라는 말로 창작자로서 작가의 정체성을 드러냈다. 여러 사람이 작가 충원을 이야기했지만 그럼에도 불구하고 J작가 혼자 써냈다는 P감독의 말 속에서 공동 작가 투입 의견이 있었다는 것을 읽을 수 있다. 아직 신인 작가인 J작가는 쪽대본이 나오고 드라마가 생방송으로 촬영되는 과정에서, 자신에게 불리하게 벌어지는 상황을 〈알파〉 드라마에 대한 저작권이 자신에게 있다는 것을 주장하며 극복했다. 이는 감독이 일방적으로 권력을 가지고 있는 드라마 생산 과정에서 저작권으로 자신을 보호하는 일종의 전략이라는 것을 알 수 있다. J작가는 전체적으로 P감독의 권력에 순응하면서 타협과 조율을 중요시했지

21 김경희, 「드라마 제작환경 변화에 대한 연출자들의 인식 연구 : 미니시리즈 제작 과정을 중심으로」, 고려대학교 언론대학원 석사학위 논문, 2012.

만, 신인 작가라는 불리함이 드러날 때는 나름대로의 전략을 구사하면서 극복한 것으로 보인다.

〈알파〉 드라마의 경우에는 제작 단계에서 톱 배우와 드라마 진행 방향에 대한 갈등이 보였는데, 이에 대해 P감독과 J작가는 톱 배우의 이야기를 수용함으로써 해결해나갔다. 드라마 제작 중에 톱 배우와 갈등이 불거지면 배우가 촬영 현장에 나오지 않는 경우도 생기기 때문에 어떤 감독도 주인공인 톱 배우와 갈등을 일으키고 싶어 하지 않는다. 2011년에 한예슬이 드라마 〈스파이 명월〉(KBS) 촬영을 중단하고 미국으로 도피했던 소위 '〈스파이 명월〉 한예슬 사태'는 감독과 톱 배우의 관계가 드라마 생산에 미치는 영향이 어떠한지 잘 알려주는 예라고 할 수 있다.[22] 그런 상황이 되면 좋은 드라마를 만들기는 어려운 상황이 되기 때문에 감독들은 가능한 주연배우들과 무난하게 지내며 최상의 상태에서 최고의 연기를 뽑아내고 싶어 한다.

〈알파〉 드라마의 제작 과정에서 톱 배우의 캐스팅으로 편성 시간대가 바뀌고, 톱 배우가 캐릭터에 대한 의견을 제시하며, 기획자와 감독의 격한 갈등 속에서 배우가 지렛대 역할을 하는 것은 드라마 생산 과정에서 상당히 중요한 의미를 가진다. 배우가 드라마 생산 현장에서 드라마 텍스트에 영향을 미치는 생산자로서 영향력을 행사하는 것을 구체적으로 보여주기 때문이다. P감독에 따르면 〈알파〉 드라마의 톱 배우는 다른 조건은 내걸지 않고 자신의 연기 변신과 새로운 캐릭터에 대한 도전으로 〈알파〉 드라마에 참여하게 됐다고 한다. 그러나 그런 선택의 배후에는 경제적 이득, 권력, 창의적 노동에 대한 열망에 대한 계산이 이루어지고 있다고 봐야 한다.

〈알파〉 드라마를 주도적으로 이끌었던 P감독은 자신을 '공명정대한 사

---

22 남지은, 「한예슬 촬영 거부 '스파이 명월' 결방 사태」, 『한겨레신문』, 2011.8.15.

람', '명분이 있는 사람', '감독만 빼고 다 이기적'이란 표현을 썼는데, 그런 점은 P감독이 드라마 생산 내에서 주도권을 차지하기 위해 정체성을 구축하는 과정으로 이해된다. 드라마의 상업화로 순수하게 드라마를 위해 존재하는 사람이 없는 것처럼 여겨지는 상황에서, 일정한 공익성을 담보해야 하는 지상파 방송사 소속의 감독으로서 공명정대함을 추구하는 것은 드라마 생산 과정에서 권력을 확보하기 위한 좋은 전략으로 보인다.

2) 〈베타〉 드라마 : 권력을 차지하기 위한 주도권 싸움

〈베타〉 드라마는 15년 만에 데뷔하는 G작가와 프리랜서 감독이 치열한 권력싸움을 하며 제작했다. 앞 장에서 분석한 바와 같이 〈베타〉 드라마가 기획되어 방송까지 이르게 된 과정을 정리해보면 다음과 같다.

"원작이 있는 드라마를 다른 작가와 진행하고 있었던 제작사는 대본이 만족스럽지 않자, 좀 더 센 이야기를 잘 써줄 G작가를 영입했다. G작가가 대본을 훌륭히 써내자 지상파 방송사에서 편성을 하고 싶다면서 대신 작가 교체를 요구했다. 제작사는 고민 끝에 지상파 편성을 포기하고 G작가를 선택하면서 원래 편성 의향이 있었던 케이블 방송사에서 방송을 하기로 결정했다. 그 후 프리랜서 감독인 S감독을 영입해 연출을 맡겼는데, 편성 단계까지 사이가 원만했던 G작가와 S감독은 제작 단계에서 드라마 진행 방향을 놓고 심한 갈등을 일으켰다. 두 사람은 제작 기간의 3분의 2정도는 전혀 대화를 하지 않고 전달 사항만 카톡으로 전하며 지냈다."

〈베타〉 드라마는 기획 단계에서 있었던 작가 교체와, 제작 단계에서 심각하게 나타났던 감독과 작가의 갈등에 주목해 볼 필요가 있다.

(1) 작가 교체

두 번째 사례 연구인 〈베타〉 드라마에서는 있었던 작가 교체는 기획 단계에서 일어났다. 〈베타〉 드라마는 원작이 있는 드라마였다. 편성 단계에서 작가 교체를 경험했던 I작가, 제작 과정에서 작가 교체를 경험했던 H작가, G작가 이전에 〈베타〉 드라마를 집필했던 작가 모두 원작이 있는 드라마에서 그런 일을 겪었다. 원작이 있는 경우 작가를 교체해도 저작권 문제가 발생되지 않기 때문에 제작사는 작가 교체를 가볍게 생각하는 것으로 보인다.

제작사에서는 신인 작가들이 안정적으로 편성을 받기 위해, 외국 드라마나 국내외 소설, 만화, 웹툰 등의 원작이 있는 드라마를 기획하기를 원하지만, 작가들은 원작이 있는 경우 언제든지 작가를 교체할 수 있기 때문에 원작이 있는 드라마 개발을 꺼려하는 편이다. E작가는 원작이 있는 드라마를 각색하게 되면 "내 것도 아니고 남의 것도 아닌 아주 애매한 드라마"가 된다고 표현하면서 원작이 있는 드라마에 대한 불편함을 토로했다. 분석한 바와 같이 작가가 원작이 있는 드라마를 하게 되면 드라마 기획 단계뿐만 아니라 편성 단계, 심지어 제작 단계에서까지 계속 작가가 교체에 대한 불안감에 시달려야 하기 때문에, 생산자들 간의 갈등의 폭이 더 커질 수 있는 것으로 파악된다.

(2) 창의적 노동에 대한 열망을 둘러싼 싸움

미디어 노동은 기계적 · 반복적인 숙련노동이라기보다 늘 새롭고 재미있고 다채롭고 모험적인 창의 노동이며, 바우만이 말한 심미화된 노동[23]에 가깝다.[24] 〈베타〉 드라마에서 S감독과 G작가의 치열한 갈등의 원인은

---

23 Bauman, Z., op. cit.

24 이상길 · 이정현 · 김지현, 「지상파 방송사 비정규직 노동자의 직무인식과 노동

막장 코드, 개연성 없는 사건, 순수하지 않은 드라마 방향성(S감독)이었다. S감독은 G작가의 대본에는 센 설정만 있을 뿐 "연출자와 배우가 등장인물에 감정을 이입할 수가 없었다"며 불만을 토로했다. 반면 G작가는 '텐션', '센 이야기', '일상성에 대한 두려움', '채널이 돌아갈까 봐'를 강조하며 강한 설정으로 드라마를 끌고 나갔다. 정리해서 말하자면 S감독은 드라마의 성공도 중요하지만 〈베타〉 드라마를 일하는 과정 속에서도 즐겨야 하는 것으로 인식했다. 반면, G작가는 〈베타〉 드라마가 빨리 터져서 시청률로 뭔가를 보여줘야 된다는 강박관념을 가지고 있었다. 드라마의 주요 생산자인 감독과 작가가 같은 드라마를 놓고 상반된 생각을 가지고 있었기 때문에 갈등이 깊어갔다. 즉 S감독은 자신이 하는 일이 늘 새롭고 재미있고 다채롭고 모험적인 창의 노동이기를 바랐고, G작가는 시청률에만 집중하여 정신적으로 여유가 없는 상태였다.

S감독이나 G작가 중 누군가 더 센 권력을 가졌더라면 드라마 방향이 한쪽으로 쏠리면서 갈등이 좀 줄어들 수도 있었을 것으로 판단된다. 그러나 앞 장에서 분석한 바와 같은 두 사람은 드라마 안에서 비슷한 위상을 가진 사람들이었고 대본 수정 등 구체적인 사건 속에서 갈등이 더욱 격화되었다. 다시 말해 갈등의 핵심이 창의적 노동에 대한 열망이 되었든 돈이 되었든 권력 자체가 되었든 작가의 감독의 위상이 비슷할 때 그 둘의 갈등은 증폭된다는 것이다. 캔터는 할리우드에서 드라마를 제작하는 프로듀서와 작가의 갈등을 연구하면서 이들 간의 갈등은 상위 및 하위의 구조보다 동등한 위치에 있을 때 발생한다는 점에 주목했다.[25] 특히 이들은 정치적·사회적 이상에 대한 가치 충돌이 아니라 캐스팅 결정 또는 스토리 아이디

경험 : 파견직 FD에 대한 심층 인터뷰를 중심으로」, 『방송과 커뮤니케이션』 14 권 2호, 2013.

25 Cantor, op. cit.

어 같은 문제로 부딪히게 된다면서 위상이 비슷한 작가와 감독의 갈등의 요인이 되는 부분을 설명했다.

〈베타〉 드라마의 갈등의 1차적인 요인은 드라마를 보는 시선이 다른 데 있었지만, 그 안에 드라마를 통한 성공이 내포되어 있기 때문에 경제적 이득과도 깊게 연관이 되어 있다. 이렇게 생산자들과의 관계 속에서 권력을 차지하기 위한 주도권 싸움은 경제적 이득과 창의적 노동에 대한 열망이 서로 중첩적이다.

이기형이 주목한 미디어 생산자 연구의 의미[26]로 설명해보면, 드라마 생산자들 사이에 벌어지는 갈등은 긴요한 협업을 해야만 하는 드라마 생산 과정의 특징에서 기인하며 주도권을 갖지 않으면 살아남기 힘든 드라마 생산 시스템의 제도적인 영향력들 때문이기도 하며, 창의적 노동에 대한 열망에 가치를 두는 생산자들의 가치와 관심이 충돌하는 과정에서 생기기도 한다.

---

26 이기형, 「"현장" 혹은 "민속지학적 저널리즘"과 내러티브의 재발견 그리고 미디어 생산자 연구의 함의」, 『언론과 사회』 18권 4호, 2010.

드라마 작가 연구가 가야 할 길

지금까지 30명의 드라마 생산자들을 대상으로 한 심층 인터뷰와 월간 『방송작가』, 언론 기사 등을 분석하여 드라마 제작 시스템 변화 속에서 드라마 작가들을 양성하는 체계적인 시스템이 사라져갔고, 과거보다는 드라마 작가 지망생들이 훨씬 더 많은 시간 동안 혹독한 습작기를 거친다는 점과 그러한 과정 속에서 드라마 작가들은 어떤 정체성을 형성하는지, 그들의 생존 방식의 특성은 무엇인지를 알아보았다. 또 상업화된 드라마 외주 제작 시스템 안에서 드라마 작가를 중심으로 하는 드라마 생산자들의 관계가 어떻게 변화하고 있는지 살펴봄으로써 그 안에 작동하는 갈등 요소들을 추적했다.

이번 장에서는 이제까지의 논의를 요약하며 지금까지 발견한 드라마 생산자들의 관계의 특성, 갈등 요소들이 미디어 생산 연구 내에서 어떠한 함의를 갖는지 정리하고자 한다. 마지막으로 연구의 한계를 반성하고 후속 연구를 위해 제언을 하는 것으로 마무리하겠다.

1. 드라마 작가 연구의 활성화

　필자는 미디어 생산 연구의 중심에 있는 TV 드라마 작가들을 중심으로 생산자 연구를 하기 위하여 작가, 작가 지망생, 감독, 방송사 기획자, 연예 기획사, 제작사 등 생산자 30여 명에 대한 심층 인터뷰와 월간『방송작가』, 언론 기사 등의 질적 자료를 조합하여 분석하였다.

　그 결과, 드라마 작가 지망생들은 창작에 대한 열망과 운명적인 선택, 보다 나은 사회적 · 경제적 처우가 동기가 되어 드라마 작가가 되는 길에 들어서지만 습작기부터 치열한 경쟁에 시달리고, 혹독한 보조작가 생활을 경험하는 등 새로운 어려움에 직면하는 것으로 나타났다. 또한 교양 · 예능 구성작가들의 드라마 작가 입성이 활발해졌는데, 이는 비드라마 작가인 교양 · 예능 구성작가들의 처우가 드라마 작가에 비해 매우 열악한 데다가 드라마의 영역이 넓어지면서 구성작가들의 참여 가능성이 많아졌기 때문이다. 한편, 단막극이 없어지고 드라마 제작이 외주 제작사 중심으로 이루어지고 있는 방송 환경은 드라마 작가 지망생들이 데뷔를 하는 데 장애 요인이 되고 있다.

　드라마 작가들은 드라마 쓰는 일을 운명으로 받아들이며 천형(天刑)으로 느낄 만큼 고통스러워하면서도 글을 써야 하는 고독한 창작자로서의 정체성을 가졌고, 무슨 일이 닥쳐도 제 시간 내에서 드라마를 써내야 하는 미디어 노동을 수행하는 생산자로서의 정체성을 가졌으며, 성공만 하면 높은 원고료를 받을 수 있는 불안정한 고소득 수입자로서의 정체성을 가졌다. 또한 사람들에게 기쁨과 위로를 주는 사회공헌자로서의 정체성, 시청률로 대중을 만족시켜야 하는 문화산업 내 콘텐츠 생산자로서의 정체성 등을 가지고 있었다.

드라마 작가들은 경쟁이 심한 드라마 산업 내에서 나름대로 생존해나가면서 고도의 정치력을 갖춘 전략가, 실패와 좌절 속에 방황하는 창작자로서 원고료 차이로 형성된 계급 사회에 순응하는 특성을 띠고 있었다. 드라마 작가의 정체성과 생존 방식의 특성을 탐색하는 과정에서 드라마 작가의 노동의 특성에 대해 주목하였는데, 드라마 작가의 노동은 심미적 노동[1]이며, 심미적인 노동은 자율성과 즐거움을 불러일으키는 동시에 희생과 불안, 고립감 역시 가져오는 양가감정의 원천으로 작용한다는 것을 살폈다.[2]

드라마 생산자들의 갈등은 드라마 대본의 저작권을 가진 작가와 편성권을 가진 방송사의 힘을 배경으로 하는 감독, 그리고 경제적 자본을 소유한 제작자와 문화적 자본을 무기로 드라마 생산에 개입하려는 배우가 끊임없이 권력다툼을 하면서 발생한다. 이 갈등은 우리나라의 드라마 생산 과정이 합리적인 시스템에 따라 체계적으로 움직이지 않고, 예측할 수 없는 다양한 변수에 의해서 편성이 결정되거나 취소되는 불안정적인 시스템 속 있기 때문에 더욱 치열하게 나타난다. 이러한 불합리한 방송 시스템에서 드라마 작가 지망생들과 신인 작가들은 작가로 성장하는 데 큰 어려움을

---

1   Bauman, Z., op. cit.
2   Hesmondhalgh, D. & Baker, S., *Creative Labour: Media Work in Three Cultural Industries*, London and New York: Routledge, 2011.

겪고 있으며 시청률로 인정받은 인기 작가들은 드라마 제작 전반을 주도
하고 책임지는 프로듀서로서 역할을 하는 등 상반된 모습을 보였다.

또 드라마 생산자들은 더욱더 상업화되는 드라마 제작 환경 속에서 권
력, 경제적 이득, 창의적 노동에 대한 열망을 놓고 치열하게 갈등을 빚고
있었다. 드라마 생산자들의 권력은 기획 단계, 편성 단계, 제작 단계를 거
치면서 다양한 갈등을 만들어낸다. 초기 대본(1~4회)과 시놉시스를 개발
하는 드라마 기획 단계는 자본을 가진 제작자의 권력이 극대화되는 시기
로, 신인 작가들은 제작사의 요구에 휘둘리며 경제적 이득을 추구하는 제
작사의 요구에 맞춰 대본을 개발하고, 인기 작가들은 제작사와 계약함으
로써 드라마 내용, 편성, 캐스팅 등을 모두 책임지는 프로듀서 역할을 시
작하는 것으로 나타났다. 이 과정에서 드라마 개발에 있어서 주도권이 없
는 신인 작가들은 표면적으로는 제작사의 권력에 순응하면서도 방송사와
직접 거래를 모색하는 등 나름대로의 새로운 도전을 통해 돌파구를 찾는
전략을 구사하기도 했다.

드라마 편성 단계에서는 방송사의 권력이 가장 막강한 시기로 방송사를
대표하는 기획자(CP/EP)의 선택과 판단이 매우 중요한 것으로 나타났다.
편성 단계는 방송사가 제작사로부터 제출된 수많은 드라마 기획안(대본과
시놉시스) 중에 드라마를 제작할 것을 정해서 드라마 시간대에 편성을 확
정하는 시기이기 때문에, 그 과정에서 드라마 작가들은 편성의 벽을 실감
하면서 편성 전쟁을 치르며, 뒤늦게 합류한 감독들과 불협화음을 겪기도
하며 작가가 교체되기도 하는 등 여러 가지 일들을 경험한다. 이미 기획
단계에서 편성이 확정된 인기 작가의 경우에는 편성 단계에서 구체적으로
방송사와 드라마 내용을 논의한다. 신인 작가나 비인기 작가들은 이 시기
에 편성이 늦어질 경우 케이블 방송사로 선회하는 전략을 펴면서 자신들
의 집필한 드라마가 제때에 방송되도록 하는 민첩함을 보이기도 한다. 이
때는 배우의 캐스팅이 완료되는 시기여서 감독이나 제작사는 경쟁력 있는

톱 배우들을 캐스팅함으로써 자신들에게 유리한 편성의 조건을 만들어내기도 한다.

촬영을 시작해서 본격적인 제작 과정에 진입하는 드라마 제작 단계에서 상대적으로 제작사와 방송사 기획자의 권력은 약해지고 드라마를 실질적으로 끌어가는 감독과 작가의 권력이 강해진다. 신인 작가나 비인기 작가의 경우, 대본 개발 과정이나 편성 과정에서 다소 불리했던 입장이 '드라마 집필을 맡은 작가'로서 확고해지며 시청률이 잘 나오게 되면 작가의 위상이 달라지기도 한다. 이 시기에는 작가가 권력을 가지고 있을 경우와 감독이 권력을 가지고 있을 경우, 그리고 작가와 감독의 권력이 비슷하게 나누어져 있을 경우 등, 각각의 경우에 각각 드라마 생산자들의 갈등이 다르게 나타나는 것을 확인할 수 있었다. 특히 작가와 감독의 위상이 비슷해서 한쪽에서 강력한 주도권을 행사할 수 없을 때는 작가와 감독의 치열한 갈등이 일어나 드라마 내용에까지 영향을 준다.

두 드라마의 사례 연구를 통해서는 드라마가 개발되어 방송되기까지의 다양한 과정을 살피면서 각 단계별로 달라지는 생산자들의 권력관계를 구체적으로 살필 수 있었다. 〈알파〉 드라마에서는 편성 단계에서 톱 배우가 캐스팅되면서 편성 시간대가 바뀌는 것을 확인했다. 감독이 권력을 가지고 주도적으로 드라마를 이끌었지만 작가도 저작권을 무기로 삼아 공동 집필의 위협을 막아내는 등 감독과의 타협과 조율 속에서도 저항을 하며 자신의 입지를 굳혔다.

〈베타〉 드라마에서는 위상이 비슷한 작가와 감독이 함께하면서 치열한 권력다툼이 일어났는데 표면적으로는 드라마 내용에 관한 갈등, 즉 창의적 노동에 대한 열망이었지만, 사실은 드라마의 성공으로 발생되는 경제적 이득에 관한 싸움으로 파악됐다. 드라마 생산자들 사이의 갈등 요소인 권력과 경제적 이득, 창의적 노동에 대한 열망은 매 단계마다 중첩적으로 나타난다는 것도 알 수 있었다. 또한 〈알파〉드라마와 〈베타〉 드라마의 사

제6장 드라마 작가 연구가 가야 할 길

례 연구에서는 작가들이 감독의 신분에 따라 다르게 반응한다는 것도 확인할 수 있었다.

이 책에서는 그동안 미디어 생산자 영역에서 거의 공백으로 남겨져 있던 드라마 생산자들에게 집중하여 드라마 생산자들 사이에 갈등을 관찰하고 이들 사이에 내밀하게 작용되고 있는 힘들과 상호작용에 대해 구체적으로 살펴보았다. 특히 두 드라마의 사례 연구는 드라마 제작 전반에 이르는 생산자들의 갈등과 타협의 과정을 구체적으로 읽어낼 수 있어서 드라마 생산 연구에서 사례 연구 중요성을 다시 한 번 일깨워주는 계기가 되리라 생각한다.

또한 드라마 생산의 매우 긴요한 생산자임에도 불구하고 그동안 조명되지 않았던 드라마 작가의 노동에 대해 천착하여 구성작가와는 전혀 다른 드라마 작가만의 노동 과정의 특징을 밝혔다. 마지막으로 역시 아직은 시도된 바 없는 드라마 작가로서의 성장 과정을 추적함으로써 드라마 작가의 연구에 새로운 단초를 제공했다. 그동안 드라마 작가가 어떻게 만들어지는지, 또 드라마 작가 지망생들이 어떠한 궤적을 통해서 드라마 작가의 세계로 진입하거나 진입하지 못하는지에 대한 연구가 없었다. 이번 연구가 실마리가 되어 드라마 작가 연구가 활성화되기를 기대한다.

2. 드라마 생산 연구 확대

콜드웰은 생산자이자 연구자인 사람들의 대한 인터뷰를 통해 이들이 얼마나 비판적 거리를 유지하면서 연구를 수행하는지 물었다.[3] 콜드웰의 질문에 솔직하게 대답하자면 엄격한 거리를 지켰다고 대답하기 힘들 것이다. 필자 역시 드라마 생산자로서 이 책에 등장하는 많은 사례와 비슷한 지점에서 생산자들이 겪는 갈등과 타협을 경험했기 때문에 일정 정도 치우치고 개별화된 경험이 연구에 반영되었을 수도 있다는 점을 고백하지 않을 수 없다. 그러나 질적인 연구가 연구자 개인의 주관성과 통찰성에도 상당한 의미를 두는 방법론임을 감안하면, 내부자로서 드라마 생산 현장에 대한 이해가 높고 오랫동안 품고 있었던 문제의식들을 풀어낸다는 면에서는 내부자가 연구자인 점이 긍정적인 측면이 많았다고 볼 수도 있을 것이다. 이 책은 드라마 생산자인 필자 개인에게도 큰 의미가 있다. 필자 자신이 드라마 작가로 살아왔던 궤적을 돌아보고 변화하는 드라마 제작 시스템 속에서 드라마 생산자로서 내가 서 있는 좌표가 어디인지를 확인

---

3   Caldwell, J, T, Production culture : industrial reflexity and critical practice in flim and television. Durham, N.C : Duke University Press, 2008.

하는 좋은 계기가 되었다.

그럼에도 불구하고 이 연구는 몇 가지 한계를 가지고 있다. 먼저 드라마 작가 지망생부터 36년간 꾸준히 드라마를 써온 대작가까지 범위를 넓혀서 연구를 하다 보니 좀 더 세밀한 주제, 예를 들면 드라마 작가들의 스토리텔링 전략이라든가 문화 콘텐츠 생산자로서 집필 과정에서 구체적으로 고민하는 내용 등을 상대적으로 많이 담지 못했다. 또한 외주 제작 시스템 위주로 드라마 생산자들과의 관계를 연구한 까닭에 일부 방송사 자체 제작으로 진행되는 드라마에 대해서는 초점을 맞추지는 못했다. 또한 드라마 작가를 중심으로 연구가 진행되어 방송사나 제작사, 그리고 연예기획사의 입장이 상대적으로 적게 기술된 부분이 역시 이 연구의 한계로 볼 수 있을 것이다.

이 연구를 수행하면서 "물꼬를 튼다"는 말이 뜻하는 무슨 뜻인지 깊게 생각하게 되었다. 물꼬는 논에 물이 들어오거나 나가게 하는 좁은 통로를 말하는데, 이 연구를 시작으로 드라마 생산자 연구의 본격적인 물꼬가 트여 앞으로 더 많은 드라마 생산자 연구가 활발하게 이루어지를 간절하게 바란다.

그런 의미에서 후속 연구를 위한 몇 가지 제안을 하려고 한다. 현재 드라마 제작 환경은 매우 열악하다. 연구 대상이었던 50대 중견배우의 솔직한 진술을 통해서 우리 드라마 제작 현장의 생생하게 전달해본다.

> 이렇게 급히 찍어대면서 사고 안 나는 게 신기하다니까요. 〈○○○〉 같은 드라마는 정말 끔찍했던 게…… 난 그런 경우 처음 봤어요. 1, 2부부터 A, B팀이 도는 거야. 4월 20일경, 그때쯤 첫 방송인데 4월 10일부터 찍었으니까, 워낙 기획이나 이런 거 자체가 늦었다고 하더라구요. 편성문제로 왔다갔다 그랬겠지요……. 물론 구체적인 내막은 잘 모르겠지만, 보통 4부 정도나 돼야 B팀 돌고 그러는데, 그래도 그렇게 나온 거 보면 신기해요. 마지막 회를 방송 당일 6시 반까지 찍어대던가 그래요. 그

래서 쫑파티 시간이 계속 미뤄지는 거야. 원래는 6시에 하기로 했는데 7시, 8시…… 이렇게요. 8시에 사람들이 좀 모였는데 주연배우들은 9시 다 돼서 왔지요. 지방에서 왔으니까. 배우 '다'

단막극도 아니고 특집극도 아닌 16부 이상의 미니시리즈 드라마를 방송 열흘 전, 보름 전에 촬영하는 것이 우리나라 드라마 제작 현장의 적나라한 모습이다. 이러한 제작 관행에 대해서 단순히 사전 제작이 되어야 한다, 편성이 빨리 정해져야 한다는 원칙론적인 입장에서 접근하지 말고 왜 사전 제작이 안 되고 왜 편성이 빨리 정해지지 않는지, 다층적이며 다각적인 심도 있는 연구가 진행되어야 한다. 이러한 제작 관행 속에서 우리 드라마가 놓치고 있는 것이 무엇이며, 앞으로 무엇을 향해 가야 하는지도 고민해 보아야 한다.

또한 드라마 생산자의 시각에서 제작 시스템에 대한 연구가 이루어졌으면 한다. 기존의 연구들은 산업적인 측면에서 드라마 제작 시스템을 연구해왔다. 그러나 드라마가 생산자들의 손끝에서 만들어지고 문화생산물로서 텍스트에 의미가 담겨지는 것을 감안하면, 문화 연구 영역 내에서 드라마 생산자의 시각에 입각하여 드라마 제작 시스템에 대한 연구가 이루어져야 한다.

드라마 개발 → 제작사 피칭(pitching) → 방송사 피칭 → 파일럿(pilot) 제작 → 정규 편성 확정 등 비교적 투명하고 단계적인 과정을 밟아가는 미국과는 달리 우리나라는 드라마 생산 초기 과정에 너무 많은 생산 변수가 등장하고 그 과정에서 서로 주도권을 쥐려고 하기 때문에 생산자 사이의 갈등이 깊어진다. 권력을 쥐기 위한 주도권 싸움은 결국은 경제적인 이득과 연결되고 감독과 작가에게는 가장 중요한 가치로 여기는 창의적 표현의 제한까지 이어져 극한 대립을 일으킨다.

지금의 외주 제작 시스템은 상당히 기형적인 시스템이다. 제작사의 자본이 들어오고 작가 집필 계약을 외주 제작사와 하는 것을 빼면 거의 모든 시스템이 방송사 안에서 이루어진다.[4] 방송사 소속의 감독이 연출하고 방송사 소속의 카메라맨이 촬영을 하고 방송사 안에 있는 편집실에서 편집을 한다. 방송사 소속 감독이 드라마 생산 안에서 권력을 놓지 못하는 이유도 일정 부분 이런 제작 과정의 특징에서 발생한다. 감독이 주도권을 놓으면 실질적으로 드라마를 제작하는 데 많은 어려움이 있다. 기형적인 외주 제작사 시스템 안에서는 감독이 방송사 안의 사람도 통제해야 하고 밖의 사람도 통제해야 하기 때문이다. 이런 방송 제작 환경을 먼저 바꿔야 한다.

현재 한국 드라마는 상당한 위기에 봉착해 있다. 일본 드라마 수출 시장은 막혔으며 중국 시장은 동영상 규제로 인해 훨씬 판매가 어려워졌다. 전 세계를 놀라게 했던 한류 현상은 이미 과거형이 되어가고 있다. 제작비는 늘어나는데 드라마를 팔 곳은 점점 줄어들고 있는 셈이다. 이런 상황에서 한국 드라마가 다시 살아나기 위해서는 생산자 사이에 갈등을 줄이는 합리적 제작 시스템을 구축해서 드라마 콘텐츠 개발에 전념해야 한다.

드라마 작가 시스템에 대한 연구도 절실하다. 역시 드라마 생산자의 시각에서 작가 시스템에 관심을 가지고 연구를 진행할 필요가 있다. 미디어 생산 밖에서 이뤄지는 드라마 작가의 노동이 미디어 생산 시스템 안으로 들어와야 한다. 다시 말해서 습작기, 보조작가 시절을 드라마 생산에 참여하면서 보낼 수 있는 새로운 작가 시스템이 만들어져야 한다. 미국의 경우에는 습작기 시절부터 작가실(Writer Room)의 멤버로 참여하며 드라마 생산 과정을 함께한다. 작가실에서 토의하는 모든 일을 기록하는 '작

---

4   최근 케이블 드라마의 성장으로 방송사 바깥의 세트장을 활용하는 등 조금씩 변화가 일고 있지만, 여전히 방송사 인력과 장비를 이용하는 제작이 주를 이루고 있다.

가 보조(writer's assistant)'부터 직원처럼 작가실에 상근하는 '스태프 작가(Staff writer)', 스토리만 집중적으로 생각하는 '스토리 에디터(Story editor)' 등 10단계 등급의 작가들이 정당한 보수를 받고 그에 맞는 일을 하면서 작가실에서 성장한다[5](그림 4 참조). 또 이들은 6,000명의 작가가 가입해 있는 미국작가조합(WGA)에 의해 최저임금을 보장받는다. 우리나라처럼 드라마 작가 되는 길이 고난의 연속이며 자기 착취 과정이자 기본 생활비도 벌기 힘든 혹독한 가시밭길이 아니다. 드라마를 책임지는 '쇼 러너(Show Runner)' 밑에서 많은 작가들이 자신에게 맞는 역할을 해내며 정당한 대가를 받고 드라마를 공동 집필하고 있다. 미국 드라마의 힘은 6~7명의 작가들이 합리적인 시스템 안에서 드라마를 집필하는 시스템에서 나온다.[6]

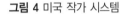

그림 4 미국 작가 시스템

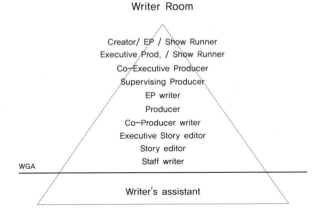

출처: 한국전파진흥협회, 『방송 콘텐츠 글로벌 집필능력 강화를 위한 국외 심화교육 연수보고서』, 2015.

5　그림 4에서 보는 바와 같이 writer's assistant 외에 모든 작가들이 작가조합에 의해서 최저임금을 보장받는다. 물론 writer's assistant들도 경력을 쌓으면 미국작가협회 회원이 되어 똑같은 혜택을 받을 수 있다.

6　김미숙, 「미국 작가협회 역할과 미국 작가 시스템」, 『한국전파진흥협회 연수보고서』(방송 콘텐츠 글로벌 집필능력 강화를 위한 국외 심화교육), 2015.

우리나라의 경우도 실제로 인기 작가 몇몇은 6~7명의 보조작가들을 고용하여 사실상 공동 집필 시스템으로 대본을 쓰는 것으로 알려져 있다. 이 경우 작가 파워가 강력하고 보조작가들의 비용은 메인작가가 모두 지불하기 때문에 통제가 가능하지만, 인기 작가가 아닌 작가의 경우에는 그 많은 돈을 투자하기도, 밑의 보조작가들을 통제하기도 어렵다.

미국의 경우, 헤드작가인 쇼 러너가 작가실을 꾸리면 제작사가 작가실의 모든 등급의 작가와 계약을 맺는다. 쇼 러너는 개인적으로 재정적인 부담을 받지 않으면서 자신이 원하는 작가들을 뽑아 드라마에 참여시킬 수 있다. 작가들은 공동 집필을 통해 자신의 이름을 극본 크레디트에 올릴 수 있으니 최선을 다하게 되고, 당연히 드라마 품질은 높아진다. 미국 시스템이 무조건 더 좋다는 식의 생각은 위험하지만, 미국의 장점과 우리 드라마의 특성을 잘 조합하면 한국에 적합한 드라마 작가 시스템을 만들어갈 수 있을 것이다.

이미 우리나라 드라마는 혼자서 써낼 수 없는 분량이 되어버렸다. 이번 연구에서 나타난 것처럼 이미 메인작가 뒤에서 수천만 원을 받고 일정 분량을 대신 써주는 '섀도(shadow) 작가'가 등장했다. 인기 작가들은 6~7명의 보조작가를 고용하여 사실상의 공동 집필을 하기도 한다. 이런 기형적인 작가 운용이 투명하고 체계적인 시스템으로 바뀌어야 한다. 작가 시스템의 변화는 작가 개인의 노력으로만 되는 게 아니며, 작가들 전체가 힘을 합친다고 되는 것도 아니다. 드라마 제작 시스템과 드라마 작가 시스템의 변화를 위해서 드라마 제작 현장에서나 학계에서 많은 노력을 기울여야 한다. 그래야 한국 드라마가 콘텐츠 측면에서 더욱 성장할 수 있다.

드라마 시장은 새롭게 개편되고 있다. 지상파 드라마의 시청률이 계속 떨어지면서 위기감이 느껴지고 있는 가운데, 케이블과 종편 드라마들은 새로운 포맷으로 드라마의 영역을 확장하고 있고, 인터넷과 모바일 같은 새로운 플랫폼에 의해 생겨나고 있는 웹드라마도 빠르게 성장하고 있다.

2016년에는 세계 50여개 국가에서 6,500만 명의 가입자를 거느린 세계 최대 인터넷 기반 TV 서비스 사업자 넷플릭스(Netflix)가 한국에 진출했다. 넷플릭스는 한국에서 오리지널 한국 드라마를 만들 계획도 세우고 있어 드라마 제작 환경이 다시 한 번 바뀔 것으로 전망된다. 넷플릭스의 한국 진출은 본격적인 '미드'의 상륙을 의미하는 것이어서 지상파 드라마의 시청률 저하로 위기감을 느끼고 있는 우리나라 드라마 시장에 또 다른 변수로 작용할 수 있다. 또 드라마를 중국에 수출하기 위해서는 사전 제작을 해야 하는 상황으로 바뀌고 있다. 우리 스스로 해결하지 못했던 쪽대본 문제 등이 외부의 압력으로 바뀌어가는 기이한 현상이 일어나고 있는 셈이다.

이렇게 요동치는 드라마 제작 환경에서 구체적으로 향후 드라마 생산 영역에서 연구할 부분을 정리해보면 크게 세 가지로 나눌 수 있다. 첫째, 최근에 일고 있는 블록버스터 드라마와 복고풍 드라마의 생산 과정에 대한 연구를 할 필요가 있다. 〈디데이〉(jtbc, 2015), 〈태양의 후예〉(KBS, 2016), 〈사임당 빛의 일기〉(SBS, 2017) 등은 100억대가 훌쩍 넘는 예산을 투입한 블록버스터 드라마다. 홍콩 엠퍼러그룹의 자회사 엠퍼러엔터테인먼트코리아(EEK)가 〈사임당 빛의 일기〉에 100억 원을 투자하고 공동 제작 계약을 맺는 등 투자도 활발하게 일어나고 있다. 수출입은행도 〈태양의 후예〉에 30억, 〈사임당 빛의 일기〉에 10억을 투자했다. 블록버스터 드라마의 탄생 배경과 생산 과정 그리고 그 과정 안에서의 생산자의 역할에 대해 주목을 해 볼 필요가 있다.

〈응답하라〉 시리즈 같은 복고풍 드라마의 강세에 대해서도 연구가 필요하다. 생산 영역에서 복고풍 드라마가 등장하게 된 배경이라든가 생산자들이 주도하는 생산 과정의 특징의 무엇이었는지 살펴보는 일은 중요하다. 특히 〈응답하라〉 시리즈는 기존의 '드라마의 문법'을 갈아엎는 시도를 하고 있다. 선인과 악인, 절제할 수 없는 욕망을 가진 인물과 그 욕망을 제어하려는 인물이 필수적이었던 드라마 문법을 해체하고 각기 다른 개성과 성향을 가진 선한 인물을 등장시키고, 그들 사이에 흐르는 미묘한 감정만으로 과거 시대를 관통하며 드라마를 만들어내고 있다. 기존의 드라마의 문법을 파괴했는데도 경이로운 시청률을 올리고 있다. 이러한 드라마의 탄생은 어떻게 가능한 것인지 생산 영역에서 주목하여 연구를 해야 할 것이다.

두 번째로, 생산자 연구의 확장이라는 측면에서 연구를 진행할 필요가 있다. 드라마 작가 연구가 시작되었으니 드라마 감독에 대한 본격적인 연구가 뒤따라야 할 것이다. 드라마 감독 시각에서 생산자 연구가 이루어진다면 드라마 작가의 시각에서의 생산자 연구와 또 다른 관점을 제시할 수 있을 것이다. 또한 이 책에서 작은 비중으로 다루어졌던 방송사 기획자 연구, 제작사 프로듀서에 대한 연구, 경영이나 제도적인 측면에서 드라마 생산에 영향을 끼치는 연구도 가능할 것이다. 방송사 기획자의 경우, 많은 드라마들이 제작사에서 기획을 하여 방송사로 들어오는 현재의 제작 시스템 안에서 '책임자적 기획'과 '콘텐츠적 기획' 사이에서 입장을 달리하며 드라마를 기획하고 있다. 이러한 부분에 초점을 맞추어서 달라진 방송사 기획자들의 면면을 살펴보는 생산자 연구도 흥미로울 것이다.

또한 이 책에 일부 등장했지만 제작사 소속 프로듀서에 대한 연구도 의미가 있다. 드라마 외주 제작 시스템 속에서 새로운 직업으로 등장한 제작사 소속 프로듀서는 원래 방송사 기획자가 가지고 있던 기획의 기능을 나누어 가지게 되면서 상당히 중요한 드라마 생산자로 부상하고 있다. 더 세밀하게 구분하자면, 제작사 소속 기획 프로듀서는 방송사 기획자의 드라마 개발 업무를 가져왔고, 제작사 소속 라인(제작) 프로듀서는 방송사 조연출의 드라마 제작비 관리 업무를 가져왔다. 생산 영역에서의 이러한 변화는 생산자들의 역학관계에도 적지 않은 영향을 미치고 있기 때문에 제작사 소속 프로듀서에 대한 연구도 이루어져야 한다.

또 방송사의 경영이나 제도 측면에서 생산 연구를 하는 것도 필요하다. 방송사 경영진의 의식 성향이나 사고 체계는 그들이 사실상 드라마 제작의 결정권을 쥐고 있다는 점에서 상당히 중요하다. 그런 측면에서 방송사 경영에 관계된 사람들과 드라마 생산 시스템 등 생산과 관련된 제도를 만드는 사람들에 대한 연구가 이루어져야 한다.

세 번째, 드라마의 텍스트와 생산 과정의 상호작용을 분석하는 구체적인 사례 연구가 진행되어야 한다. 이 책에서도 나타났듯이 드라마 생산 과정과 생산물인 텍스트는 떼려야 뗄 수 없는 밀접한 관계를 가진다. 드라마의 장르를 결정하는 생산 과정을 요인들을 살피고 그 과정 속에서 생산자들이 수행하는 역할에 대해 살펴볼 필요가 있다. 예를 들면 한때 '사극불패'라는 말이 상징하듯이 사극이 시청률과 화제성 면에서 드라마를 선도했지만 최근에는 그다지 큰 영향력을 발휘하지 못하고 있으며 오히려 복고풍 드라마나 장르물이 득세하고 있다. 로맨틱 코미디가 성공하는 시기가 있는 반면, 그렇지 못한 때도 있다. 이러한 드라마 트렌드의 변화를 생산자의 시각으로 보면서 텍스트와 생산 과정의 상호작용을 연구한다면 생산 연구의 폭과 깊이가 넓어지고 깊어질 것이다.

앞으로 드라마 생산 연구 영역에서 더 많은 연구가 나오기를 기대하며 글을 맺는다.

1. 국내 논문 및 단행본

강준만, 「언론사 언론인 연구의 가능성과 한계 : 비판적 입장」, 한국언론학회 편,
『한국 언론학의 쟁점과 진로』, 서울 : 나남, 1991, 221~247쪽.

김경환, 「방송환경 변화와 외주정책의 재정립 방안」, 문화연대 주최 '지상파 방송
3사 외주제작 프로그램 편성실태 보고 및 개선방안을 위한 토론회' 발표
문, 2007.

김경희, 「드라마 제작환경 변화에 대한 연출자들의 인식 연구 : 미니시리즈 제작
과정을 중심으로」, 고려대학교 언론대학원 석사학위 논문, 2012.

김경희 · 정희선, 「인터넷과 TV 시사 다큐멘터리 프로그램 제작과정의 변화」, 『한
국언론학보』 47권 4호, 2003, 106~135쪽.

김동준, 「외주제작의 증가로 인한 방송사 드라마 제작실태 변화 연구」, 『디지털 시
대 방송의 쟁점과 전망』, 서울 : 한국방송프로듀서연합회, 2006.

김미숙 · 이기형, 「심층인터뷰와 질적인 분석으로 조명한 텔레비전 드라마 작가들
의 정체성과 노동의 단면들 : 보람과 희열 그리고 불안감이 엮어내는 동
학」, 『언론과 사회 한국방송학보』 21권 3호, 2013, 5~63쪽.

김상균 · 한희정, 「천안함 침몰 사건과 미디어 통제 : 탐사 보도 프로그램 생산자
연구」, 『한국언론정보학회』 통권 66호, 2014, 243~271쪽.

김순영, 「노동과정과 노동조건을 통해 본 방송작가의 노동자성」, 『페미니즘 연구』

7권 2호, 2007, 175~212쪽.

김영찬, 「'미드'(미국드라마)의 대중적 확산과 방송사 편성 담당자의 '문화생산
　　　자' 그리고 '매개자'로서의 역할에 관한 연구」, 『방송문화연구』 19권 2호,
　　　2007, 35~61쪽.

──, 『한국 방송의 사회문화사』, 서울 : 한울, 2011.

김영한, 「한국 방송노동시장의 유연화 연구-1990년 이후 방송노동자의 유연화
　　　경험과 인식을 중심으로」, 한양대학교 대학원 박사학위 논문, 2008.

김옥영, 「작가 저널리즘은 존재하는가?」 『열린미디어 열린사회』 2004년 여름호,
　　　226~244쪽.

김예란, 「텔레비전 이야기하기 문화에 관한 연구」, 『한국언론학보』 47권 6호,
　　　2003, 31~87쪽.

──, 「1990년대 이후 한국 사회의 문화생산 공간과 실천에 관한 연구」, 『언론
　　　과 사회』 15권 1호, 2004, 240쪽.

김주영, 「PD와 일 떠넘기기' 논쟁 없어야」, 『신문과 방송』 2002년 7월호.

김진웅, 「외주제작의 증가로 인한 방송사 드라마 제작실태 변화 연구」, 방송문화
　　　진흥회 연구보고서, 2005.

──, 「외주제작의 상업화 현상에 관한 연구」, 『방송과 커뮤니케이션』 9-1호,
　　　2008, 6~34쪽.

김창남, 『대중문화와 문화실천』, 서울 : 한울, 1995.

김혁조, 「TV 드라마 제작 과정에서의 규율권력의 습관적 침윤 양식과 행사 양식」,
　　　『한국방송학보』 22권 4호, 2008, 7~48쪽.

김현미, 「문화산업과 성별화된 노동 : TV 방송 프로그램 여성 작가들의 사례 중심
　　　으로」, 『한국여성학』 제21권 2호, 2005, 69~101쪽.

나미수, 「민속지학적 수용자 연구에 대한 비판적 성찰 : 국내 연구 사례에 대한 분
　　　석과 평가」, 『커뮤니케이션 이론』 1권 2호, 2005, 68~105쪽.

──, 「텔레비전 드라마의 생산자 연구 : 생산 과정에 나타난 젠더의 문제를 중
　　　심으로」, 『사회과학연구』, 2011, 159~199쪽.

──, 『미디어 연구를 위한 질적 방법론』, 커뮤니케이션북스, 2012.

노동렬, 「방송 콘텐츠의 창의성 증진을 위한 생산 시스템 연구 : KBS〈개그콘서

트〉와 SBS 〈웃음을 찾는 사람들〉을 중심으로」, 『방송문화연구』 21권 3호, 2009, 9~48쪽.

──, 「방송 드라마 제작 산업의 공진과 과정과 인센티브 딜레마」. 서강대학교 대학원 박사학위 논문, 2013.

문상현·유건식, 「문화산업전문회사제도가 지상파방송의 드라마 제작 시스템에 미친 영향에 대한 연구」, 한국문화경제학회, 『문화경제연구』 17권 1호, 83~110쪽, 2014.

박노현, 『드라마, 시학을 만나다』, 서울 : 휴머니스트, 2009.

박영상, 「우리나라 저널리즘 연구의 성찰」, 한국언론학회 편, 『한국 언론학 연구 30년 : 성찰과 전망』, 서울 : 나남, 1989, 120~121쪽.

박인규, 「구조적 통제하의 저널리즘 : KBS 시사 프로그램의 변화를 중심으로」, 『한 국방송학보』 24권 6호, 2010, 209~245쪽.

박지훈, 「제3세계에 대한 한국 다큐멘터리의 시선 : 제작자들의 인식을 중심으로」, 『한국방송학보』 27권 4호, 2013, 45~84쪽.

박지훈·류경화, 「국제 시사 프로그램의 생산 과정에 미치는 영향력에 관한 연 구 : MBC 〈W〉의 서구와 제3세계 재현을 중심으로」, 『언론과 사회』 18권 2호, 2010, 2~39쪽.

박진우, 「유연성, 창의성, 불안정성 : 미디어 노동 연구의 새로운 문제 설정」, 『언론 과 사회』 19권 4호, 2011, 41~86쪽.

백미숙, 「1970년대 KBS 텔레비전 교양 피디의 직무와 직업 정체성 : 방송 전문 성 형성과 신기술, 그리고 '제작 정신'」, 『한국언론정보학회』 통권 60호, 2012, 125~149쪽.

심홍진·김세은, 「PD는 무엇으로 사는가? : 프로그램 제작에 대한 예능PD의 인 식」, 『한국방송학보』 23권 6호, 2009, 168~208쪽.

안 진, 「나는 왜 백인 출연자를 선택하는가? : 어느 TV 제작자의 자기민속지학적 연구」, 『미디어, 젠더 & 문화』 30권 3호, 2015, 83~188쪽.

연정모·김영찬, 「텔레비전 연예정보 프로그램의 생산자문화에 대한 민속학적 연 구」, 『한국방송학보』 22권 2호, 2008, 82~122쪽.

유건식, 「지상파 방송사의 TV 드라마 제작 결정 요인에 관한 연구」, 광운대학교 대학원, 박사학위 논문, 2014.

유현미, 「Equal justice under law : 유현미 드라마 작가 인터뷰」, 『사법연수』 34호, 2009, 158~167쪽.

육서영·윤석민, 「탐사 보도 프로그램 제작에서 구성작가의 역할」, 『방송통신연구』 통권 81호, 2012, 127~155쪽.

윤택림, 『문화와 역사 연구를 위한 질적 연구 방법론』, 서울 : 아르케, 2004.

윤택림·함한희, 『새로운 역사 쓰기를 위한 구술사 연구 방법론』, 서울 : 아르케, 2006.

윤석진, 「디지털 시대, TV 드라마 연구 방법 시론(試論)」, 『한국극예술연구』 제37집, 2012, 199~230쪽.

윤태진, 「대중문화의 생산 구조 : 한국 텔레비전 드라마의 제작 시스템과 생산 주체 간 권력관계의 변화」, 『방송문화연구』 17권 2호, 2005, 9~44쪽.

이기형, 「〈돌발영상〉의 풍자정신 그리고 정치현실에 대한 환기효과를 맥락화하기 : 생산자 연구의 단초를 마련하기 위한 하나의 시도」, 『방송문화연구』 21권 2호, 2009, 81~115쪽.

──────, 「"현장" 혹은 "민속지학적 저널리즘"과 내러티브의 재발견 그리고 미디어 생산자 연구의 함의」, 『언론과 사회』 18권 4호, 2010, 107~157쪽.

이기형·임도경, 「문화 연구를 위한 제언 : 현장 연구와 민속지학적 상상력을 재점화하기 - 조은과 조옥라의 〈도시빈민의 삶과 공간 : 사당동 재개 발지역 현장 연구〉의 사례를 매개로」, 『대한질적연구학회 학술발표논문집』 6(단일호), 2007, 2~63쪽.

이동연, 『대중문화 연구와 문화비평』, 서울 : 문화과학사, 2002.

이상길·이정현·김지현, 「지상파 방송사 비정규직 노동자의 직무인식과 노동 경험 : 파견직 FD에 대한 심층 인터뷰를 중심으로」, 『방송과 커뮤니케이션』 14권 2호, 2013, 158~205쪽.

이영주·김진혁, 「지식 저널리즘과 텔레비전 문화 : 〈지식채널e〉를 중심으로」, 『방송문화연구』 제21권 2호, 2009, 49~80쪽.

이오현, 「텔레비전 다큐멘터리 프로그램 생산 과정에 대한 민속지학적 연구 : KBS 〈인물현대사〉의 인물 선정 과정을 중심으로」, 『언론과 사회』 13권 2호,

2005, 117~156쪽.

──, 「미디어 생산자 연구 행하기」, 한국언론정보학회 편, 『미디어 문화 연구의 질적 방법론』, 서울: 컬처룩, 2015.

이정훈 · 박은희, 「외주제작정책 도입 이후 지상파 드라마 제작 시스템의 변화」, 『방송문화연구』 제20권 3호, 2008, 31~58쪽.

이종님, 「방송한류의 현황과 문제점: 국내 방송 시장환경 변화와 드라마 제작 환경을 중심으로」, 『한국언론학회 심포지엄 및 세미나』, 2007, 2~33쪽.

이희승, 「최근 TV 가정드라마 텍스트의 젠더 폴리틱과 여성 수용자 연구」, 『언론과학연구』 8권 2호, 2008, 349~387쪽.

임영호, 「한국 텔레비전 생산 연구의 실태 진단, 한계와 가능성」, 『언론정보연구』 52권 1호, 2015, 5~32쪽.

임영호 · 김은진 · 홍찬이, 「도덕경제와 에로 장르 종사자의 직업 정체성 구성」, 『언론과 사회』 16권 2호, 2008, 107~147쪽.

────, 「문화산업 주변부 종사자의 삶과 커리어: 한국 에로물 감독의 구술 생애사」, 『언론과 사회』 17권 3호, 2009, 291~327쪽.

임정수 · 김재영, 『방송물제작 시장의 효율성 제고방안 연구』, 서울: 한국방송공사 광고진흥국, 2006.

임종수, 「1970년대 텔레비전 드라마 인물과 미디어 비평」, 『언론과 사회』, 2012, 132~178쪽.

정성효, 「기형적 제작 시스템 전체 콘텐츠 산업 위협」, 『방송문화』 3월호, 2007, 4~15쪽.

정재철, 「남한 방송의 북한 보도 생산자 연구: KBS와 MBC 북한 문제 담당기자의 심층 인터뷰를 중심으로」, 『한국언론정보학회』 통권 48호, 2009, 35~151쪽.

주형일, 「왜 나는 스파이더맨을 좋아하는가─자기민속지학 방법의 모색」, 『언론과 사회』 15권 3호, 2007, 2~36쪽.

최현주 · 이강형, 「방송작가 고용 안정화를 위한 정책 방안에 대한 연구: 방송작가의 고용 및 계약 형태에 대한 실태조사를 중심으로」, 『언론과학연구』 11권 2호, 2011, 469~500쪽.

참고문헌

한선 · 이오현, 「지역방송 프로그램 생산의 제한 요인에 대한 질적 연구 : 광주 지역 생산(자)문화를 중심으로」, 『한국언론학보』 57권 4호, 2013, 243~268쪽.

『한국방송작가협회 50년사』, 한국방송작가협회, 2000.

2. 국외 논문 및 단행본

Bell, D., *The Cultural Contradictions of Capitalism*, London: Heinemann, 1976.

Bauman, Z., *Work, Consumerism and the New Poor*, 2004(지그문트 바우만, 『새로운 빈곤』, 이수영 역, 천지인, 2010).

Banks, Miranda, Conor, Bridget & Mayer, Vicki(Edt.), *Production Studies, the Sequel!* (Cultural Studies of Global Media Industries), Taylor&Francis, 2015.

Born, G., "Reflexivity and ambivalence: culture, creativity and government in the BBC", *Cultural values*, 6(1-2), 2002, pp.65~90.

Caldwell, J, T, *Production culture : industrial reflexity and critical practice in flim and television*, Durham, N.C.: Duke University Press, 2008.

Cantor, M., *The Hollywood TV producer*, New York: Basic Books, 1971.

Chang, H., Ngunjiri, F., & Hernandez, K.A.C, *Collaborative autoethno-graphy* (Vol. 8), Left Coast Press, 2012.

D'acci, J., *Defining women : Television and the case of Cagney & Lacey*, Univ of North Carolina Press, 1994.

Dornfeld, B., *Producing public television, producing public culture*, Princeton University Press, 1998.

Du Gay, P., *Production of Culture / Culture of production*, Sage, 1997.

Gamson, J., *Freaks talk back : Tabloid talk shows and sexual nonconformity*, University of Chicago Press, 1998.

Geertz, C., "Thick description: Toward an interpretive theory of culture", In C. Geertz, *The interpretation of culture : Selected essays*(3-30), New York: Basic Books, 1973.

드라마 작가는 어떻게 만들어지는가

Gill, R., "Cool, creative and egalitarian?: Exploring gender in project-based new media work in Europe", *Information, Communication & Society*, 5(1), 2002, pp.70~89.

Gitlin, T., *Inside prime time*, Univ of California Press, 1994.

Grindstaff, L., "Production trash, class, and the money shot: A behind-the-scenes accout of daytime TV talk shows", In Lull, J., & Hinerman, S.(eds.), *Media scandals: morality and desire in the popular culture marketplace*, Columbia University Press, 1997, pp.164~202,

Hammersely, M & Atkinson, P., *Ethonography:principle in practice*(2nd ed), Lodon: Routledge, 1995.

Haralamos, M. & Holborn, M., *Sociology: Themes and perspectives*, London: Collins Educational, 1995.

Hartly, J(ed.), *Creative Industries*, Oxford: Blackwell, 2005.

Hartmann, H.I., "The unhappy marriage of marxism and feminism: Toward a more progressive", In Sargent(Ed), *Women and revolution* 1–41. Boston: South End P., 1981.

Heelas, P., "Work ethics, soft capitalism and the "turn to life" ", *Cultural economy*, 2002, pp.78~96.

Henderson, L., "Storyline and the multicultural middlebrow: Reading women's culture on national public radio", *Critical Studies in Media Comunication*, 16(3), pp.329~349.

Hennink, M., Hutter, I., & Bailey, A., *Qualitative research methods*, Sage, 2010.

Herman, E. S., & Chomsky, N., *Manufacturing consent: The political economy of the mass media*, Random House, 2010.

Hesmondhalgh, D. & Baker, S., "A very complicated version of freedom: Conditions and experiences of creative labour in three cultural industries", *Poetics*, 38, 2010, pp.4~20.

————————————— , *Creative Labour: Media Work in Three Cultural Industries*, London and New York: Routledge, 2011.

Hesmondhalgh, D, *Media production*, 2006(데이비드 헤즈먼댈치,『미디어 생산』, 김영한 역, 서울 : 커뮤니케이션북스, 2010).

Hobson, D., *Crossroads: The drama of a soap opera*, London: Methuen, 1982.

Jensen, K.B. & JanKowski, N.W.(Eds.), *A Handbook of Qualitative Methodologies for Mass Communication Research*, London: Routledge, 1991(클라우스 브룬 젠슨 · 니콜라스 잔코스키,『미디어 연구의 질적 방법론』, 김승현 외 역, 서울 : 일신사, 2005).

Lam, A., *Making Crime Television: Producing Entertaining Representations of Crime for Television Broadcast*, Routledge, 2005.

Leadbeater, C., *Living on Thin Air: The New Economy*, Harmondsworth: Viking, 1999.

Lutz, C. & Collins, J. L., *Reading national geographic*, University of Chicago Press, 1993.

Mason, J., *Quantity researching*, 1996(제니퍼 메이슨,『질적 연구 방법론』, 김두섭 역, 서울 : 나남, 1999).

McRobbie, A., "From Holloway to Hollywood: Happiness at work in the new cultural economy", *Cultural economy*, 2002, pp.97~114.

Menger, P.M., "Artistic labor markets and careers", *Annual Review of Sociology 25*, 1999, pp.541~574.

Miller, T. and Yuddice, G., *Cultural Policy*, London: Sage, 2002.

Morley, D. & Silverstone, R., "Domestic communication: Technologies and meanings", In Jensen, K.B. & Jankowski, N.W.(Eds), *A Handbook of Qualitative Methodologies for Mass Communication Research*, London: Routledge, 1991.

Mosco, V., *The Political Economy of Communications*, London: Sage, 1996.

Newcomb, H.M. & Alley, R.S., "The producer as artist: Commercial television", *Individuals in mass media organizations: Creativity and Constraint*, 1982, pp.69~90.

Newcom, H. & Lotz, A., "The production of entertainment media", In K. Jensen (Ed.), *A handbook of media and communication research 71-86*, New York:

Routledge, 2002.

Ortner, S.B., "Studying Sideways: Enthnographic Access in Hollywood", In Mayer, V., Banks, M. J. & Caldwell, J.T.(Eds.), *Production studies:Cultural studies of media industries*, New York: Routledge, 2009, pp.175~189.

Ryan, B., *Making capital from culture:The corporate form of capitalist cultural production* (Vol. 35), Walter de Gruyter, 1992.

Sandeen, C.A. & Compesi, R.J., "Television production as collective action", *Making television: Authorship and the production process*, 1990, pp.161~174.

Thompson, E.P., "The moral economy of the English crowd in the eighteenth century", In E.p. Thompson, *Customs in common*, New York: New Press (Original work published, 1970), 1993, pp.185~258.

Campbell, R. & Reeves, J.L., "Television authors: The case of Hugh Wilson, 1990", In R.J. Thompson & G. Burn(eds.), *Making television: Authorship and the production process*, Greenwood Publishing Group, pp. 3~18.

Timberg, B. & Barker, D., "Interpreting Television: A Closer Look at the Cinematic Codes in Frank's Place", *Making Television:Authorship and the Production Process*, Ed. Robert J. Thompson & Gary Burns, New York: Praeger, 1990.

Tuchman, G., "Objectivity as strategic ritual: An examination of newsmen's notions of objectivity", *The American Journal of Sociology*, 77(4), 1972, pp.660~679.

Turow, J., "Unconventional programs on commercial television: An organizational perspective", *Individuals in mass media organizations:Creativity and constraint*, 1982, pp.107~129.

Ursell, G., "Televion Production: issues of exploitation, commodification and subjectivity in UK television labour markets", *Media, Culture &Society*, 22(6), 2000, pp.805~827,

————, "Working in the media", In D. Hesmondhalgh(Ed.), *Media production*, 2006(데이비드 헤즈먼댈치, 『미디어 생산』, 김영한 역, 서울 : 커뮤니케이션북스, 2010, 141~181쪽).

Yin, R., *Case study research:Design and methods*(4th ed), 2009(Robert K. Yin, 『사례 연구 방법』, 신경식 · 서아영 · 송민채 역, 서울 : 한경사, 2011).

3. 언론 기사 및 기타 자료

강명석, 「정하연 작가 '작가 지망생에게, 진짜로 니가 꼭 쓰고 싶은 걸 써라'」, 『텐아시아』, 2011.3.28./수정 2013.6.11.

김남중, 「프로듀사 종영, 예능은 어떻게 드라마가 됐나」, 『국민일보』, 2015.6.21.

김명은, 「방송 5일 전 편성 확정? 드라마 편성, 공급 계약 너무 늦어」, 『스포츠조선』, 2011.10.4.

김명호, 「못난이를 키운 8%의 바람, 그 바람에 닻을 올리고 떠나는 항해 이야기 – SBS 〈못난이 주의〉 정지우 작가」, 『방송작가』 2014년 3월호.

———, 「내일을 바꿀 수 있는 오늘, 신의 선물–SBS 〈신의 선물–14일〉 최란 작가」, 『방송작가』 2014년 6월호.

———, 「안드로메다를 꿈꾸던 소녀가 사랑한 지구 위에 두 남자 이야기–tvN 〈일리 있는 사랑〉 김도우 작가」, 『방송작가』 2015년 3월호.

———, 「팥쥐가 콩쥐가 되던 날, 하늘의 맑아서 더 서럽더라–KBS 〈그래도 푸르른 날에〉 김지수 작가」, 『방송작가』 2015년 6월호.

———, 「난세 속에서 나라와 백성을 지키고자 했던 혁신 리더의 7년 기록–KBS 〈징비록〉 정형수 작가」, 『방송작가』 2015년 10월호.

김미숙, 「미국 작가협회 역할과 미국 작가 시스템」, 『한국전파진흥협회 연수보고서』(방송 콘텐츠 글로벌 집필능력 강화를 위한 국외 심화교육), 2015.

김민정, 「방송작가의 수입은 얼마일까…천차만별 드라마 원고료"」, 『이투데이』, 2013.3.19.

김선미, 「세상 모든 호구들을 위한 이야기–tvN 〈호구의 사랑〉 윤난중 작가」, 『방송작가』 2015년 6월호.

———, 「세상의 모든 응급한 남녀들에게–tvN 〈응급남녀〉 최윤정 작가」, 『방송작가』 2014년 5월호.

김성규, 「대중 속으로 들어온 노희경, 무슨 일 있었나 [분석] SBS '괜찮아, 사랑이야로 변신 꾀한 드라마 작가 노희경의 '도전'」, 『오마이뉴스』, 2014.8.6.

김소연, 「도시정벌 제작사 대표 'KBS 편성불가 이유 납득 못해'」, 『노컷뉴스』, 2013.2.8.

김소연, 「시청률 때문에 폐지된 단막극, 방송3사 부활시킨 이유」, 『노컷뉴스』, 2013.11.4.

김주영, 「아흔 살의 전설, 대한민국 방송작가 제1호, 유호」, 『방송작가』 2010년 7월호.

김진주, 「수출입銀, 드라마 '사임당' '태양의 후예'에 40억 대출 지원 '제2한류' 이끌 콘텐츠 발굴 양성」, 『한국일보』, 2015.12.2.

남지은, 「드라마 원고 '회당 5천만 원' 시대」, 『한겨레신문』, 2010.4.26.

──, 「한예슬 촬영 거부 '스파이 명월' 결방 사태」, 『한겨레신문』, 2011.8.15.

──, 「걸핏하면 단막극 폐지 내모는 공영방송 KBS」, 『한겨레신문』, 2014.11.25.

동아닷컴 디지털 뉴스팀, 「최란 작가 '신의 선물' 美 리메이크…조승우-이보영 역할 누가 맡나?」, 『동아일보』, 2015.3.9.

──, 「아찔한 절벽 추락신 직접 열연, 프로정신」, 『동아일보(인터넷판)』, 2015.5.28.

두정아, 「'대물' 하차 황은경 작가 "출산 후 아이도 못보고 쫓겨난 기분"」, 『세계일보』, 2010.10.16.

명희숙, 「문영남 신작, KBS 편성 불발의 숨은 속내」, 『뉴스1』, 2015.8.7.

박민정, 「뉴미디어 시대의 넷플릭스와 이를 통한 미국 콘텐츠업계의 변화」, 『한국전파진흥협회 연수보고서』(방송 콘텐츠 글로벌 집필능력 강화를 위한 국외 심화교육), 2015.

박은경, 「[클릭 TV] 〈대장금2〉 한류 자존심 지킬까」, 『경향신문』, 2014.4.29.

박희창, 「시청률 대박행진 '대물' 화제만큼 뒷말도…」, 『동아일보』, 2010.10.20.

배국남, 「막장드라마가 저품격 드라마라고? 소가 웃을 일! [배국남의 직격탄]」, 『이투데이』, 2015.6.12.

신나라, 「'사임당', 홍콩 최대 글로벌기업과 100억 투자협약 체결」, 『TV리포트』, 2015.9.10.

양성희, 「드라마 썰전 (舌戰) ⑫ 드라마 집단창작」, 『중앙일보』, 2013.10.30.

염희진, 「줄 잇는 '드라마 100% 사전제작' 기대半 우려半」, 『동아일보』, 2015.12.9.

오예린, 「[방송작가의 세계] "협회 아카데미서 배우고 '새끼작가' 출발」, 『머니투데이』, 2015.6.19.

———, 「[방송작가의 세계] 노희경·임성한·정현민… "공모전으로 데뷔했어요"」, 『이투데이』, 2015.6.19.

———, 「[돈으로 본 한국 드라마] 프로듀사, 제작비 절반 충당 '달콤한 유혹' PPL '광고료만으론 비용감당 안돼 도입…시청률 오르면 대본수정 작가 진땀」, 『배국남닷컴』, 2015.10.16

오제일·손정빈, 「[2014 결산·방송 연예] 드라마 한류 인기폭발… 케이블드라마 약진」, 『뉴시스』, 2014.12.15.

월간중앙 편집부, 「직업연구 드라마 작가로 산다는 것 — "작가도 드라마처럼 치열한 현실에 울고 웃어요"」, 『월간중앙』, 2014년 7월호.

윤고은, 「오종록 PD '대물'서 완전히 빠진다. 자의적 선택…SBS '대물' 제작진 내홍」, 『연합뉴스』, 2010.10.20.

———, 「종편 가는 배우·작가, '회당 1억' 향해 질주」, 『연합뉴스』, 2012.7.11.

———, 「추적자 박경수 작가, '배우·스태프에게 감사 죄송'」, 『연합뉴스』, 2012.7.18.

———, 「문영남 작가 신작 SBS·KBS 편성 불발… '스토리 올드', '2040세대 겨냥한 주중 드라마로 편성하기 어려워'」, 『스포츠동아』, 2015.8.6.

이우인, 「'태양의후예' 첫 촬영 전부터 中 선판매 완료… 김은숙 파워」, 『TV리포트』, 2015.6.4.

이은주, 「뚫어야 산다! 한드, 중국 재상륙 작전 中, 韓드라마 규제에 방송계 '활로 찾기'」, 『서울신문』, 2015.12.22.

정덕현, 「김수현 작가 어쩌다 이렇게 됐나」, 『엔터미디어』, 2012.10.6.

조성미, 「지상파 시청률, 종편으로 옮겨갔나, 지난해 점유율서 지상파 소폭 하락, 종편·보도PP는 상승세」, 『PR뉴스』, 2015.7.17.

최미혜, 「못난 놈들은 서로 얼굴만 봐도 흥겹다" —JTBC 〈맏이〉 김정수 작가」, 『방송작가』 2014년 5월호.

드라마 작가는 어떻게 만들어지는가

―――, 「어느 날, 심장이 말했다-MBC 〈해를 품은 달〉 진수완 작가」, 『방송작가』
2012년 5월호.

―――, 「당신의 로맨스는 안녕하신가요?-KBS 〈난폭한 로맨스〉의 박연선 작가」,
『방송작가』 2012년 4월호.

―――, 「'베토벤 현악 4중주 14번'을 연주하듯-SBS 〈결혼의 여신〉 조정선 작가」,
『방송작가』 2013년 12월호.

최보란, 「10% 넘는 미니시리즈가 없어요. 시청률 가뭄 상태」, 『텐아시아』,
2014.9.29.

최준용, 「첫 방 앞둔 '그 겨울', '半사전제작' 성공사례 이을까?」, 『아시아경제』,
2013.2.13.

하경헌, 「또 하나의 드라마 대박공식 '그 PD + 그 작가'」, 『경향신문』, 2013.5.19.

한국전파진흥협회, 『방송 콘텐츠 글로벌 집필능력 강화를 위한 국외 심화교육 연
수보고서』, 2015.

―――――――, 『2015년 한국방송작가협회 정기총회 자료집』, 2015.

한국콘텐츠진흥원, 『스타역량이 방송 프로그램 성공에 미치는 영향』, 2015.

한지숙, 「방송사 정초부터 드라마 편성 전쟁 왜?」, 『헤럴드 경제』, 2013.2.13.

홍승기, 「작가의 전투력」, 『방송작가』, 2012년 12월호.

황영진, 「황영진의 독특한 랭킹-캐스팅 잔혹사④] 김은숙 작가, 장동건」, 『OBS
뉴스』, 2015.6.5.

황혜진, 「KBS 편성불발 문영남 신작, MBC 편성되나 '논의 중, 확정 아냐'」, 『뉴스
엔』, 2015.9.25.

황재하, 「임금 받거나 근무 통제 받아야 근로자로 인정」, 『머니투데이』, 2015.10.11.

4. 인터넷

http://blog.naver.com/noh_writer/220468784041

http://www.ktrwa.or.kr/cmm/main/mainPage.do;jsessionid=3357D635B8F26EE5
21F1F3CDE5643755

http://funny.interview365.com/14

인명 및 용어

드라마 작가는 어떻게 만들어지는가

드라마 작가는 어떻게 만들어지는가

푸른사상 예술총서 **17**

드라마 작가는
어떻게 만들어지는가